신체의 자유와 인신보호절차

학술연구총서 • 75

신체의 자유와 인신보호절차

하명호

고려대학교출판부
KOREA UNIVERSITY PRESS

이 책은 고려대학교출판부가 조성한
학술출판기금으로 만들어졌습니다.

책머리에

2004년 2월 18일이었다. 수원지방법원에서 형사 단독판사를 마치고, 헌법재판소로 파견되었다. 그동안과는 완전히 다른 일을 하게 된 것이다. 부임하자마자 해야 할 일은 2004년 3월 25일자로 선고가 예정된 형사소송법 제214조의2 제1항 위헌소원 사건(헌재 2004. 3. 25. 선고 2002헌바104 결정)에 대한 결정문 초안을 작성하는 것이었다. 개정 전의 형사소송법 제214조의2 제1항에 의하면 검사가 구속적부심사청구 후 법원의 결정 전에 전격적으로 기소할 경우 법원은 그 청구를 기각할 수밖에 없었다. 위 사건은 위 조항이 헌법 제12조 제6항의 구속적부심사조항에 비추어 위헌인지 여부를 판단하는 것이었다. 위 사건의 보고를 행했던 헌법연구관은 지금은 수원지방법원 성남지원장으로 계시는 김시철 부장판사였다. 그의 후임자인 나에게 부과된 일은 주심이신 전효숙 재판관님께서 결정문을 작성하실 수 있도록 초안을 마련하는 것이었다. 헌법재판소의 결정문 작성방법도 채 익히지 못한 상태에서 내용도 너무나 생소한 사건의 결정문 초안을 작성하게 된 것이다. 장장 77쪽에 달하는 보고서를 읽고 또 읽어도 잘 이해가 되지 않아 김시철 부장판사를 찾아 법원으로 가서 직접 여쭤 보기도 한 기억이 난다. 그 사건을 처리하면서 헌법 제12조에 담겨진 신체의 자유와 구속적부심사제도의 구조와 관계에 대하여 많은 것을 알게 되었다. 김시철 부장판사는 그 영역에 관한 탁월한 식견을 가졌고, 그로부터 많은 것을 배웠다.

위 사건은 전격기소와 관련된 형사소송법에 관한 것이지만, 사실 그 주된 적용영역은 행정상의 인신구속과 관련된 것이다. 따라서 행정법을 전공하고 있었던 나에게는 위 사건을 계기로 익힌 헌법적 원리를 행정상의 인신구속에 적용하고픈 욕구가 마음속에 항상 있었다. 그 일환으로 위 법리를 정신보건법상의 강제입원에 응용해서 석사논문을 작성하기도 하였고, 국회 법제사법위원회가 개최한 '인신보호법의 제정을 위한 공청회'에 나가서 진술인 자격으로 진술을 하기도 하였다. 그렇지만, 당시 나는 학문적 연구가 주된 업무가 아니었기 때문에 그 작업은 그 정도에 머물러 있었다.

그런데, 전혀 예정에도 없이 2007년 9월 1일 모교인 고려대학교 행정법 전공교수가 되었다. 이제 학문적 연구가 직업이 된 것이다. 학교로 온 이후 이러저러한 논문들을 게재하였는데, 그중《고려법학》제52호에 발표한 〈외국인 보호 및 강제퇴거절차와 구제절차에 대한 공법적 고찰〉은 출입국관리행정에 관한 것이었다. 대학교수가 되었다 하더라도 단행본을 내는 작업은 특별한 시간적 여유가 없으면 하기 힘들다. 다행스럽게도 모교에 온 지 만 3년이 되자 연구학기를 신청할 자격을 부여받았고 2010년 2학기 동안 와세다대학의 교환연구원으로 일본에 있게 되었다. 그 연구학기 기간은 우리보다 역사가 길고 입법과정에서 우리의 모델이 되었던 일본의 인신보호법을 공부하게 된 소중한 시간이었다. 이 책은 위와 같은 과정을 거쳐 만들어지게 된 것이다.

몇몇 책의 몇 꼭지 정도를 맡은 적은 있었지만 단독으로 단행본을 만드는 것은 처음이다. 그래서 그런지 겸연쩍게도 서문을 쓰는 이 순간 가슴이 약간 뜨겁다. 항상 자신보다 나를 위해서 사시는 부모님께 감사드린다. 학교로 오는 것을 동의해 주어 이 책을 쓸 수 있는 여건을 만들어 준 아내에게 늘 미안한 마음을 가지고 있다. 태우와 진우에게 남겨줄 것이 적어도 책 한 권은 있게 되어 기쁘다. 그리고 이 책을 출간할 때까지 원고를 읽고 조

언과 교정을 해 준 내 딸과 같은 제자 사법연수생 김은솔, 사법연수생이 될 오에스더가 훌륭한 법조인과 연구자가 되기를 기원한다.

이 책은 고려대학교 출판부로부터 2011년도 학술출판기금을 지원받아 출간하게 된 것이다. 기꺼이 연구비 지원과 출간을 결정해 주신 출판부장 안효질 교수님과 관계자들, 편집실 여러분께 감사드린다.

2012년 1월
눈발이 날리는 안암동 연구실에서
저자 드림

차례

제3장 헌법상 구속적부심사조항의 유래와 해석

제1장 서론

신체의 자유란 간단히 정의하면, 신체적 거동의 자유를 말한다. 우리 헌법 제12조 제1항 전문에서는 “모든 국민은 신체의 자유를 가진다”라고 규정하여 이를 기본권으로 보장하고 있다. 굳이 헌법재판소의 판례를 거론하지 않더라도 신체의 자유는 정신적 자유와 더불어 헌법이념의 핵심인 인간의 존엄과 가치를 구현하기 위한 가장 기본적인 자유로서 모든 기본권 보장의 전제조건이다.[1]

그런데 신체의 자유와 침해 및 그 침해에 대한 구제수단에 대한 관심은 형사절차에서의 체포 · 구속에 집중되어 왔다. 헌법 제12조에서 말하는 체포 · 구속이 형사절차에서 빈번히 이루어지고 그 침해의 심각성이 매우 크며,[2] 형사소송법 분야에서 그 절차에 관하여 상당히 세밀한 입법과 연구가 이루어져 있기 때문일 것이다.

1 헌재 1992. 4. 14. 선고 90헌바82 결정 참조.

2 헌법재판소는 형사절차에서의 신체자유의 침해의 해악에 대하여 “신체의 자유가 제한되는 경우는 가정과 사회에서의 행복추구권이 상실되고, 고용관계와 사업관계 등 경제생활은 물론이요 사회적 · 정신적인 모든 생활 면이 파괴되며, 세인으로부터 유죄의 추정을 받아 개인의 명예와 장래의 취업에도 지울 수 없는 낙인이 찍히게 되는 수도 있고, 형사소추에 관련하여서는 자기에게 유리한 증거수집 등 방어준비를 충분히 할 수 없게 되고, 유 · 무죄의 판단에 있어서 법원으로 하여금 편견을 가지게 할 우려가 있으며, 수사나 재판과정에서도 빨리 신체의 자유를 얻기 위하여 본의 아닌 자백을 함으로써 공정한 재판을 저해하는 수도 있고, 가족의 생활도 곤궁에 빠지게 되는 등 그 손실이 크다”고 강조하였다(헌재 1993. 12. 23. 선고 93헌가2 결정).

그러나 헌법 제12조의 신체의 자유의 대상이 되는 인신구속은 형사절차에서의 체포 · 구속에만 한정되는 것이 아니라 '공권력'에 의한 신체의 자유의 침해이기만 하면 행정목적을 달성하기 위한 행정작용에 의한 구속도 포괄하는 것이다. 이러한 행정상의 인신구속은 국민들의 생활에 생각보다 가까이 있고, 그 침해의 심각성 또한 형사절차에서의 체포 · 구속에 못지않다.

산업사회의 발달로 인한 전통사회의 해체와 함께 급변하는 현대사회의 복잡성 · 다양성 속에서 전개되는 새로운 가치관에 적응하지 못한 채 여러 가지 정신질환을 보이는 사람이 증가하고 있다. 이러한 정신질환으로 인하여 살인이나 방화 등 어처구니없는 범죄가 범해지기도 한다. 사회복지적 측면에서 이러한 정신질환을 예방하고 정신질환자에 대한 효율적인 의료관리와 사회복귀를 도모할 필요가 있고, 사회방위적인 측면에서도 자신이나 타인을 해할 정신질환자를 격리할 필요가 있을 수도 있다. 한편, 정신질환자의 수용이 치료목적이라기보다는 가족과 사회의 책임회피수단으로 여겨지는 것도 현실이다. 또한 정신질환자는 이성적 판단능력이 완전하지 못하고, 사회에 적응하는 능력도 불충분하며, 독자적으로 자신의 권리를 찾지도 못하고, 정신질환자가 치료행위를 거부하더라도 사회적 위험성이 크다는 사회적 편견 때문에 엄격한 절차적 제약 없이 수용시설에 강제로 수용되어 온 것도 부정할 수 없는 역사적 사실이다. 여기에서 환자 자신의 의사에 반하는 폐쇄시설로의 강제입원은 인신구속에 해당하고, 정신질환의 특성상 그 입원기간도 장기간일 수밖에 없다. 이렇게 강제입원은 헌법에서 보장하고 있는 인간의 존엄과 기본권, 특히 신체의 자유와 관련하여 심각한 문제를 발생시킬 수 있는 것이다.

또 다른 예로서 출입국관리 분야에서도 동일한 문제가 발생한다. 국가는 바람직스럽지 않은 외국인을 강제로 퇴거할 권리를 당연히 가지는 것이고, 현행 출입국관리법에도 외국인의 강제퇴거절차를 규정하고 있다. 그런데 그 절차에는 행정상 인신구속에 해당하는 보호명령과 같은 강제적 수단이 포함되어 있다. 이렇게 외국인의 강제퇴거가 국가의 주권 또는 재량사항에 속하는 것이라고 하더라도 헌법상 보장된 기본권 중에서도 가장 기본이 되는 신체의 자유를 제한하는 것이기 때문에 법치국가의 원리가 당연히 적용되어야 한다.

이 밖에도 경찰관직무집행법에 의한 보호조치, 감염병의 예방 및 관리에 관한 법률에 의한 입원치료, 마약류 관리에 관한 법률에 의한 치료보호 등 상당히 많은 수의 행정상 인신구속이 우리 주변에서 행해지고 있다.

한편, 헌법 제12조의 보장 범위 내에 있는지 논란이 있을 수 있지만 사인에 의한 인신구속의 사례도 다수 있을 것으로 강하게 추정되고 그 심각성도 매우 클 것으로 예상된다. 손쉬운 예로서, 이혼한 부부의 한쪽이 친생자를 양육하고 있는 다른 한쪽으로부터 그 친생자를 데리고 가 버리는 경우도 인신구속에 해당한다고 보아야 한다. 또한 앞에서 본 정신보건법에 의한 강제입원의 경우 행정작용에 의하여 이루어지는 것보다 보호의무자가 정신의료기관과 사법상의 계약을 맺고 입원시키는 것이 훨씬 많은 숫자를 차지하고 인권과 관련된 문제도 더 심각하게 야기하고 있지만 이는 공권력에 의한 구속으로 보기 어렵고 사인에 의한 구속으로 볼 수밖에 없을 것이다.

이와 같이 신체의 자유의 제한 내지 침해인 인신구속은 형사절차에서만 이루어지는 것이 아니고 행정작용에 의해 이루어지기도 하며, 나아가 사인에 의한 인신구속도 있다. 그렇지만 이러한 분야에서의 인신구속은 형사절차에서의 체포 · 구속에 비하여 소홀히 다뤄졌던 것이 사실이고,[3] 그와 같은 인신구속을 정한 법률은 구속의 요건을 엄격히 규정하고 있지 못한 경우

3 정신보건 분야를 예로 들면, 정신질환을 예방하고 정신질환자에 대한 효율적인 사회복귀를 위한 정신보건활동의 근거가 되고 정신질환자에 대한 인권보장에 대한 법률을 제정하는 것은 입법자의 의무라 할 것이다. 그럼에도 불구하고 우리나라는 정신질환자가 사회적인 반향을 일으키는 사건을 저지르는 것을 계기로 그때그때 정신보건법 제정의 필요성에 대하여 공감을 하면서도 수십 년간의 논의과정만 되풀이되어 오다가 1995. 12. 30.에야 비로소 정신보건법을 제정하게 되었다.

가 많으며, 절차적 통제규정이나 사후구제에 관한 규정을 두고 있지 않거나 두고 있더라도 부실한 경우도 많다. 이러한 법제도의 불비 및 무관심 속에서 신체의 자유에 대한 침해의 가능성이 상존하고 그 위험성이 현재화되는 경우가 많으므로, 이 분야에서의 인신구속에 대한 검토와 그 구제수단의 확보는 우리가 안고 있는 현실의 과제라 할 수 있다.[4]

앞에서 본 정신보건법상의 강제입원이나 출입국관리법상의 강제퇴거절차를 예로 들면, 그 인신구속의 필요성에도 불구하고 이에 대한 적절한 이의절차를 갖는 것은 인권보장을 위하여 매우 중요한 일이다. 물론 위 각 법률상에는 그 자체의 구제수단과 행정소송절차가 정비되어 있고, 그 외의 전통적인 구제수단으로서 국가배상이나 형사적 구제방법도 있다. 그러나 이러한 기존의 구제수단은 시간적 · 절차적 제약으로 인하여 즉각적이고 현실적인 통제수단이 아니거나 그 구제의 주체가 사법기관이 아니어서 헌법 제12조 제6항의 요구를 충족시키지 못한다. 우리 헌법 제12조 제6항은 "누구든지 체포 또는 구속을 당한 때에는 적부의 심사를 법원에 청구할 권리를 가진다"고 규정하여 구속적부심사제도를 마련하고 있다. 통상 헌법상의 구속적부심사제도는 형사소송절차에서 주로 다루어져 왔지만, 뒤에서 상세히 보는 바와 같이 정신보건법상의 강제입원 중 시 · 도지사에 의한 입원과 같은 행정상의 인신구속의 경우에도 반드시 적용되어야 할 것이다. 또한 사인에 의한 구속의 경우에도 그 적용이 필요한 경우가 있으나 우리나라에서는 이에 관한 입법이 마련되지 않았었다. 구속적부심사제도에 관한 이러한 입법상의 공백(입법부작위)은 특히 시 · 도지사에 의한 입원과 같은 행정상의 인신구속에 관해서는 헌법에 위반되는 것이었다.

형사절차에서 구속적부심의 문제는 이미 형사소송법에 구체화되어 있었다. 문제는 행정상 인신구속에 관한 것이었는데, 뒤에서 자세히 분석하게

4 같은 취지, 박균성, 〈행정상 인신구속에 대한 법적 통제〉, 《공법학의 제문제—현제 김영훈 박사 화갑기념》, 법문사(1995), 487면.

될 헌재 2004. 3. 25. 선고 2002헌바104 결정을 계기로 그 구제절차에 대한 입법논의가 활발히 제기되었고, 마침내 행정상의 인신구속과 사인에 의한 인신구속에 대한 구속적부심청구권을 부분적으로 보장하는 내용의 인신보호법이 2007. 12. 21. 법률 제8724호로 공포되어 2008. 6. 22.부터 시행되기에 이르렀다. 이러한 인신보호법이 제정된 것은 뒤늦은 감은 있지만 매우 다행스러운 일이다. 그러나 안타깝게도 인신보호법의 제정과정에서 그 구제대상 중 출입국관리법상의 강제퇴거절차를 제외시키는 등 위헌적 요소도 많이 있다는 점에 유의하여야 한다.

이상에서 개관한 신체의 자유와 그 보장수단인 구속적부심사제도에 대한 헌법적 논의를 검토하고, 법률적 차원에서 구속적부심사제도를 입법화한 우리나라 인신보호법의 해석론을 전개하는 것이 이 책을 내게 된 목적이다. 우리나라에서 신체의 자유와 구속적부심사제도에 대한 헌법적 차원의 논의는 많았지만 주로 형사절차와 관련된 것들이었고 형사절차 이외의 인신구속, 특히 행정상 인신구속에 대한 선행연구가 그리 풍부한 것은 아니다. 그럼에도 불구하고 나름의 관점에서 일관성을 가지고 이에 대한 논리를 전개하는 것이 첫 번째 작업이다. 그런 다음 행정상 인신구속을 중심으로 현행 실정법상 형사절차 이외의 인신구속이 어떻게 이루어지고 있는지를 살펴보고, 기존의 구제수단으로는 어떤 것이 있고 그 한계가 무엇인지 개관할 것이다. 다음으로는 우리나라 인신보호법의 해석론을 전개할 것이다. 우리나라의 인신보호법은 시행된 지 불과 2년밖에 되지 않아 그 제도가 정착되어 있지 않고 그에 대한 해석론도 정립되어 있지 않다. 따라서 이 책에서의 논의는 시론의 성격을 띠는 것이 많으므로, 외국의 입법례와 해석론을 참조할 수밖에 없었다. 특히 우리 법제와 상당 부분 유사한 일본의 인신보호법과 그 해석론을 참조할 수밖에 없었다는 점을 이 자리에서 미리 밝힌다.[5]

---

5 우리나라의 인신보호법령은 일본의 인신보호법령에서 사사받은 바가 큰 것으로 보인다〔심희기, 〈인신보호법이 나아가야 할 방향〉, 《저스티스》 제122호, 한국법학원(2011. 2), 8면 참조〕.

제2장 신체의 자유와 그 침해에 대한 구제

1. 신체의 자유에 관한 헌법 규정

신체의 자유는 정신적 자유와 더불어 헌법이념의 핵심인 인간의 존엄과 가치를 구현하기 위한 가장 기본적인 자유로서 모든 기본권 보장의 전제조건이다. 신체의 자유가 보장되지 아니하면 그 밖의 자유나 권리의 향유는 물론이고, 인간의 존엄성 유지와 민주주의 그 자체의 존립마저 불가능한 것이 된다.

그리하여 우리 헌법은 신체의 자유에 대하여 제12조 이하에서 상세히 규정하고 있다. 헌법 제12조 제1항은 "모든 국민은 신체의 자유를 가진다. 누구든지 법률에 의하지 아니하고는 체포 · 구속 · 압수 · 수색 또는 심문을 받지 아니하며, 법률과 적법한 절차에 의하지 아니하고는 처벌 · 보안처분 또는 강제노역을 받지 아니한다"고 규정하고 있다.

위와 같이 헌법 제12조 제1항 제1문에서 신체의 자유 일반을 선언한 다음, 같은 항 제2문에서 신체의 자유의 실체적 · 절차적 보장을 규정함으로써, 죄형법정주의와 체포 · 구속 등의 법률주의와 적법절차를 규정하고 있다. 이어서 제2항에서 고문금지와 진술거부권의 보장, 제3항 본문에서 영장제도와 적법절차, 제4항에서 변호인의 조력을 받을 권리, 제5항에서 체포 또는 구속의 이유 등을 고지 받을 권리, 제6항에서 구속적부심사제도, 제7항에서 자백의 증거능력 제한을 각각 규정하고 있다. 또한 제13조에서 일사부재리와 소급입법의 금지 및 친족의 행위로 인한 불이익처우금지 등을 규정하고 있으며, 그 외에도 제27조와 제28조에서 형사피고인으로서의 권리를 규정하고 있다.

2. 신체의 자유의 의의와 보장

2.1. 헌법 제12조 제1항에 규정된 신체의 자유의 의의

2.1.1. 인신구속의 개념과 요건

신체의 자유란 신체적 거동의 자유(körperliche Bewegungsfreiheit)를 말한다. 적극적으로는 어디든지 원하는 장소로 이동할 수 있는 자유, 다시 말하면 현재 있는 장소를 떠나 원하는 어떤 장소든지 방문할 수 있는 자유를 말하고, 소극적으로는 현재 있는 장소에 머무를 자유, 다시 말하면 피하고 싶은 어떤 장소든지 피할 수 있는 자유를 말한다.[6] 헌법재판소도, "헌법 제12조 제1항 전문에서 '모든 국민은 신체의 자유를 가진다'라고 규정하여 신체의 자유를 보장하고 있는 것은 신체의 안정성이 외부로부터의 물리적인 힘이나 정신적인 위험으로부터 침해당하지 아니할 자유와 신체활동을 임의적이고 자율적으로 할 수 있는 자유를 말하는 것"이라고 판시한 바 있다.[7]

이러한 신체의 자유의 제한 내지 침해의 유형을 헌법 제12조 제1항에서는 체포 · 구속 · 압수 · 수색 · 심문 · 처벌 · 보안처분 또는 강제노역으로 예시하고 있다. 여기에서 헌법 제12조 제1항에 규정된 체포와 구속을 정의하면, '체포'는 신체를 실력으로 구속하여 일정 기간 유치하는 것이고, '구속'

6 계희열, 《헌법학(중)》 신정2판, 박영사(2007), 290면.
7 헌재 1992. 12. 24. 선고 92헌가8 결정.

은 신체를 일정한 장소에서 계속 구류하여 장소적 이동을 불가능하게 하는 것이라 할 수 있다.[8] 인신보호법 제2조 제1항 본문에서는 헌법 제12조 제1항 제1문에 규정된 체포 · 구속에 대한 대응하는 개념으로 '수용'이라는 용어를 사용하면서, 피수용자를 '자유로운 의사에 반하여 수용시설에 수용 · 보호 또는 감금되어 있는 자'라고 정의하고 있다. 한편, 일본 인신보호법은 신체의 자유의 제한 내지 침해에 대하여 '구속'이라는 용어를 그대로 사용하면서, 인신보호규칙(2006. 7. 28. 최고재판소규칙 제11호로 개정된 것) 제3조에서는 구속을 "체포, 억류, 구금 등 신체의 자유를 빼앗거나 제한하는 행위"라고 정의하고 제5조에서는 피구속자가 자유롭게 표시한 의사에 반하여 인신보호청구를 할 수 없도록 규정하고 있다.

자유로운 의사에 반하여 신체적 거동이 제한되고 있다면 명칭의 여하를 불문하고 구제의 대상이 되는 체포 · 구속에 해당된다. 인신보호법 제2조 제1항 본문에서는 '수용 · 보호 또는 감금'을 예시하고 있고, 일본 인신보호규칙 제3조에서는 '체포, 억류, 구금'을 예시하고 있다.

2.1.2. 헌법 제12조 제1항 제2문에 규정된 체포 · 구속의 범위

우리 헌법 제12조 제1항 제2문에 규정된 체포 · 구속의 의미를 구체적으로 살펴보면, 형사절차에 의한 체포 · 구속으로 한정하여야 할 것인지, 아니면 행정절차에서 이루어지는 인신구속 등 다른 공권력에 의한 인신구속도 포괄하여야 할 것인지에 관하여 견해가 나뉠 수 있다.

형사절차에서의 체포 · 구속뿐만 아니라 그 밖에 일체의 인신구속을 포괄하는 것으로 설명하는 포괄설이 있다. 포괄설은 헌법 제12조에 규정되어 있는 '체포'는 실력으로 신체의 자유를 구속하는 것으로서 형사소송법상의 체포 · 구인 · 구류 등을 포함하는 것이고, '구속'은 신체의 자유를 구류하여

8 계희열, 《헌법학(중)》, 292면 참조.

그 장소적 이전의 가능성을 제한 · 박탈하는 것이라고 설명하고 있다.[9] 다음으로 형사절차에서의 체포 · 구속으로 한정하여 설명하는 제한설이 있을 수 있다. 헌법 제12조에 규정되어 있는 '체포'는 수사기관이 피의자를 인치하여 일정 기간 유치하는 강제처분을 말하고, '구속'은 수사기관이 피의자의 신체의 자유를 박탈하여 일정한 장소에 일시적 또는 계속적으로 유치하는 것(구인과 구류)이라고 설명한다.[10]

대부분의 문헌들이 헌법 제12조 제1항에 규정된 체포 · 구속의 범주에 관하여 명확한 인식을 가지고 설명하고 있는지는 불분명하지만 체포 · 구속을 수사기관에 의한 것으로 한정하여 설명하고 있고, 신체의 자유가 역사적으로나 현실적으로 수사기관에 의하여 침해되는 경우가 매우 많은 것도 사실이다. 그러나 감염병 예방 및 관리에 관한 법률상의 입원치료라든가 정신보건법상 강제입원 등 행정기관에 의하여 이루어지는 인신구속도 생각보다 많은 분야에서 많은 수의 인원에 대하여 이루어지고 있고, 이러한 인신구속이 행정목적을 위하여 행해졌더라도 감금을 수반하는 이상 헌법 제12조 제1항 제2문에 규정된 구속에 해당한다고 못 볼 이유가 없다.

또한 헌법 제12조 제1항 제2문은 누구든지 법률에 의하지 않고는 체포 · 구속 · 압수 · 수색 또는 심문을 받지 않는다고 규정하고 있는바, 체포 · 구속 · 압수 · 수색을 수사기관에 의한 것으로만 한정한다면, 수사기관이 아닌 다른 국가기관에 의한 것은 법률적 근거가 없어도 된다고 해석되어야 하나, 그러한 결론은 누구도 수긍할 수 없을 것이다.[11] 따라서 우리 헌법 제12조 제1항상 체포 · 구속은 수사기관뿐만 아니라 행정기관을 비롯한 다른 국

9 계희열, 《헌법학(중)》, 292면. 김철수, 《헌법학신론》 제20전정신판, 박영사(2010), 584면.

10 대표적으로 권영성, 《헌법학원론》 개정판, 법문사(2010), 416-417면.

11 그리하여 제한설에서는 헌법 제12조 제1항에 관련하여, "적법절차의 원칙이 자유와 권리를 절차적으로 보장하는 것을 목적으로 하는 것이라면, 행정처분에 의하여 자유와 권리가 제한되는 경우에도 적법절차의 원칙이 적용되어야 한다고 본다"라고 설명하고 있다〔권영성, 《헌법학원론》, 427면〕.

가기관 등에 의한 것도 포함하는 것으로 해석하여야 한다.[12]

헌법 제12조 제1항 제2문의 체포 · 구속을 수사기관에 의한 것으로 한정할 것인지, 아니면 모든 공권력에 의한 체포 · 구속을 포괄할 것인지의 문제는 헌법 제12조 제6항의 체포 · 구속적부심사조항과 관련하여 매우 중요한 해석상의 문제를 낳을 수 있다. 헌법 제12조 제6항은 "누구든지 체포 또는 구속을 당한 때에는 적부의 심사를 법원에 청구할 권리를 가진다"고 규정하고 있는바, 위 조항에서 말하는 체포 · 구속을 수사기관에 의한 것으로 한정해 버린다면 다른 국가기관에 의한 체포 · 구속에 대해서는 적부심사를 청구할 수 없다는 결론에 다다르기 때문이다.

2.2. 행정상 인신구속

2.2.1. 개념

체포 · 구속의 의미를 앞에서 본 바와 같이 파악하면, 그것은 형사절차에서만 이루어지는 것은 아니다. 이러한 인신구속을 형사절차에서의 인신구속과 구별하기 위하여 '행정상 인신구속'이라고 부를 수 있다.[13]

이러한 행정상 인신구속은 행정작용이라는 점에서 형사절차에서의 인신구속이 사법작용인 것과 구별된다. 그러나 형사절차에서의 인신구속과 행정상의 인신구속은 공권력에 의한 인신구속이라는 점에서 공통점을 가지고 있고, 이러한 점에서 사인에 의한 인신구속과 구별된다.

---

12 대법원은, 사무감사 · 조사를 위하여 증인에 대한 동행명령장은 증인의 신체의 자유를 억압하여 일정 장소로 인치하는 것이므로 법관이 아닌 지방의회 의장이 발부할 수 있도록 규정한 조례안은 위헌이라는 취지로 판시한바 있다(대법원 1995. 6. 30. 선고 93추83 판결).

13 행정상 인신구속이라는 용어는 이 분야에 관한 연구가 소홀한 것에서 보는 바와 같이 사용된 예가 거의 없고, 학계에서 합의된 용어도 아니다. 이러한 용어를 사용한 문헌으로는, 박균성, 〈행정상 인신구속에 대한 법적 통제〉, 《공법학의 제문제—현제 김영훈 박사 화갑기념》, 법문사(1995), 하명호, 〈행정상 인신구속과 구속적부심사제도의 도입에 관하여〉, 《헌법논총》 제16권, 헌법재판소(2005) 등이 있다.

2.2.2. 다른 인신구속절차와의 구별

1) 형사절차에서의 체포 · 구속과의 구별

형사절차에서의 인신구속제도는 체포와 구속으로 이원화되어 있다. '체포'란 죄를 범하였다고 의심할 만한 상당한 이유가 있는 피의자를 단시간 동안 수사관서 등 일정한 장소에 인치하는 제도로서, 수사 초기에 피의자의 신병을 확보하기 위한 구속의 전단계 처분으로 체포기간이 단기이고 요건이 완화되어 있다는 점에서 구속과 구별된다.[14] 한편, '구속'은 피의자 또는 피고인의 신체의 자유를 체포에 비하여 장기간에 걸쳐 제한하는 강제처분으로서, 피고인 또는 피의자를 교도소 또는 구치소 등에 감금하는 '구금'과 피고인 또는 피의자를 법원 기타 장소에 인치하는 '구인'으로 나누어진다.[15] 형사절차에서의 인신구속제도의 목적은 형사절차의 진행과 형벌의 집행을 확보하는 것 즉, 피고인 또는 피의자에 대한 신체의 자유를 제한함으로써 형사절차에서의 출석을 보장하고, 증거인멸에 의한 수사와 심리의 방해를 제거하며, 확정된 형벌의 집행을 확보하기 위한 것이다.[16]

이에 비하여 행정상 인신구속은 수사기관이나 법원에 의하여 이루어지는 것이 아니고 행정기관에 의하여 이루어지며, 사회방위나 치료 등 행정목적을 달성하기 위한 것이다.

2) 보안처분과의 구별

보안처분이라 함은 범죄에 대한 사회방위의 방법인 형벌만으로는 불충분 또는 부적당한 경우, 형벌 이외의 방법으로 형벌을 보충하고 대체하는 의미에서 범죄행위자 또는 범죄위험자에 대하여 국가가 시행하는 범죄예방처분을 말한다. 그 법적 성격에 관해서는 보안처분을 형벌과 동일한 성질의 것

14 이재상, 《신형사소송법》 제2판, 박영사(2008), 232면. 배종대 · 이상돈 · 정승환 · 이주원, 《신형사소송법》 제3판, 홍문사(2011), 119면.

15 이재상, 《신형사소송법》, 232면. 배종대 · 이상돈 · 정승환 · 이주원, 《신형사소송법》, 135-136면.

16 이재상, 《신형사소송법》, 245면. 배종대 · 이상돈 · 정승환 · 이주원, 《신형사소송법》, 136면.

으로 보아 형사사법작용으로 보는 견해(일원설)와 형벌과는 다른 성질의 것으로 보아 행정작용으로 보는 견해(이원설)가 대립되고 있다.[17] 보안처분은 범죄에 대한 형법상 제재인 보안처분과 행정작용으로서의 보안처분으로 나누어 볼 수 있다. 그러나 행정작용으로서의 보안처분도 범죄의 예방을 위한 것이라는 측면이 강하기 때문에 범죄와는 무관하게 행정목적을 달성하기 위하여 행해지는 행정상 인신구속과는 구별된다고 보아야 할 것이다. 즉 보안처분은 넓은 의미의 형사사법작용에 속하며, 따라서 행정작용으로서의 성질을 가지는 행정목적을 위한 인신구속과는 그 법적 성질이 다르다고 보는 것이 타당하다.[18]

2.2.3. 법적 성질

행정상 인신구속은 각각의 요건과 형태를 따져서 그 법적 성질을 규명하여야 할 것이지만, 통상 구속을 결정하는 절차와 그 결정을 집행하는 절차로 나눌 수 있다. 전자는 치료시설에 입원할 것과 같은 의무부과를 명하는 결정이나 명령으로서 행정행위의 성질을 가지는 것이 대부분일 것이고, 후자는 행정상 즉시강제나 직접강제에 해당할 것이다.

'행정상 즉시강제'라 함은 목전에 급박한 행정상 장해를 제거하여야 할 필요가 있으나 미리 의무를 명할 시간적 여유가 없을 때 또는 그 성질상 의무를 명해 가지고는 그 목적을 달성하기 곤란할 때에 직접 국민의 신체 또는 재산에 실력을 가하여 행정상 필요한 상태를 실현하는 작용이다.[19] '직접

17 배종대, 《형사정책》 제8판, 홍문사(2011), 438면 참조. 보안처분의 입법례로서 일원주의, 이원주의, 대체주의에 대한 자세한 설명은 배종대, 《형사정책》, 444-446면 참조.

18 박균성, 《행정상 인신구속에 대한 법적 통제》, 489면.

19 류지태 · 박종수, 《행정법신론》 제15판, 박영사(2011), 389면 등 다수. 이에 대하여 통설이 사용하는 개념은 너무 포괄적이라는 지적을 하면서 급박한 행정상 장해를 제거하여야 할 필요가 있으나 미리 의무를 명할 시간적 여유가 없을 때에는 협의의 즉시강제 또는 즉시집행이라고 부르고, 성질상 의무를 명해 가지고는 그 목적을 달성하기 곤란할 때에는 직접시행 또는 광의의 즉시강제로 부르는 것이 좋다는 견해도 있다〔김남진 · 김연태, 《행정법 I》 제15판, 법문사(2011), 503면〕.

강제'란 행정법상의 의무불이행에 대하여 직접적으로 의무자의 신체나 재산에 실력을 가하여 의무의 이행이 있었던 것과 동일한 상태를 실현하는 강제수단을 말하고, 이는 대체적 작위의무뿐 아니라 비대체적 작위의무, 부작위의무 및 수인의무 등 모든 의무의 불이행에 대하여 행할 수 있다는 점에서 대집행과 구별된다. 그리고 직접강제와 즉시강제는 법률이나 행정처분에 의한 의무부과를 전제로 하는지 여부에 따라 구별하는 것이 통설적인 견해이다.

따라서 행정상 인신구속을 집행하는 절차가 입원명령과 같이 상대방인 국민에게 사전에 의무를 명함이 없이 행해지는 경우에는 행정상 즉시강제가 되고, 사전에 국민에게 의무를 명하고 상대방인 국민이 이 의무를 이행하지 않을 때 행해지는 경우에는 직접강제에 해당하게 될 것이다.[20]

2.2.4. 현행법상 행정상 인신구속의 예

행정상 인신구속은 그것을 규정하고 있는 개개의 법률에 따라 그 요건이나 절차가 다르다. 아래에서는 대표적인 행정상 인신구속이라고 생각되는 몇 가지를 중심으로 소개하기로 한다.

1) 경찰관직무집행법에 의한 보호조치

(1) 보호조치의 의의

'보호조치'란 자기 또는 타인의 생명 · 신체와 재산에 위해를 미칠 우려가 있는 자에 대하여 그 위해를 방지하기 위하여 잠정적으로 신체의 자유를 제한하여 보호하는 조치를 말한다. 우리나라는 경찰관직무집행법 제4조 제1항 제1호에서 "경찰관은 수상한 거동 기타 주위의 사정을 합리적으로 판단하여 정신착란 또는 술 취한 상태로 인하여 자기 또는 타인의 생명 · 신체와 재산에 위해를 미칠 우려가 있는 자와 자살을 기도하는 자에 해당함

20 박균성, 〈행정상 인신구속에 대한 법적 통제〉, 488면.

이 명백하며 응급의 구호를 요한다고 믿을 만한 상당한 이유가 있는 자를 발견한 때에는 보건의료기관 또는 공공구호기관에 긴급구호를 요청하거나 경찰관서에 보호하는 등 적당한 조치를 할 수 있다"고 규정하고 있다.

보호는 경찰에 의한 자유박탈이라는 점에서 형사절차에서의 체포 · 구속과 유사하나, 범죄의 수사 또는 범죄에 대한 제재가 아니라 예방 목적으로 행해진다는 점에서 구별된다.[21] 보호는 자유로운 의사형성이 불가능한 상태 또는 무력하여 의지할 바가 없는 상태에 있는 자에 대하여 허용되고, 보호의 목적은 개인의 생명 · 신체 등의 법익의 보호로 제한된다.

(2) 보호조치의 현황

경찰관직무집행법상 보호조치 중 상당수를 차지하는 것은 '술 취한 상태로 인하여 자기 또는 타인의 생명 · 신체와 재산에 위해를 미칠 우려가 있는 자'에 대한 것으로 생각된다. 〈표1〉에서 보는 바와 같이 전국순찰지구대 및 치안센터 2,945개소를 대상으로 조사한 결과 2004년 6월의 1개월 동안에 전국에서 발생한 총 사건 수 152,550건 중 주취자 처리사건 수는 32,103건으로 21%를 차지하는 것으로 나타나고 있다.[22] 그중 상당수가 주취자에 대한 보호조치에 해당할 것이라고 보면, 경찰관직무집행법상의 보호조치로 행정상 인신구속이 된 사람은 매우 많을 것으로 추정된다.

한편, 경찰은 2000년 10월 1일부터 전국 시단위 이상 154개 경찰서에 '주취자안정실'을 설치하여 운영하고 있다. 그런데 〈표2〉에서 나타나는 것과 같이 2001년 이후에 주취자안정실의 운영실적이 점차 감소하고 있다.[23] 이렇게 운영실적이 매년 감소하는 이유는 주취자의 절대적인 수가 감소한

---

21 김재광, 《경찰법각론》, 한국법제연구원(2007), 70면.

22 《2004년도 행정자치위원회 국정감사요구자료(Ⅳ)》, 경찰청(2004), 202면〔백창현, 《경찰상 보호조치에 관한 법적연구—주취자 보호조치를 중심으로》, 고려대학교 대학원(2010), 95면에서 재인용〕.

23 〈표1, 2〉는 백창현, 《경찰상 보호조치에 관한 법적연구—주취자 보호조치를 중심으로》, 99면에 기재되어 있는 경찰청의 권경석 국회의원에 대한 질의 답변자료(2007)를 재인용한 것이다.

표1 순찰지구대 주취자 조치현황

(단위 : 건)

구분	발생건수	조치결과					미조치 (도주 등)
		훈방	통고처분	즉심회부	형사입건		
					구속	불구속	
총사건	152,550	43,162	52,651	2,400	1,448	47,000	5,889
주취자 조치	32,103 (100.0%)	19,757 (61.5%)	2,101 (6.5%)	698 (2.2%)	129 (0.4%)	8,020 (25.0%)	1,428 (4.4%)

표2 연도별 운영실적 및 조치 후 처리현황

(단위 : 건)

연도	보호조치 실적	보호조치 후 처리			
		단순귀가	즉심청구	형사입건	의료기관 등 인계
2000	1,624	1,276	173	153	22
2001	5,078	4,268	410	314	86
2002	2,152	1,662	270	137	83
2003	1,452	1,238	124	64	26
2004	858	777	33	32	16
2005	572	509	22	31	10
2006	309	294	5	4	6
2007	182	181	0	1	0

것 때문이 아니라 경찰서의 주취자안정실에 보호해야 할 주취자도 지구대 자체에서 보호를 하고 경찰서에 인계를 하지 않기 때문이라고 한다.[24]

(3) 보호조치의 요건과 대상

보호조치의 결정권자는 경찰관이다.[25] 보호조치의 대상자에 해당하는지 여부는 일반적인 사회통념에 따라 수상한 거동 기타 주위의 사정을 합리적으

24 백창현, 《경찰상 보호조치에 관한 법적연구—주취자 보호조치를 중심으로》, 98면.

25 독일에서는 우리나라와 달리 보호조치에 근거하여 사람을 구금한 경우 경찰은 지체 없이 자유박탈의 허용성과 계속성에 관한 법관의 결정을 받도록 되어 있으나, 경찰조치의 이유가 없어지고 난 후에야 비로소 법관의 결정이 있을 것으로 인정될 때에는 법관의 결정을 구할 필요가 없도록 하여 경찰의 판단만으로 보호조치가 가능하도록 하고 있다〔남승길, 〈경찰관직무집행법〉, 《공법연구》 제25집 제3호, 한국공법학회(1997. 6), 105면. 정하중, 〈독일 경찰법의 체계와 한국 경찰관직무집행법의 개선방향(下)〉, 《사법행정》 제399호, 한국사법행정학회(1994. 2), 8면 참조〕.

로 판단하여야 할 것이고, 그에 해당한다고 하더라도 응급의 구호를 요한다고 믿을 만한 상당한 이유가 있어야 한다.

보호조치의 대상은 정신착란 또는 술 취한 상태로 인하여 자기 또는 타인의 생명 · 신체와 재산에 위해를 미칠 우려가 있는 자와 자살을 기도하는 자이다. 여기에서 정신착란이란 사회통념상 명확히 정상이 아닌 상태 · 정상적인 판단능력이나 의사능력을 결한 상태에 있는 것을 말하고, 술에 취한 상태라 함은 알코올의 영향에 의하여 사회통념상 심취하여 정상적인 판단능력이나 의사능력을 상실할 정도로 취한 상태이다. 한편, 자살을 기도하는 자란 극약을 소지하거나 투신목적으로 강변에서 방황하는 등 주위의 상황과 본인의 거동 등을 합리적으로 판단할 때 자살을 결행할 위험성이 있는 자를 말한다.

그런데 경찰관직무집행법 제4조 제1항 제2호에서는 미아 · 병자 · 부상자 등으로서 적당한 보호자가 없으며 응급의 구호를 요한다고 인정되는 자에 대해서도 경찰관은 보호조치를 취할 수 있도록 규정하고 있다. 그러나 이 경우에는 그 사람이 보호조치를 거절하지 않는 때에만 행해질 수 있으므로, 자유박탈이라고 할 수 없어 행정상 인신구속이라 할 수 없을 것이다.

(4) 보호조치의 절차와 방법

위와 같은 보호조치 대상자를 발견한 경찰관은 보건의료기관 또는 공공구호기관에 응급구호를 요청하거나 경찰관서에 보호하는 등 적당한 조치를 할 수 있다. 보건의료기관이란 보건소, 병원, 한의원, 조산소 등 응급조치로 생명 · 신체의 구조를 행할 수 있는 공사를 불문한 기관을 말하고, 공공구호기관이란 국가나 지방자치단체가 설립한 아동보호소, 부녀보호소, 양로원 등의 일체의 사회보장시설을 말한다.[26] 이때 긴급구호요청을 받은 보건의료기관이나 공공구호기관은 정당한 이유 없이 긴급구호를 거절할 수 없

26 김형훈, 〈경찰관직무집행법 개정방향〉, 《경찰학연구》 창간호, 경찰대학(2001. 10), 83면.

다(제4조 제2항). 경찰관은 보호조치를 할 때 피구호자가 휴대하고 있는 무기 · 흉기 등 위험을 야기할 수 있는 것으로 인정되는 물건을 경찰관서에 임시영치할 수 있다(제3항).[27]

경찰관이 보호조치를 한 때에는 지체 없이 피구호자의 가족 · 친지 기타의 연고자에게 그 사실을 통지하여야 한다(제4항). 만일 연고자가 발견되지 아니할 때에는 피보호자를 적당한 공중보건의료기관이나 공공구호기관에 즉시 인계하여야 하고, 즉시 그 사실을 소속 경찰서장 또는 지방해양경찰관서의 장에게 보고하여야 하며, 보고를 받은 소속 경찰서장 또는 지방해양경찰관서의 장은 피구호자를 인계한 사실을 지체 없이 당해 공중보건의료기관 · 공공구호기관의 장 및 그 감독행정청에 통보하여야 한다(제4항 내지 제5항).

(5) 보호조치의 기간과 장소

경찰관서 내에서의 보호는 24시간을 초과할 수 없다(제7항). 보호의 장소는 통상 경찰서 내에 일정한 자를 사실상 유치하기 위하여 설치한 구역인 보호실이 될 것이다. 이는 보호조치된 자를 수용하기 위하여 설치 · 운영되고 있는 시설로서 피보호자 외에 형사절차에서의 연행자라든가 구속피의자, 임의동행자 등은 보호실에 유치할 수 없다. 한편 유치장은 법률이 정한 절차에 따라 구속되거나 신체의 자유를 제한하는 판결 또는 처분을 받은 자를 수용하기 위한 시설로서, 보호시설인 보호실과는 그 법적 성격을 달리한다고 한다.[28]

2) 출입국관리법에 의한 강제퇴거절차[29]

(1) 외국인 체류의 현황

국제화 · 세계화로 특징지어지는 오늘날의 한국사회에서는 그 어느 때보다

---

27 이때 그 기간은 10일을 초과할 수 없다(제7항).

28 김재광, 《경찰법각론》, 79면.

29 이에 관한 더 자세한 내용과 비판은 하명호, 〈외국인 보호 및 강제퇴거절차와 구제절차에 대한 공법적 고찰〉, 《고려법학》 제52호, 고려대학교 법학연구원(2009. 4) 참조.

국제적인 인적 교류가 활발하다. 〈표3〉[30]에서 보는 바와 같이 2009년 말 현재 우리나라에 입국을 한 외국인은 6,942,183명에 달하고, 우리나라에 체류하는 외국인의 총수도 1,168,477명에 이른다. 외국인 총 체류자의 규모가 커진 것에 비례하여 불법체류 외국인도 상당수에 이르는데, 2009년 말 현재 177,955명으로 파악되고 있다. 이처럼 우리나라에 불법체류자의 수가 많아지게 된 가장 큰 원인은 체류자격을 갖추지 못한 외국인의 이주노동

표3 외국인 입국자 추세

(승무원 제외, 단위 : 명)

국가 \ 연도	2006년	2007년	2008년	2009년
총계	5,321,593	5,491,128	5,897,517	6,942,183
일본	2,319,874	2,215,611	2,358,333	3,032,376
중국	780,239	920,250	1,015,699	1,212,305
미국	603,741	627,172	644,012	647,566
타이완	368,964	370,071	352,071	411,591
홍콩	134,520	131,482	150,423	206,918
타이	89,752	100,850	118,877	156,167
캐나다	85,612	90,202	95,993	102,145
호주	65,491	76,980	91,801	94,262
필리핀	67,941	73,122	79,266	86,477
싱가포르	71,018	75,383	77,074	84,351
영국	70,192	74,760	82,093	84,213
독일	65,740	71,819	76,686	80,525
베트남	41,791	55,638	72,020	76,537
말레이시아	74,467	65,872	67,326	66,148
러시아	62,559	65,263	68,079	65,180
기타	419,692	476, 653	547,764	535,422

30 법무부 홈페이지에 게재되어 있는 2010년 정기국회 국정감사 제출자료 중 출입국 외국인 정책업무 관련 통계자료를 일부 가공한 것이다(출처: www.moj.go.kr/정보마당/자료실/국회요구 제출자료).

표4 2009년도 국적별 체류 외국인 현황

(단위 : 명)

국적	총계	중국	미국	베트남	일 본	필리핀	타이	몽골	인도네시아	타이완	우즈베키스탄	기타
체류자수	1,168,477	555,082	122,659	90,931	47,718	45,913	44,701	30,674	29,859	27,062	21,249	152,629

표5 연도별 · 국가별 불법체류외국인 현황

(단위 : 명)

국적	2005년말	2006년말	2007년말	2008년말	2009년 말
총계	204,254	211,988	223,464	200,489	177,955
중국	48,104	55,625	67,978	66,003	57,328
한국계 중국	45,563	37,720	34,448	27,207	25,156
베트남	10,884	13,126	14,992	15,849	14,664
태국	11,307	12,495	14,887	14,346	12,383
몽골	10,741	11,743	14,153	13,672	12,270
필리핀	13,519	14,235	14,420	13,045	11,834
우즈베키스탄	6,396	6,957	8,473	8,374	7,091
방글라데시	13,764	12,183	10,464	8,200	6,345
러시아	4,518	4,234	2,442	1,752	1,393
키르기스스탄	932	1,246	1,755	1,336	1,068
기타	38,526	42,424	39,452	30,705	28,423

때문이라고 분석하는 것이 일반적이다.[31]

출입국관리행정은 내외국인의 출입국심사와 외국인의 국내체류의 적정한 관리를 주요 내용으로 하는데,[32] 이를 규율하는 실정법이 출입국관리법이다. 국가는 바람직스럽지 않은 외국인을 강제로 퇴거할 권리를 가진다고 일반적으로 설명되고,[33] 출입국관리법에서도 외국인의 강제퇴거절차를

31 외국인 인력의 유입요인은 유입국가의 농업 기타 제조업의 단순노동인력의 부족과 출산률 저하, 외국인 인력의 임금수준, 유입국의 단순노동 기피현상 등이다〔문준조, 《주요국가의 외국인 이주노동자의 지위와 규제에 관한 연구》, 한국법제연구원(2007), 17-18면〕.

32 《출입국관리정책론 Ⅰ》, 법무부 출입국 · 외국인정책본부(2008), 5면.

33 이규창, 〈외국인추방과 인신의 보호〉, 《국제법학회논총》 제50권 제2호, 대한국제법학회(2005.

규정하고 있는데, 그 절차에는 행정상 인신구속에 해당하는 보호명령과 같은 강제적 수단이 포함되어 있다. 외국인의 강제퇴거가 국가의 주권 또는 재량사항에 속하는 것이라고 하더라도, 헌법상 가장 기본이 되는 기본권인 신체의 자유를 제한하는 것인 이상, 법치국가의 원리가 당연히 적용되어야 함은 말할 나위가 없다.

(2) 강제퇴거의 의의

강제출국은 국가가 불법입국, 불법체류 또는 입국 후 그 나라의 법률을 위반한 자, 그 나라의 안전이나 이익 또는 공공질서에 해를 끼친 자가 그 나라에서 거주 또는 일시체류하는 것을 중지시키고, 강제적인 수단을 동원하여 그로 하여금 국경을 떠나게 하는 것이다.[34] 출입국관리법상 강제출국에는 강제퇴거, 출국명령, 출국권고가 있다. 강제퇴거는 국제법상 개념인 추방에 대응되는 것으로서[35] 강제적인 수단을 동원하여 외국인을 한국의 국경 밖으로 보내는 조치이고, 출국명령은 강제퇴거의 대상인 외국인이 자신의 비용으로 자발적으로 출국하게 하는 것이며,[36] 출국권고는 위반 정도가 비교적 가벼운 외국인에게 출입국관리사무소장 등이 자발적으로 출국할 것을 권고하는 행위를 말한다.

강제퇴거는 출입국관리법상의 해당 외국인에 대한 출입국관리소장 등의 행정처분으로서 외국인의 국내체류를 불허함은 물론 체류외국인의 의사에 관계없이 대한민국의 영토 밖으로 퇴거조치하는 것을 내용으로 하는데, 이는 출입국관리법상 가장 강력한 처분이다.[37] 강제퇴거처분을 받은 자는 우

10), 158면.

34 《출입국관리정책론 I》, 157면.

35 박상순, 〈외국인의 강제퇴거제도에 관한 연구〉, 《법무연구》 제26호, 법무연수원(1999), 424면.

36 강제퇴거와 출국명령의 차이점은 자신의 비용으로 자발적으로 출국하느냐의 여부에 있다. 또한 강제퇴거된 외국인은 출국 후 5년 이내에는 입국이 금지되는 반면, 출국명령을 받은 외국인은 출국 후 사증발급이 제한되나 법무부장관의 허가를 받으면 다시 입국할 수 있다.

37 김광효, 〈강제퇴거의 현실태와 문제점〉, 《법무연구》 제19호, 법무연수원(1992), 367면.

리나라에서의 거주권을 박탈당하고 경우에 따라서는 그 사람의 생활을 근본적으로 뒤집는 결과를 초래할 가능성을 가지고 있기 때문에 행정절차에 의한 형벌이라고 비유되기도 한다.[38]

(3) 강제퇴거의 대상자

출입국관리법 제46조 제1항상 강제퇴거의 대상자는 외국인이고 대한민국의 국민은 그 대상자가 아니다. 여기에서 자국인과 외국인을 구별하는 기준은 말할 것도 없이 국적이다. 위 법 제2조에서도, '국민'은 대한민국의 국민을 말하고, 외국인은 대한민국의 국적을 가지지 아니한 자로 정의하고 있다. 따라서 외국인은 대한민국 이외의 국적을 가지거나 무국적자를 말한다.

헌법 제2조 제1항은 국민이 되는 요건을 법률로 정하도록 규정하여, 국민의 국적취득과 상실 등에 관하여 '국적법'이 제정되어 있다. 특히 문제가 되는 것은 국적법이 제정되기 이전에 조선국적을 취득하고 그 후 북한법에 의하여 북한국적을 취득하여 중국 주재 북한대사관에서 해외공민증을 발급받은 자에 관한 것이다. 이에 대하여 대법원 1996. 11. 12. 선고 96누1221 판결에서는 다음과 같은 논리로 위와 같은 자를 대한민국 국민으로 인정하였고, 출입국관리법상 강제퇴거의 대상자가 아니라고 판시하였다. 첫째, 대한민국 성립 이전의 대한제국 국민의 후손은 대한민국 국민이라는 점이다. 국적법이 제정될 때까지 조선인의 국적을 확립하기 위하여 1948. 5. 11. 제정 · 공포된 미군정법령 제11호 '국적에 관한 임시조례' 제2조 제1호는 조선인을 부친으로 하여 출생한 자는 조선의 국적을 가지는 것으로 규정하고 있었고, 1948. 7. 17. 공포된 제헌헌법 제3조는 대한민국의 국민이 되는 요건은 법률로써 정한다고 규정하고 있었으며, 제100조에서 현행 법령은 이 헌법에 저촉되지 않는 한 효력을 가진다고 규정하고 있었기 때문이다. 둘째, 북한지역에 살고 있는 주민은 그 조상이 대한제국의 후손이

38 장지표, 〈강제퇴거관련 집행정지요건에 관한 일고찰〉, 《법무연구》 제27호, 법무연수원(2000), 351면.

며 대한민국의 영토 내에 거주하고 있기 때문에 대한민국 국민이라는 점이다. 헌법 제3조에서 "대한민국의 영토는 한반도와 그 부속도서로 한다"고 규정하고 있는바, '구한 말 영토의 승계 논리'나 '미수복 지역 논리' 또는 '반국가단체 지배지역 논리'나 '유일합법정부론'을 내세워 북한지역을 현실적으로 우리의 영토로 간주하여 왔기 때문이다.

(4) 강제퇴거의 사유

출입국관리법은 제46조 제1항에서 강제퇴거의 사유를 열거하고 있다. 이를 출입국관리의 위반, 체류관리의 위반 및 금고 이상의 형의 선고 등 세 가지 유형으로 나누어 볼 수 있다.[39]

첫째, 출입국관리의 위반사유는 외국인이 입국이나 출국 등과 관련하여 유효한 여권 등을 소지하지 않은 경우, 입국금지 사유가 입국 후에 발견되거나 발생한 경우 또는 입국심사나 출국심사를 받지 않고 출입국하거나 조건부 입국허가에 붙인 조건 등을 위반한 경우 등을 말한다.

둘째, 체류관리의 위반사유는 외국인이 정해진 기간 안에 등록을 하지 않거나, 허가받은 체류자격 및 체류활동이 아닌 활동을 하거나, 활동범위의 제한을 벗어난 활동을 하거나 외국인 고용의 제한을 위반한 경우 등을 말한다.

셋째, 금고 이상의 형의 선고를 받고 석방된 경우(제13호)도 강제퇴거의 사유가 된다. 여기에 금고 이상의 형을 선고받고 집행이 유예된 자도 포함되는지가 논란이 될 여지가 있지만, 대법원은 일반적으로 금고 이상의 형을 선고받은 경우에 실형을 선고받은 경우뿐만 아니라 그 집행이 유예된 경우도 포함하는 것으로 해석하고 있으므로,[40] 금고 이상의 형을 선고받고 집행유예를 받은 경우도 강제퇴거의 사유가 된다고 해석할 수밖에 없다. 한편,

39 이러한 구분은 박상순, 〈외국인의 강제퇴거제도에 관한 연구〉, 432면을 참조한 것이다.

40 대법원 2008. 1. 18. 선고 2007도9405 판결, 대법원 2007. 7. 27. 선고 2007도768 판결 등 참조.

출입국관리법 제46조 제1항 제14호로부터 위임받은 시행규칙 제54조의2에 규정된 죄를 범하거나 법률을 위반한 자로서 사무소장 · 출장소장 또는 외국인보호소장이 강제퇴거함이 상당하다고 인정하는 자도 강제퇴거의 대상자가 된다.

(5) 강제퇴거의 절차

출입국관리법상 강제퇴거 절차는 강제퇴거의 사유에 해당한다고 의심되는 외국인에 대한 조사부터 시작한다. 조사 후에는 이들이 보호의 대상인지 또는 강제퇴거의 대상인지 여부를 심사하여 결정한다. 이를 도식화하면 강제퇴거 절차는 '조사 → (보호) → 심사결정 → (보호) → 강제퇴거의 집행'의 순서로 진행된다.

(가) 조사

① 의의

출입국관리법 제47조는, "출입국관리공무원은 제46조 제1항 각호의 1에 해당된다고 의심되는 외국인에 대하여는 그 사실을 조사할 수 있다"고 규정하고 있다. 이에 따르면 조사의 권한은 출입국관리공무원에게 있고, 조사의 대상자는 강제퇴거의 사유가 있다고 의심되는 외국인이 되며, 그 외국인을 '용의자'라고 표현하고 있다. 출입국관리법상의 조사절차는 형사소송법상 수사절차와 유사한 과정을 거치므로, 수사절차상의 피의자에 대응되는 개념으로 출입국관리법은 용의자라는 용어를 사용하는 듯하다.[41] 한편, 출입국관리법상의 조사절차도 헌법상 비례의 원칙을 준수하여야 하므로 그 권한은 직무수행에 필요한 최소한도 내에서 행사되어야 하며 이를 남용해서는 안 된다.

---

41 이러한 용어사용은 일본의 出入國管理及び難民認定法(이하 入管法이라 한다) 제27조에서 유래한 것으로 보인다.

② 조사의 단서

출입국관리공무원은 강제퇴거사유의 해당 여부에 대한 주관적인 의심으로도 언제든지 조사에 착수할 수 있을 것이다.[42] 그런데 출입국관리법상의 조사절차에도 수사절차와 마찬가지로 강제퇴거의 사유에 해당한다고 의심하게 된 원인이 있어야 조사에 착수할 것인데, 그 원인을 편의상 '조사의 단서'라고 부르기로 한다.[43] 조사의 단서는 출입국관리당국이 가지고 있는 각종정보, 출입국관리공무원의 인지, 자진신고, 제3자의 신고, 출판물로부터 얻은 정보, 관계기관으로부터의 통보 등인데,[44] 출입국관리법은 조사의 단서에 해당할 수 있는 몇 가지를 규정하고 있다.

첫째, 여권 등의 제시(법 제27조)에 관하여 살펴본다. 출입국관리법은 17세 미만을 제외한 외국인들에게 여권 · 선원신분증명서 · 외국인입국허가서 · 외국인등록증 또는 상륙허가서의 상시휴대의무(제1항)와 출입국관리공무원 등이 여권 등의 제시를 요구할 때 이를 제시할 의무를 부과하고 있다(제2항). 그 외국인이 여권 등의 휴대 또는 제시의무를 위반하면 100만 원 이하의 벌금에 처해질 수 있다(법 제98조 제1호). 이는 외국인의 공정한 체류관리를 도모하기 위하여 대한민국에 체류하는 외국인에 대하여 출입국관리공무원과 권한 있는 공무원[45]이 그 외국인이 적법하게 체류하고 있는지, 어떤 체류자격을 가지고 있는지, 체류의 허가에 붙여진 조건을 준수하고 있는지 등을 즉시 파악 · 확인하게 하기 위함이다.

둘째, 사실조사(법 제80조)에 관하여 살펴본다. 출입국관리공무원 또는

42 형사절차에서 수사기관은 범죄에 대한 주관적 혐의로 언제든지 수사할 수 있는 것과 마찬가지이다〔배종대 · 이상돈 · 정승환 · 이주원, 《신형사소송법》, 63면 참조〕.

43 수사절차에서 범죄혐의를 두게 된 원인을 수사의 단서라고 한다〔배종대 · 이상돈 · 정승환 · 이주원, 《신형사소송법》, 64면〕. '조사의 단서'라는 용어는 여기에 대응하여 필자가 편의상 붙인 명칭이다.

44 坂中英德 · 齊藤利男, 《出入國管理及び難民認定法 逐條解說》, 日本加除出版(1994), 518頁 참조.

45 권한 있는 공무원이 누구인지 출입국관리법상 분명하지 않다. 일본의 入管法 제23조 제2호에서는 여권제시의 권한을 가진 공무원을 입국심사관, 입국경비관, 경찰관, 해상보안관 기타 법무성령에서 규정하는 국가 또는 지방공공단체의 직원으로 구체적으로 나열하고 있다.

권한 있는 공무원은 외국인을 고용한 자의 신고, 외국인 등록, 외국인등록 사항변경의 신고, 체류지 변경의 신고의 정확성을 기하기 위하여 그 신고 또는 등록의 내용이 사실과 다르다고 의심할 만한 상당한 이유가 있는 때에는 그 사실을 조사할 수 있다. 위와 같은 조사를 하기 위하여 필요한 때에는 신고 · 등록 또는 신청을 한 자 기타 관계인을 출석하게 하여 질문을 하거나 문서 기타 자료의 제출을 요구할 수 있다.

셋째, 외국인 동향조사(법 제81조)이다. 출입국관리공무원 및 대통령령이 정하는 관계기관 소속 공무원[46]은 외국인이 이 법 또는 이 법에 의한 명령에 따라 적법하게 체류하고 있는지 여부를 조사하기 위하여 외국인, 외국인을 고용한 자, 외국인의 소속단체 또는 그 외국인이 근무하는 업소의 대표자와 외국인을 숙박시킨 자를 방문하여 질문을 하거나 기타 필요한 자료의 제출을 요구할 수 있고, 질문을 받거나 자료의 제출을 요구받은 자는 정당한 이유 없이 이를 거부해서는 안 될 의무가 있다. 출입국관리공무원의 장부 또는 자료제출 요구를 거부 또는 기피한 자는 100만 원 이하의 과태료에 처해질 수 있다(법 제100조 제2항 제3호). 또한 관계기관 소속공무원이 외국인의 동향을 조사한 때에는 그 내용을 사무소장 또는 출장소장에게 통보하여야 한다(시행령 제91조의2 제2항).

넷째, 출입국관리법 제83조는 "누구든지 이 법을 위반하였다고 의심되는 사람을 발견하면 출입국관리공무원에게 신고할 수 있다"고 규정하고 있고, 같은 법 제84조는 국가 또는 지방자치단체의 공무원이 그 직무를 수행함에 있어 강제퇴거의 사유에 해당하는 자를 발견한 때에는 그 사실을 지체 없이 사무소장 · 출장소장 또는 외국인보호소장에게 통보하여야 할 의무를 부과하고 있다.

46 출입국관리법 시행령 제91조의2 제1항에 의하면, 관계기관 소속 공무원은 고용노동부 소속 공무원 중에서 고용노동부장관이 지정하는 사람, 중소기업청 소속 공무원 중에서 중소기업청장이 지정하는 사람, 경찰공무원 중 경찰청장이 지정하는 사람, 그 밖에 산업연수생의 보호 · 관리와 관련하여 법무부장관이 필요하다고 인정하는 관계중앙행정기관 소속 공무원이다.

③ 조사의 착수(인지보고)

출입국관리공무원은 조사의 단서에 의하여 특정 외국인이 강제퇴거 사유에 해당한다고 의심되는 때 조사에 착수하게 된다. 조사에 착수할 때에는 용의사실인지보고서를 작성하여 사무소장 · 출장소장 또는 보호소장에게 제출하여야 하고(시행령 제57조), 사건부에 용의자에 대한 인적사항, 죄명, 체류자격 등 소정의 사항과 사건번호를 기재한다(시행규칙 제54조의3).

④ 조사의 진행

출입국관리공무원은 조사를 하는 데 필요한 때에는 용의자의 출석을 요구하여 신문할 수 있고(법 제48조), 참고인의 출석을 요구하여 진술을 들을 수 있다(법 제49조). 신문을 할 때 용의자와 참고인이 행한 진술은 조서에 기재하여야 한다. 한편, 출입국관리공무원은 조사를 하는 데 필요한 때에는 용의자의 동의를 얻어 그의 주거 또는 물건을 검사하거나 서류 또는 물건의 제출을 요구할 수 있다(법 제50조).

(나) 용의자에 대한 보호

용의자라 하여 반드시 보호되어야 하는 것은 아니나 그가 도주하거나 도주할 염려가 있다고 인정되는 경우에는 원활한 조사를 위하여 부득이 신병을 확보할 필요가 있을 수 있다. 이러한 용의자에 대한 신병확보절차는 출입국관리법 제51조에 규정되어 있다. 출입국관리공무원은 외국인이 강제퇴거 사유에 해당된다고 의심할 만한 상당한 이유가 있고 도주하거나 도주할 염려가 있는 경우 사무소장 · 출장소장 또는 외국인보호소장으로부터 보호명령서를 발부받아 그 외국인을 보호할 수 있다(제1항). 다만 위 보호요건에 해당하나 긴급을 요하여 보호명령서를 발부받을 여유가 없는 때에는 출입국관리공무원의 명의로 긴급보호서를 발부하여 그 외국인을 보호할 수 있는데, 이 경우 48시간 이내에 보호명령서를 발부받아 그 외국인에게 내보

여야 하고, 이를 발부받지 못한 때에는 즉시 보호를 해제하여야 한다(제3항, 제5항).[47]

용의자의 보호기간은 10일 이내로 한다. 다만 부득이한 사유가 있는 때에는 사무소장 · 출장소장 또는 외국인보호소장의 허가를 받아 10일을 초과하지 아니하는 범위 내에서 1차에 한하여 연장할 수 있다(법 제52조 제1항). 한편, 보호할 수 있는 장소는 외국인보호실 · 외국인보호소 기타 법무부장관이 지정하는 장소로 한다(같은 조 제2항).

(다) 심사결정

사무소장 · 출장소장 또는 외국인보호소장은 출입국관리공무원이 용의자에 대한 조사를 마친 때에는 지체 없이 용의자가 강제퇴거의 대상자에 해당하는지의 여부를 심사하여 결정하여야 한다(법 제58조). 사무소장 등은 심사의 결과 용의자가 강제퇴거의 대상자에 해당하지 아니한다고 인정할 때에는 지체 없이 용의자에게 그 뜻을 알려야 하고, 용의자가 보호되어 있는 때에는 즉시 보호를 해제하여야 하며, 강제퇴거의 대상자에 해당한다고 인정될 때에는 강제퇴거명령서를 발부할 수 있다(법 제59조 제1항 내지 제3항). 강제퇴거명령서를 발부하는 경우 그 용의자에 대하여 법무부장관에게 이의신청을 할 수 있음을 알려야 한다(같은 조 제4항).

47 이 밖에도 출입국관리공무원은 입국이 허가되지 아니한 외국인, 조건부입국허가를 받은 자로서 도주하거나 도주할 염려가 있다고 인정할 만한 상당한 이유가 있는 외국인, 출국명령을 받은 자로서 도주하거나 도주할 염려가 있다고 인정할 만한 상당한 이유가 있는 외국인을 48시간을 초과하지 아니하는 범위 내에서 외국인보호실에 일시보호할 수 있다(법 제56조). 또한 사무소장 · 출장소장 또는 외국인보호소장은 강제퇴거명령을 받은 자를 즉시 대한민국 밖으로 송환할 수 없는 때에는 송환이 가능할 때까지 그를 외국인보호실 · 외국인보호소 기타 법무부장관이 지정하는 장소에 보호할 수 있다(법 제63조). 위와 같은 외국인의 보호를 구분하기 위하여 편의상 제51조 제1항에 의한 보호를 일반보호, 제51조 제3항에 의한 보호를 긴급보호, 제56조에 의한 보호를 일시보호, 제63조에 의한 보호를 강제퇴거명령을 받은 자의 보호라고 부를 수 있다. 위와 같은 용어례는 박상순, 〈외국인의 강제퇴거제도에 관한 연구〉, 458면에서 차용한 것이다.

(라) 강제퇴거명령서의 발부와 집행

① 강제퇴거명령서의 발부

사무소장 등은 심사의 결과 용의자가 강제퇴거의 대상자에 해당한다고 인정될 때에는 강제퇴거명령서를 발부할 수 있다. 강제퇴거명령서의 발부는 재량행위이기 때문에 강제퇴거 대상자에 해당하더라도 이를 발부하지 않을 수 있다.[48]

② 강제퇴거명령을 받은 자의 보호

출입국관리공무원은 출입국관리사무소장 등이 결정하여 발부한 강제퇴거명령서를 지체 없이 집행하여야 하나, 여러 가지 사정으로 인하여 즉시 대한민국 밖으로 송환할 수 없는 경우가 있을 수 있다. 이때에는 강제퇴거명령을 받은 자를 보호할 수밖에 없으므로, 송환이 가능할 때까지 외국인보호실 · 외국인보호소 기타 법무부장관이 지정하는 장소에 보호하게 된다(법 제63조 제1항).

③ 강제퇴거명령서의 집행

강제퇴거명령서의 집행은 출입국관리공무원이 행하되, 사무소장 등은 사법경찰관리에게 강제퇴거명령서의 집행을 의뢰할 수 있다(법 제62조 제1항, 제2항). 강제퇴거명령서를 집행할 때에는 그 명령을 받은 자에게 강제퇴거명령서를 내보이고 지체 없이 그를 송환하여야 한다.

3) 감염병환자 등에 대한 입원조치

(1) 개관

보건행정관청은 감염병이나 결핵, 후천성면역결핍증 등의 감염자의 치료효율을 높이고, 새로운 감염원이 더 이상 확산되는 것을 방지하기 위하여 입

48 박상순, 〈외국인의 강제퇴거제도에 관한 연구〉, 475면.

원치료조치를 취할 수 있다.[49] 이러한 입원치료 등은 감염병환자 등의 의사에 반하여 강제로 신체적 거동을 제한하는 것으로서 그 목적이나 동기와 관계없이 인신구속에 해당한다.

이러한 경우를 규정한 대표적인 법률로는 감염병의 예방 및 관리에 관한 법률과 결핵예방법, 후천성면역결핍증예방법 등이 있는데, 이에 대하여 간략히 살펴본다.

(2) 감염병의 예방 및 관리에 관한 법률에 의한 입원치료

(가) 감염병 및 감염병환자의 정의 및 분류

감염병의 예방 및 관리에 관한 법률 제2조는 감염병을 "제1군감염병, 제2군감염병, 제3군감염병, 제4군감염병, 제5군감염병, 지정감염병, 세계보건기구 감시대상 감염병, 생물테러감염병, 성매개감염병, 인수(人獸)공통감염병 및 의료관련감염병"으로 정의하여 분류하고 있다. '제1군감염병'은 마시는 물 또는 식품을 매개로 발생하고 집단 발생의 우려가 커서 발생 또는 유행 즉시 방역대책을 수립하여야 하는 감염병으로서, 콜레라 · 장티푸스 · 파라티푸스 · 세균성이질 · 장출혈성대장균감염증 · A형간염 등이고, '제2군감염병'은 예방접종을 통하여 예방 및 관리가 가능하여 국가예방접종사업의 대상이 되는 감염병으로서, 디프테리아 · 백일해 · 파상풍 · 홍역 · 유행성이하선염 · 풍진 · 폴리오 · B형간염 · 일본뇌염 · 수두(水痘) 등이다. '제3군감염병'은 간헐적으로 유행할 가능성이 있어 계속 그 발생을 감시하고 방역대책의 수립이 필요한 감염병으로서, 말라리아 · 결핵 · 한센병 · 성홍열 · 수막구균성수막염 · 레지오넬라증 · 비브리오패혈증 · 발진티푸스 · 발진열 · 쯔쯔가무시증 · 렙토스피라증 · 브루셀라증 · 탄저 · 공수병 · 신증후군출혈열 · 인플루엔자 · 후천성면역결핍증(AIDS) · 매독 · 크로이츠펠트-야콥병(CJD) 및 변종크로이츠펠트-야콥병(vCJD) 등이고, "제4군감염병"은 국내에서 새

49 한국의료법학회 보건의료법학 편찬위원회, 《보건의료법학》 개정판, 동림사(2003), 365면 참조.

롭게 발생하였거나 발생할 우려가 있는 감염병 또는 국내 유입이 우려되는 해외 유행감염병으로서 보건복지부령으로 정하는 감염병이며,[50] '제5군감염병'은 기생충에 감염되어 발생하는 감염병으로서 정기적인 조사를 통한 감시가 필요하여 보건복지부령으로 정하는 감염병이다.[51]

한편, '감염병환자'란 감염병의 병원체가 인체에 침입하여 증상을 나타내는 사람으로서 법 제11조 제5항 소정의 진단기준에 따른 의사 또는 한의사의 진단이나 보건복지부령으로 정하는 기관의 실험실 검사를 통하여 확인된 사람을 말한다(법 제2조 제13호). "감염병의사환자"란 감염병병원체가 인체에 침입한 것으로 의심이 되나 감염병환자로 확인되기 전 단계에 있는 사람을 말하고(같은 조 제14호), "병원체보유자"란 임상적인 증상은 없으나 감염병병원체를 보유하고 있는 사람을 말한다(같은 조 제15호).

(나) 입원치료의 근거

보건복지부장관, 시 · 도지사 또는 시장 · 군수 · 구청장은 해당 공무원으로 하여금 ① 제1군감염병, ② 제2군감염병 중 디프테리아, 홍역 및 폴리오, ③ 제3군감염병 중 결핵, 성홍열 및 수막구균성수막염, ④ 제4군감염병 중 보건복지부장관이 정하는 감염병, ⑤ 세계보건기구 감시대상 감염병, ⑥ 생물테러감염병 등 감염병환자, 감염병의사환자 또는 병원체보유자가 있다고 인정되는 주거시설, 선박 · 항공기 · 열차 등 운송수단 또는 그 밖의 장소에 들어가 필요한 조사나 진찰을 하게 할 수 있으며, 그 진찰 결과 감염병환자 등으로 인정될 때에는 동행하여 치료받게 하거나 입원시킬 수 있다(법 제42조 제1항).

50 시행규칙 제2조에 의하면, 페스트 · 황열 · 뎅기열 · 바이러스성 출혈열 · 두창 · 보툴리눔독소증 · 중증 급성호흡기 증후군(SARS) · 조류인플루엔자 인체감염증 · 신종인플루엔자 · 야토병 · 큐열 · 웨스트나일열 · 신종감염병증후군 · 라임병 · 진드기매개뇌염 · 유비저(類鼻疽) · 치쿤구니야열 등이 지정되어 있다.

51 시행규칙 제3조에 의하면, 회충증 · 편충증 · 요충증 · 간흡충증 · 폐흡충증 · 장흡충증 등이 지정되어 있다.

한편, 수감자로서 감염병에 감염된 자에 대해서는 교도소장이 감염병의 전파를 차단하기 위한 조치와 적절한 의료를 제공할 수 있다(법 제44조).

(다) 입원치료의 절차와 고지

감염병환자 등을 조사 · 진찰을 하는 공무원은 그 권한을 증명하는 증표를 지니고 이를 관계인에게 보여주어야 한다(법 제42조 제1항).

한편, 보건복지부장관, 시 · 도지사 또는 시장 · 군수 · 구청장은 감염병환자 등에게 입원치료가 필요한 경우에는 그 사실을 입원치료 대상자와 그 보호자에게 통지하여야 한다(법 제43조 제1항).

(3) 결핵예방법에 의한 입원명령

결핵예방법 제2조에 의하면, '결핵'이란 결핵균으로 인하여 발생하는 질환을 말하고, '결핵환자'란 결핵균이 인체 내에 침입하여 임상적 특징이 나타나는 자로서 결핵균검사에서 양성으로 확인된 자를 말한다. 그런데 같은 법 제15조 제1항에 의하면, 특별자치도지사 또는 시장 · 군수 · 구청장은 결핵환자가 동거자 또는 제3자에게 결핵을 전염시킬 우려가 있다고 인정할 때에는 결핵의 예방을 위하여 결핵환자에게, 그에게 직접 입원을 명할 수 없는 불가피한 사유가 있으면 그 보호자에게 일정 기간 보건복지부장관이 지정하는 의료기관에 입원할 것을 명할 수 있다고 규정하고 있다. 한편, 교정시설의 장은 재소 중인 전염성결핵환자에 대하여 치료와 전염방지를 위하여 적절한 조치를 하도록 규정하고 있다.

결핵예방법에 의한 강제입원은 사전에 결핵환자에게 입원을 명하고 상대방인 결핵환자가 이에 응하지 않는 경우에 행해지므로, 직접강제에 해당하게 될 것이다.

(4) 후천성면역결핍증예방법에 의한 치료 및 보호조치

후천성면역결핍증예방법 제14조와 제15조에서는, 보건복지부장관, 시 · 도지사 또는 시장 · 군수 · 구청장이 인체면역결핍바이러스의 전염을 방지하기 위하여 감염인 중 타인에게 감염시킬 우려가 있는 자 등에 대하여 전문진료기관 또는 요양시설에서 치료 또는 요양을 받도록 권고할 수 있고, 그에 응하지 않는 자로서 타인에게 감염시킬 우려가 높은 것으로 인정된 자에 대하여 치료 및 보호조치를 강제할 수 있도록 규정하고 있다.

제14조에서는 치료권고의 대상자로서, "감염인 중 타인에게 감염시킬 우려가 있는 자 등 다음 각 호로 정하는 감염인"이라고 규정하고 ① 검진결과 감염인으로 판명된 자로서 검진을 받아야 할 업소에 종사하거나 종사할 가능성이 높은 감염인, ② 주의능력과 주위환경 등으로 보아 타인에게 감염시킬 우려가 있다고 인정되는 감염인, ③ 생계유지능력이 없고, 타인에 의하여 부양 또는 보호를 받고 있지 아니한 감염인 등을 열거하고 있다. 한편, 제15조에서는 치료 및 보호조치의 대상자를 "제14조의 치료권고에 응하지 아니하는 감염인 중 감염인의 주의능력과 주위환경 등으로 보아 타인에게 감염시킬 우려가 높은 자로 인정된" 자로 규정하고 있다.

여기에서 제14조의 해석과 관련하여 치료권고의 대상자를 누구로 볼 것인지에 관하여 약간의 논란이 있을 수 있다. 즉, "다음 각 호로 정하는 감염인"을 "타인에게 감염시킬 우려가 있는 자"의 예시규정으로 보아 다음 각 호에 해당하지 않더라도 타인에게 감염시킬 우려가 있으면 치료권고를 행할 수 있는 것인지 아니면 '타인에게 감염시킬 우려가 있고 다음 각 호에 해당하는 자'라고 해석하여야 하는지의 문제이다.

제15조의 치료 및 보호조치의 대상자는 "치료권고에 응하지 않은 감염인 중 감염인의 주의능력과 주위환경 등으로 보아 타인에게 감염시킬 우려가 높은 것으로 인정된 자"이므로, 치료권고의 대상자는 치료 및 보호조치라는 강제조치의 대상자의 전제조건이 된다. 결국 치료권고 그 자체는 권

고적 성격을 가지고 있어 국민의 권리를 제한하거나 의무를 부과하는 것은 아니지만 치료 및 보호조치까지 연결해서 생각하면 가장 치명적인 침익적 처분의 전제조건이 되므로 엄격히 제한적으로 해석하여야 할 것이다. 따라서 '타인에게 감염시킬 우려가 있고 다음 각 호에 해당하는 자'라고 해석하여야 할 것이라고 생각한다.

(5) 마약류관리에 관한 법률에 의한 치료보호

(가) 의의

마약류관리에 관한 법률 제40조에서는 두 가지의 행정상 인신구속을 규정하고 있다. 보건복지부장관 또는 시 · 도지사는 치료보호기관을 설치 · 운영하거나 지정할 수 있는데, 그 치료보호기관이 마약류사용자에 대하여 마약류중독 여부의 판별검사를 받도록 하게 하거나 마약류중독자로 판명된 자에 대하여 치료보호를 받도록 하게 할 수 있다(제1항, 제2항). 한편, 보건복지부에는 중앙치료보호심사위원회가, 특별시 · 광역시 · 도에는 지방치료보호심사위원회가 각각 설치되어 있는데, 보건복지부장관 또는 시 · 도지사가 위와 같은 판별검사 또는 치료보호를 하려면 치료보호심사위원회의 심의를 거쳐야 한다(제3항, 제4항, 마약류 중독자 치료보호 규정 제4조).

(나) 마약류사용자에 대한 판별검사를 위한 입원조치

보건복지부장관 또는 시 · 도지사는 마약류사용자에 대하여 1개월 이내에 치료보호기관에서 마약류중독 여부의 판별검사를 받게 할 수 있다. 마약류중독자 치료보호 규정(대통령령)에 의하면, 마약류사용자에 대한 판별검사의 절차는 '입원의뢰 · 통보 및 입원신청 → 입원조치 → 판별검사'의 순서로 진행된다.

검사는 마약류중독자 또는 마약류중독자로 의심되는 사람(중독자 등)에 대하여 치료보호를 할 필요가 있거나 중독 여부를 판별할 필요가 있다고 인정하는 경우에는 치료보호기관에 해당 중독자등의 입원을 의뢰하고 그 사실을 해당 치료보호기관을 관할하는 보건복지부장관 또는 시 · 도지사에게 알려야 하고, 교정시설(교도소, 소년교도소, 구치소, 감호소 또는 소년원 포함)의 장은 중독자 등을 석방할 때에는 그 중독자 등의 거주지를 관할하는 시 · 도지사에게 알려야 한다. 또한 중독자 등 본인과 그 배우자 · 직계존속 · 법정대리인은 중독자 등의 치료보호 및 판별검사를 위하여 보건복지부장관, 시 · 도지사 또는 치료보호기관의 장에게 치료보호기관에의 입원을 신청할 수도 있다(규정 제9조).

보건복지부장관, 시 · 도지사 또는 치료보호기관의 장은 위와 같은 입원의뢰 · 통보 및 입원신청을 받으면 지체 없이 그 중독자 등을 치료보호기관에 입원시켜야 한다(규정 제10조). 이때 부득이한 사유가 없는 한 사전에 해당 치료보호심사위원회의 심의를 거쳐야 하고, 치료보호기관의 장은 중독자 등을 치료보호기관에 입원시킨 후 지체 없이 위 입원신청의 경우에는 입원을 신청한 사람, 그 외의 경우에는 배우자, 부모, 부모 외의 직계존속, 법정대리인의 순서에 따른 선순위자에게 입원의 일시 · 장소 및 그 사유를 알려야 한다.

치료보호기관의 장은 위와 같이 입원한 사람에 대하여 정신건강의학과 전문의가 발행한 진단서에 따라 마약류중독자로 확인된 경우를 제외하고 마약류중독의 여부에 관한 판별검사를 시행한다(규정 제11조).

(다) 마약류중독자에 대한 치료보호명령

보건복지부장관 또는 시 · 도지사는 위 판별검사 결과 마약류중독자로 판명된 사람에 대하여 지체 없이 해당 치료보호심의위원회의 심의를 거쳐 치료보호기간을 정하여 치료보호를 명하여야 한다(법 제40조 제2항, 규정 제13조). 2개월 이상의 치료보호가 필요한 중증 마약류중독자에 대해서는 시 · 도지사가 요청하는 경우 보건복지부장관은 그 마약류중독자를 치료보호기관에 입원 조치하여 치료보호를 할 수 있다(규정 제15조).

법 제40조 제2항 제2문, 규정 제13조, 제16조에 의하면, 보건복지부장관 또는 시 · 도지사는 12개월 이내의 기간을 정하여 치료보호명령을 하고, 치료보호기관의 장이 그 치료보호기간을 넘어 입원을 계속할 필요가 있다고 인정하여 그 치료보호기간이 끝나기 10일 이전에 그 사유 및 연장기간을 보고하면 해당 치료보호심의위원회의 심의를 거쳐 매회 2개월의 범위에서 치료보호기간을 연장할 수 있으나, 총 치료보호기간은 12개월을 넘을 수 없다. 기간을 연장한 경우에도 앞에서 본 배우자 등의 통보대상자에게 그 사실을 알려야 한다.

(라) 퇴원조치

보건복지부장관, 시 · 도지사 또는 치료보호기관의 장은 치료보호기관에 입원한 사람이 ① 판별검사 결과 중독자가 아닌 것으로 판명된 경우, ② 치료보호기간이 끝난 경우, ③ 치료보호기관의 장으로부터 치료보호기간이 끝나기 전에 마약류중독자가 완치되었다는 보고를 받은 경우, ④ 검사가 퇴원을 요청한 경우 등에는 지체 없이 퇴원 조치를 하여야 한다.

4) 정신보건법상의 강제입원

(1) 정신보건법 개관

정신보건법은 정신질환의 예방과 정신질환자의 의료 및 사회복귀에 관하여 필요한 사항을 규정함으로써 국민의 정신건강증진에 이바지함을 목적으로 1995. 12. 19. 국회에서 의결된 후 1995. 12. 30. 법률 제5133호로 제정되어 1996. 12. 31. 시행되고 있다.

정신보건법은 정신질환자에 대한 적절한 치료를 보장하고 사회복귀를 촉진한다는 의미에서는 복지입법의 성격을 갖는다. 환자의 권익을 보장하고, 정신의료기관에의 입원에 대한 악용을 배제하고 구제장치를 마련하고 있으며, 정신질환자의 사회복귀를 촉진하는 방안과 함께 이를 지원하는 제도를 강구하고, 정신질환 치료에 필요한 국가의 지원을 규정하고 있다는 점에서 그러하다.

그러나 정신질환자들에 대한 잠재적 범죄의 위험으로부터 사회를 보호하고자 하는 측면에서 본다면, 치안입법의 성격도 아울러 갖는다 할 수 있다. 정신보건법 제24조 제2항 제2호 '환자 자신의 건강 또는 안전이나 타인의 안전을 위하여 입원할 필요가 있는 때', 제25조 제3항 '정신질환으로 의심되는 자가 자신 또는 타인을 해할 위험이 있어 그 증상의 정확한 진단이 필요하다고 인정되는 때', 제26조 제1항 '정신질환자로 추정되는 자로서 자신 또는 타인을 해할 위험이 큰 자'에 대한 강제입원은 예방구금의 성격을 갖는 것으로 치안입법의 성격이 강하다.[52]

(2) 정신질환자와 정신보건시설

정신보건법은 그 적용대상을 정신질환자로 규정하고 있다. 정신보건법 제3조 제1호는 정신질환자를 "정신병(기질적 정신병 포함) · 인격장애 · 알코올 및 약물중독 기타 비정신병적정신장애를 가진 자"라고 정의하고 있다. 이렇게 정신보건법이 그 적용대상이 되는 정신질환자를 넓게 정의한 것은 정신보건법의 적용대상을 국민건강보험법상의 요양급여의 대상과 일치시켜 정신질환자로 하여금 적절한 치료를 받게 할 의도인 것으로 보인다.[53] 또한 정신보건법이 제정 당시에는 정신질환자를 기질적 정신병을 포함한 정신병 이외에 인격장애 기타 비정신병적 정신장애를 가진 자로 규정하고 있었으나 2000. 1. 12. 개정되면서 알코올 및 약물중독까지 여기에 포함시킨 것은 정신의학적 · 생물학적 관점에서의 정신질환보다는 사회적 병리현상으로

52 이동명, 〈정신보건법상의 강제입원에 관한 연구〉, 《형사정책》 제13권 제1호, 한국형사정책학회(2001), 150면.

53 조홍석, 〈정신병원에의 수용과 기본적 인권〉, 《법학논고》 제15집, 경북대학교 법학연구소(1999), 142면.

나타난 정신질환자의 수용에 더 초점을 맞추고 있는 것으로 볼 수도 있다.[54]

그러나 인격장애나 비정신적 정신장애까지 정신보건법의 규율대상으로 확대하는 것은 '정신건강의학과 치료'라는 법의 취지에 반하고, 아울러 모든 정신질환자를 강제입원의 대상으로 이해할 가능성이 존재하여, 그 범위가 너무 포괄적이라는 견해가 있다.[55] 그 견해에 따르면, 강제입원치료가 남용되는 것을 방지하기 위해서는 정신질환자의 개념을 좁게 규정할 필요가 있고, 사회방위적 차원이 아니라 치료의 차원에서 정신질환자의 개념을 정립하여야 하므로, 그 대상을 정신질환을 가진 자로서 정신건강의학과 치료가 반드시 요구되는 자로 한정할 필요가 있다고 한다. 위와 같은 지적은 타당한 측면이 있다 할 것이다. 강제입원에 관한 개별적 절차에서 그 대상과 방법을 엄격히 해석하고 심사하지 않는다면, 보호의무자나 이해관계인의 이기적 목적을 위하여 정신질환자의 기본적 인권이 침해될 가능성이 높을 수 있으니 주의를 요한다.

한편, 정신보건시설은 국가의 정신보건행정을 실시하기 위한 시설을 말한다. 정신보건법은 정신보건시설을 정신의료기관, 정신질환자 사회복귀시설 및 정신요양시설로 나누고 있다(법 제3조 제2호). 정신의료기관은 의료기관 중 주로 정신질환자의 진료를 행할 목적으로 정신병원과 의원 및 병원급 이상의 의료기관에 설치된 정신건강의학과를 말하고(같은 조 제3호),[56] 정신질환자 사회복귀시설은 정신질환자의 사회복귀를 촉진하기 위한 시설로서 정신질환자를 정신의료기관에 입원시키거나 정신요양시설에 입소시키지 않고 사회복귀촉진을 위한 훈련을 행하는 시설이며(같은 조 제4호),[57] 정신요양시설은 정신의료기관에서 의뢰된 정신질환자와 만성정신

54 이동명, 〈정신보건법상의 강제입원에 관한 연구〉, 142면.

55 조홍석, 〈정신병원에의 수용과 기본적 인권〉, 142면.

56 정신보건법 제12조, 시행규칙 제7조에서는 정신의료기관의 설치기준 등을 상세히 규정하고 있다.

57 정신보건법 제16조, 시행령 제4조의2에 따르면 사회복귀시설은 정신질환자 생활시설, 정신질환자 지역사회재활시설, 정신질환자 작업재활시설, 중독자 재활시설, 정신질환자 생산품판매시설,

질환자를 입소시켜 요양과 사회복귀촉진을 위한 훈련을 행하는 시설을 말한다(같은 조 제5호).[58]

정신질환자는 충분한 사회적 적응능력을 가지고 있지 않기 때문에 증세에 따라 강제의료가 필요할 뿐만 아니라 공적인 보호의 필요도 있기 때문에 가능한 한 공적기관의 관리 · 운영을 토대로 처우를 하는 것이 바람직하다. 그리하여, 정신보건법 제4조에서는 국가와 지방자치단체는 국민의 정신건강을 증진시키고, 정신질환을 예방하며, 정신질환자의 치료 · 재활 및 장애극복과 사회복귀촉진을 위한 연구 · 조사와 지도 · 상담 등 필요한 조치를 하여야 하고(제1항), 정신질환의 예방과 치료 및 재활을 위하여 정신보건센터와 정신보건시설을 연계하는 정신보건서비스전달체계를 확립하여야 한다(제2항)고 규정하고, 제8조에서는 보건복지부장관 또는 특별시장 · 광역시장 또는 도지사에 대한 정신병원의 설치 · 운영 의무를 규정함과 아울러 정신병원을 설치하는 경우 그 병원이 지역적으로 균형 있게 분포되도록 하여야 하며, 정신질환자에 대하여 지역사회관리가 가능하도록 하여야 한다고 규정하고 있다. 그러나 정신질환자의 사회복귀, 공중위생으로서의 정신보건행정을 확충하기 위해서는 정신병원의 설치의무만으로는 부족하고 사회복귀시설과 같은 그 밖의 정신보건시설에 대한 설치의무도 규정하는 것이 바람직하다.

정신질환자 종합시설 등으로 분류되고, 시행규칙 제10조의2 〔별표 6의2〕에서는 그 구체적인 종류와 사업을 규정하고 있다.

58 정신요양시설은 과거 인권침해 사례가 다수 발생하였고 그 설치 · 운영도 공공기관이 아닌 사회복지법인이나 비영리법인에서 맡고 있기 때문에 정신보건법은 보건복지부장관 또는 시 · 도지사는 정신요양시설의 장에게 정신질환자의 요양과 사회복귀 촉진을 위한 훈련에 지장이 없는 범위 안에서 지역주민 · 사회단체 · 언론기관 등이 정신요양시설의 운영상황을 파악할 수 있도록 당해 시설의 개방을 요구할 수 있고 정신요양시설의 장은 정당한 사유가 없는 한 이에 응하여야 한다고 규정하는 등 법 제10조, 제10조의2, 제11조 및 시행규칙에 정신요양시설의 설치 · 운영 등에 관한 광범위한 규제조항을 두고 있다.

(3) 정신보건법상 입원형태

정신보건법은 정신질환자가 자의로 신청하여 입원하는 '자의입원'(제23조), 정신질환자의 보호의무자가 동의하여 입원하는 '보호의무자에 의한 입원'(제24조), 시장 · 군수 · 구청장이 정신질환자를 입원시키는 '시장 · 군수 · 구청장에 의한 입원'(제25조), 정신질환자가 자신 또는 타인을 해할 위험이 크고 상황이 급박한 경우에 경찰관 등이 72시간에 한하여 행하는 '응급입원'(제26조) 등을 규정하고 있다.

그런데 '시장 · 군수 · 구청장에 의한 입원'은 정신질환으로 자신 또는 타인을 해할 위험이 있다고 의심되는 자에 대하여 그 증상의 진단을 위한 입원(제25조 제3항)과 그 자가 정신질환자로 판명된 경우 치료를 위한 입원(제25조 제6항)으로 나누어진다. 정신보건법은 입원의 주체를 기준으로 전자와 후자를 구별하지 않고 '시장 · 군수 · 구청장에 의한 입원'이라는 조문에 함께 규정하고 있지만, 양자의 목적과 성격, 요건 등은 전혀 다르므로 구분하는 것이 좋다고 생각된다.

정신보건법에 규정되어 있는 위 입원절차들을 정신질환자의 자발적 의사에 기한 것인지 여부로 나누어 보면, 자의입원은 자발적 입원이 될 것이고, 보호의무자에 의한 입원, 시장 · 군수 · 구청장에 의한 입원, 응급입원은 본인의 의사의 존부와 관계없이 입원당하는 비자발적 입원, 즉 강제입원이다.

입원의 법적 성격에 따라 분류해 보면, 자의입원과 보호의무자에 의한 입원은 사법적 계약의 형태로 입원되는 절차이고, 시장 · 군수 · 구청장에 의한 입원, 응급입원은 행정작용에 의한 입원이다. 응급입원은 '정신질환자가 자신 또는 타인을 해할 위험이 크고 상황이 급박한 경우'에 정신질환자 자신 또는 타인의 안전을 보호하기 위하여 경찰관 등이 72시간에 한하여 실력을 행사하여 행해지는 임시적 강제입원조치로서, 먼저 입원명령을 내린 뒤 입원하지 않으면 실력을 행사하는 것은 생각하기 곤란하고 통상 명령 없이 곧바로 강제적으로 입원시키게 될 것이므로, 그 법적 성질은 행정

표6 입원 유형별 현황

(단위 : 명, %)

	총 입원환자 수	자의입원	비자발적 입원		
			보호의무자가 가족	보호의무자가 시장·군수·구청장	기타 입소*
2008년 총계	68,110(100.0)	9,387(13.8)	50,425(74.0)	7,476(11.0)	822(1.2)
정신의료기관 소계	56,260(100.0)	8,894(15.8)	42,615(75.7)	3,929(7.0)	822(1.5)
국립정신병원	2,695(100.0)	723(26.8)	1,236(45.9)	1(0.0)	735(27.3)
공립정신병원	3,165(100.0)	409(12.9)	2,352(74.3)	402(12.7)	2(0.1)
사립정신병원	23,905(100.0)	2,571(10.8)	19,305(80.8)	1,997(8.4)	32(0.1)
종합병원 정신과	4,175(100.0)	964(23.1)	3,056(73.2)	119(2.9)	36(0.9)
병원 정신과	15,643(100.0)	2,995(19.1)	11,354(72.6)	1,284(8.2)	10(0.1)
정신과 의원	6,677(100.0)	1,232(18.5)	5,312(79.6)	126(1.9)	7(0.1)
정신요양시설	11,850(100.0)	493(4.2)	7,810(65.9)	3,547(29.9)	-

* 기타입소 : 국립감호정신병원에 입원한 감호치료 대상자, 응급입원자 등.
* 출처 : 서동우 대표집필, 〈2008년 중앙정신보건사법지원단 사업보고서〉

표7 재원기간별 분포

(단위 : 명, %)

		전체	중앙값(일)	1개월 미만	1~3개월 미만	3~6개월 미만	6개월~1년 미만	1~3년 미만	3~5년 미만	5~10년 미만	10년 이상
2008년 총계		66,110 (100.0)	233일	7,433 (10.9)	12,377 (18.2)	11,774 (17.3)	8,355 (12.3)	11,967 (17.6)	4,838 (7.1)	5,490 (8.1)	5,876 (8.6)
정신의료기관	소계	56,260 (100.0)	158일	7,335 (13.0)	12,166 (21.6)	11,423 (20.3)	7,718 (13.7)	9,974 (17.7)	3,560 (6.3)	3,136 (5.6)	948 (1.7)
	국립 정신병원	2,695 (100.0)	128일	434 (16.1)	655 (24.3)	610 (22.6)	368 (13.7)	395 (14.7)	117 (4.3)	107 (4.0)	9 (0.3)
	공립 정신병원	3,165 (100.0)	254일	322 (10.2)	408 (12.9)	634 (20.0)	527 (16.7)	818 (25.8)	224 (7.1)	198 (6.3)	34 (1.1)
	사립 정신병원	23,905 (100.0)	186일	2,213 (9.3)	3,948 (16.5)	4,052 (17.0)	3,447 (14.4)	5,184 (21.7)	2,136 (8.9)	2,150 (9.0)	775 (3.2)
	종합병원 정신과	4,175 (100.0)	61일	1,421 (34.0)	1,290 (30.9)	604 (14.5)	334 (8.0)	365 (8.7)	91 (2.2)	57 (1.4)	13 (0.3)
	병원 정신과	15,643 (100.0)	150일	1,787 (11.4)	3,589 (22.9)	3,688 (23.6)	2,209 (14.1)	2,744 (17.5)	921 (5.9)	589 (3.8)	116 (0.7)
	정신과 의원	6,677 (100.0)	88일	1,158 (17.3)	2,276 (34.1)	1,835 (27.5)	833 (12.5)	468 (7.0)	71 (1.1)	35 (0.5)	1 (0.0)
정신요양시설		11,850 (100.0)	2,831일	98 (0.8)	211 (1.8)	351 (3.0)	637 (5.4)	1,993 (16.8)	1,278 (10.8)	2,354 (19.9)	4,928 (37.4)

* 출처 : 서동우 대표집필, 〈2008년 중앙정신보건사법지원단 사업보고서〉

상 즉시강제에 해당할 것이다. 시장 · 군수 · 구청장에 의한 입원은 시장 · 군수 · 구청장의 결정에 의하여 입원시키는 강제입원조치로서, 그 입원결정은 행정행위의 성질을 가진다. 위 절차들 모두 행정쟁송의 대상이 될 수 있는 독립된 처분으로서의 성질을 갖는다.

(4) 정신보건시설의 입원(입소)환자의 현황

〈표6〉에서 보는 바와 같이 2008년 현재 정신보건기관에 입원한 총 환자 수는 68,110명에 이른다. 그중 '자의입원'은 9,387명으로 13.8%에 불과한 반면, '보호의무자에 의한 입원'은 85.0%, '기타 입원'은 1.2%에 달하고, 그중 '보호의무자가 가족'인 환자는 50,425명인 74.0%, '보호의무자가 시장 · 군수 · 구청장'인 환자는 7,476명인 11.0%를 각각 차지하여 '가족이 보호의무자'가 되어 정신보건시설에 입원하는 환자가 압도적으로 많다.

또한 정신보건시설 종류별 입원환자의 재원기간 분포를 제시한 〈표7〉을 보면, 전체 입원(입소)환자의 45%를 넘는 환자가 6개월 이상 입원하고, 그중 1년 이상 입원하고 있는 환자도 전체 입원환자의 31.3%에 달하며, 평균(중앙값, 재원기간의 분포상 50%에 해당하는 입원환자의 재원기간) 재원일수도 233일이나 된다. 유럽에서 평균입원일수가 가장 긴 아일랜드의 경우가 130일이고 가장 짧은 오스트리아는 17.6일에 불과하다는 점에 비추어 볼 때,[59] 우리나라의 장기입원의 경향은 큰 문제점 중에 하나이다.

(5) 입원의 요건과 절차

(가) 자의입원(자발적 입원)

자의입원은 자신의 의지로 입원을 하고 퇴원을 하는 입원제도로서, 정신보건법 제23조에서 규율되고 있다. 자의입원이라 함은 정신질환자가 입원 또

59 조형석, 〈정신보건시설 수용실태의 문제와 개선방안—정신보건시설 입 · 퇴원 과정을 중심으로〉, 《인신보호재판장 간담회 회의자료》, 법원행정처 사법정책실(2009. 10), 48면.

는 입소신청서를 제출하고 정신의료기관 또는 정신요양시설에 자의로 입원 등을 하는 것을 말한다. 자의입원의 경우 의사의 동의를 요하지 않을 뿐만 아니라 본인의 의사에 기하여 자유롭게 퇴원할 수도 있다. 정신의료기관의 장(병원급 이상의 의료기관에 설치된 정신건강의학과의 경우에는 그 의료기관의 장) 또는 정신요양시설의 장(정신의료기관의 장과 정신요양시설의 장을 합쳐 '정신의료기관 등의 장'이라 한다)은 자의입원한 환자로부터 퇴원신청이 있는 경우에는 지체 없이 퇴원시켜야 한다(같은 조 제2항).

만일 당해 대상자가 입원을 반대하고 그에게 판단능력이 있음에도 불구하고 보호의무자의 동의에 의한 입원을 행했다면 위법한 인신구속이라고 하지 않을 수 없다. 따라서 본인의 판단능력이 어느 정도가 되어야 자의입원을 행할 수 있는지가 중요하다. 객관적으로 입원의 필요가 있다고 판단되더라도 당해 대상자가 의료행위에 관한 의사의 설명을 충분히 이해한 다음 거절하고 그 판단과정이 합리적이라면 판단능력을 인정하여야 할 것이다.[60]

정신질환자의 수용에 관한 세계의 역사를 한마디로 요약하면, 강제입원으로부터 자의입원으로의 역사라 말할 수 있을 것이다. 정신질환자의 입원은 정신질환 치료의 효율성이나 정신질환자의 인권보장의 측면에서나 자발적인 자의입원의 형태로 운영되는 것이 바람직하다. 그리하여, 우리 정신보건법 제2조 제5항에서는 "입원치료가 필요한 정신질환자에 대하여는 항상 자발적 입원이 권장되어야 한다"고 규정하여 자발적 입원의 권장이 정신보건법의 기본이념 중 하나로 규정되어 있다.

그러나 정신질환자는 직업상실의 우려, 사회적 활동으로부터의 소외가능성, 가족과의 격리를 두려워하고 정신질환에 대한 사회적 편견을 무서워하기 때문에 입원을 기피하는 경향이 있고, 그러한 경향 때문에 정신보건법의 기본이념과는 달리 오히려 강제입원이 일반적인 것이 되었다. 이

60 大谷正義 編,《'人身の自由'の法的保障》, 晃洋書房(2000), 221頁.

는 〈표6〉에서 본 바와 같이 2008년에 자의입원의 비율이 전체 입원환자의 13.8%에 불과하다는 점에서 통계적으로도 확인되고 있다.[61] 2000년을 기준으로 유럽국가의 비자발적 입원율이 3% 내지 30% 정도라는 점에 비추어 볼 때 우리나라의 비자발적 입원율은 지나치게 높다고 평가된다.[62]

한편, '환자의 의견이 반영된 경우'에도 '보호의무자에 의한 입원'으로 처리되는 경우가 많다고 한다.[63] 2008년 국가인권위원회 실태조사 결과에 따르면, 조사대상자 1,984명 중 '나의 의견이 반영되어 입원하였다'라고 응답한 환자는 782명이었으나, 그중 실제 '자의입원' 처리된 경우는 34.7%에 불과했고, 62.4%는 보호의무자에 의한 입원으로 처리되었다. 그 원인으로 자의입원은 환자가 퇴원을 신청하면 지체 없이 퇴원시켜야 하므로, 입원 · 입

표8 입원 시 동의 여부에 따른 입원 유형의 차이

(단위 : 명, %)

입원 시 본인 동의 여부	입원 유형				계
	보호의무자에 의한 입원		자의 입원	무응답	
	보호의무자가 가족	보호의무자가 시장·군수·구청장			
나의 의견이 반영되어 입원	458(58.6)	30(3.8)	271(34.7)	23(2.9)	782(100.0)
가족의 의견에 따라 입원	612(90.0)	23(3.4)	25(3.7)	13(1.9)	673(100.0)
가족과 치료진이 속이고 강제입원	377(81.3)	45(9.7)	37(8.0)	5(1.1)	464(100.0)
무응답	14(21.5)	11(16.9)	11(16.9)	29(44.6)	65(100.0)
계	1,461(73.6)	109(5.5)	344(17.3)	70(3.5)	1,984(100.0)

* 출처 : 정인원 외, 《정신보건시설 재원자 및 시설실태조사》, 국가인권위원회(2008), 17면.

61 그러나 2003년에 자의입원의 비율이 6.6%인 것에 비하면 상당히 개선된 수치이다. 2003년의 통계에 관해서는 하명호, 《정신보건법상 강제입원과 그에 대한 통제—구속적부심사제도 도입의 필요성을 중심으로》, 고려대학교 대학원 석사학위논문(2005), 23면 참조.

62 조형석, 〈정신보건시설 수용실태의 문제와 개선방안—정신보건시설 입 · 퇴원 과정을 중심으로〉, 43면.

63 조형석, 〈정신보건시설 수용실태의 문제와 개선방안—정신보건시설 입 · 퇴원 과정을 중심으로〉, 43-44면.

소자가 스스로 자신의 퇴원을 자유롭게 결정하지 못하도록 가급적 보호의무자에 의한 입원으로 유도했을 것으로 추정된다는 지적이 있다.

(나) 보호의무자에 의한 입원[64]

① 의의

보호의무자에 의한 입원은 정신질환자의 사적인 치료와 보호를 목적으로 하는 입원이다. 정신보건법 제24조 제1항에서는 "정신의료기관 등의 장은 정신질환자의 보호의무자 2인의 동의(보호의무자가 1인인 경우에는 1인의 동의로 한다)가 있고 정신건강의학과 전문의가 입원 등이 필요하다고 판단한 경우에 한하여 당해 정신질환자를 입원 등을 시킬 수 있으며, 입원 등을 할 때 당해 보호의무자로부터 보건복지부령으로 정하는 입원 등의 동의서 및 보호의무자임을 확인할 수 있는 서류를 받아야 한다"고 규정하고 있다. 〈표6〉에서 보는 바와 같이 2008년의 전체 입원유형 중 보호의무자가 부모인 경우 74%, 시장 · 군수 · 구청장인 경우 11%, 합계 85%로 정신의료기관 등의 입원유형 중 보호의무자에 의한 입원이 대부분을 차지하고 있다. 보호의무자에 의한 입원은 뒤에서 보는 시장 · 군수 · 구청장에 의한 입원과는 달리, 정신질환자의 자상이나 타해의 위험도 필요 없이 정신건강의학과 전문의의 진단의 결과 입원의 필요성이 인정되기만 하면 본인의 동의 없이 보호의무자의 동의만으로 가능하다. 그렇기 때문에 보호의무자가 환자의 복리를 위하여 행하지 않으면 보호의무자에 의한 입원에 의하여 심각한 인권침해가 유발될 수 있다.

② 법적 성질

보호의무자의 동의에 의한 정신질환자의 강제입원이 어떤 이론구성을 통해

64 이에 관한 자세한 사항 및 입법방향에 관해서는 하명호, 〈정신보건법상 보호의무자에 의한 입원〉, 《안암법학》 제36호, 안암법학회(2011. 9) 참조.

정당화될 수 있는지 문제된다. 이에 관하여 크게 공법적으로 구성하는 견해와 사법상의 계약으로 구성하는 견해가 있고, 후자는 다시 제3자를 위한 계약으로 구성하는 견해와 정신질환자의 법정대리인으로 체결하는 계약으로 구성하는 견해로 나뉜다.

먼저 보호의무자에 의한 입원을 공법적으로 구성하여 설명하는 견해에 의하면, 정신질환자를 입원시키는 주체는 어디까지나 정신의료기관 등의 장이고 보호의무자의 동의는 그 권한 행사의 성립요건밖에 되지 않는 것이며, 보호의무자의 동의가 강제력의 근거가 되는 것은 아니라고 한다.[65] 이 견해에 의하면, 의학윤리의 입장에서 국가가 정신질환자의 건강권을 보장하기 위하여 스스로 입원시킬 강제권한 내지 의무를 가지고, 정신의료기관 등의 장은 이러한 국가의 행정상의 권한 내지 의무를 실시하는 기관이며, 보호자의 동의는 이러한 권한행사의 요건 중에 하나라고 설명한다. 그렇다면 정신의료기관 등의 장은 행정주체인 국가나 지방자치단체를 위하여 정신질환자에 대하여 입원을 명하는 내용의 행정행위를 하는 행정청의 지위에 있게 될 것이다. 그러나 국가가 정신질환자가 아니면서도 판단능력이 부족한 의식불명의 환자와 같은 중증환자와 달리 유독 정신질환자에게만 그의 건강권을 위하여 강제로 입원시킬 권한을 가지고 있다고 설명하기 곤란하고, 정신보건법은 제4조에서 국가와 지방자치단체에게 국민의 정신건강을 증진시키고, 정신질환을 예방하며, 정신질환자의 치료 · 재활 및 장애극복과 사회복귀촉진을 위한 연구 · 조사와 지도 · 상담 등 필요한 조치를 하여야 할 의무와 정신보건센터와 정신보건시설을 연계하는 정신보건 서비스 전달체계를 확립하여야 할 의무만 부과하고 있을 뿐, 위 견해에서 말하는 정신질환자를 입원시킬 강제권한 내지 의무를 규정하고 있지도 않다. 또한 정신의료기관의 장에게 그러한 권한을 획정하거나 위임한 법률상의 근거도 찾아보기 어렵다. 따라서 이러한 이론구성은 무리라고 생각된다.

---

65 大谷 實,《情神保健福祉法講義》, 成文堂(1996), 116頁.

다음으로 사법상 계약으로 구성하는 견해 중 제3자를 위한 계약으로 구성하는 견해이다. 보호의무자에 의한 입원은 보호의무자가 요약자가 되고 정신의료기관 등의 운영주체는 낙약자가 되어 정신질환자의 치료와 보호를 목적으로 체결하는 일종의 '제3자를 위한 계약'이라는 견해이다.[66] 그러나 제3자를 위한 계약에서는 제3자가 '수익의 의사표시'를 해야만 낙약자에 대하여 권리를 취득하므로, 사안의 성질상 정신질환자가 유효한 수익의 의사표시를 하는 것이 불가능한 때에는 이러한 이론구성으로 설명하기에 곤란한 문제가 발생한다. 그리하여 위 견해에서는 보호의무자와 정신의료기관 등의 운영주체 사이의 특약으로 정신질환자가 수익의 의사표시를 하지 않더라도 당연히 치료 및 보호를 위한 적절한 조치를 구할 권리를 취득한다고 주장한다. 그러나 위 이론구성대로 생각해 보면 제3자인 정신질환자는 보호의무자와 정신의료기관 등의 운영주체 사이의 계약에 의하여 치료 및 보호를 받을 권리도 취득하지만 신체의 자유라는 기본권 중의 기본권을 침해당하게 되는데 그의 의사와 전혀 관계없이 그러한 법률효과의 발생을 정당화하는 것은 아무래도 곤란하다고 생각된다. 그리고 정신의료기관 등에게 지급하여야 할 진료비 등은 그 이용자인 정신질환자가 부담하는 것이 원칙인데, 제3자를 위한 계약으로 구성을 하게 되면 보호의무자가 진료계약의 당사자로서 진료비를 지급할 채무를 부담하게 된다.[67] 더구나 보호의무자 중에는 부양의무자가 아닌 경우도 있기 때문에 보호의무자이면 당연히 의료비를 부담하여야 하는 것도 아니다. 이러한 점도 감안하면 위 견해에 찬동하기 곤란하다.

마지막으로 보호의무자가 정신질환자를 대리하여 정신의료기관 등의 운영주체와 진료계약을 체결하는 것으로 구성하는 견해이다.[68] 보호의무자

66 東京地裁 昭和 48(1973)年 8月 17日 宣告 昭48(ワ)2267 判決, 判例時報 740号 79頁.

67 이하의 논거는 손홍수, 〈정신질환자의 자살과 의료과오책임〉, 《의료법학》 제7권 제2호, 한국사법행정학회(2006. 12), 21면 참조.

68 전병서, 〈정신질환자의 강제입원〉, 《법률신문》 1993. 5. 6.자(제2214호), 14면.

에 의한 입원은 제3자를 위한 계약이 아니라 보호의무자가 정신질환자의 법정대리인으로서 통상의 진료계약을 체결하는데 지나지 않는다는 것이다. 제3자를 위한 계약으로 구성하는 견해에 의하면 보호의무자와 정신의료기관 등의 운영주체가 계약의 당사자가 되고 정신질환자는 수익의 의사표시를 하는 제3자의 지위에 있는 것이지만, 이 견해에 의하면 정신질환자와 정신의료기관 등의 운영주체가 계약의 당사자가 되고 보호의무자는 정신질환자의 법정대리인이 된다는 것이다. 그런데 정신보건법 제21조에 의하면 보호의무자는 정신질환자의 민법상의 부양의무자 또는 후견인, 시장·군수 또는 구청장이 될 수 있는데, 보호의무자가 다행히도 법정대리권을 가진 자라면 위 진료계약은 유효하겠지만, 그렇지 않다면 그 계약은 무효라는 문제가 발생한다.

위 견해들은 모두 정신질환자와 보호의무자, 정신의료기관 사이의 법률관계를 완벽하게 설명하지는 못한다. 우리나라 정신보건법은 1995. 12. 30. 비로소 제정되어 1996. 12. 31. 시행되고 있는데, 그 제정 당시 일본의 입법을 상당히 참조했을 것으로 보인다. 그런데 일본에서도 우리나라의 보호의무자에 의한 입원에 해당하는 의료보호입원에 대하여 제대로 설명하지 못하고 있다. 다만 연혁적으로 볼 때 의료보호입원의 동의권은 明治시대인 1900년의 精神病者監護法 당시 감호의무자가 가지고 있었던 감호권에서 유래한 것이라고 한다.[69] 따라서 일본과 같은 입법적 전통을 가지고 있지 않은 우리나라에서, 더구나 오늘날의 현대적 상황에서 논리정연한 이론을 구성하여 보호의무자에 의한 입원을 설명하기는 곤란하다. 그래도 개인적으로는 보호의무자에 의한 입원을 사법상 계약으로 보되 보호의무자가 정신질환자의 법정대리인으로서 정신의료기관 등의 운영주체와 진료계약을 체

69 大谷正義 編, 《'人身の自由'の法的保障》, 224頁 참조. 아울러 일본의 정신보건법령의 제정 및 개정의 경위에 관한 사항은 하명호, 《정신보건법상 강제입원과 그에 대한 통제—구속적부심사제도 도입의 필요성을 중심으로》, 72-74면 참조.

결하는 것으로 구성하는 견해가 타당하다고 생각한다. 법정대리권자의 범위는 법률에서 정해지는 것이고 반드시 모든 영역에서의 법정대리권의 범위가 민법상의 그것과 일치하여야 하는 것은 아니기 때문이다. 즉, 정신보건법은 부양의무자 등이 정신질환자를 돌보게 하려는 정책적 고려에서 법정대리권의 범위를 민법과 달리 정했다고 볼 수 있다.[70]

③ 요건

ⓐ 정신건강의학과 전문의가 입원 등이 필요하다고 판단한 경우

우선 정신건강의학과 전문의의 진찰이 필요하다. 정신보건법 제40조 제1항에서는 "누구든지 응급입원의 경우를 제외하고는 정신건강의학과 전문의의 진단에 의하지 아니하고 정신질환자를 정신의료기관 등에 입원시키거나 입원 등을 연장시킬 수 없다"고 규정하고, 진단의 유효기간은 진단서 발급일로부터 30일로 정하고 있다(시행규칙 제22조). 진찰을 행할 때 보호의무자의 동의가 있더라도 정신건강의학과 전문의가 정신질환자를 직접 대면하여 진찰하고 입원이 필요하다고 진단한 다음 이에 기하여 정신의료기관의 장이 입원을 결정하여야 한다.[71] '강제입원조치 후' 진찰을 행한 결과 입원의 필요성이 인정되더라도 불법감금이라는 점에는 변함이 없다.

다음으로 진찰결과 입원의 필요성이 인정되어야 한다. 그런데 정신의료

70 大谷正義 編,《'人身の自由'の法的保障》, 224頁 참조.

71 대법원 2001. 2. 23. 선고 2000도4415 판결. 위 판결의 사안은 피고인이 피해자를 정신병원에 강제로 입원시키기 전에 위 병원 정신과 전문의와 상담하여 피고인의 설명을 들은 그로부터 피해자에 대한 입원치료가 필요하다는 의견을 들었으나, 아직 피해자를 대면한 진찰이나 위 정신병원장의 입원결정이 없는 상태에서 위 병원 원무과장에게 강제입원을 부탁하여 위 원무과장이 자신의 판단으로 피해자를 강제로 구급차에 실어 위 병원에 데려와 입원시킨 것이다. 대법원은 비록 '강제입원조치 후' 위 병원의 정신과 전문의가 피해자를 진찰한 결과 편집성 인격장애 및 알코올의존증의 치료를 위한 입원이 필요하다고 진단하였고 위 병원장이 입원을 결정하였다는 사정이 있더라도 보호의무자에 의한 입원은 보호의무자의 동의가 있더라도 정신과 전문의가 정신질환자를 직접 대면하여 진찰하고 입원이 필요하다고 진단한 다음 이에 기하여 정신의료기관의 장이 입원을 결정하여야 한다고 판시하였다.

기관의 장이 정신건강의학과 전문의인 경우 스스로 진찰을 행하고 입원을 결정할 수 있는지 의문이 들 수 있다. 정신보건법 제24조 제1항은 "정신의료기관 등의 장은 …… 정신건강의학과 전문의가 입원 등이 필요하다고 판단한 경우에 한하여"라고 규정하여 정신의료기관 등의 장과 정신건강의학과 전문의가 다른 사람인 것을 전제로 해석하는 것이 문리에 충실하다는 점, 정신의료기관 등의 장이 정신의료기관 등의 경영을 위하여 순수한 의학적 판단 외에 경영상의 고려하에서 자의에 의한 입원을 행할 우려가 있으므로 이를 방지하고 견제할 필요가 있다는 점[72] 등을 고려하면 정신의료기관 등의 장이 스스로 진찰을 행함과 동시에 입원을 결정하는 것은 금지된다고 본다. 나아가 입원의 필요성을 그 정신의료기관 등에서 종사하는 정신건강의학과 전문의가 판정하는 것에 대해서도 입법론적인 개선이 필요하다.

정신건강의학과 전문의는 정신질환자에 대한 입원이 필요하다고 진단한 때에는 당해 정신질환자가 ① 정신의료기관 등에서 입원 등 치료 또는 요양을 받을 만한 정도 또는 성질의 정신질환에 걸려 있는 경우나 ② 자신의 건강 또는 안전이나 타인의 안전을 위하여 입원 등을 할 필요가 있는 경우에 해당된다고 판단한다는 의견을 기재한 입원권고서를 첨부하여야 한다(법 제24조 제2항).

ⓑ 보호의무자의 동의

동의입원의 두 번째 요건은 정신질환자의 보호의무자 2인의 동의(보호의무자가 1인인 경우에는 1인의 동의)이다.

보호의무자는 정신질환자의 민법상 부양의무자 또는 후견인이 된다(법 제21조 제1항).[73]

72 大谷正義 編, 《'人身の自由'の法的保障》, 223頁 참조.

73 민법은 2011. 3. 7. 법률 제10429호로 개정되어 2013. 7. 1.부터 시행될 예정인데, 그 개정으로 인하여 보호의무자의 자격과 순위, 나아가 보호의무자에 의한 입원제도의 시급한 개혁이 요구된다. 개정 민법은 종래의 금치산 · 한정치산 제도를 폐지하고 성년후견 · 한정후견 · 특정후견제도를 도

부양의무자는 민법 제974조에 의하면, ① 직계혈족 및 그 배우자, ② 생계를 같이 하는 친족이다. 다만, ① 금치산자 및 한정치산자, ② 파산선고를 받고 복권되지 아니한 자, ③ 당해 정신질환자를 상대로 한 소송이 계속 중인 자 또는 소송한 사실이 있었던 자와 그 배우자, ④ 미성년자, ⑤ 행방불명자는 보호의무자가 될 수 없다. 보호의무자 사이의 보호의무의 순위는 부양의무자 · 후견인의 순위에 의하며, 부양의무자가 2인 이상인 경우에는 민법 제976조의 규정에 따르므로(법 제21조 제2항), 당사자 사이의 협정이 있으면 그에 의하고, 없을 때에는 당사자의 청구에 의하여 법원이 결정한다.

후견인이 동의하여 정신질환자를 입원시키기 위해서는 법원의 허가가 필요하다. 민법 제947조 제2항에서는 "후견인이 금치산자를 사택에 감금하거나 정신병원 기타 다른 장소에 감금치료함에는 법원의 허가를 얻어야 한다. 그러나 긴급을 요할 상태인 때에는 사후에 허가를 청구할 수 있다"고 규정하고 있다.

한편, 보호의무자가 없거나 보호의무자가 부득이한 사유로 인하여 그 의무를 이행할 수 없는 경우에는 당해 정신질환자의 주소지(주소지가 없거나 알 수 없는 경우에는 현재지)를 관할하는 시장 · 군수 또는 구청장이 그 보호의무자가 된다(법 제21조 제3항).[74] 부양의무자가 여러 명 있지만 당사자

입하였고, 성년후견인은 후견인의 법정순위가 폐지되는 대신 가정법원이 직권으로 선임하는데 피성년후견인의 의사를 충분히 고려하도록 되어 있다. 그리고 피성년후견인은 자신의 신상에 관하여 그의 상태가 허락하는 범위에서 단독으로 결정하는 것이 원칙이고, 성년후견인이 피성년후견인을 치료 등의 목적으로 정신병원이나 그 밖의 다른 장소에 격리하려는 경우에는 가정법원의 허가를 받도록 규정하고 있고(제947조의2 제1항, 제2항), 이는 한정후견에 준용된다(제959조의6). 따라서 현재의 보호의무자의 순위는 부양의무자가 1순위이고 후견인은 2순위에 불과하므로, 정신질환자의 신상보호에 관하여 가장 적임자라고 가정법원이 선임한 미성년후견인을 포함한 후견인이 부양의무자의 후순위가 되는 문제가 발생한다. 사견으로는 정신보건법상 보호의무자의 자격과 순위는 미성년자의 경우에는 친권자와 후견인, 성년자의 경우에는 후견인으로 개정하고, 보호의무자가 입원에 동의할 때 가정법원의 허가를 받도록 개정하는 것이 바람직하다고 생각한다〔하명호, 〈정신보건법상 보호의무자에 의한 입원〉, 73-75면 참조〕.

74 시장 · 군수 · 구청장이 정신질환자 개개인에 대하여 제대로 파악하고 있는지 의문이고, 정신질환자의 프라이버시에 관련해서도 문제가 있다는 견해가 제기되기도 한다〔大谷正義 編, 《人身の自

사이의 협정이 없으면서 아직 법원의 결정이 없는 때에도 보호의무자가 없는 때에 해당하는 것으로 해석하여야 할 것이다.[75] 부양의무자가 있기는 하지만 아직 그들 사이의 보호의무의 순위가 결정되지 않았다면 누가 보호의무를 이행하여야 하는지 알 수 없으므로 보호의무를 이행하는 자가 없는 것과 마찬가지의 상황이기 때문이다. 보호의무자가 부득이한 사유로 인하여 그 의무를 이행할 수 없는 경우란 보호의무자의 소재불명, 장기간의 질병, 해외거주 등 사실상 의무를 행사할 수 없는 상태이다. 빈곤과 같은 경제적 이유도 여기에 포함되는지도 논란이 될 수 있으나, 앞에서 본 바대로 보호의무자가 진료계약의 당사자가 아니라 법정대리인에 불과하다면 원칙적으로 정신질환자의 진료비를 부담하지 않으므로, 경제적인 이유는 여기에 포함되지 않는다고 볼 수 있다.

보호의무자는 다음과 같은 의무를 진다(법 제22조).

1. 보호의무자는 피보호자인 정신질환자로 하여금 적정한 치료를 받도록 노력하여야 하며, 정신건강의학과 전문의의 진단에 의하지 않고 정신질환자를 입원시키거나 입원을 연장시켜서는 안 된다.

2. 보호의무자는 보호하고 있는 정신질환자가 자신 또는 타인을 해치지 않도록 유의하여야 하며, 정신건강의학과 전문의의 진단에 따라 정신질환자가 입·퇴원할 수 있도록 협조하여야 한다.

3. 보호의무자는 정신질환자의 재산상의 이익 등 권리보호를 위하여 노력하여야 하며 정신질환자를 유기하여서는 안 된다.

보호의무자의 동의는 입원을 할 때 보건복지부령이 정하는 입원동의서에 의하고, 그 입원동의서에는 보호의무자임을 확인할 수 있는 서류가 첨부되어야 한다. 보호의무자임을 확인하는 서류는 주민등록표등본, 가족관

由'の法的保障》, 224頁〕.

75 일본도 유사한 상황 아래에서 비슷하게 해석하는 것이 통설이라고 한다〔大谷正義 編, 《'人身の自由'の法的保障》, 219頁〕.

계의 등록 등에 관한 법률 제15조에 따른 각종 증명서, 건강보험증, 그 밖에 보호의무자임을 증명할 수 있는 서류 중의 하나를 제출한다(시행규칙 제14조 제1항).

④ 입원기간 및 연장

보호의무자에 의한 입원은 정신건강의학과 전문의의 진단과 보호의무자 2인(보호의무자가 1인인 경우에는 1인의 동의)에 의한 입원동의만 있으면 6개월간의 입원이 가능하다(법 제24조 제3항 본문).

6개월이 경과하도록 계속입원이 필요한 경우에는 역시 정신건강의학과 전문의의 진단과 보호의무자의 동의가 있고 시장 · 군수 · 구청장의 심사를 거치면 입원의 연장이 가능하다. 정신의료기관 등의 장이 매 6개월마다 시장 · 군수 · 구청장에게 계속입원치료에 대한 심사를 청구하여야 하고, 심사결과에 따라 퇴원명령을 받은 때에는 당해 환자를 즉시 퇴원시켜야 하며, 그렇지 않은 때 입원기간이 연장된다(법 제24조 제3항 단서, 제4항). 이때 정신의료기관의 장은 보호의무자의 동의를 받아 해당 정신질환자가 계속 입원 치료가 필요한지 여부에 대하여 입원기간 만료일 30일 전까지 계속입원치료심사청구서를 시장 · 군수 · 구청장에게 제출하여야 한다(시행규칙 제14조 제4항). 한편, 시장 · 군수 · 구청장은 이를 기초정신보건심의위원회에 회부하여야 하고(법 제30조), 기초정신보건심의위원회 소속 정신보건심판위원회는 지체 없이 이를 심사하여 그 결과를 시장 · 군수 · 구청장에게 보고하여야 한다(법 제31조 제1항).[76]

6개월을 초과하여 정신질환자를 입원시킬 경우 최초 입원일부터 6개월이 경과하기 전에 미리 전문의 진단, 보호의무자 동의, 심사청구 등의 절차

76 실무적으로는 계속입원에 대한 심사건수가 너무 많고 명문의 규정도 없어서 퇴원심사청구의 경우와 달리 방문심사를 행하지 않고 서류심사로 행하여 형식적이라는 비판을 받는다고 한다〔홍진표, 〈정신질환자 수용 관련 고려사항〉, 《인신보호재판장 간담회 회의자료》, 법원행정처 사법정책실(2009. 10), 30면〕.

를 모두 마쳐야 한다.[77] 6월이 경과하였음에도 이러한 절차를 마치지 못한 경우에는 입원 중인 자를 즉시 퇴원시켜야 하고, 이를 위반하는 경우에는 위법한 감금행위로서 불법행위가 성립하며, 이러한 위법한 감금행위가 지속되는 가운데 이루어진 절차는 위법하므로 뒤늦게 계속입원치료의 요건을 갖출 수도 없다.

⑤ 환자본인에 대한 통지

정신의료기관 등의 장은 정신질환자를 입원시키거나 입원기간을 연장시킨 때에는 지체없이 환자 본인 및 동의서를 제출한 보호의무자에게 입원 또는 입원기간을 연장시킨 사유와 퇴원심사 등의 청구에 관한 사항을 서면 또는 전자문서로 통지하여야 한다(제24조 제5항).

⑥ 보호의무자에 의한 입원에서의 문제점

보호의무자에 의한 입원에서 문제가 되는 것은 보호의무자가 환자의 이익을 위해서가 아니라 자신의 이익을 위하여 입원에 동의하고, 정신건강의학과 전문의의 이기적 목적[78]이 이와 합치하는 경우, 환자는 부당하게 강제로 입원이 될 수도 있고 입원기간까지도 연장될 수 있어, 가족이나 의사에 의하여 입원이나 입원연장이 남용될 우려가 있다는 점이다.[79] 따라서 헌법상 적법절차의 원칙에 따라 주관적 이해관계에 있는 보호자나 의사와는 별도로 객관적 지위에 있는 자에 의한 심사가 필요하다. 그러나 이 경우에도 객

77 대법원 2009. 1. 15. 선고 2006다19832 판결.

78 정신건강의학과 전문의는 정신질환자의 회복을 위하여 일하는 자이기는 하지만, 한편으로는 그 일로 하여 생계를 유지한다. 따라서 환자의 숫자에 따라 치료비나 국가의 보조금 등이 결정되기 때문에 필요 이상으로 환자를 입원시킬 우려가 있다.

79 환자는 퇴원을 원하지만 보호의무자가 퇴원에 반대하는 경우 현실적으로 퇴원을 시키기 어렵다고 한다. 퇴원 후 자해나 타해의 사고가 생길 경우 책임소재에 대한 분쟁에 휘말릴 위험이 있고, 실제로 퇴원이 되더라도 보호의무자가 다른 정신보건시설에 재입원시키는 경향이 있으며, 민간에서 운영되는 정신보건시설의 운영상의 이점 때문이라고 한다〔홍진표, 〈정신질환자 수용 관련 고려사항〉, 31면).

관적 지위에 있기 때문에 발생할 수 있는 형식적 심사의 우려를 반드시 염두에 두어야 할 것이고, 형식적 심사가 되지 않기 위해서는 최소 몇 회 이상의 면담 후 계속 입원을 결정하여야 한다는 등의 일정한 요건을 규정할 필요가 있다고 본다.

이 밖에도 정신질환자가 강제입원한 경우에는 보호자에 의한 재산처분행위 등이 제한되어야 하고, 또한 1인의 정신건강의학과 전문의에 의한 입원이나 계속입원의 결정이 아니라 시장 · 군수 · 구청장에 의한 강제입원의 경우와 같이 2인 이상의 전문가에 의한 결정이 요구된다고 할 수 있다.

(다) 시장 · 군수 · 구청장에 의한 진단을 위한 입원

① 의의와 법적 성질

시장 · 군수 · 구청장은 정신질환자로 의심되는 자에 대하여 자신 또는 타인을 해할 위험이 있어 그 증상의 정확한 진단이 필요하다고 인정한 때에는 정신의료기관 또는 종합병원에 2주 이내의 기간을 정하여 입원하게 할 수 있다.

위 입원은 정신질환자의 증상과 적정한 치료조치의 평가를 위하여 2주간에 한하여 실력을 행사하여 행해지는 임시적 강제입원조치로서, 입원결정의 성질은 행정행위이다.

② 요건 및 절차

첫째, 입원의 대상자는 정신질환으로 자신 또는 타인을 해할 위험이 있다고 의심되는 자이다. 그 자를 발견한 정신건강의학과 전문의 또는 정신보건전문요원은 시장 · 군수 · 구청장에게 당해인의 진단 및 보호를 신청할 수 있다(법 제25조 제1항). 이때, 신청은 진단 및 보호신청서로서 제기하여야 하고, 당해인을 발견한 장소를 관할하는 시장 · 군수 · 구청장에게 제출하여야 한다(시행령 제6조 제1항).

둘째, 신청을 받은 시장 · 군수 · 구청장은 즉시 정신건강의학과 전문의에

게 당해 정신질환자로 의심되는 자에 대한 진단을 의뢰하여야 한다(법 제25조 제2항). 시장 · 군수 · 구청장으로부터 의뢰를 받아 정신질환자로 의심되는 사람을 입원시킨 국 · 공립 정신의료기관의 장 또는 종합병원의 장은 지체 없이 2명 이상의 정신건강의학과 전문의에게 증상을 진단하게 하고 그 진단 결과를 해당 시장 · 군수 · 구청장에게 서면 또는 전자문서로 통보하여야 한다. 다만, 진단결과 계속입원이 필요하지 않다고 인정되는 경우에는 즉시 퇴원시키고 그 퇴원 사실도 함께 통보하여야 한다(시행령 제6조 제4항).

셋째, 정신건강의학과 전문의가 정신질환자로 의심되는 자에 대하여 자

표9 정신보건법 제25조 제4항의 규정에 의한 자신 또는 타인을 해할 위험의 기준

(1997. 3. 31. 보건복지부 고시 제97-18호)

1. "자신 또는 타인을 해할 위험"의 인정기준

가. 정신병으로 인하여 의식장애가 심한 상태 : 의식의 혼탁과 지남력, 기억력, 충동조절능력 상실 등의 증상이 심하여 자신 또는 타인을 해할 위험이 높은 상태

나. 정신병으로 인한 망상에 의해 행동이 지배당하는 상태 : 다음에 열거한 망상이 심하여 그 망상에 따라 행동하면 자신 또는 타인을 해할 가능성이 높은 상태

1) 자신을 누가 해치려 한다는 피해적 내용의 망상이 심한 경우(피해망상, 추적망상, 음독망상, 조정망상 등)

2) 자신은 살아야 할 가치가 없다는 비관적 내용을 포함하는 망상이 심한 경우(죄책망상, 빈곤망상, 허무망상, 자살사고 등)

3) 자신은 누구보다도 위대하기 때문에 무슨 일도 할 수 있다는 내용의 망상이 심한 경우(과대망상))

4) 서로 연결이 되지 않는 각종 망상을 동시에 가지고 있어서 극도의 정신혼란을 보이는 경우

다. 정신병으로 인한 환각에 의해 행동이 지배당하는 상태 : 다음에 열거한 내용의 환각이 있어서 그 환각에 따라 행동하면 자신 또는 타인을 해할 가능성이 높은 상태

1) 환자에게 어떤 행동을 하라고 지시하는 내용의 환각

2) 환자를 비난하는 내용의 환각

3) 환자를 자극하여 흥분시키는 내용의 환각

라. 정신병으로 현실판단 능력이 심하게 손상되어 예측 불가능한 행동을 할 가능성이 높은 상태

마. 심한 우울증으로 삶의 의욕을 상실하여 자해의 가능성이 높은 상태

바. 정신병의 증상으로 극도로 흥분하여 난폭한 행동을 하는 상태

2. 정신병의 범주

여기에서 정신병이라 함은 다음과 같은 정신장애를 말한다.

가. 정신분열장애

나. 기분장애 중 조증상태 또는 우울상태

다. 술 또는 습관성 물질복용으로 인한 정신장애

라. 각종 기질성 정신장애

마. 기타 정신병적 상태

신 또는 타인을 해할 위험이 있어 그 증상의 정확한 진단이 필요하다고 인정하여야 한다(법 제25조 제3항). 이때 자신 또는 타인을 해할 위험의 기준은 중앙정신보건심의위원회의 심의를 거쳐 보건복지부장관이 정한다. 시장 · 군수 · 구청장은 정신건강의학과 전문의의 진단결과 당해 정신질환자로 의심되는 자가 자신 또는 타인을 해할 위험이 있다고 인정되는 경우에도 먼저 당해인으로 하여금 자의에 의한 입원신청을 하게 하거나 그 보호의무자에게 입원동의를 요청하여야 하며, 이에 응하지 않는 경우에 비로소 국 · 공립정신의료기관 또는 종합병원에 입원조치를 의뢰하여야 한다(시행령 제6조 제3항). 이때 시장 · 군수 · 구청장은 입원신청 · 입원동의요청 또는 입원조치 의뢰사항과 정신건강의학과 전문의의 진단결과를 기록하고 이를 유지하여야 한다(시행령 제6조 제5항).

③ 입원기간 및 장소

위와 같은 요건이 갖춰지면, 시장 · 군수 · 구청장은 당해인을 국가나 지방자치단체가 설치 또는 운영하는 정신의료기관 또는 종합병원에 2주 이내의 기간을 정하여 입원하게 할 수 있다(법 제25조 제3항).

④ 통지

입원을 행한 시장 · 군수 · 구청장은 정신질환자의 보호의무자 또는 보호를 하고 있는 자에 대하여 지체 없이 입원사유 · 입원기간 및 장소를 서면 또는 전자문서로 통지하여야 한다(법 제25조 제5항).

(라) 시장 · 군수 · 구청장에 의한 치료를 위한 입원

① 의의 및 법적 성질

시장 · 군수 · 구청장은 진단을 위한 입원에 의한 진단결과 당해 정신질환자에 대하여 계속입원이 필요하다는 2인 이상의 정신건강의학과 전문의의 일

치된 소견이 있는 경우 당해 정신질환자에 대하여 정신의료기관에 입원치료를 의뢰할 수 있다(법 제25조 제6항). 치료를 위한 입원은 시장 · 군수 · 구청장의 결정에 의해 실력을 행사하여 행해지는 강제입원조치로서, 시장 · 군수 · 구청장의 입원의뢰결정의 법적 성질은 행정행위에 해당한다.

② 요건

진단을 위한 입원의 결과 정신질환자에 대하여 계속입원이 필요하다는 2인 이상의 정신건강의학과 전문의의 일치된 소견이 있어야 한다. 이러한 요건을 갖춘 경우 시장 · 군수 · 구청장은 그 관할구역에 있는 국가나 지방자치단체가 설치 또는 운영하는 정신의료기관에 입원치료를 의뢰할 수 있다. 다만 그 관할구역에 국가나 지방자치단체가 설치 또는 운영하는 정신의료기관이 없는 경우에는 그 외의 정신의료기관에 입원치료를 의뢰할 수 있다.

③ 입원기간

입원기간은 원칙적으로 3개월이다. 시장 · 군수 · 구청장은 입원을 행하여 입원한 자가 입원 후 3개월이 경과하면 당해 환자에 대한 입원조치를 해제하여야 하고, 이를 환자가 입원하고 있는 정신의료기관의 장에게 서면 또는 전자문서로 통지하여야 하며, 이 경우 당해 정신의료기관의 장은 지체 없이 당해 환자를 퇴원시켜야 한다(법 제36조 제1항).

다만, 2인 이상의 정신건강의학과 전문의에 의한 진단 또는 정신보건심판위원회의 심사결과 당해 정신질환자가 퇴원 시 정신질환으로 자신 또는 타인을 해할 위험이 있다고 명백히 인정되는 진단 또는 심사결과가 있는 경우에는 당해인을 계속입원시킬 수 있으며, 그때 계속입원일부터 3개월 이내로 연장할 수 있다(법 제36조 제2항).

④ 통지

시장 · 군수 · 구청장은 입원을 행하거나 입원 후 3개월이 경과하더라도 입원을 해제하지 않고 계속입원을 시키는 경우 당해 환자 및 보호의무자 또는 보호를 하고 있는 자에 대하여 지체 없이 계속입원이 필요한 사유 및 기간과 퇴원심사 등의 청구에 관한 사항을 서면 또는 전자문서로 통지하여야 한다(법 제25조 제8항, 제36조 제3항).

(마) 응급입원

① 의의

정신질환자로 추정되는 자로서 자신 또는 타인을 해할 위험이 큰 자를 발견한 자는 그 상황이 매우 급박하여 자의입원, 보호의무자에 의한 입원 및 시장 · 군수 · 구청장에 의한 입원을 시킬 수 없을 때에는 의사와 경찰관의 동의를 얻어 강제입원을 의뢰할 수 있다(법 제26조 제1항). 이러한 형태의 강제입원을 응급입원이라고 하고, 이는 긴급한 경우에 행해지는 임시적 강제입원조치로서 그 법적 성질은 행정상 즉시강제에 해당한다.[80]

② 요건

첫째, 응급입원의 대상자는 정신질환자로 추정되는 자로서 자신 또는 타인을 해할 위험이 큰 자여야 한다.

둘째, 그자를 발견한 자가 자의입원, 보호의무자에 의한 입원 및 시장 · 군수 · 구청장에 의한 입원을 행할 수 없을 정도로 상황이 매우 급박한 경우이어야 입원을 의뢰할 수 있다.

셋째, 이때 의사와 경찰관의 동의가 있어야 한다. 정신질환자로 추정되는 자에 대한 응급입원을 의뢰하고자 하는 자는 응급입원을 동의한 의사와 국가경찰공무원(제주특별자치도의 경우에는 자치경찰공무원 포함)이 서명 또는

80 박균성, 〈행정상 인신구속에 대한 법적 통제〉, 490면.

날인한 응급입원의뢰서(전자문서로 된 의뢰서 포함)를 정신의료기관에 제출하여야 한다(시행령 제7조 제1항). 정신보건법상의 강제입원은 정신건강의학과 전문의 진단에 의하지 않고는 정신질환자를 정신의료기관에 입원시키거나 입원을 연장할 수 없지만, 이에 대한 예외가 응급입원이다(제40조 참조).

넷째, 입원기간은 72시간 이내이다. 정신의료기관의 장은 응급입원된 자에 대하여 72시간의 범위 내에서 응급입원을 시킬 수 있다(제26조 제3항). 따라서 정신의료기관의 장은 응급입원이 의뢰된 자에 대하여 72시간 내에 계속입원에 필요한 정신보건법 소정의 요건을 갖추지 못한 때에는 입원 중인 자를 즉시 퇴원시켜야 하고, 이를 위반하여 72시간이 경과하였음에도 본인의 의사에 반하여 퇴원을 시키지 않는 경우에는 위법한 감금행위로서 불법행위가 성립한다. 이러한 위법한 감금행위가 지속되는 가운데 이루어진 절차는 위법하므로 뒤늦게 계속입원의 요건을 갖출 수도 없다 할 것이다.[81]

③ 호송 및 입원 후의 조치

응급입원의뢰에 동의한 경찰관 또는 119구조 · 구급에 관한 법률 제10조의 규정에 따른 구급대의 대원은 정신의료기관까지 응급입원의 대상자를 호송하고(법 제26조 제2항), 이때 당해 경찰관은 구급차에 동승할 수 있다(시행령 제8조 제2항).

정신의료기관의 장이 위와 같이 의뢰된 자에 대하여 응급입원을 시킨 때에는 지체없이 정신건강의학과 전문의에게 당해 정신질환자로 추정되는 자의 증상을 진단하게 하여야 한다(시행령 제7조 제2항). 이때 입원의뢰된 자에 대한 정신건강의학과 전문의의 진단결과 계속입원이 필요한 때에는 자의입원, 보호의무자에 의한 입원 및 시장 · 군수 · 구청장에 의한 입원 등의 절차에 따라 입원을 시켜야 하고, 진단결과 계속입원이 필요하지 아니하

81 대법원 2009. 1. 15. 선고 2006다19832 판결.

는 경우에는 즉시 퇴원시켜야 한다(법 제26조 제4항, 제5항).

(6) 정신질환자의 정신의료기관 내에서의 처우

(가) 의의

'처우'라 함은 정신질환자에 대하여 행하는 의료보호적 조치를 말한다.[82] 의료보호적 조치는 기본적으로 정신건강의학과 치료이나 그 밖에도 통신·면회의 제한, 외출의 금지, 작업의 강제, 보호실에로의 격리, 금전소지의 제한, 진정제의 주사 및 투약 등도 생각할 수 있다.

정신의료에서도 환자로서의 인간의 존엄이 최대한 존중되어야 하고, 신체의 자유, 환자의 자기결정권과 일반행동의 자유권, 프라이버시권[83] 등 헌법에서 보장하는 기본권을 최대한 보장하여야 한다. 한편, 정신의료 영역에서 정신질환자의 의료보호를 도모하고 적절한 치료를 받을 권리를 보호하기 위하여 강제적인 요소를 완전히 배제할 수도 없다. 그렇다고 하더라도, 정신질환자의 입원 등과 관련되는 기본권 제한은 법치주의와 적법절차의 원칙에 따른 기본권제한의 한계 내에서 정당화될 수 있다. 따라서 정신보건법의 해석과 적용에서도 헌법의 기본권 보장규정이 준수되어야 할 것이다.[84] 환자의 자유가 제한될 필요가 있는 경우에도 그 뜻을 환자에게 할 수 있는 한 설명하여 제한을 행해야 할 것이고 그 제한도 환자의 증상에 상응하는 최대한 적은 방법으로 행해야 한다.

---

82 大谷 實,《情神保健福祉法講義》, 128頁.

83 정신보건법 제41조 제2항에서는 "누구든지 정신질환자, 그 보호의무자 또는 보호를 하고 있는 자의 동의 없이 정신질환자에 대하여 녹음·녹화·촬영할 수 없다"고 규정하고, 제42조에서는 "이 법에 의하여 정신질환자에 관련된 직무를 수행하였던 자 또는 수행하는 자는 이 법 또는 다른 법령에서 특히 규정된 경우를 제외하고는 그 직무의 수행과 관련하여 알게 된 타인의 비밀을 누설하거나 발표하여서는 아니된다"고 규정하고 있다.

84 조홍석, 〈정신병원에의 수용과 기본적 인권〉, 137면.

(나) 처우의 내용과 제한

① 특수치료

ⓐ 의의

정신의료에서도 일반의료와 마찬가지로 개개의 치료행위에 관하여 정보를 제공하고 환자의 동의를 받는 것이 원칙이 되어야 한다. 정신질환자의 이성적 판단능력이 불완전하고 사회적응능력도 불충분하기는 하지만, 임의입원 환자는 물론 강제입원 환자도 의사능력이 인정될 때에는 치료거부권이 인정되어야 한다.

더구나 정신질환자에 대한 특수치료는 경우에 따라서는 환자에 대한 자유의 제한의 정도가 심하고, 환자에게 치명적이고 영구적인 신체손상을 줄 수도 있으므로, 정신보건법 제44조 제1항은 정신질환자에 대한 특수치료는 당해 정신의료기관이 구성하는 협의체에서 결정하되 본인 또는 보호의무자에게 특수치료에 대한 필요한 정보를 제공하고 그 동의를 얻어야 한다고 규정하고 있다. 여기에서의 특수치료는 ① 전기충격요법, ② 인슐린혼미요법, ③ 마취하최면요법, ④ 정신외과요법, ⑤ 정신질환증상의 완화를 목적으로 하는 신체일부절제술, ⑥ 정신질환의 증상교정을 위하여 시행되는 혐오자극법 등이다(법 제44조 제1항, 시행령 제19조 제1항).

ⓑ 당해 정신의료기관이 구성하는 협의체에서의 결정

환자에 대한 특수치료는 신중한 결정을 위하여 당해 정신의료기관이 구성하는 협의체에서 결정하도록 규정하고 있다. 그 협의체는 3인 이상 5인 이내로 구성하되, 2인 이상의 정신건강의학과 전문의와 정신보건에 관한 전문지식과 경험을 가진 자가 구성원이 된다. '정신보건에 관한 전문지식과 경험을 가진 자'는 전문요원과 고등교육법 제2조 제1호에 따른 대학에서 심리학, 간호학, 사회복지학 또는 사회사업학을 가르치는 전임강사 이상의 직에 있는 사람을 말한다(법 제44조 제2항, 시행령 제19조 제2항).

협의체에서 정신질환자에 대한 특수치료행위를 결정할 때에는 협의체 구성원 3분의 2 이상의 동의에 의하며, 그 결정에 참여한 협의체의 구성원이 각각 서명 또는 날인하여야 한다(시행령 제19조 제3항). 한편, 정신의료기관의 장은 협의체의 회의내용에 관한 기록을 작성하고, 작성한 날부터 3년간 이를 보존하여야 한다(시행령 제19조 제6항).

ⓒ 본인 또는 보호의무자에 대한 정보의 제공과 동의

특수치료에 대한 정보는 본인 또는 보호의무자에게 제공되어야 하고, 그 동의를 얻어야 한다(법 제44조 제1항). 정신의료기관의 장은 협의체의 결정이 있는 경우에는 지체 없이 본인 또는 보호의무자에게 통보하여야 하고, 이때 본인 또는 보호의무자가 동의하는 경우에 그 동의는 서면으로 하여야 한다(시행령 제19조 제4항, 제5항).

② 행동제한과 격리

ⓐ 의의

정신의료기관 등의 장은 정신질환자에 대하여 의료를 위하여 정신보건법 제45조에서 열거된 행동의 자유를 제한하거나 격리할 수 있다. 그러한 행동의 제한과 격리는 필요한 경우 최소한의 범위 안에서 행해야 하고 그 이유를 진료기록부에 기재하여야 한다. 정신보건법 제45조, 제46조는 정신질환자가 가장 많이 침해받는 기본권이 신체의 자유, 통신의 자유, 면회의 자유, 종교의 자유, 학문·예술의 자유 및 사생활의 자유라는 점을 예견하고 이 경우에도 기본권제한의 일반원칙에 해당하는 비례의 원칙이 적용되어야 한다는 것을 강조하고 있다는 점에서 그 존재가치가 있다고 할 것이다.

ⓑ 행동제한

행동제한을 행할 수 있는 자는 정신의료기관의 장이다. 구체적으로 행동제한의 요부에 관해서는 당해 정신질환자를 치료하는 의사가 판단하게 될 것이지만, 행동제한 자체는 정신의료기관의 장 명의로 행해져야 한다.

행동제한의 대상자는 정신의료기관에 입원 중인 자이고, 입원형태는 문제가 되지 않는다. 자의입원에서도 입원치료에 동의하고 있는 이상 행동제한의 대상자가 된다. 그러나 퇴원을 신청한 자의입원자에 대해서는 행동제한을 행할 수 없을 것이다.

제한할 수 있는 행동의 자유는 ① 통신의 자유, ② 면회의 자유, ③ 종교행사의 자유, 종교적 집회 · 결사의 자유 및 선교의 자유, ④ 학문 · 예술의 자유, ⑤ 사생활의 자유이다(법 제45조 제1항, 시행령 제20조).

정신의료기관의 장이 정신질환자의 행동의 자유를 제한하기 위해서는 의료를 위하여 필요한 경우 최소한의 범위 안에서 행해야 한다. 따라서 진료행위에 지장이 없고 타인에게 해를 주지 않는 경우에는 행동의 자유를 제한할 수 없다.

ⓒ 격리

격리라고 함은 정신의료기관 내에서 환자 본인의 의사에 의한 출입을 할 수 없도록 방 안에 혼자만 입실시킴으로써 당해 환자를 타인으로부터 차단하는 것을 내용으로 하는 행동제한의 일종이다. 장시간의 격리는 특히 요건을 엄격히 해석하여야 할 것이고, 환자의 신체나 행동의 자유를 완전히 침탈하는 것이므로 그 위험을 회피하기 위하여 격리 이외의 다른 적당한 방법이 없는 경우에 한하여 허가되어야 하는 등 필요최소한의 범위 내에서 이루어져야 할 것이다.

환자를 격리시키거나 묶는 등의 신체적 제한을 가하는 것은 환자의 증상으로 보아서 본인 또는 주변사람이 위험에 이를 가능성이 현저히 높고 신체적 제한 외의 방법으로 그 위험을 회피하는 것이 뚜렷하게 곤란하다고 판단되는 경우에, 그 위험을 최소한으로 줄이고, 환자 본인의 치료 또는 보호를 도모하는 목적으로 행해져야 한다. 이 경우 정신건강의학과 전문의의 지시에 따라야 한다(법 제46조).

ⓓ 비례의 원칙의 준수

정신의료기관의 장이 입원환자에 대하여 행동제한과 격리 등의 조치를 취할 때에는 비례의 원칙을 준수하여야 한다. 정신보건법 제45조에서 행동의 제한은 의료를 위하여 필요한 경우에 한하고 행동을 제한하는 경우에는 최소한의 범위 안에서 이를 행하여야 한다고 규정하고 있다. 또한 시행령 제20조에서는 진료행위에 지장이 없고 타인에게 해를 주지 아니하는 경우에는 행동제한을 할 수 없다고 규정하고, 정신보건법 제46조에서는 격리 외의 방법으로 그 위험을 회피하는 것이 뚜렷하게 곤란하다고 판단되는 경우에 그 위험을 최소한으로 줄이고, 환자 본인의 치료 또는 보호를 도모하는 목적으로 이루어져야 한다고 규정하고 있다.

ⓔ 기록

정신의료기관의 장이 행동제한을 한 경우에는 그 이유를 진료기록부에 기재하여야 한다(법 제45조 제2항). 이때 진료기록부에 기재될 사항은 ① 제한의 사유 및 내용, ② 제한당시의 환자의 병명 및 증상, ③ 제한개시 및 종료의 시간, ④ 제한의 지시자 및 수행자 등이다(시행규칙 제23조). 한편, 정신의료기관 등의 장이나 종사자가 환자를 격리시키거나 묶는 등의 신체적 제한을 가하는 경우에도 진료기록부에 기재하여야 한다(법 제46조 제2항).

③ 작업요법

정신보건법 제46조의2에서는 정신질환자에 대한 작업요법의 시행에 관하여 규정한다. 정신질환자에 대한 치료를 명목으로 강제노동을 행하는 것이 사회문제가 된 경우가 많아지자 이를 규율하기 위하여 2008. 3. 21. 신설된

조항이다.

정신의료기관 등의 장은 입원환자의 치료 또는 입소자의 사회복귀 등에 도움이 된다고 판단되는 경우 입원환자나 입소자의 건강상태와 위험성을 고려하여 입원환자나 입소자의 건강을 해치지 않는 범위 내에서 공예품 만들기 등의 단순작업을 시킬 수 있다. 위 작업은 대상자 본인의 신청이 있거나 동의가 있는 경우에 한하여 정신건강의학과 전문의가 지시하는 방법에 의한다. 따라서 작업요법의 시행에는 그 필요성, 정신질환자의 신청 또는 동의라는 요건과 정신건강의학과 전문의의 지시라는 세 가지 요건이 구비되어야 한다.[85]

작업요법은 정신건강의학과 전문의가 지시하는 방법에 따라 실시하여야 한다. 정신요양시설의 경우에는 정신건강의학과 전문의의 지도를 받아 정신보건전문요원이 작업의 구체적인 방법을 지시할 수 있다. 위와 같이 작업을 하는 경우 정신의료기관에서는 1일 6시간, 1주 30시간, 정신의료기관이 아닌 외부에서는 1일 8시간, 1주 40시간을 넘을 수 없고, 직업재활훈련실 등 작업에 필요한 시설을 갖춘 장소에서 하여야 한다. 이때 전문요원 또는 작업치료사를 두어 안전한 환경에서 작업이 이루어지도록 하여야 하고, 가위 · 칼 등 정신질환자 본인 또는 다른 사람을 해칠 수 있는 도구들은 안전하게 사용 · 관리되도록 하여야 한다. 위 작업으로 얻은 수입이 있는 경우에는 원자재 구입비용 등 작업에 든 실비를 제외한 금액을 해당 입원환자에게 각 개인별 예금계좌를 통하여 지급하여야 한다(시행규칙 제23조의2).

한편, 위와 같이 작업요법을 시행한 경우 진료기록부 또는 작업치료일지

85 강제입원된 정신질환자의 자유로운 의사결정을 기대하기 어렵기 때문에 정신보건시설에서 작업요법이라는 명목으로 강제노동이 행해질 염려가 있으므로, 음악요법이나 미술치료 등 경제적 이익과는 무관한 작업요법을 제외한 경제적 이익을 창출할 가능성이 있는 작업요법에 대해서는 특수치료행위 등을 위한 협의체와 같은 기구를 운영하는 것 등 객관적인 기구가 필요성 여부 및 시행 여부를 결정하고 이에 대한 지속적인 관리를 하도록 하는 것이 타당하다는 견해가 있다〔정규원, 〈정신보건법에 대한 검토〉, 《의료법학》 제7권 제2호, 한국사법행정학회(2006. 12), 104면〕.

에 그 내용을 기록하여야 한다(법 제46조의2 제3항).

(7) 외래치료명령

(가) 의의

외래치료명령제도는 정신질환자가 퇴원한 이후 치료가 적절히 이루어지지 않아 노숙 정신질환자가 되거나 다시 입원하는 현상을 방지하기 위하여 정신건강의학과 환자의 퇴원 이후 관리를 하기 위한 제도이다. 이러한 외래치료명령제도는 재입원할 가능성 있는 환자의 관리, 퇴원 후 관리가 되지 않아 재발 후 난폭한 행동을 하는 환자로부터 사회를 보호하는 장치, 범법 정신질환자의 관리, 보호자의 부담을 경감 등의 순기능이 있다. 그러나 이 제도는 강제입원과 마찬가지로 신체의 자유 및 치료를 거부할 수 있는 권리를 제한한다. 우리나라에서는 이러한 역기능을 감안하여 2008. 3. 21. 정신보건법 제37조의2가 신설되면서 비로소 외래치료명령제도가 도입되었다. 자세한 내용은 아래와 같다.

(나) 대상자

외래치료명령의 대상자는 첫째, 보호의무자에 의한 입원과 시장 · 군수 · 구청장에 의한 입원에 의한 환자이어야 한다. 둘째, 그 환자 중 정신병적 증상으로 인하여 입원 등을 하기 전 자신 또는 타인을 해한 행동을 한 자이어야 한다. 셋째, ① 의료급여법에 따른 의료급여 수급권자, ② 국가, 지방자치단체 또는 그 밖의 기관이나 단체 등으로부터 진료비 지원을 받을 수 있는 사람, ③ 정신의료기관의 장이 외래치료가 필요하다고 인정하는 정신질환자로서 보호의무자(국민건강보험법에 따른 건강보험 가입자만 해당한다)가 외래치료 비용을 지급하기로 한 사람이어야 한다.

(다) 절차 및 재심사

시장 · 군수 · 구청장은 정신의료기관의 장으로부터 위 대상자에 대하여 보호의무자의 동의를 받아 외래치료명령을 청구하면, 기초정신보건심의위원회의 심의를 받아 1년 이내에서 외래치료를 명할 수 있게 된다(법 제37조의2 제1항, 제2항). 외래치료명령을 한 때에는 지체 없이 본인 및 그 보호의무자와 외래치료명령을 청구한 정신의료기관의 장에게 그 사실을 서면 또는 전자문서로 통지하여야 한다(같은 조 제3항).

외래치료명령에 대하여 불복이 있거나 기간 내에 심사를 받지 못한 경우에는 시 · 도지사에게 뒤에서 보는 바와 같은 재심사를 청구할 수 있다(법 제34조 제1항).

(라) 외래치료명령의 내용과 불응한 경우의 조치

시장 · 군수 · 구청장이 해당 환자에게 외래치료명령을 내린 경우 그 환자는 명령기간 동안 지정된 날짜에 외래를 방문하고 처방된 약물을 복용하여야 한다. 이때 외래치료명령 기간 중 외래치료를 방문하지 않거나 약물투여를 중단하는 등 외래치료명령에 불응하여 치료를 중단할 때에는 그 자가 자신 또는 타인을 해할 위험성의 정도에 대한 평가를 위하여 그 자에게 국 · 공립의료기관에서 평가를 받도록 명할 수 있다(법 제37조의2 제4항). 그 평가결과에 따라 정신보건법에 정해진 각종 입원절차에 의하여 재입원이 가능하게 된다.

(8) 정신보건법상 퇴원절차

(가) 개관

정신보건법은 정신질환자의 입 · 퇴원여부를 심사하기 위하여 정신보건심의위원회를 두고 있다. 퇴원여부를 결정할 때 기본적 인권보호를 위하여 법원을 개입시켜야 한다는 주장이 있었으나, 사법부가 이것을 판단하는 경우에는 정신질환자를 형사절차의 피고인과 동일시하고 정신병원을 교도소와 동일시하게 된다는 비판을 수용하여 만들어진 제도라고 한다.[86] 정신보건

86 조홍석, 〈정신병원에의 수용과 기본적 인권〉, 147면.

심의위원회는 중앙 · 광역 · 기초로 나뉘는데, 중앙정신보건심의위원회는 정신보건에 관하여 보건복지부장관, 시 · 도지사 및 시장 · 군수 · 구청장의 자문에 응하고 정신보건에 관한 중요한 사항의 심의와 심사를 하기 위하여 보건복지부장관 소속하에 두고, 시 · 도지사 소속으로 광역정신보건심의위원회를, 시장 · 군수 · 구청장 소속으로 기초정신보건심의위원회를 각각 둔다(법 제27조 제1항).[87] 광역정신보건심의위원회 및 기초정신보건심의위원회 안에 퇴원 등의 심사청구, 그에 대한 재심사청구 및 시장 · 군수 · 구청장에 의한 입원조치의 해제를 심사하기 위하여 정신보건심판위원회를 각각 둔다(같은 조 제2항).

정신보건법에 의하여 입원형태에 따라 퇴원절차가 달리 규정되어 있다. 즉, 자의입원, 보호의무자에 의한 입원, 시장 · 군수 · 구청장에 의한 입원 및 응급입원에 따라 각기 고유한 퇴원절차가 규정되어 있는 것이다.

그밖에 모든 입원형태에 공통되는 퇴원의 심사와 절차도 있는바, 대략 '정신의료기관 등에 입원 등을 하고 있는 자 또는 그 보호의무자의 퇴원 등의 시장 · 군수 · 구청장에 대한 청구 → 기초정신보건심의위원회에의 회부 → 소속 정신보건심판위원회의 심사 → 시장 · 군수 · 구청장의 퇴원명령 또는 계속입원 등 결정 → (계속입원 등 결정) 시 · 도지사에 대한 재심사 청구 → 광역정신보건심의위원회에의 회부 → 소속 정신보건심판위원회의 심사 → 시 · 도지사의 재심사에 대한 결정'의 순서로 진행된다.

(나) 각 입원형태에 고유한 퇴원제도

① 자의입원의 경우

자의로 입원한 환자의 퇴원의 경우 의사의 동의를 요하지 않을 뿐만 아니라 본인의 의사에 기하여 자유롭게 퇴원할 수도 있다. 따라서 자의입원한

87 정신의료기관 및 정신요양시설이 없는 시 · 군 · 구에는 기초정신보건심의위원회를 두지 않을 수 있다.

환자가 퇴원신청을 하는 경우에는 정신의료기관의 장 등은 지체 없이 그 자를 퇴원시켜야 한다(법 제23조 제2항).

2000. 1. 12. 법률 제6152호로 개정되기 전의 정신보건법 제23조 제3항과 제4항에는 퇴원중지제도가 있었다. 자의입원한 정신질환자가 퇴원신청을 하더라도 정신건강의학과 전문의가 계속입원이 필요하다고 진단한 경우에는 정신의료기관의 장은 당해 환자의 퇴원을 중지할 수 있고, 그 경우 정신질환자에 대하여 72시간 내에 입원조치를 할 수 있도록 규정하고 있었다. 이것은 자의입원이 후속조치로 인하여 강제입원으로 전환되도록 하는 것으로, 자발적 입원제도 자체의 존부에 영향을 미치는 것이었다. 이렇게 자의입원제도의 본질에 반하는 규정은 위 법률의 개정으로 폐지되었는데, 바람직한 것이었다고 평가된다.

② 보호의무자에 의한 입원의 경우

정신의료기관 등의 장은 환자 또는 보호의무자로부터 퇴원 등의 신청이 있는 경우에는 지체 없이 당해 환자를 퇴원 등을 시켜야 하고, 보호의무자에게 그 사실을 서면 또는 전자문서로 통지하여야 한다(법 제24조 제6항 본문, 제9항). 다만, 정신건강의학과 전문의가 정신질환자의 위험성을 고지한 경우에는 정신의료기관 등의 장은 퇴원 등을 거부할 수 있고, 이 경우 지체 없이 환자 및 보호의무자에게 그 거부사유 및 퇴원 등의 심사를 청구할 수 있음을 서면 또는 전자문서로 통지하여야 한다(같은 항 단서, 같은 조 제7항). 이렇게 퇴원이 거부된 경우 환자 또는 보호의무자는 즉시 기초정신보건심의위원회 또는 그것이 설치되지 않은 경우에는 광역정신보건심의위원회에 이의를 신청할 수 있고, 정신의료기관 등의 장은 그 심사결과에 따라 퇴원 등의 명령을 받은 때에는 당해 환자를 즉시퇴원 등을 시켜야 한다(같은 조 제6항 단서, 제8항).[88]

88 개정 전의 정신보건법에서는 입원동의서를 제출한 보호의무자가 퇴원신청을 할 때와 입원한 환

③ 시장 · 군수 · 구청장에 의한 입원의 경우(입원조치의 해제)

정신보건법 제36조 제1항에 의하면, 제25조의 규정에 의하여 시장 · 군수 · 구청장에 의하여 입원한 자가 입원 후 3개월이 경과하면 당해 환자에 대한 입원조치를 해제하여야 하고, 이를 환자가 입원하고 있는 정신의료기관의 장에게 서면 또는 전자문서로 통지하여야 한다. 이 경우 당해 정신의료기관의 장은 지체 없이 당해 환자를 퇴원시켜야 한다. 이에 대하여 시장 · 군수 · 구청장이 입원의 해제를 게을리 하는 경우에 대한 적절한 통제수단이 없다는 것이 문제점으로 지적될 수 있다. 불필요한 인신구속을 회피하기 위하여 입원 후 3월이 지나면 입원조치가 자동해제되도록 명백히 규정할 필요가 있다.

그런데 시장 · 군수 · 구청장은 2인 이상의 정신건강의학과 전문의에 의한 진단 또는 정신보건심판위원회의 심사결과 당해 정신질환자가 퇴원 시 정신질환으로 자신 또는 타인을 해할 위험이 있다고 명백히 인정되는 진단 또는 심사결과가 있는 경우에는 당해인을 계속입원시킬 수 있으며, 그 기간은 역시 계속입원일부터 3월 이내로 한다(법 제36조 제2항). 이때 시장 · 군수 · 구청장은 당해 환자 및 보호의무자 또는 보호를 하고 있는 자에 대하여 계속입원이 필요한 사유 및 기간을 서면 또는 전자문서로 통지하여야 한다(같은 조 제3항).

④ 응급입원의 경우

응급입원이 된 자에 대한 정신건강의학과 전문의의 진단결과 계속입원이 필요하지 않은 경우에는 정신의료기관의 장은 즉시 그 자를 퇴원시켜야 한다(법 제26조 제5항). 즉, 정신의료기관의 장은 응급입원을 시킨 때에는 지

자가 퇴원청구를 한 때를 나누어서 달리 취급하였다. 전자는 현행법과 같으나 후자는 정신의료기관의 장이 정신건강의학과 전문의의 의견에 따라 퇴원이 가능한 경우에만 퇴원시키고 이의절차도 없어서 이에 대한 많은 비판이 있었다.

체 없이 정신건강의학과 전문의에게 당해 정신질환자로 추정되는 자의 증상을 진단하게 하여, 그 결과 자신 또는 타인을 해할 위험이 없다는 정신건강의학과 전문의의 소견이 있는 경우에는 당해인을 즉시 퇴원시켜야 한다(시행령 제7조 제2항).

(다) 퇴원 등의 청구 · 심사

① 의의

퇴원 등의 청구는 정신의료기관 등에 입원 등을 하고 있는 자 또는 그 보호의무자가 시장 · 군수 · 구청장에게 자신 또는 당해 입원환자의 퇴원 또는 처우개선을 명할 것을 구하는 제도이다(법 제29조). 이 권리는 입원중의 환자나 보호의무자가 보유하는 일종의 청구권이지만, 입원 내지 처우에서 부당한 행위를 취소 내지 시정하게 하는 불복신청으로서의 기능도 가지고 있다.

정신의료기관 등의 장은 보호의무자에 의한 입원을 시키거나 퇴원신청을 거부할 경우 본인 및 동의서를 제출한 보호의무자에 대하여, 시장 · 군수 · 구청장은 입원을 의뢰할 경우 당해 정신질환자 및 보호의무자 또는 보호를 하고 있는 자에 대하여, 퇴원심사 등의 청구에 관한 사항을 서면 또는 전자문서로 통지하여야 한다(법 제24조 제5항, 제7항, 제25조 제8항). 정신의료기관이 정신질환자를 입원시키거나 입원기간을 연장시키면서 지체 없이 정신보건법 소정의 퇴원심사 청구 등의 절차를 서면으로 통지하여 안내하지 않거나 정신질환자의 퇴원 요구가 있음에도 정신보건법 소정의 절차를 취하지 않은 채 방치한 경우에는 그 입원기간 전체가 위법한 감금행위로서 불법행위를 구성한다.[89]

② 퇴원 등의 청구

ⓐ 청구권자

퇴원 등의 청구를 할 수 있는 자는 입원 등을 하고 있는 환자와 보호의무자

89 대법원 2009. 1. 15. 선고 2006다19832 판결.

이다. 청구권자인 입원환자는 시장 · 군수 · 구청장에 의한 입원과 같이 강제입원자가 원칙이지만, 자의입원자도 청구인이 될 수 있다. 변호사가 청구권자를 대리하여 청구하는 것도 가능할 것이다. 변호사가 아닌 대리인도 청구할 수 있는가 의문스럽지만, 환자 내지 보호자의 의사를 정확하게 대리하고 그의 인권을 보호할 능력을 가진 자라면 충분하다고 보아야 한다는 견해가 있다.[90] 다만 그 견해를 따르더라도 대리행위를 유상으로 한다면 변호사법에 의하여 처벌받을 수 있음을 유의하여야 한다.

ⓑ 청구의 내용

청구의 내용은 퇴원과 처우의 개선이다.

우선 퇴원청구에 관하여 살펴보면, 그 청구이유에는 제한이 없다. 입원치료가 필요 없을 정도로 증상이 개선되었다거나 입원절차에 중대한 위법이 있다는 등의 사유를 생각해 볼 수 있다. 그런데 계속입원이 필요한 환자에 대하여 절차위반을 이유로 퇴원을 허용한다면 의료보호의 목적을 달성할 수 없는 결과가 초래될 수도 있으므로, 이 경우 가능하면 퇴원보다는 절차를 개선하는 쪽으로 조치가 취해져야 할 것이다.

다음으로, 처우개선청구의 경우에는 청구의 내용이 다양할 것이다. 그렇지만 부당한 폐쇄병동의 사용, 통신의 자유의 제한 등이 주를 이룰 것으로 생각된다.

ⓒ 청구의 방법

정신의료기관 등에 입원 중인 자 또는 그 보호의무자는 퇴원 또는 처우개선을 청구하고자 하는 때에는 심사청구서를 시장 · 군수 · 구청장에게 제출하여야 한다. 그 심사청구서에는 ① 입원 중인 정신질환자의 성명 · 주소 및 생년월일, ② 청구인의 성명 · 주소 · 생년월일 및 입원 중인 환자와의

---

90 大谷 實,《情神保健福祉法講義》, 145頁.

관계, ③ 청구내용(퇴원 또는 처우개선) 및 청구사유, ④ 정신질환자가 입원 중인 정신의료기관의 명칭 및 소재지 등이 포함되어야 한다(시행규칙 제17조 제2항).

③ 시장 · 군수 · 구청장의 기초정신보건심의위원회에의 회부

시장 · 군수 · 구청장은 정신의료기관의 장이 보호의무자에 의한 입원에서 보호의무자의 동의에 의하여 입원자에 대한 6개월 이후의 계속입원치료에 대한 심사청구를 한 경우와 정신의료기관에 입원 중인 자 또는 보호의무자가 당해 입원환자의 퇴원 또는 처우개선을 청구한 경우에는 당해 청구내용을 기초정신보건심의위원회에 회부하여야 한다(법 제30조). 시장 · 군수 · 구청장은 청구가 있는 때에는 예외 없이 위원회에 회부하여야 하기 때문에, 동일한 내용을 수회 청구하거나 청구의 의미가 불분명한 때에도 반드시 심사에 회부할 수밖에 없을 것이다.

④ 정신보건심판위원회의 퇴원 등의 심사

기초정신보건심의위원회는 청구내용을 회부 받은 때에는 지체 없이 정신보건심판위원회에서 당해 정신질환자에 대하여 입원의 필요가 있는지 또는 처우가 적당한 것인지에 관하여 심사하여 그 결과를 시장 · 군수 · 구청장에게 보고하여야 한다(법 제31조 제1항). 이때 정신보건심판위원회의 퇴원 등의 심사에는 당해 정신질환자의 입원 등을 결정한 위원과 당해 정신질환자가 입원 등을 하고 있는 정신의료기관 등에 소속된 위원은 참여할 수 없다(법 제32조). 그 절차를 분설하면 다음과 같다.

ⓐ 의견청취

퇴원 등의 심사를 하는 때에는 원칙적으로 청구인과 정신질환자가 입원 등을 하고 있는 정신의료기관 등의 장의 의견을 들어야 한다. 다만 정신질환

자 및 보호의무자에게 유리한 경우에는 그 의견을 듣지 아니할 수 있다(법 제31조 제2항).

ⓑ 심사결과의 내용

심사결과는 심사청구에 관한 정신보건심판위원회의 의결내용을 말한다. 퇴원청구에서는 입원계속이 상당한지 아닌지 및 다른 입원형태로의 이행이 적절한지에 관한 것이고, 처우개선청구에서는 처우가 적당한지 아닌지에 관한 것이다.

ⓒ 심사결과의 보고

기초정신보건심의위원회는 정신보건심판위원회의 심사가 종료되면 지체 없이 심사결과를 시장 · 군수 · 구청장에게 보고하지 않으면 안 된다. 심사결과에는 원칙적으로 이유의 요지를 기재하는 것이 필요할 것이고, 참고의견을 첨부하는 것도 가능할 것이다.

⑤ 시장 · 군수 · 구청장의 조치 및 통지

시장 · 군수 · 구청장은 기초정신보건심의위원회로부터 보고 받은 심사결과에 따라 필요한 경우 정신의료기관 등의 장에 대하여 당해 정신질환자를 퇴원 등을 시키거나 임시로 퇴원 등을 시키도록 명하거나 처우개선을 위하여 필요한 조치를 취하도록 명하여야 한다(법 제33조 제1항). 시장 · 군수 · 구청장은 위 심사결과에 기하여 ① 퇴원청구의 경우에는 입원계속의 요부를 결정하고 입원계속의 필요가 있다고 인정되는 때에는 그자의 퇴원을 명하여야 하며, 그 퇴원명령에 응하지 않는 자는 제55조 제3호에 의하여 5년 이하의 징역 또는 2천만 원 이하의 벌금에 처해질 수 있고, ② 처우개선청구의 경우에는 처우개선이 필요하다고 인정되는 때에는 그 처우개선을 위하여 필요한 조치를 강구하여 이를 명하여야 하고, 그 처우개선명령에 응하지 않는 자는 제57조 제6호에 의하여 1년 이하의 징역 또는 500만 원 이하의 벌금에 처해질 수 있다.

한편, 시장 · 군수 · 구청장은 청구를 한 자에게 당해 청구에 관련된 기초정신보건심의위원회의 심사결과 및 이에 따른 조치내용을 청구서 접수일부터 30일 이내에 서면 또는 전자문서로 통지하여야 한다(법 제33조 제2항).

⑥ 재심사

퇴원 등을 청구한 자와 보호의무자에 의한 입원에서 6개월이 경과하였음에도 불구하고 계속하여 입원 등을 하는 것으로 결정된 정신질환자는 시장 · 군수 · 구청장의 심사결과통지 또는 외래치료명령에 대하여 불복이 있거나 기간 내에 심사를 받지 못한 경우에는 시 · 도지사에게 재심사를 청구할 수 있다(법 제34조 제1항).

시 · 도지사는 재심사청구를 받은 때에는 즉시 당해 청구내용을 광역 정신보건심의위원회에 회부하여야 하고, 광역 정신보건심의위원회와 시 · 도지사는 앞에서 기술한 퇴원 등의 청구절차에 준하여 심사와 조치 등을 한다(법 제35조).

(라) 임시퇴원

① 의의

입원한 환자에 대한 입원의 필요가 소멸되었을 때 종국적으로 퇴원시키는 것이 입원기간 중에 판명이 나는 경우에는 앞서 언급한 각종 퇴원절차에 따라 퇴원을 시켜야 할 것이지만, 환자의 상태에 따라서는 일시적으로 퇴원시켜 증상을 관찰할 필요가 있을 수 있으므로, 정신보건법에서는 임시퇴원제도를 두고 있다(법 제37조).

② 요건과 절차

ⓐ 요건

첫째, 임시퇴원의 대상은 보호의무자에 의한 입원절차 및 시장 · 군수 · 구청장에 의한 입원절차에 의하여 입원 등이 된 정신질환자이다.

둘째, 2인 이상의 정신건강의학과 전문의의 진단결과 당해 환자의 증상에 비추어 일시적으로 퇴원 등을 시켜 그 회복경과를 관찰하는 것이 필요한 때이다.

ⓑ 정신의료기관의 장의 조치

정신의료기관 등의 장은 즉시 당해 환자를 퇴원시키고 그 사실을 입원 등의 치료를 의뢰한 보호의무자 또는 시장 · 군수 · 구청장에게 통보하여야 한다. 이때 통보하여야 할 사항은 ① 정신질환자의 성명, 주소 및 생년월일, ② 입원 또는 입소 당시의 병명 및 증상, ③ 현재 상태 및 임시 퇴원 또는 퇴소의 결정 사유, ④ 임시퇴원 또는 퇴소 후의 정신질환치료에 대한 소견이다(시행령 제17조 제1항).

ⓒ 시장 · 군수 · 구청장의 조치

시장 · 군수 · 구청장은 정신의료기관 등의 장으로부터 임시퇴원 통보를 받은 때 또는 제33조 제1항 또는 제35조 제2항에 의하여 퇴원 등의 청구를 받아 심사한 결과 임시퇴원을 명령한 때에는 당해 임시퇴원자의 퇴원 후의 경과를 관찰할 수 있다. 이 때 시장 · 군수 · 구청장은 임시 퇴원 후의 경과관찰을 위하여 해당 정신질환자로 하여금 매주 1회 이상 정신의료기관 또는 정신요양시설의 진단을 받게 할 수 있고, 정신의료기관의 장은 ① 정신질환자에 대한 관찰 결과 정신질환자를 재입원 또는 재입소시킬 필요가 있다고 인정되는 경우, ② 정신질환자가 정당한 사유 없이 진단을 거부한 경우에는 지체 없이 그 사실을 시장 · 군수 · 구청장에게 서면 또는 전자문서로 통보하여야 한다(시행령 제17조 제2항, 제3항).

임시퇴원한 정신질환자에 대한 관찰기간은 당해인이 입원 등을 한 날이나 계속 입원 등을 한 날부터, 보호의무자에 의한 입원의 경우에는 6개월 이내이고, 시장 · 군수 · 구청장에 의한 입원의 경우에는 3개월 이내이다.

시장 · 군수 · 구청장은 임시퇴원자를 관찰한 결과 증상의 변화 등으로 인하여 다시 입원시킬 필요가 있다고 인정될 때에는 2인의 정신건강의학과 전문의의 의견을 들어 일시 퇴원한 정신질환자를 다시 입원시킬 수 있다. 이 경우 재입원기간은 재입원을 한 날부터 3개월을 초과할 수 없다.

2.3. 신체의 자유의 보장

2.3.1. 개설

우리 헌법은 신체의 자유라는 기본권을 보장하기 위하여 특별히 두 가지 제도적 장치를 마련하고 있는바, 대륙법계에서 볼 수 있는 법치주의(실질적 한계)와 영미법계에서 볼 수 있는 적법절차에 의한 보장(절차적 한계)이다. 행정상 인신구속도 헌법 제12조에서 말하는 체포 · 구속에 해당한다고 해석하여야 하므로 당연히 그에 의한 신체의 자유의 제한은 헌법에 의하여 설정된 한계를 준수하여야 할 것이다. 따라서 위와 같은 신체의 자유의 제한의 한계원리는 행정상의 인신구속의 한계원리로도 그대로 적용될 수 있다.

형사절차에 관해서는 이미 많은 선행연구가 진행되어 있고 여기에서의 주된 관심사는 형사절차 이외에서의 인신구속이므로, 아래에서는 행정상 인신구속을 중심으로 실체적 한계로서의 비례의 원칙과 절차적 한계로서의 적법절차의 원칙을 살펴보도록 한다.

2.3.2. 실체적 한계로서의 비례의 원칙

1) 의의 및 법적 근거

비례의 원칙 내지 과잉금지의 원칙[91]이란 행정주체가 구체적인 행정목적을 실현할 때 그 목적 실현과 수단 사이에 합리적인 비례관계가 유지되어야 한다는 것을 말한다. 이 원칙은 법치국가 원리의 파생원칙의 하나이므로 헌법적 차원의 원칙으로서의 성질과 효력을 가진다.

이 원칙의 헌법적 근거로서 "국민의 모든 자유와 권리는 …… 필요한 경우에 한하여 법률로써 제한할 수 있으며 ……"라는 헌법 제37조 제2항을 들 수 있다. 개별법에서는 행정규제기본법 제5조 제3항, 경찰관직무집행법 제1조 제2항 등을 들 수 있다.

2) 내용

비례의 원칙에 부합하기 위해서는 ① 행정기관이 취한 조치 또는 수단이 그가 의도하는 목적을 달성하는 데 적합해야 하고(적합성의 원칙), ② 일정한 목적을 달성하기에 적합한 수단이 여러 가지 있는 경우에 행정기관은 그중에서 관계자에게 가장 적은 부담을 주는 수단을 선택해야 하며(필요성의 원칙 또는 최소침해의 원칙), ③ 어떤 행정조치가 설정된 목적실현을 위하여 필요한 경우라 할지라도 그 행정조치를 취함에 따른 불이익이 그것에 의해 초래되는 이익보다 큰 경우에는 당해 행정조치를 취해서는 안 된다(상당성의 원칙 또는 협의의 비례성의 원칙). 이러한 비례의 원칙을 행정상 인신구속에 적용하면 다음과 같다.

---

91 과잉금지의 원칙과 비례의 원칙과의 관계에 관하여 전자를 넓은 의미의 비례성 원칙으로 보는 견해, 좁은 의미의 비례성 원칙으로 보는 견해, 필요성의 원칙과 좁은 의미의 비례성의 원칙을 포함하는 개념으로 보는 견해가 있다. 그런데, 대법원과 헌법재판소는 비례의 원칙과 과잉금지의 원칙을 동일한 것으로 파악하고 있는 것으로 보인다(대법원 1998. 4. 24. 선고 97누1501 판결, 헌재 2007. 3. 29. 선고 2003헌바15, 2005헌바9 결정 등 참조).

3) 행정상 인신구속에서의 비례의 원칙

(1) 적용원칙

행정상 인신구속은 치료나 사회방위 또는 피구속자 및 제3자의 법익의 보호를 위하여 필요한 경우 등의 행정목적을 달성하기 위한 것으로 한정되어야 하고, 이러한 목적이 전제되지 않는 행정상 인신구속은 정당화될 수 없다(적합성의 원칙). 다음으로 인신의 구속에 이르지 않는 다른 수단에 의하여 행정목적을 달성할 수 있는 경우에는 인신의 구속은 허용되지 않는다(필요성의 원칙 또는 최소침해의 원칙). 또한 추구하는 행정목적과 인신의 구속은 비례관계를 유지하여야 한다. 즉, 인신구속으로 달성하려는 행정목적이라는 공익과 침해되는 사익인 인신구속의 해악을 비교형량할 때 보호되는 공익이 더 커야 한다(상당성의 원칙 또는 협의의 비례의 원칙).

(2) 출입국관리법상 보호명령의 경우

이러한 원칙을 출입국관리법상 보호명령에 적용해 보면 다음과 같다. 보호명령서의 발부는 도주 우려가 있는 용의자의 신병확보 등과 같은 출입국관리행정의 목적을 달성하기 위한 것으로 한정되어야 하고, 이러한 목적이 전제되지 않는 외국인의 보호는 정당화될 수 없다(적합성의 원칙). 다음으로 인신의 구속에 이르지 않는 다른 수단에 의하여 행정목적을 달성할 수 있는 경우에는 외국인의 보호는 허용되지 않는다(필요성의 원칙 또는 최소침해의 원칙). 또한 추구하는 행정목적과 외국인의 보호는 비례관계를 유지하여야 한다(상당성의 원칙 또는 협의의 비례의 원칙).

일반보호의 경우 그 보호기간은 최대한 20일까지이나 강제퇴거명령을 받은 자의 보호에서는 보호기간이 명시되지 않아 무기한이다. 그렇다고 하더라도 여기에서의 보호는 강제퇴거명령의 집행확보 이외의 다른 목적을 위하여 행할 수 없다는 목적상의 한계 및 일단 적법하게 보호명령이 발해진 경우에도 송환에 필요한 준비와 절차를 신속히 마쳐 송환이 가능할 때까지 필요한 최소한의 기간 동안 잠정적으로만 보호할 수 있고 다른 목적을 위하여 보호기간을 연장할 수 없다는 시간적 한계를 가진다고 해석하여야 한다.[92]

(3) 정신보건법상 강제입원의 경우

다른 예로 정신보건법을 들어 설명하면, 정신질환자의 기본권에 대한 제한은 환자의 상태와 치료의 효율성에 비추어 치료 · 사회방위 또는 환자 및 제3자의 법익의 보호를 위하여 필요한 경우에 한정되어야 한다. 위와 같은 목적이 전제되지 않는 정신질환자에 대한 기본권 제한은 정당화될 수 없으므로, 환자의 자유와 건강을 회복하기 위한 치료가 시행되지 않는 한, 환자를 강제로 입원시키는 것은 인정될 수가 없다(적합성의 원칙).

다음으로 인신의 구속에 이르지 않는 다른 수단에 의하여 행정목적을 달성할 수 있는 경우에는 인신의 구속은 허용되지 않는다. 따라서 강제입원은 예외적인 것이 되어야 한다(필요성의 원칙 또는 최소침해의 원칙). 환자를 강제로 입원시키지 않고서도 정신질환자의 치료와 사회복귀라는 목적을 달성할 수 있다면 강제입원은 지양되어야 할 것이고, 입원을 하더라도 자발적 입원이 권장되어야 하며,[93] 낮병동이나 밤병동과 같은 제한적 강제입원으로도 환자의 치료라는 입법목적을 달성할 수 있다면 그와 같은 수단을 선택하여야 할 것이다.

92 대법원 2001. 10. 26. 선고 99다68829 판결에서는 강제퇴거명령대상자로 보호처분 중에 있는 자에 대하여 다른 고소사건을 수사하기 위하여 퇴거명령의 집행을 보류하고 보호기간을 연장하는 것은 위법하다고 판시하였다. 한편, 정정훈, 〈출입국관리법상 단속, 보호, 강제퇴거 절차상의 문제점과 개정방향〉, 《반인권적 출입국관리법 개정안 마련을 위한 토론회 자료집》, 인권단체 연석회의(2005), 26면에서는 강제퇴거명령을 받은 자를 일정기간 동안 송환할 수 없을 때에는 반드시 보호를 해제하도록 출입국관리법을 개정하여 장기간의 보호로 인한 인권침해를 방지하여야 한다고 제안하고 있다.

93 정신보건법 제2조 제5항에서는 "입원치료가 필요한 정신질환자에 대하여는 항상 자발적 입원이 권장되어야 한다"고 규정하고 있다.

따라서 정신질환자의 강제입원은 정신질환자가 자신 또는 타인의 법익에 대한 절박한 위험을 야기하는 경우에만 가능하다고 보아야 한다. 여기에서 요구되는 위험성은 단순한 위험발생의 개연성만으로는 부족하고 사회통념에 비추어 위험발생이 확실하여야 한다. 정신질환자의 강제입원을 의료적 보호주의의 입장에서만 이해한다면 치료의 필요성이 있는 경우에는 강제입원의 대상으로 하여야 한다고 주장할 수 있다. 그러나 정신질환의 치료를 위한 강제입원도 기본적으로는 본인의 의사에 반하는 인신의 구속에 해당하는 것으로 보아야 할 것이므로, 매우 중대한 공익상 필요가 있는 경우를 제외하고는 의사에 반하는 신체의 자유의 박탈을 의미하는 강제입원은 우리 헌법상 인정될 수 없다고 보아야 한다. 정신의료기관이 충분한 치료를 보장해 주지 못하는 현실하에서는 치료를 위한 입원이라는 목적이 실현될 수 없을 가능성이 많다. 또한 가능한 한 자발적인 입원을 장려하고 강제입원을 축소하여야 한다는 오늘날의 정신의료의 경향으로 보아도 위험성을 강제입원의 요건으로 함으로써 강제입원을 줄이는 효과를 얻을 수 있도록 하여야 할 것이다.[94]

마지막으로, 추구하는 행정목적과 인신의 구속은 비례관계를 유지하여야 한다(협의의 비례의 원칙). 따라서 인신구속사유로서의 위험성은 원칙적으로 생명 · 신체의 안전에 대한 위험성만 의미한다고 보아야 하고, 타인의 재산에 대한 위험성이 있다는 사실은 인신구속의 정당한 사유가 될 수 없다고 보는 것이 타당하다. 왜냐하면 생명 · 신체의 권리는 재산권보다 우월한 가치를 갖는다고 보아야 하기 때문이다.

위와 같은 비례원칙은 인신구속의 단계에 있어서 뿐만 아니라 입원 중의 조치에도 적용된다. 환자의 자유의 제한은 치료를 위하여 필요한 최소한도에 그쳐야 하고, 치료의 필요성과 피수용자의 자유의 제한 사이에도 비례관계가 유지되어야 한다. 정신보건법 제45조에서는 정신의료기관 등의 장

94 박균성, 〈행정상 인신구속에 관한 법적 통제〉, 497면.

은 정신질환자에 대하여 의료를 위하여 필요한 경우에 한하여 통신의 자유, 면회의 자유 기타 대통령령이 정하는 행동의 자유를 제한할 수 있고, 그 제한을 행할 경우에도 최소한의 범위 안에서 행해야 한다고 규정하고 있다.

2.3.3. 절차적 한계로서의 적법절차의 원리

1) 헌법원리로서 적법절차의 원칙

적법절차의 원칙이란 "국가권력의 자의적 행사를 금지하고 개인의 생명·자유와 재산을 보장하기 위한 '자유와 정의의 일반원칙'으로서 이들 가치를 제한하는 경우에는 '적정한 법의 절차'를 거쳐 행함으로써 궁극적으로 인간의 존엄성을 실현하기 위한 법의 지배 내지 입헌주의의 기본원칙"이라고 말할 수 있다.

우리 헌법 제12조 제1항 후문과 제3항은 이러한 적법절차의 원칙을 명문으로 보장하고 있다. 헌법 제12조 제1항 제2문은 "누구든지 법률에 의하지 아니하고는 체포·구속·압수·수색 또는 심문을 받지 아니하며, 법률과 적법한 절차에 의하지 아니하고는 처벌·보안처분 또는 강제노역을 받지 아니한다"고 규정하고, 같은 조 제3항은 "체포·구속·압수 또는 수색을 할 때에는 적법한 절차에 따라 검사의 신청에 의하여 법관이 발부한 영장을 제시하여야 한다"고 규정하고 있는 것이다. 이는 개정 전의 헌법 제11조 제1항의 "누구든지 법률에 의하지 아니하고는 체포·구금·압수·수색·처벌·보안처분 또는 강제노역을 당하지 아니한다"는 규정에 영미법계의 국가에서 국민의 인권을 보장하기 위한 기본원리의 하나로 발달되어 온 적법절차의 원칙을 더하여 1987. 10. 29. 제9차로 개정된 현행 헌법에서 명문화된 것이다. 적법절차의 원칙은 역사적으로 볼 때 영국의 마그나 카르타(대헌장) 제39조, 1335년의 에드워드 3세 제정법률, 1628년 권리청원 제4조를 거쳐 1791년 미국 수정헌법 제5조 제3문과 1868년 미국 수정헌법 제5조[95]와 제

95 수정헌법 제5조는 "누구든지 적법절차에 의하지 아니하고는 생명, 자유 또는 재산을 박탈당하

14조[96]에 명문화된 것으로서, 미국헌법의 기본원리이자 모든 국가작용을 지배하는 일반원리로 해석 · 적용되는 중요한 원칙이다. 오늘날에는 독일 등 대륙법계의 국가에서도 이에 상응하여 일반적인 법치국가원리 또는 기본권 제한의 법률유보원리로 정립되게 되었다.

헌법재판소는 "현행 헌법상 규정된 적법절차의 원칙을 어떻게 해석할 것인가에 대하여 표현의 차이는 있지만 대체적으로 적법절차의 원칙이 독자적인 헌법원리의 하나로 수용되고 있으며 이는 형식적인 절차뿐만 아니라 실체적 법률내용이 합리성과 정당성을 갖춘 것이어야 한다는 실질적 의미로 확대해석하고 있다. 현행 헌법상 적법절차의 원칙을 위와 같이 법률이 정한 절차와 그 실체적인 내용이 합리성과 정당성을 갖춘 적정한 것이어야 한다는 것으로 이해한다면, 그 법률이 기본권의 제한입법에 해당하는 한 헌법 제37조 제2항의 일반적 법률유보조항의 해석상 요구되는 기본권 제한 법률의 정당성 요건과 개념상 중복되는 것으로 볼 수도 있을 것이나, 현행 헌법이 명문화하고 있는 적법절차의 원칙은 단순히 입법권의 유보제한이라는 한정적인 의미에 그치는 것이 아니라 모든 국가작용을 지배하는 독자적인 헌법의 기본원리로서 해석되어야 할 원칙이라는 점에서 입법권의 유보적 한계를 선언하는 과잉입법금지의 원칙과는 구별된다고 할 것이다" 고 판시하였다.[97] 이어서, "적법절차의 원칙은 헌법조항에 규정된 형사절차상의 제한된 범위 내에서만 적용되는 것이 아니라 국가작용으로서 기본권 제한과 관련되든 관련되지 않든 모든 입법작용 및 행정작용에도 광범위하게 적용된다고 해석하여야 할 것이고, 나아가 형사소송절차와 관련시켜 적용함에 있어서는 형벌권의 실행절차인 형사소송의 전반을 규율하는 기본원리로 이해하여야 하는 것이다. 더구나 형사소송절차에 있어서 신체의 자

지 아니한다"고 규정하고 있다.

96 수정헌법 제14조는 "어떠한 주도 적법절차에 의하지 아니하고는 어떠한 사람으로부터도 생명, 자유 또는 재산을 박탈할 수 없다"고 규정하고 있다.

97 헌재 1992. 12. 24. 선고 92헌가8 결정.

유를 제한하는 법률과 관련시켜 적용함에 있어서는 법률에 따른 형벌권의 행사라고 할지라도 신체의 자유의 본질적인 내용을 침해하지 않아야 할 뿐 아니라 비례의 원칙이나 과잉입법금지의 원칙에 반하지 아니하는 한도 내에서만 그 적정성과 합헌성이 인정될 수 있음을 특히 강조하고 있는 것으로 해석하여야 할 것"이라고 설시하였다.

2) 적법절차의 원칙의 적용대상과 범위

우리나라에서 적법절차의 적용대상에 관하여, 헌법규정을 엄격히 해석하여 적법절차의 원칙은 처벌 · 보안처분 · 강제노역과 영장발부에 제한적으로 적용된다는 견해(제한적 열거설)[98]와 현행헌법의 처벌 · 보안처분 또는 강제노역은 적법절차의 대상을 한정적으로 열거한 것이 아니라 예시적인 것에 불과하다는 견해(예시설)[99]가 대립하고 있다.

제한적 열거설은 헌법이 명문으로 적법절차에 의하지 않은 처벌 · 보안처분 · 강제노역과 적법절차에 의하지 않은 영장의 발부만 금지하고 있다는 점과 입법연혁상 형사절차와 이에 준하는 성격을 갖는 보안처분에 국한시켜 적법절차조항을 둔 것이라는 점을 근거로 한다. 그러나 우리 헌법 제12조 제1항 제2문은 적법절차에 의하지 않고는 생명 · 신체 또는 재산을 박탈당하지 않는다고 규정한 미국연방헌법 수정 제5조와 제14조 및 적법절차에 의하지 않고는 생명 또는 자유를 박탈당하거나 그 밖의 형벌이 과해지지 않는다고 규정한 일본 헌법 제31조에서 유래한 것으로서, 적법절차의 원칙이 국민의 자유와 권리를 보장하는 것을 목적으로 하는 점에 비추어 보면, 현행헌법의 처벌 · 보안처분 또는 강제노역은 적법절차의 대상을 한정적으로 열거한 것이 아니고 예시한 것에 불과하다고 보아야 할 것이

98 윤명선, 〈적법절차의 원리〉, 《경희법학》 제26권 제1호, 경희대학교(1992. 2), 81면.

99 계희열, 《헌법학(중)》, 304면. 김철수, 《헌법학신론》, 586-587면. 성낙인, 《헌법학》 제11판, 법문사(2011), 476-477면. 정종섭, 《헌법학원론》 제6판, 박영사(2011), 491면. 허영, 《헌법이론과 헌법》 제4판, 박영사(2010), 537-538면.

다. 이러한 예시설이 통설이며 헌법재판소도 적법절차원칙이 형사절차에서만 적용되는 것이 아니라 국가작용으로서 기본권 제한과의 관련 여부를 불문하고 모든 입법작용 및 행정작용에도 광범위하게 적용된다고 해석하고 있다.[100]

한편, 적법절차의 원리가 형사절차 외에 행정절차에도 적용되는가에 관해서도 적용설과 유추적용설의 대립이 있다. 적용설은 예시설을 취하는 견해에 의하여 주장되고 있고, 유추적용설은 한정적 열거설을 취하는 견해 중에서 주장되고 있다. 적용설에 의하면 적법절차의 원리는 형사절차뿐만 아니라 행정절차에도 적용된다고 하고, 유추적용설에 의하면 헌법 제12조의 적법절차조항은 직접적으로는 형사사법권의 발동에 관한 조항이고 행정절차의 근거조항은 아니지만 행정처분에 의한 불이익한 조치에는 적법절차의 원리를 유추적용할 수 있다고 본다. 예시설이 타당하다면 적용설이 논리필연적일 것이나 행정절차에 적법절차의 원리가 적용된다는 점에서 양 견해 사이에 실질적인 차이는 없다.

3) 적법절차의 원리와 행정상 인신구속

(1) 적용원칙

헌법상 적법절차원리는 행정상 인신구속[101]에서도 그대로 적용되어야 하는바, 그 내용으로 주로 다음과 같은 점이 거론된다.[102] 첫째, 정당한 권한을 가진 기관에 의해 결정되어야 한다. 둘째, 행정절차의 상대방에 대해서는 고지 · 청문의 기회가 보장되어야 한다.[103] 특히 행정상 인신구속이 이루어질 경우 피구속자 본인이나 가족에게 인신구속의 이유, 시기, 장소 등이

---

100 헌재 1992. 11. 12. 선고 91헌가2 결정, 헌재 1992. 12. 24. 선고 92헌가8 결정, 헌재 2001. 11. 29. 선고 2001헌바41 결정 등 참조.

101 아래의 논의는 압수 · 수색에도 마찬가지이다.

102 조홍석, 〈정신병원에의 수용과 기본적 인권〉, 138면 참조.

103 헌재 1990. 11. 19. 선고 90헌가48 결정, 헌재 2003. 7. 24. 선고 2001헌가25 결정.

고지되어야 한다. 넷째, 최종적 결정은 행정목적에 합치되고 헌법에 반하지 않는 법률에 근거하여 판정을 내릴 것을 명한다.

위와 같은 적법절차원리가 구체적으로 어떠한 절차를 어느 정도로 요구하는지는 일률적으로 말하기 어렵고, 규율되는 사항의 성질, 관련 당사자의 사익, 절차의 이행으로 제고될 가치, 국가작용의 효율성, 절차에 소요되는 비용, 불복의 기회 등 다양한 요소들을 형량하여 개별적으로 판단할 수밖에 없을 것이다.[104]

(2) 적용례—출입국관리법상 보호명령의 경우

(가) 적법절차의 중요성

외국인에 대한 보호에는 특히 헌법 제12조 제1항의 적법절차보장조항의 엄격한 적용이 필요하다. 외국인의 보호는 신체의 자유라는 가장 근본적인 기본권을 심각하게 제한하는 것이기 때문이다.

(나) 보호명령서의 발부주체와 집행기관의 분리 문제

우리나라에서 강제퇴거절차는 출입국관리공무원이 조사를 진행한 후 사무소장 · 출장소장 또는 외국인보호소장이 강제퇴거 여부를 심사하여 결정하고, 보호명령 또한 사무소장 · 출장소장 또는 외국인보호소장이 보호명령서를 발부하여 출입국관리공무원이 집행하는 구조로 되어 있다. 따라서 형식적으로는 조사절차와 심사절차가 분리되고 보호명령서의 발부주체와 집행기관이 분리되어 있으나 실상은 출입국관리사무소 내 하급자와 상급자의 관계에서 사실상 동일한 주체가 조사와 심사 및 보호명령서의 발부와 집행을 함께 하고 있는 것이다. 이렇게 직무분담이 이루어지지 않고서는 실질적인 청문이 이루어지기 어렵게 되고, 중립적이고 독립적인 기관에 의한 견제가 전혀 이루어질 수 없는 것이 되고 만다.

---

104 헌재 2003. 7. 24. 선고 2001헌가25 결정.

물론 미국에서도 이민행정관 등에게 영장 없는 체포에 관한 광범위한 수권이 주어져 있고 영장의 발부도 ICE(Bureau of Immigration and Customs Enforcement; 이민관세집행국)의 권한이어서 우리와 별반 다를 것이 없지만, 강제퇴거의 조사와 심사는 엄격하게 분리되어 상호견제가 가능한 구조로 되어 있다. 강제퇴거절차 중 조사와 체포는 2002년 이후 국토안보부 소속 ICE와 CBP(Bureau for customs and Border Protction; 미국관세 · 국경보호국)가 담당하고, 청문과 판정은 법무부의 이민심판원(EOIR) 소속 이민심판관(Immigration judge)이 담당한다. 이렇게 이민심판원은 이민관련 집행기관과는 전혀 다른 부서에 소속된 별도의 조직이라는 특징이 있다.[105]

한편, 일본의 강제퇴거절차는 입국경비관의 위반조사가 入管法에 정해진 상세한 절차에 따라 진행된 다음, 제1심으로 입국심사관의 심사, 제2심으로 특별심리관의 구두심리 및 제3심으로 이의신청에 대한 법무대신의 재결이라는 3심제 구조를 취하여 우리나라에 비해 상당히 신중한 심사와 판정이 이루어지고 있다.[106] 이때 위반조사와 수용영서 및 강제퇴거영서의 집행권한은 입국경비관에게, 위반심사의 권한은 입국심사관에게, 구두심리

105 최홍엽, 〈외국인의 강제퇴거절차와 관련된 몇 가지 쟁점〉, 《민주법학》 33호, 관악사(2007. 3), 371면. 이민심판관은 1983년 이전까지는 법무부 산하 이민귀화청(INS) 소속이었고 2002년까지 이민귀화청이 이민의 주된 집행기관이었으므로 이민심판관의 중립성이 문제가 되어 연방대법원은 1950년에 행정절차법이 업무의 분리를 요구한다고 판결하였으나 연방의회는 그 이후 이민국적법을 개정하여 이민심판관이 집행공무원으로서의 업무를 수행할 수 있되 자신이 조사하거나 기소한 사건을 심판하지 못하도록 개정하였고 연방대법원은 이것이 적법절차에 위반되지 않는다고 판결하였다고 한다. 그 이후 이민귀화청 내 전문성에 대한 요구와 예측 가능하고 합리적인 판정에 대한 필요로 인해 1956년 초부터 이민귀화청은 이민심판관에게 법학학위를 요구하였고, 1983년 법무부는 이민 심판원을 신설하고 이민심판관의 소속을 변경하여 집행기관과 판정기관을 분리하였다〔자세한 내용은 최홍엽, 〈외국인의 강제퇴거절차와 관련된 몇 가지 쟁점〉, 373-375면. 이희정 · 박찬호, 《미국이민법제에 관한 연구》, 한국법제연구원(2007), 45-47면 참조〕. 한편, 이민심판원은 이민심사원(Immigration Court)과 이민재심위원회(Board of Immigration Appeals)로 구성되어 있는데, 이민심판관의 결정에 대하여 BIA에 대한 이의신청 등 행정상의 불복절차뿐만 아니라 법원에 의한 사법심사도 보장되어 있다〔자세한 내용은 최홍엽, 〈외국인의 강제퇴거절차와 관련된 몇 가지 쟁점〉, 373-375면. 이희정 · 박찬호, 《미국이민법제에 관한 연구》, 123-126면 참조〕.

106 坂中英德 · 齊藤利男, 《出入國管理及び難民認定法 逐條解說》, 515頁.

의 권한은 특별심리관에게, 이의신청에 대한 재결 및 체류특별허가의 권한은 법무대신에게, 수용영서 및 강제퇴거영서의 발부권한은 주임심사관에게 각각 배분하여 상호견제기능을 작동시켜 외국인의 인권을 배려하고 있다. 일본의 入管法은 강제퇴거절차가 외국인의 인권에 깊이 관련되어 있는 점을 고려하여 사법제도에 준해서 입국심사관에게 독립적인 권한을 부여함과 동시에 독자적으로 불복신청제도를 운용하고 있다. 입국심사관은 직무권한에 따라 일반입국심사관과 특별심리관인 입국심사관, 주임심사관인 입국심사관으로 구분된다. 주임심사관은 법무대신의 재결과 관련된 이의신청을 취급하는 외에 외국인의 신체의 자유를 박탈하는 근거가 되는 수용명령서 또는 강제퇴거명령서를 발부할 권한을 가지고 있는바, 이러한 중요성을 감안하여 상급의 입국심사관으로서 법무대신이 특히 지정하는 자에게 한정하고 있다. 동경고등재판소는 수용영서 및 강제퇴거영서에 따른 신체의 구속이 영장주의를 위반하지 않은 것이라는 논거 중의 하나로 집행을 행하는 입국경비관과는 별개의 직무권한을 가진 독임제 관청인 주임심사관이 심사 후 발부한다는 점을 든 바 있다.[107]

(다) 절차상 권리로서 고지의 문제

헌법 제12조 제5항은 체포 또는 구속의 이유 등과 변호인의 조력을 받을 수 있음을 고지받을 권리를 규정하고 있는바, 여기에서 체포와 구속이 수사절차에만 한정된다고 볼 수 있는 아무런 근거가 없으므로, 외국인의 보호에도 당연히 적용되어야 한다고 본다. 출입국관리법 제54조에서는 출입국관리공무원은 용의자를 보호한 때 법정대리인 등 또는 용의자가 지정하는 자에게 보호의 통지를 하도록 규정하고 있으나, 변호인 선임권의 고지

107 東京高等裁判所 昭和50(1975)年 11月 26日 宣告 昭49(ネ)1778号 判決. 이에 대하여 주임심사관이 중립적이라고 할 수 있는지 의문이라는 견해가 있다〔野中俊彦 · 中村睦男 · 高橋和之 · 高見勝利,《憲法 I》第4版, 有斐閣(2007), 403頁〕.

에 관해서는 특별한 규정이 없다. 그렇다고 하더라도 출입국관리공무원은 외국인을 보호하기 전에 반드시 변호인 선임권을 고지하여야 하고 이를 위반하면 절차적 하자라고 생각한다. 이상과 같은 헌법 및 출입국관리법상의 고지제도는 고지 자체도 중요하지만 상대방이 이해할 수 있어야 실효적일 것이므로, 당해 외국인이 이해할 수 있는 언어로 고지되어야 할 것이다.

4) 행정상 인신구속과 영장주의

(1) 영장주의의 의미

영장주의란 형사절차와 관련하여 체포 · 구속 · 압수 · 수색 등의 강제처분을 할 때 사법권의 독립에 의하여 그 신분이 보장되는 법관이 발부한 영장에 의하지 않으면 안 된다는 원칙이다. 따라서 영장주의의 본질은 신체의 자유를 침해하는 강제처분을 할 때에는 중립적인 법관이 구체적 판단을 거쳐 발부한 영장에 의해서만 한다는 데에 있다. 우리 헌법 제12조 제3항은 인신의 구속에는 검사의 신청에 의하여 법관이 발부한 영장을 제시하여야 한다고 하고 일정한 긴급한 경우에는 사후에 영장을 청구할 수 있다고 규정하여 영장주의를 천명하고 있다.

(2) 학설의 대립

헌법 제12조 제3항에서 규정된 영장제도가 행정절차에도 적용되는가에 대하여 견해가 대립하고, 주로 행정상 즉시강제나 강제적 성격의 행정조사에 관하여 논의가 이루어지고 있다. 그러나 영장주의의 적용 여부는 헌법상의 체포 · 구속 · 압수 · 수색의 개념에 포섭되는 한 위와 같은 경우에만 한정되는 것이 아니라 직접강제, 행정대집행, 강제징수 등에서도 논의되어야 한다고 본다.

영장불요설에서는 헌법상 영장주의의 원칙은 연혁적으로 형사사법권의 남용으로부터 국민의 자유권을 보장함을 목적으로 하기 때문에 행정목적

수행을 위한 행정상 즉시강제에는 적용되지 않을 뿐 아니라, 즉시강제는 하명, 계고 등이 선행될 수 없는 급박한 상황에서 발동되기 때문에 영장주의를 요구하는 것은 사실상 즉시강제의 관념을 부인하는 결과가 된다고 한다.[108]

영장필요설에서는 영장주의가 형사작용에만 적용된다는 명문의 규정이 없는 이상 영장불요설은 헌법조항의 뜻을 부당하게 축소해석하여 헌법의 기본권 보장의 취지를 몰각한 것이고 형사작용과 행정상의 즉시강제는 직접적인 목적은 다르나 신체 · 재산에 대한 공권력에 의한 작용이라는 점과 양자가 함께 결부되어 행사되는 경우가 많기 때문에 영장주의가 적용되는 것이 타당하다는 학설이다.

절충설은 원칙적으로 영장필요설에 있으면서 행정목적의 달성을 위하여 불가피하다고 인정할 만한 특별한 사유가 있는 경우에는 예외적으로 영장주의의 적용을 받지 않는다고 한다. 이러한 절충설 중에서 영장이 필요하지 않은 경우에 대하여 약간씩 다른 입장을 보이고 있다. 헌법학자들 중에는 행정상 즉시강제가 형사사법의 목적에 결부되는 경우에 영장이 필요하다는 견해,[109] 사전영장주의를 고수하다가는 도저히 행정목적을 달성할 수 없는 지극히 예외적인 경우에는 예외적으로 영장이 필요하지 않다는 견해,[110] 긴급한 경우에는 영장이 필요하지 않지만 정신병자의 강제수용에서 보는 바와 같이 자유가 계속적으로 박탈되는 경우에는 그 자유 박탈의 허용과 계속은 법관의 결정(영장)이 필요하다는 견해[111] 등이 있다. 행정법학자들의 경우에는 목전의 급박한 장해를 제거하기 위한 경우로 성질상 법관의 영장을 사전에 구할 수 없는 경우와 범죄수사와 관련이 없는 즉시강

---

108 김성수, 《일반행정법》 제5판, 홍문사(2010), 495면에서는 통설과 달리 원칙적으로 즉시강제에 영장이 필요없다고 기재되어 있다.

109 계희열, 《헌법학(중)》, 311면. 윤명선, 《헌법학》, 대명출판사(2000), 405면.

110 허영, 《헌법이론과 헌법》, 542면. 행정법학자로서 같은 견해는 박윤흔 · 정형근, 《최신행정법강의(하)》 개정28판, 박영사(2009), 527-528면.

111 김철수, 《헌법학신론》, 599면. 정종섭, 《헌법학원론》, 512면.

제에는 반드시 영장을 요하지 않다는 견해,[112] 국민의 생명 · 신체에 대한 절박한 위해를 방지하기 위한 경우에는 영장주의가 적용되지 않는다는 견해[113] 등이 주류이고, 더 나아가 즉시강제가 형사책임의 추궁과 관련을 갖는 것으로서 침해가 계속되거나 개인의 신체 · 재산 · 가택에 중대한 침해를 가할 수 있는 경우에는 사후에라도 영장을 요하고, 다만 경찰관직무집행법상 보호조치 · 위험발생방지 등 표준처분은 매우 빈번한 것이므로 영장주의를 관철시킬 수 없다는 견해도 있다.[114]

한편, 행정상 즉시강제마다 개별적으로 논의하여야 한다는 견해도 있는데(개별설), 인신의 구속, 압수, 수색에 해당하는 경우에 원칙적으로 영장주의가 적용되는바, 즉시강제를 행할 긴급한 필요가 있고 중대한 공익보호의 필요가 있는 경우에는 이익형량을 통해 영장주의가 적용되지 않고, 성질상 의무를 명해서는 행정목적을 달성할 수 없는 경우의 즉시강제는 급박한 경우가 아니므로 사전영장이 요구되며, 전문가로 구성된 준사법적 기관에 의해 행정상 즉시강제가 행해지고 당해 즉시강제에 대해 사전적 · 사후적 권리구제제도가 충실히 마련되어 있어 기본권보장이 가능한 경우와 같이 영장주의의 취지를 대체할 수 있는 경우에는 영장주의가 반드시 필요하지 않다고 한다.[115]

(3) 판례의 입장

헌법재판소의 판례 중에는 헌법 제12조 제1항은 신체의 자유에 관한 일반규정이고, 제3항은 수사기관의 강제처분절차에 관한 특별규정이라고 판시

---

112 김남진 · 김연태,《행정법 I》, 507면. 류지태 · 박종수,《행정법신론》, 391면. 정하중,《행정법총론》 제3판, 법문사(2006), 457면. 홍준형,《행정법총론》 제4판, 한울아카데미(2001), 748면. 따라서 즉시강제라고 하더라도 성질상 미리 의무를 명하는 것으로는 행정목적을 달성할 수 없는 경우나 긴급성이 없는 직접강제, 행정조사의 경우에는 사전영장이 요구된다고 한다.

113 김동희,《행정법 I》 제16판, 박영사(2010), 460-461면.

114 홍정선,《행정법원론(상)》 제19판, 박영사(2011), 633면.

115 박균성,《행정법론(상)》 제10판, 박영사(2011), 534면.

한 것이 있고,[116] 행정상 즉시강제는 그 본질상 급박성을 요건으로 하고 있어 원칙적으로 영장주의가 적용되지 않는다고 판시한 것이 있다.[117] 전자는 헌법 제12조 제3항이 수사절차에 한정된다는 취지이므로 영장불요설에 있다고 볼 수 있으나, 후자는 절충설에 입각한 듯한 표현을 사용하고 있어, 헌법재판소가 어떤 입장에 있는지 불분명하다.

한편, 대법원은 "사전영장주의는 인신보호를 위한 헌법상의 기속원리이기 때문에 인신의 자유를 제한하는 모든 국가작용의 영역에서 존중되어야 하지만, 헌법 제12조 제3항 단서도 사전영장주의의 예외를 인정하고 있는 것처럼 사전영장주의를 고수하다가는 도저히 행정목적을 달성할 수 없는 지극히 예외적인 경우에는 형사절차에서와 같은 예외가 인정된다"고 판시하여 절충설에 있는 것으로 보인다.[118]

(4) 검토

(가) 행정상 인신구속 · 압수 · 수색에 대한 영장주의의 적용 배제

헌법 제12조 제3항의 영장제도의 본질은 수사절차상의 체포 · 구속을 법원의 결정에 의하도록 함으로써 국민의 기본권을 보장하고자 하는데 있으므로, 행정상 인신구속을 반드시 법원의 결정에 의해야 한다고 해석할 수 없다고 생각한다.

먼저 연혁적인 이유로서, 헌법 제12조 제3항은 원래 미국 헌법으로부터 계수된 것이고 계수 당시 미국에서는 행정목적을 위한 수색 등에는 영장주의가 적용되지 않는 것으로 보았다는 점이다. 수정헌법 제4조[119] 후단의 취

116 헌재 2003. 12. 18. 선고 2002헌마593 결정.

117 헌재 2002. 10. 31. 선고 2000헌가12 결정.

118 대법원 1997. 6. 13. 선고 96다56115 판결.

119 미국 수정헌법 제4조는, "신체, 가택 서류 및 재산의 안전을 보장받는 국민의 권리는 비합리적인 체포, 수색 및 압수에 의하여 침해될 수 없다. 체포, 수색 및 압수의 영장은 상당한 이유에 근거하여 선서 또는 확약에 의하여 확인되고, 특히 수색장소와 피체포자 또는 압수품을 기재하지 아니하고는 이를 발할 수 없다"고 규정하고 있다.

지는 Common Law상 '법관영장주의'의 전통에 따라 압수 · 수색을 하고자 하는 경우 원칙적으로 법원으로부터 영장을 발부받아야 하고, 이러한 영장 청구는 상당한 이유(probable cause)에 근거하여야 한다는 점을 명시한 데에 있다. 이러한 미국식 영장주의가 미군정을 통해 우리나라 제헌헌법의 제정에 직접적인 영향을 미친 것은 분명하다. 1948. 3. 20. 제정되고 1948. 4. 1. 시행된 미군정법령 제176호는 수사기관에게 강제처분권을 광범위하게 인정하고 있었던 조선형사령 중 일부 규정을 폐지하고(제24조), 인신구속 혹은 압수 · 수색에 관하여 원칙적으로 재판소의 영장이 필요하다고 규정하는 등(제3조, 제5조) 형사소송절차에 대하여 미국식 사법제도를 도입하였다. 그 후 1948. 7. 17. 제정된 제헌헌법 제9조 제2항에서는, "체포, 구금, 수색에는 법관의 영장이 있어야 한다. 단, 범죄의 현행 · 범인의 도피 또는 증거인멸의 염려가 있을 때에는 수사기관은 법률의 정하는 바에 의하여 사후에 영장의 교부를 청구할 수 있다"고 규정하였다.[120] 그런데 위 제헌헌법 제정 당시 미국에서는 수정헌법 제4조가 형사절차에서만 적용되는 것이지 행정절차에서 적용되는 것이라고 생각하지 않았을 것이고,[121] 우리 제헌헌법 제9조 제2항에서도 '범죄', '수사기관'이라는 표현에서 보는 바와 같이 당시

120 미국의 형사절차가 우리나라의 형사절차에 어떠한 헌법적 · 형사소송법적 영향을 미쳤는지를 자세히 다룬 문헌은, 김시철, 〈형사사법제도에 관한 우리나라와 미국의 헌법 등에 대한 비교법적 검토—미국의 헌법이 우리 형사사법제도에 미친 영향 등을 중심으로〉, 《헌법논총》 제15집, 헌법재판소(2004) 참조.

121 미국 연방대법원은 1959년의 Frank사건에서 위생검사관이 어떤 주거의 지하실에 쥐가 끓는다는 믿을만한 상당한 이유가 있어 출입조사를 요구하였지만 집주인이 그것을 거절하였기 때문에 출입조사의 거절에 대하여 20달러의 벌금을 부과하는 취지가 규정된 조례에 의하여 형을 가한 것에 대하여, 위생공무원에 의한 영장 없는 검사를 허용할 의무를 가옥의 소유자에게 과하는 것은 프라이버시권의 합리적 제한으로서 적법절차 조항에 위반되는 것이 아니라고 판결하였다〔Frank v. Maryland, 359 U. S. 360(1959), 김영조, 《행정조사에 관한 연구》, 경희대학교 대학원 박사학위논문(1998), 61면에서 재인용〕. 물론 미국 연방대법원는 1967년의 Camara판결에서 개인의 주거에 대한 행정조사에서, See 판결에서 영업소에 대한 행정조사에서 수정헌법 제4조가 적용된다고 판시하여 종래의 판결을 번복하였다. 그렇다고 하더라도 행정절차에서의 영장주의는 형사절차에서의 그것보다 광범위한 적용상 예외가 인정되고 있다〔자세한 사항은 김영조, 《행정조사에 관한 연구》, 62-72면. 서주실, 〈수정헌법 제4조와 영장제의 예외〉, 《미국헌법연구》 제9호, 미국헌법학회(1998. 7), 26-29면 참조〕.

미국의 해석례를 그대로 따랐다.

다음으로, 우리 헌법 제12조 제3항을 문리해석하면 제1항과 달리 형사절차에서만 적용될 수밖에 없음을 알 수 있다. 같은 항 본문에서 영장은 검사의 신청에 의해 법관이 발부하도록 규정하고 있고, 게다가 단서에서 사전영장의 예외로서 현행범 체포와 긴급체포의 경우에 사후영장을 발부받도록 규정하고 있는데 이는 범죄를 저지른 자에 대한 수사절차에 관한 규정임을 알 수 있고 달리 해석할 여지가 없다.

현실적인 측면에서 살펴볼 때에도 출입국관리법상 보호명령의 대상자가 될 수 있는 외국인 불법체류자는 2009년 말을 기준으로 177,955명에 달할 뿐만 아니라 그 밖에 경찰관직무집행법, 아동복지법, 장애인복지법, 정신보건법, 사회복지사업법, 성매매방지 및 피해자보호 등에 관한 법률, 가정폭력방지 및 피해자보호 등에 관한 법률, 보호관찰 등에 관한 법률 등에 규정된 수용대상자를 보태면 그 수를 가늠할 수 없는데, 법원이 일일이 나서 영장을 발부하는 것은 사실상 불가능한 일이다.[122] 또한 정신보건법상 강제입원에서 보는 바와 같이 법원 보다는 다른 전문기관이 수용 여부를 결정하는 것이 바람직할 때도 있다. 행정상 인신구속만 살펴보아도 이럴진대 행정목적을 위한 압수 · 수색까지 합쳐 생각한다면 우리나라 법원의 인적 구성이나 여건 등에 살펴볼 때 현실성 없는 일이다.

결론적으로 법률적 차원에서 개개의 법률에서 영장주의를 채택하는 입법적 배려는 당연히 존중되어야 할 것이지만, 헌법 제12조 제3항은 수사기관의 피의자에 대한 강제처분절차에 적용되는 것으로 해석해야 할 것이므로, 행정상 인신구속 · 압수 · 수색의 절차에서 법관의 영장을 요건으로 하지 않는다고 하여 위헌이라고 할 수는 없을 것이다.

---

122 미국에서도 행정절차에 관해 광범위한 영장주의의 예외를 인정하고 있는데, 이른바 일반영장(general warrant)이나 명목적인 고무인적 영장(rubber stamp)이 될 가능성이 높기 때문이라 한다〔김영조, 《행정조사에 관한 연구》, 74면 참조〕.

(나) 기존의 학설에 대한 평가

먼저 통설적 견해인 절충설이 드는 '형사사법의 목적과 경합되지 않는 경우'는 영장주의의 예외라 할 수 없는 것이다. 형사절차와 행정절차가 경합되는 경우에는 당연히 형사사법의 목적 때문에 영장이 요구되는 것이기 때문이다. 조세범처벌절차법 제3조 제1항은 범칙사건을 조사할 때 압수 또는 수색을 하기 위해서는 영장이 필요하다고 규정하고 있으나, 제12조 제1항에 의하여 그 조사결과 통고처분을 이행하지 않는 위반자는 국세청장 등에 의하여 반드시 고발되어 형사절차로 이행된다. 이러한 통고처분은 원래 형사절차로 처리되어야 할 것을 절차를 신속하고 간이하게 하기 위해 우선은 행정절차로 진행하도록 한 것 뿐이고 통고처분을 이행하지 않으면 다시 원래의 형사절차로 이전되기 때문에 당연히 위 조사절차는 형사사법의 목적을 가질 수밖에 없다.

다음으로, 영장이 필요하지 않은 사유로서 '긴급한 경우'에는 수사절차와 마찬가지로 영장을 받을 필요가 없다고 한다. 그러나 수사절차에서는 현행범 체포나 긴급체포의 경우 구속을 계속하려면 사후에 영장을 발부받도록 헌법과 형사소송법에 규정되어 있으니 행정절차에서도 형사절차와 마찬가지로 사후영장을 발부받아야 한다고 주장하는 것이 논리필연적이다. 이 견해를 일관한다면, 긴급한 경우의 행정상 즉시강제나 행정조사의 경우에는 사전영장을 요하지는 않으나 사후영장은 필요하고, 긴급성이 갖춰지지 않은 행정절차에는 모두 법원의 사전영장이 필요하다고 해야 하므로, 영장주의를 규정하지 않은 모든 행정법규는 위헌이라고 해야 한다. 결국 영장필요설과 같은 결론이 되고, 이는 현실과 부합하지 않는 논리가 된다.

한편, 자유가 계속적으로 박탈되는 경우에는 그 자유 박탈의 허용과 계속에 법관의 결정(영장)이 필요하다는 견해는 독일 기본법으로부터 시사받은 것으로 보인다. 독일 기본법 제104조 제2항에서는 모든 형태의 '신체의 자유 박탈의 허용과 계속'을 법관만 결정하도록 규정하고 있고(법관유보),

제3항에서는 특히 범죄혐의 때문에 일시적으로 체포된 자에 대해서는 이에 더하여 법관대면기회를 헌법적 차원에서 보장하면서 계속적 구금을 위해서는 법관의 영장을 요하도록 규정하고 있다. 이에 따라 인신구속절차를 연방 차원의 일반법으로 구체화한 '자유박탈에 관한 재판절차법(Gesetz über das gerichtliche Verfahren bei Freiheitsentziehungen, FEFG)'이 제정되어 있고,[123] 정신질환자, 마약중독자 및 알콜중독자에 대한 자유박탈과 같이 그 근거가 연방법이 아닌 주법인 경우에는 비송사건절차법(Gesetz über die Anlegenheiten der freiwilligen Gerichtsbarkeit, FGG) 제70조 내지 제70조의n에서 정한 절차를 거치게 되어 있다.[124] 그러나 위 견해는 우리나라 헌법 제12조 제3항과 독일 기본법 제104조 제2항, 제3항의 규정체계나 내용이 완전히 다르다는 점을 간과한 것이다. 위 견해는 독일 기본법 제104조로부터는 도출될 수 있겠으나 우리 헌법 제12조 제3항의 연혁적 · 문언적 해석에는 배치되는 것이라 생각된다.

(다) 비교법적 고찰 – 출입국관리법상 외국인 보호명령의 경우

출입국관리법상 외국인에 대한 보호는 그 명칭과 관계없이 외국인보호실 · 외국인보호소 기타 법무부장관이 지정하는 장소에 수용하는 것으로 신체의 자유를 박탈하는 것이므로, 전형적인 행정상 인신구속에 해당한다. 그런데 출입국관리법은 외국인의 보호에 관해서 사무소장 · 출장소장 또는 외국인보호소장으로부터 보호명령서를 발부받아 출입국관리공무원이 이를 집행하도록 규정하고 있다. 위 보호명령서는 검사의 신청에 의하여 법원이 발부한 영장은 아니나, 헌법 제12조 제3항의 영장주의조항은 제1항의 적법절차조항의 특별규정으로서 수사절차에서의 적법절차를 강화하기 위한 것으로 해석하는 입장에서는 헌법에 위반된다고 보기 어렵다.

---

123 v.Mangoldt · Klein · Starck, *Bonner Grundgesetz Kommentar Band 3* 4.Auflage, Vertrag Franz Vahlen(2001), S.1450.

124 Keidel · Kuntze · Winkler, *Freiwillige Gerichtsbarkeit* 15.Auflage, Verlag C.H.Beck(2003), S.1590.

미국의 경우 국토안전부 내의 기관인 ICE(이민관세집행국)와 CBP(미국관세 · 국경보호국)가 조사와 체포 등 집행에 중요한 역할을 맡고 있다.[125] 미국 이민국적법(INA)은 이민행정관에게 미국 국내에 있는 외국인으로서 미국 국내에서 법령을 위반하였다거나 체포영장이 발부되기 전에 도주의 우려가 있다고 믿을 만한 합리적 사유가 있는 경우에는 영장 없이 체포할 수 있는 권한을 부여하고, 영장을 발부받아 체포하는 경우에도 그 영장은 ICE의 지방사무소장 등이 발부하도록 규정하고 있다.[126] 미국에서도 이렇게 외국인의 신체의 자유를 박탈하는데 법원의 영장을 발부받지 않는 것에 대하여 수정 헌법 제4조에 위반되는 것이 아닌지에 관하여 논란이 되었으나, 연방대법원은 INS v. Lopez-Mendoza 판결에서 외국인의 추방절차에는 위법수집증거배제의 원칙이 적용되지 않는다고 판시하였다.[127]

한편, 일본의 入管法 제39조 제2항은 외국인의 수용에 관하여 입국경비관이 그 소속 관서의 주임심사관으로부터 수용영서를 발부받아 집행하도록 규정하고 있어서, 체포에서의 영장주의를 규정한 일본 헌법 제33조에 위반되는지 문제가 되었다. 이에 대하여 일본의 최고재판소는 강제퇴거명령서에 근거하는 수용은 그 성질, 목적, 양태의 어느 면에서도 형사절차에 의한 체포 · 구류와 비교할 점이 없기 때문에 위헌이라는 주장은 그 전제가 흠결되어 받아들일 수 없다고 판시하였다.[128] 동경고등재판소 또한 수용영

---

125 ICE는 주로 미국 내에 있는 자에 대한 이민국적법(INA) 집행에 중점을 둔 반면 CBP는 불법 입국의 방지에 주력한다고 한다〔이희정 · 박찬호, 《미국이민법제에 관한 연구》, 105면〕.

126 이희정 · 박찬호, 《미국이민법제에 관한 연구》, 116면. 고준성, 〈미국의 출입국관리제도〉, 《법무자료》 제170집, 법무부(1993), 97면.

127 INS v. Lopez-Mendoza 468 U.S. 1032, (1984). 연방대법원은 위 판결에서 이익형량기준을 이용하여, 배제 원칙이 범법행위에 대해 눈감아 주는 결과를 낳고, 추방 심리의 간소한(약식절차적인) 성격을 복잡하게 만들어 중요한 문제로부터 초점을 전화시켜 합법적으로 수집된 증거를 배제하는 결과를 낳으며, 당국자들은 수정헌법 제4조를 위반하지 않았다는 상세한 보고를 올리기에 너무 바쁠 것이므로, 비용이 편익보다 크다고 판시하면서 위법수집증거배제의 원칙을 적용하지 않았다〔위 판결의 자세한 내용과 비판은, Matthew S. Mulqueen, 'Rethinking the role of the exclusionary rule in removal proceedings', *Saint John's Law Review* Summer 2008, 참조〕.

128 最高裁判所 第二小法廷 昭和55(1980)年 5月 30日 宣告 昭54 (行ツ) 56号 判決, 《訟務月報》

서 및 강제퇴거영서에 따른 신체의 구속은 출입국관리행정의 수행에 수반되어 생기는 행정적 절차로서 그 필요성이 인정되고, 당해 외국인의 권리보장을 배려하여 신중하고 공평한 절차에 따라 행해지며, 그 집행을 행하는 입국경비관과는 별개의 직무권한을 가진 독임제 관청인 주임심사관이 심사 후 발부하고, 사후에 사법재판이 보장되어 있다는 이유 등으로 영장주의에 위반되는 것이 아니라고 판시하였다.[129]

3. 행정상 인신구속에 대한 기존의 통제제도와 문제점

3.1. 개관

행정작용으로 인하여 권리 · 이익을 침해받았거나 침해받을 것이라고 주장하는 국민이 국가기관에게 원상회복, 손해전보 또는 당해 행정작용의 취소 · 변경, 기타 피해구제, 예방조치 등을 요구하고 행정기관 또는 법원이 이를 심리 · 판정하는 일련의 절차를 행정구제라 한다. 행정구제는 행정상의 손해전보와 행정쟁송으로 크게 나눌 수 있고, 그 밖의 행정구제제도로서 행정절차,[130] 청원, 고충민원, 옴부즈만 등이 있다. 그러나 전형적인 행정구제제도는 역시 행정상의 손해전보와 행정쟁송일 것이다.

실체법적 제도로서 행정상의 손해전보는 국가나 지방자치단체 등이 행

26卷 9号 1,602頁.

129 東京高等裁判所 昭和50(1975)年 11月 26日 宣告 昭49 (ネ) 1778号 判決. 그러나 일본의 학설은 일본 헌법 제35조(압수 · 수색에서의 영장주의)와 제38조(묵비권)은 행정절차에도 적용 내지 준용된다고 보는 것이 대세인 것 같다〔松井幸夫, 〈行政手續と令狀主義および默秘權—川崎民商事件〉, 《ジュリスト 別冊 155號—憲法判例百選Ⅱ》(第4版), 有斐閣(2000), 261頁 참조〕. 한편, 신체의 자유가 범죄수사와 전혀 결부되지 않은 경우와 현행범적 구성이 가능한 경우에는 체포에서의 영장주의를 규정한 헌법 제33조가 적용되지 않는다는 견해도 있다〔樋口陽一 · 佐藤幸治 · 浦部法穗, 《註釋 日本國憲法》 上卷, 青林書院(1988), 735頁〕.

130 행정절차도 사전적 권리구제제도로서 행정구제의 범위에 포함시킬 수도 있다〔류지태 · 박종수, 《행정법신론》, 444면 참조〕.

정작용과 관련하여 특정인에게 가한 손해를 구제하여 주는 제도를 총칭하는 것이고, 국가책임이라고 한다. 이러한 국가책임은 전통적으로 위 손해가 적법한 행정작용에 의한 것인지 아니면 위법한 행정작용에 의한 것인지에 따라 손실보상과 손해배상으로 나누어진다. 그러나 손해배상과 손실보상만으로는 해결할 수 없는 손해가 특정인에게 발생하는 경우가 있고, 그러한 손해를 전보하는 제도가 독일에서 발전한 수용유사침해보상과 수용적 침해보상 및 희생보상청구권, 결과제거청구권 등이다.

절차법적 제도로서 행정쟁송은 행정상 법률관계에 관한 분쟁에 대하여 행해지는 쟁송절차를 말한다. 행정쟁송은 행정심판과 행정소송으로 분류되는데, 행정소송은 독립된 재판기관인 법원에 의한 재판이라는 점에서 행정기관이 심판업무를 수행하는 행정심판과 구별된다.

법치주의원리가 제대로 작동하기 위해서는 사전에 행정기관이 법령 등을 잘 준수하여야 할 뿐만 아니라, 국가기관의 작용이 위법한 경우 사후적으로 이를 바로잡아 국민의 권리구제에 도움을 줄 수 있어야만 한다. 행정상 인신구속을 당한 자도 당연히 위법한 인신구속에 대한 행정구제를 신청할 권리가 있다. 또한 경우에 따라서는 위와 같은 행정구제 외에도 자신의 권리를 침탈한 자에 대하여 민 · 형사상의 책임도 물을 수 있을 것이다.

그런데 위와 같은 기존의 구제제도는 위법한 행정상 인신구속으로부터 피해자를 구제하는 데 실효성이 없는 경우가 많다. 행정상 인신구속을 당한 자가 기존의 민 · 형사소송이나 행정소송을 통하여 위법한 인신구속을 다툴 수 있다고는 하지만, 피구속자가 이러한 구제제도를 이용하여 구제를 받는 것에는 현실적으로 어려움이 많고, 신속한 구제가 보장되지 못한다는 문제가 있다. 그리하여 행정상 인신구속을 정한 각각의 법률에는 독특한 사전적 · 사후적 구제수단을 마련하고 있는 경우가 많다.

3.2. 위법한 행정상 인신구속에 대한 기존의 통제제도

3.2.1. 일반적인 구제수단

1) 행정쟁송절차

(1) 행정심판과 행정소송

행정기관에 의한 인신구속의 결정과 그에 대한 집행은 처분의 성질을 가진다. 정신보건법상의 강제입원을 예로 들면, 시장 · 군수 · 구청장에 의한 입원에서 시장 · 군수 · 구청장의 입원결정은 행정행위의 성질을 가지고, 긴급한 상황 하에서 행해지는 응급입원은 행정상 즉시강제에 해당하고 기간의 제한은 있지만 계속적 성질을 갖는 권력적 사실행위이다. 일반적으로 행정상 즉시강제는 단기간에 그 실행이 완료되어 버리고 취소되어도 어떠한 권익구제도 가져오지 않기 때문에 즉시강제의 취소를 구할 권리보호의 이익이 없을 경우가 많으나, 계속적 성질을 갖는 즉시강제의 경우에는 위법상태가 계속되는 한 취소소송을 제기할 소의 이익이 있다.

따라서 위 세 가지의 강제입원 모두 행정쟁송의 대상이 될 수 있는 독립된 행위로서, 위법 또는 부당하게 국가기관에 의한 강제입원을 당한 자는 행정심판(취소심판)을 제기할 수 있고, 위법하게 국가기관에 의한 강제입원을 당한 자는 행정소송(취소소송)을 제기할 수 있다.[131]

한편, 출입국관리법상 외국인의 보호명령이나 강제퇴거명령도 행정상 즉시강제 또는 직접강제에 해당하고 권력적 사실행위의 성질을 갖는 처분이다. 따라서 위법 · 부당함을 주장하는 자는 행정심판을 제기할 수 있을 것이고, 위법함을 주장하는 자는 행정소송도 제기할 수 있다.

(2) 집행정지

행정쟁송은 법적 분쟁의 존재를 전제로 하고, 그 법적 분쟁은 판결을 통해

131 박균성, 〈행정상 인신구속에 대한 법적 통제〉, 504면.

서 최종적으로 결말이 나게 되는데, 그에 이르기까지 숙명적으로 오랜 시일이 걸린다. 또한 처분에는 공정력과 자기집행력이 있어서 본안 판결이나 재결을 기다리다가는 집행이 완료되어 버리는 경우도 생길 수 있다. 이러한 부작용은 행정상 인신구속에서 가장 극단적으로 나타날 것이다. 그럼에도 불구하고 행정소송법 제23조 제1항과 행정심판법 제30조 제1항은 행정심판이나 행정소송의 제기로 처분 등의 효력이나 그 집행 또는 절차의 속행에 영향을 주지 않도록 규정하여, 집행부정지의 원칙을 채택하고 있다.[132] 이렇게 되면 승소의 판결이나 재결을 받더라도 분쟁의 대상이 되고 있는 법률관계의 내용이 실현되어 당사자의 구제목적을 달성하기 어려운 때가 많게 되므로, 분쟁이 종결되기에 이르기 전까지의 잠정적인 조치가 필요하게 된다.

그리하여 취소소송 등 행정쟁송이 제기된 경우 처분 등이나 그 집행 또는 절차의 속행으로 인하여 생길 회복하기 어려운 손해를 예방하기 위하여 긴급한 필요가 있다고 인정할 때 법원 또는 행정심판위원회가 당사자의 신청이나 직권에 의하여 집행정지결정을 할 수 있도록 하고 있다(행정소송법 제23조 제2항, 행정심판법 제30조 제2항). 위와 같은 집행정지는 본안쟁송이 종결될 때까지 잠정적으로 처분 등의 효력이나 그 집행 또는 절차의 속행을 정지시키는 것이므로, 민사소송법상의 임시의 지위를 정하는 가처분과 같은 성질을 가진 것이라 할 수 있다.[133]

집행정지는 그 성질상 본안쟁송이 계속 중일 것을 요건으로 한다. 집행정지제도는 행정청의 침익적 행정행위의 취소를 구함과 동시에 그 효력이

132 행정쟁송이 제기된 경우 처분의 효력을 정지시킬 것인지의 여부는 입법정책의 문제이다. 독일과 같이 항고소송이 제기되면 원칙적으로 그 처분의 효력이 정지되고 예외적으로 특별한 성질의 처분에 대해서만 처분청 등의 명령으로 집행이 정지되지 않도록 하는 입법례(집행정지의 원칙 채택)가 있는 반면 프랑스나 일본과 같이 집행부정지의 원칙을 채택하는 나라도 있다. 집행부정지원칙을 취하는가, 집행정지원칙을 취하는가는 입법정책상 행정의 신속성 · 실효성을 우선시하는가, 아니면 국민의 권리보호를 우선시하는가에 의해 결정된다.

133 적극적으로 임시의 지위를 정하는 것이 아니라 소극적으로 계쟁처분 등의 효력 내지 집행을 정지시키는 데 불과하므로 소극적인 가처분과 유사한 성질과 내용을 갖는다.

나 집행 또는 절차의 속행을 일시정지함으로써 신청인의 손해발생가능성을 방지하기 위한 것이므로 이미 행정쟁송이 제기되어 본안에 계속 중인 경우에만 가능하다. 이 점에서 민사소송법상의 가처분과 차이가 있다. 집행정지만 해 놓고 본안쟁송을 제기하지 않을 경우 처분의 효력이 장기간 불안정하게 되어 행정법관계의 안정성을 해할 우려가 있기 때문이다. 그런데 본안쟁송의 계속이라는 요건이 집행정지신청의 요건이지만 본안쟁송보다 집행정지신청이 먼저 있다고 하더라도 각하결정 전에 본안소송을 제기하면 하자가 보완된다고 보는 것이 실무이다. 위와 같이 집행정지결정을 하려면 이에 대한 본안소송이 법원에 제기되어 계속 중이라는 점을 요건으로 하고 있으므로, 집행정지결정을 한 후에라도 본안소송이 취하되어 소송이 계속되지 않은 것으로 되면 별도의 취소조치 없이도 집행정지결정의 효력은 당연히 소멸한다.[134]

본안이 계속되고 있는 법원이나 행정심판위원회는 당사자의 신청 또는 직권으로 집행정지를 결정할 수 있다.[135] 그 결정은 행정처분의 효력을 정지시킴으로써 처분의 효력이 존속하지 않은 상태에 놓는 효력정지, 처분의 효력에 영향을 미치지 않은 채 그 집행절차만 정지시켜 그 내용을 실현하는 행위를 금지하는 집행정지, 유효한 처분을 전제로 후속의 법률관계가 진전되어 다른 처분이 행해지는 경우에 그 기초가 되는 처분의 효력을 정지시켜 절차의 속행이나 법률관계의 진전을 금지하는 절차의 속행정지 등을 그 내

134 대법원 1975. 11. 11. 선고 75누97 판결: 행정처분의 집행정지는 행정처분집행 부정지의 원칙에 대한 예외로서 인정되는 일시적인 응급처분이라 할 것이므로 집행정지결정을 하려면 이에 대한 본안소송이 법원에 제기되어 계속 중임을 요건으로 하는 것이므로 집행정지결정을 한 후에라도 본안소송이 취하되어 소송이 계속하지 아니한 것으로 되면 집행정지결정은 당연히 그 효력이 소멸되는 것이고 별도의 취소조치를 필요로 하는 것이 아니다.

135 행정심판의 경우에는 위원회의 심리 · 결정을 기다려서는 회복하기 어려운 손해가 발생할 우려가 있다고 인정될 때 위원회의 위원장이 직권으로 심리 · 결정에 갈음하는 결정을 할 수 있다. 이 경우에 위원장은 위원회에 그 사실을 보고하고 추인을 받아야 하며, 위원회의 추인을 받지 못한 때에는 위원회는 집행정지결정을 취소하여야 한다(행정심판법 제30조 제6항).

용으로 한다. 다만 효력정지는 처분의 집행 또는 절차의 속행을 정지함으로써 목적을 달성할 수 있는 경우에는 허용되지 않는다. 법원이나 행정심판위원회는 집행정지의 결정을 한 후에 집행정지가 공공복리에 중대한 영향을 미치거나 그 정지사유가 없어진 때에는 당사자의 신청 또는 직권에 의하여 집행정지결정을 취소할 수 있다.

2) 민·형사상의 구제수단

(1) 국가배상 등 민사상 구제

정신보건시설 등 구속자 자신의 행위로 인한 불법구속이 행해졌다면 그 구속자는 민법 제750조에 의한 손해배상책임을 부담할 것이다. 그 사용인의 고의·과실에 의한 경우에는 그 구속자가 사인이면 민법 제756조에 의하여 민사상의 손해배상책임을, 국가 또는 지방자치단체라면 국가배상법 제2조 제1항의 국가배상책임을 부담하게 될 것이다. 한편, 불법적인 구속으로 인한 손해가 시설 등 공작물의 설치, 관리상의 하자로 인한 것이면 민법 제758조의 공작물책임을 부담하게 되고, 만일 영조물이라면 국가배상법 제5조에 의한 국가배상책임을 부담할 것이다.

그런데 자의입원과 같이 인신구속이 계약으로 성립한 경우 귀책사유에 관한 증명책임의 소재 등에서 채무불이행의 책임을 묻는 것이 더 유리한 경우가 있을 수 있다. 이때에는 입원형태에 따라 책임을 물을 수 있는지, 누구에게 물어야 하는지가 달라질 수 있다.[136]

한편, 형사절차 이외에 대한 인신구속을 정한 정신보건법 등의 법률에서는 국가나 지방자치단체에게 그 지도·감독책임을 부과한 경우가 많이 있다. 만일 담당 공무원이 이를 태만히 하는 등의 지도·감독의무 위반이 구속자의 불법행위를 초래하였거나 이에 기여하였다고 보면 피구속자가

136 정신질환자의 자살사고를 중심으로 이와 관련된 자세한 사항은 손홍수, 〈정신질환자의 자살과 의료과오책임〉, 14-21면 참조.

입은 손해를 그 지도 · 감독사무의 귀속주체인 국가 등이 배상할 책임이 있는 경우도 있을 수 있다. 대법원 판결 중 이와 관련된 사례를 소개하면 다음과 같다.

① 대법원 2006. 7. 28. 선고 2004다759 판결

〔사안의 개요〕

충남 연기군 소재 소외 사회복지법인은 산하에 부랑인 선도시설, 정신질환자 요양시설, 중증장애인 요양시설 등 3개의 시설을 운영하고 있었고, 원고들은 위 법인 산하의 선도시설 또는 요양시설에 1988. 12.경 처음 수용되기 시작하여 1998. 9.경 모두 퇴소하였다. 원고들은 위 선도시설과 요양시설에서 적법한 절차 없이 수용 · 감금되어 강제노역을 당하고 강제노역을 거부하고 불법 수용에 항의하는 경우 폭행을 당하거나 신경안정제를 투약당하는 등 인권유린을 당하였는바, 이는 원고들이 위 시설에 수용되는 과정에서 경찰과 공무원들이 직 · 간접적으로 위 소외법인의 원장 등의 불법 납치 · 감금을 묵인하거나 비호하였고, 위 시설을 지도 · 감독할 의무가 있는 연기군 공무원이 위 시설에 강제 납치 · 감금된 원고 등의 실태를 눈감아 주는 대가로 뇌물을 수수하고 원고 등을 인권유린의 현장에 방치하였기 때문에 일어난 일이므로, 국가는 공무원의 직무상 불법행위로 인하여 손해를 입은 원고들에게 손해배상을 하여야 한다고 주장하였다.

〔사실의 인정〕

① 위 사회복지법인 산하 선도시설에 수용 중이던 A는 1997. 2. 1. 자신의 형이 위 선도시설로 찾아와서 연고자가 있다는 이유로 퇴소하였다. ② A는 1997. 2. 3. 연기군청 사회복지과로 담당 공무원인 B를 찾아가서 자신이 위 선도시설에서 불법감금되어 있었고 강제노역과 폭행을 당하였다고 주장하며 보상을 요구하였으나, B는 "피해보상을 받을 것이다"거나 "시정해 주겠

다"는 등으로 C를 돌려보냈다. ③ A는 같은 날 군청에서 나왔다가 위 선도시설 직원들에게 폭행당하여 다시 위 시설로 끌려갔다.

위와 같은 사실에 비추어 보면, 연기군 공무원인 B가 1997. 2. 3. 이전에 원고들이 부당한 대우를 받았다는 것을 알면서도 그대로 방치하였거나 위 복지법인 소속 관계자들의 그와 같은 폭행 또는 감금 등의 위법행위를 묵인하거나 비호하는 대가로 뇌물을 수수한 것이라고 단정할 수는 없다. 그러나 A가 B에게 구두로 진정한 내용에 비추어 보면, 적어도 같은 위 선도시설과 요양시설 등에 대한 지도 · 감독 업무를 담당하는 공무원으로서는 거기에 수용된 사람들에게 위법행위가 있어 왔고, 이를 방치할 경우 장차 같은 일이 일어날 수도 있다는 정도의 개략적인 사정은 쉽사리 알 수 있었다.

〔판결의 요지〕

그렇다면 위 B로서는 사회복지사업법 등 관계법령에 따라 위 선도시설과 요양시설 등의 업무에 관한 지도 · 감독을 하거나 그 각 시설에 출입하여 검사 또는 질문을 하고 시설의 장부 · 서류 기타 운영상황을 검사하는 등으로 그 위법행위 여부를 구체적으로 확인 및 점검한 뒤, 그 위법행위가 형사상 범죄행위에 해당할 경우 고발을 하고, 시설의 개선 또는 사업의 정지를 명하거나 허가를 취소하도록 하는 조치를 취하였어야 할 것인데도, 아무런 조치도 취하지 않음으로써 그 후로도 수용된 사람들에게 폭행 등의 행위가 저질러졌으므로, 이와 같은 그 직무상 권한 불행사는 현저히 합리성을 결한 것으로서 위법하다고 할 것이므로, 국가의 배상책임을 인정하였다.

〔쟁점의 검토〕

① 이 사건의 가장 큰 쟁점은 연기군 공무원의 행위에 대하여 연기군이 아닌 국가가 국가배상책임을 지는지 여부에 있었다. 지방자치단체의 고유한 자치사무에 대한 위법행위의 배상책임은 국가가 아니라 당해 지방자치단

체에서 배상책임을 지고, 단체위임사무나 기관위임사무의 경우에는 국가는 사무귀속주체이거나 비용부담자로서 지방자치단체와 부진정연대책임을 지기 때문이다. 대법원은 부랑인선도시설 및 정신질환자요양시설의 지도 · 감독사무에 관한 법규의 규정 형식과 취지가 보건사회부장관 또는 보건복지부장관이 위 각 시설에 대한 지도 · 감독권한을 시장 · 군수 · 구청장에게 위임 또는 재위임하고 있는 것으로 보이는 점, 위 각 시설에 대한 지도 · 감독사무가 성질상 전국적으로 통일적인 처리가 요구되는 것이라는 점, 위 각 시설에 대한 대부분의 시설운영비 등의 보조금을 국가가 부담하고 있는 점, 장관이 정기적인 보고를 받는 방법으로 최종적인 책임을 지고 있는 것으로 보이는 점 등을 종합하여, 부랑인선도시설 및 정신질환자요양시설에 대한 지방자치단체장의 지도 · 감독사무를 보건복지부장관 등으로부터 기관위임된 국가사무로 판단하였다. 그리하여 연기군 공무원인 B의 위법행위로 인한 배상책임을 국가도 부담하게 되는 것이다.

② 대법원은 사실인정의 문제에서 담당 공무원의 지도 · 감독에 관한 책임을 엄격히 하였다. 사실 위 사건의 원심은 B가 위 선도시실과 요양시설에 대한 지도 · 감독권을 행사하여 오는 동안 보통 일반의 공무원을 표준으로 할 때 객관적 정당성을 상실하였다고 인정될 정도로 직무상 의무를 위반하였다고 보지 않았다. 그런데 대법원은 이러한 원심판결의 사실인정을 뒤집고 A가 1997. 2. 3. B에게 구두로 진정한 것에 착안하여 위 시설들에서 수용자들에 대하여 폭행 등의 부당한 대우가 있음을 알았거나 쉽게 알 수 있었음에도 불구하고 이와 관련하여 필요한 조치를 취하지 않았다고 B의 직무행위의 위법성을 이끌어내고 있다는 점이다.

② 대법원 2009. 1. 15. 선고 2006다19832 판결

〔사안의 개요〕

원고는 ○○병원이나 △△병원에서 원고를 입원시킨 데 대하여 보호의무

자의 동의를 받는 절차 및 계속입원치료심사를 청구하는 절차에 위법이 있고, 원고의 퇴원심사청구절차를 알려 주지 않아 의견진술권을 침해한 위법이 있었는바, 위 각 병원에 대한 지도 · 감독자인 국가 등 소속 공무원들 또한 그 지도 · 감독의무를 소홀히 한 직무상 위법행위로 위 병원들의 불법행위를 야기하였으므로, 국가는 국가배상법 제2조 제1항에 의하여 원고가 입은 손해를 배상할 책임이 있다고 주장하였다.

〔사실의 인정〕

① ○○병원장은 2000. 11. 22. 경찰관으로부터 원고에 대한 응급입원을 의뢰받은 이후 72시간 이내에 계속입원에 필요한 요건을 갖추지 못하였음에도 원고를 퇴원시키지 않은 상태에서, 위 72시간에 해당하는 2000. 11. 25.부터 17일을 초과한 2000. 12. 11.에야 비로소 보호의무자인 부산 사상구청장의 동의를 받아 뒤늦게 정신보건법 제24조의 규정에 따른 입원절차를 마쳤다.

② △△병원장은 원고의 최초 입원일인 2000. 11. 22.부터 6개월이 경과하였음에도 정신보건법에 정한 전문의 진단, 보호의무자 동의, 심사청구 등의 절차를 거치지 아니하였고, 원고를 퇴원시키지도 않았으며, 위 6개월 경과일부터 115일을 초과한 2001. 8. 13.에야 비로소 위 계속입원절차를 마쳤다.

③ 원고는 입원 직후부터 여러 차례 퇴원 희망 의사를 명백히 밝혔음에도 병원에서 퇴원심사 청구 등의 절차를 적절히 고지하여 주지 않았고, 원고에 대하여 시 · 도지사에 의한 퇴원심사 등을 받을 기회를 제공하지 아니한 채로 원고를 계속하여 2002. 8. 1.까지 입원시켰다.

〔판결의 요지〕

① 구 정신보건법 제26조에 의한 응급입원의 기간인 72시간을 초과하였음에도 불구하고 본인의 의사에 반하여 퇴원을 시키지 않는 경우 위법한 감

금행위로서 불법행위가 성립하고, 이러한 위법한 감금행위가 지속되는 가운데 이루어진 절차도 위법하므로, 뒤늦게 계속입원의 요건을 갖출 수도 없는 것이다.

② 구 정신보건법 제24조 제1항 · 제3항 · 제4항에 의하면, 보호의무자에 의한 입원에서 정신질환자를 6개월을 초과하여 입원시킬 경우 최초 입원일부터 6개월이 경과하기 전에 전문의 진단, 보호의무자 동의, 심사청구 등의 계속입원의 절차를 모두 마쳐야 하고, 6개월이 경과하였음에도 이러한 절차를 마치지 못한 경우에는 입원 중인 자를 즉시 퇴원시켜야 하며, 이를 위반하는 경우에는 위법한 감금행위로서 불법행위가 성립하고, 이러한 위법한 감금행위가 지속되는 가운데 이루어진 절차는 위법하므로 뒤늦게 계속입원치료의 요건을 갖출 수도 없는 것이다.

③ 구 정신보건법 제24조 제5항 · 제7항, 제29조 내지 제31조에 의하면, 정신의료기관이 정신질환자를 입원시키거나 입원기간을 연장시키면서 지체 없이 정신보건법 소정의 퇴원심사 청구 등의 절차를 서면으로 통지하여 안내하지 않거나 정신질환자의 퇴원 요구가 있음에도 정신보건법 소정의 절차를 취하지 않은 채 방치한 경우에는 그 입원기간 전체에 대하여 위법한 감금행위로서 불법행위를 구성한다.

〔쟁점의 검토〕

위 대법원 판결은 응급입원에서 다른 강제입원절차로의 전환, 보호의무자에 의한 입원에서 계속입원 요건의 구비시점, 퇴원심사청구 등의 서면 고지 의무 등을 엄격하게 해석하는 판시를 하였다. 사람의 가장 기본적인 인권인 신체의 자유에 대한 제한의 근거가 되는 법령의 해석은 엄격하고 제한적이어야 한다는 원칙에 충실한 당연하고도 타당한 판결이라 할 것이다.

또한 불법입원기간에 대해서도 원심은 응급입원 의뢰일부터 72시간이 경과한 후 적법요건을 갖추기까지의 17일간과 최초 입원일부터 6개월이 경과한 후 적법요건을 갖추기까지의 115일간의 합계인 132일로 한정했으나, 대법원은 앞에서 본 법리에 따라 원고의 최초 입원일인 2000. 11. 22.부터 응급입원이 허용되는 72시간을 경과한 2000. 11. 25.부터 퇴원일인 2002. 8. 1.까지의 총 615일이 모두 위법한 감금행위에 해당한다고 판시하였다는 점도 주의를 요한다.

참고로 대법원 판결에서는 국가가 배상책임을 지는지에 관하여 상고이유가 아니었기 때문에 거기에 대한 판단이 없는 것으로 보이지만, 원심판결에 의하면 국가 또는 지방자치단체 소속 담당공무원들은 원고가 입원하고 있던 동안 정신보건법령에 규정된 지도 · 감독의무를 이행한 사실이 전혀 없고 2002년도 하반기에야 그 의무를 이행한 사실을 인정한 다음 그러한 지도 · 감독의무 위반이 정신보건시설인 ○○병원장과 △△병원장의 위와 같은 불법행위를 초래하였거나 이에 기여하였다고 보면서 원고의 손해를 그 지도 · 감독사무의 귀속주체인 국가가 배상할 책임이 있다고 하였다.

(2) 형사상 구제

행정상 인신구속에서 위법이 있으면 형법상의 감금죄 등으로 처벌을 받을 수 있음은 당연하고, 정신보건법 제55조 내지 제59조에서와 같이 벌칙 및 과태료조항을 마련하고 있는 개별법도 많이 있다. 지금까지 위법한 강제입원에 대하여 형사상의 제재를 가한 사건에 관한 대법원 판례는 폭력행위 등 처벌에 관한 법률 위반(감금)죄로 처벌한 대법원 2001. 2. 23. 선고 2000도4415 판결 1건을 찾아볼 수 있다.

위 판결의 사안은 보호의무자에 의한 입원의 경우이다. 피고인이 피해자를 정신병원에 강제입원시키기 전에, 정신건강의학과 전문의로부터 피고인에 대한 설명과 피해자에 대한 입원치료가 필요하다는 의견을 들었으나, 아직 피해자를 대면한 진찰이나 위 정신병원장의 입원결정이 없는 상태에서 위 병원 원무과장에게 강제입원을 부탁하여 위 원무과장이 자신의 판단으로 피해자를 강제로 구급차에 실어 위 병원에 데려와 입원시킨 것이다.

대법원은 비록 '강제입원조치 후' 위 병원의 정신건강의학과 전문의가 피해자를 진찰한 결과 편집성 인격장애 및 알코올의존증의 치료를 위한 입원이 필요하다고 진단하였고 위 병원장이 입원을 결정하였다는 사정이 있더라도 보호의무자에 의한 입원은 보호의무자의 동의가 있더라도 정신건강의학과 전문의가 정신질환자를 직접 대면하여 진찰하고 입원이 필요하다고 진단한 다음 이에 기하여 정신의료기관의 장이 입원을 결정하여야 하고, 이러한 요건을 갖춘 입원조치에 대하여 정신질환자가 저항하는 때에 비로소 정신의학적 · 사회적으로 보아 상당하다고 인정되는 범위 내의 물리력의 행사가 허용된다고 판시하면서 피고인에 대하여 폭력행위 등 처벌에 관한 법률 위반(감금)죄로 의율한 원심의 판단이 적절하다고 하였다.

한편, 위 판결의 후단부에는 피고인이 정신질환자인 피해자의 보호의무자로서 그의 재산상의 이익 등 권리보호를 위하여 노력하여야 할 의무를 저버리고 피해자를 정신병원에 입원시킨 상태에서 퇴원을 간절히 바라는 그의 궁박한 상태를 이용하여 퇴원을 조건으로 재산을 이전받은 행위는 사회통념상 허용되는 정도나 범위를 넘는 것으로서 공갈죄를 구성한다고 판시하였다.

하급심 판결 중에서 의정부지방법원 2007. 6. 8. 선고 2006노536 판결도 주목할 만하다. 정신의료기관의 장 및 환자의 담당의사는 보호의무자의 동의로 강제입원된 환자에 대한 진단, 평가 및 치료과정에서 당해 환자가 정신의료기관 내 입원치료를 받을 만한 정도 또는 성질의 정신질환에 걸려 있거나 환자 자신의 건강 또는 안전이나 타인의 안전을 위하여 입원할 필요가 있는 경우에 해당하지 않는 재산상의 위험 또는 이혼당할 위험 등으로 밝혀졌을 경우에는 당해 환자의 요구에 따라 즉시 퇴원시켜야 할 법률상 의무가 있다고 할 것이므로, 그와 같은 사정을 알고도 환자의 요구를 묵살하고 정당한 이유 없이 상당기간 퇴원조치를 취하지 않는 행위는 감금죄에 해당한다고 판시하였다.

3.2.2. 개별법에 규정된 구제제도

1) 개관

행정상 인신구속을 규정한 개별법에는 인신구속의 남용을 막기 위하여 앞에서 본 일반적인 구제수단 외에도 개별적인 상황에 맞는 구제제도를 규정한 경우가 있다. 특히 헌법 제12조 제5항에서는 체포 또는 구속의 이유 등과 변호인의 조력을 받을 수 있음을 고지받을 권리를 규정하고 있는데, 여기에서 체포와 구속은 수사절차에만 한정된다고 볼 수 없으므로, 행정상 인신구속에도 당연히 적용되어야 한다고 본다.

예컨대 경찰관직무집행법은 보호조치로 인한 개인의 권익침해를 방지하기 위하여 일정한 적법절차조항을 두고 있다. 위 법 제4조 제4항에서는 경찰관이 보호조치를 한 때에는 지체 없이 피구호자의 가족 · 친지 기타의 연고자에게 통지하여야 하고 연고자가 발견되지 않을 때에는 피보호자를 적당한 공중보건의료기관이나 공공구호기관에 즉시 인계하도록 규정하고 있다.[137] 여기에서 가족 · 친지는 민법에 의하여 그 범위가 결정될 것이고, 연고자는 내연의 처와 같이 본인과 사회적 · 심리적으로 긴밀한 관계자를 말한다.[138]

그리고 마약류 중독자 치료보호 규정도 치료보호기관의 장에게 마약류 사용자에 대한 판별검사를 위한 입원조치를 한 경우나 마약류중독자에 대한 치료보호명령에 정해진 기간을 연장하는 경우 지체 없이 입원신청이 있는 경우에는 그 신청자, 그 외의 경우에는 배우자, 부모, 부모 외의 직계존속, 법정대리인의 순서에 따른 선순위자에게 입원의 일시 · 장소 및 그 사유를 알릴 의무를 부과하고 있다(제10조 제3항, 제16조 제4항).

137 만일 경찰관이 피구호자를 공중보건의료기관 또는 공공구호기관에 인계한 때에는 즉시 그 사실을 소속 경찰서장 또는 지방해양경찰관서의 장에게 보고하여야 하고, 보고를 받은 소속 경찰서장 또는 지방해양경찰관서의 장은 피구호자를 인계한 사실을 지체 없이 당해 공중보건의료기관 · 공공구호기관의 장 및 그 감독행정청에 통보하여야 한다(경찰관직무집행법 제4조 제5항, 제6항).

138 김재광, 《경찰법각론》, 76-77면.

한편, 출입국관리법과 정신보건법에는 다른 법률보다 더 특별하고 상세한 구제수단들을 마련하여 놓고 있는데, 아래에서 자세히 살펴본다.

2) 출입국관리법상의 통지와 이의신청

(1) 통지

출입국관리공무원은 용의자를 보호한 때 국내에 있는 그의 법정대리인 · 배우자 · 직계친족 · 형제자매 · 가족 · 변호인 또는 용의자가 지정하는 사람이 없을 때를 제외하고 3일 이내에 위 법정대리인 등에게 보호의 일시 · 장소 및 이유를 서면으로 통지하여야 한다(법 제54조 제1항). 또한 보호된 사람이 원하는 경우에는 긴급한 사정이나 그 밖의 부득이한 사유가 없으면 국내에 주재하는 그의 국적이나 시민권이 속하는 국가의 영사에게도 통지하여야 한다(같은 조 제2항). 위와 같은 통지는 그 자체도 중요하지만 상대방이 이해할 수 있어야 실효적일 것이므로, 되도록 당해 외국인이 이해가 가능한 언어로 고지되어야 할 필요가 있다.

(2) 법무부장관에 대한 이의신청

출입국관리공무원으로부터 보호된 용의자 또는 그의 법정대리인 등은 사무소장 · 출장소장 또는 외국인보호소장을 거쳐 법무부장관에게 보호에 대한 이의신청을 할 수 있다(법 제55조).[139] 한편, 강제퇴거명령을 받은 자도 강제퇴거명령에 대하여 법무부장관에게 7일 이내에 이의를 신청할 수 있다(법 제60조). 따라서 법무부장관에 대한 이의신청은 강제퇴거명령에 대한 이의신청과 보호에 대한 이의신청으로 나눌 수 있다.

여기에서 법무부장관에 대한 이의신청과 행정심판과의 관계가 문제된다. 행정심판법 제3조 제1항에서는 다른 법률에 특별한 규정이 있는 경우에는 행정심판을 제기할 수 없도록 하고 있으므로, 위 이의신청이 행정심

139 이의신청에 관한 절차는 보호시설 안의 잘 보이는 곳에 게시되어야 한다(법 제56조의 9).

판을 대체하는 것이면 행정심판법상 행정심판을 제기할 수 없게 되기 때문이다.

이의신청과 행정심판의 구별문제에 관해서, 심판기관을 기준으로 이의신청은 처분청 자체에 제기하는 쟁송이고 행정심판은 원칙적으로 처분청의 직근상급행정청에 제기하는 쟁송이라고 보는 견해가 있다.[140] 이 견해를 따르다 보면 위 이의신청은 출입국관리사무소장 등의 보호명령이나 강제퇴거명령에 대하여 상급행정청에 대한 제기하는 쟁송이어서 행정심판을 대체하는 것이 되므로, 행정심판법상의 행정심판을 청구할 수 없게 된다는 결론이 된다.

그러나 헌법 제107조 제3항은 행정심판절차가 사법심판절차를 준용되어야 한다고 규정하고 있으므로, 쟁송절차를 기준으로 이의신청 중에서 준사법절차가 보장되는 것만 행정심판으로 보고, 그렇지 않은 것은 행정심판이 아닌 것으로 보는 것이 타당하다.[141] 헌법재판소도 같은 취지에서 행정심판은 판단기관의 독립성과 공정성, 대심적 심리구조, 당사자의 절차적 권리보장 등의 면에서 사법절차의 본질적 요소를 구비하여야 한다고 한다.[142] 이렇게 보면 법무부장관이 출입국관리사무소장 등의 관계에서 객관적 제3자의 지위에 있다고 보기 어렵고, 대심적 심리구조를 취하고 있지 않으며, 당사자의 절차적 권리보다는 절차의 신속성을 강조하는 구조를 취하고 있으므로, 위 이의신청과 행정심판은 경합하는 것으로 볼 수 있을 것이다. 출입국관리법도 난민인정에 관하여 거부처분을 받은 자는 법무부장관에 이의신청을 할 수 있되 행정심판법상의 행정심판을 배제하는 명시적 규정을 둔 반면 강제퇴거절차에서의 이의신청에 관해서는 위와 같은 규정을 두고 있지 않다.

140 박윤흔 · 정형근,《최신행정법강의(상)》 개정30판, 박영사(2009), 698면.

141 박균성,《행정법론(상)》, 944면.

142 헌재 2001. 6. 28. 선고 2000헌바30 결정.

3) 정신보건법에 규정된 구제제도

(1) 정신보건시설에 대한 보고 · 검사

(가) 의의

정신보건시설은 환자의 수용이 목적이 아니라 환자의 치료 또는 사회복귀를 위한 교화가 그 목적이므로, 입원이나 수용시설 등이 이 목적에 부합하도록 설치되고 운영되어야 할 것이다. 따라서 입원환자의 인권을 확보하고, 법의 적정한 운용을 도모하기 위하여 보건행정기관이 정신보건시설의 설치 · 운영자에 대한 지도 · 감독권을 행사할 수 있어야 하고, 그 지도 · 감독권을 실효성 있게 행사할 수 있도록 하여야 한다. 정신보건법은 그에 따라 정신보건시설에 대한 지도 · 감독규정(제39조)을 두고 있다. 만일 담당 공무원의 지도 · 감독의무 위반이 구속자의 불법행위를 초래하거나 기여하면 피구속자가 입은 손해를 국가 등이 배상하여야 하는 경우가 있을 수 있다는 점은 앞에서 살펴보았다.

(나) 보고징수와 검사권

보건복지부장관, 시 · 도지사 또는 시장 · 군수 · 구청장은 정신보건시설의 설치 · 운영자에 대한 소관업무에 관하여 지도 · 감독을 하거나 보건소로 하여금 지도 · 감독을 하도록 하여야 한다. 이때 연 1회 이상 그 업무에 관하여 보고 또는 관계서류의 제출을 명하거나, 관계공무원으로 하여금 당해 시설의 장부 · 서류 기타 운영상황을 검사하게 하여야 한다(법 제39조 제1항).

보고징수의 주체는 보건복지부장관, 시 · 도지사 또는 시장 · 군수 · 구청장이다. 정신보건시설에 대한 지도 · 감독사무가 국가사무인지 지방자치단체의 자치사무인지에 관하여, 대법원은 보건복지부장관으로부터 지방자치단체에 위임된 국가사무로서 기관위임사무라고 하였다는 점은 앞에서 살펴보았다.[143] 따라서 기관위임된 범위 내에서는 시 · 도지사 또는 시장 · 군수

143 대법원 2006. 7. 28. 선고 2004다759 판결.

· 구청장이 보건복지부장관보다 우선하여 권한을 행사한다. 시행규칙 제21조에서는 시 · 도지사 또는 시장 · 군수 · 구청장은 반기마다 1회 이상 관할구역안의 소관 정신의료기관 또는 사회복귀시설에 대하여 그 운영에 관한 지도 · 감독을 행하여야 하고, 그 결과를 다음 반기가 시작되는 달의 말일까지 보건복지부장관에게(시장 · 군수 · 구청장의 경우에는 시 · 도지사를 거쳐 보건복지부장관에게) 보고하여야 한다고 규정하고 있다.

한편, 관계공무원이 검사권을 행사할 때에는 그 권한을 나타내는 증표를 지니고 이를 관계인에게 내보여야 한다(법 제39조 제3항).

(다) 정신보건심의위원회 위원의 심사권

정신보건법에서는 위와 같은 보고징수 · 검사권을 규정하고 있으나, 현실은 부당한 입원에 항의하기 위한 환자들을 면담하는 소극적 기능에 한정될 염려가 있으므로, 이에 부가하여 적극적으로 시설을 방문하여 환자들의 고충과 치료상황 및 인권침해상황 등의 의견을 개진할 필요가 있다. 그리하여 정신보건법 제39조 제2항에서는 보건복지부장관, 시 · 도지사 또는 시장 · 군수 · 구청장은 정신보건심의위원회의 위원으로 하여금 정신보건시설에 출입하여 입원 또는 입소한 정신질환자들을 직접 면담하여 입원 또는 입소의 적절성 여부, 퇴원 또는 퇴소의 필요성 또는 처우에 관하여 심사하게 할 수 있다고 규정하고 있다. 이때 그 정신보건심의위원회 위원은 그 권한을 나타내는 증표를 지니고 이를 관계인에게 내보여야 한다.

정신보건심의위원회의 위원은 정신보건시설에 입원 또는 입소한 정신질환자에 대하여 입원 또는 입소의 적절성, 퇴원 또는 퇴소의 필요성 또는 처우에 관하여 심사를 한 경우에는 지체 없이 ① 심사일시, ② 심사대상기관명, ③ 심사내용 및 결과를 보건복지부장관 또는 시 · 도지사 또는 시장 · 군수 · 구청장에게 보고하여야 한다(시행령 제18조 제1항).

(라) 보건복지부장관, 시·도지사 또는 시장·군수·구청장의 조치

보건복지부장관, 시 · 도지사 또는 시장 · 군수 · 구청장은 정신보건심의위원회 위원의 심사결과에 따라 정신보건시설의 장에 대하여 당해 정신질환자를 퇴원 또는 퇴소시키도록 명하거나 처우개선을 위하여 필요한 조치를 취하도록 명할 수 있다(법 제39조 제4항). 이때 보건복지부장관, 시 · 도지사 또는 시장 · 군수 · 구청장은 위와 같은 조치를 한 경우에는 그 내용을 정신보건심의위원회에 서면 또는 전자문서로 통보하여야 한다(시행령 제18조 제2항).

한편, 정신보건시설의 장은 정신질환자 또는 그 보호의무자가 동의를 하지 않는 경우를 제외하고 보건복지부장관 또는 시 · 도지사 또는 시장 · 군수 · 구청장의 위와 같은 조치에 따라 퇴원 또는 퇴소시키는 경우에는 관할 보건소장에게 이를 통보하여야 하고, 그 관할구역 외의 정신질환자에 관한 경우인 때에는 통보를 받은 보건소장은 정신질환자의 거주지 관할 보건소장에게 이를 지체 없이 서면 또는 전자문서로 통지하여야 한다(법 제39조 제5항, 제6항). 이때 통보내용은 ① 정신질환자의 성명, ② 정신질환자의 병명 및 상태, ③ 정신질환자의 퇴원 또는 퇴소 연월일, ④ 정신보건시설의 명칭, ⑤ 정신질환자의 퇴원 또는 퇴소 후의 거주지 등이다(시행규칙 제21조 제4항).

(2) 불복심사제도

이미 앞에서 살펴본 바와 같이 정신의료기관 등에 입원 등을 하고 있는 자 또는 그 보호의무자가 퇴원 등을 청구하면, 시장 · 군수 · 구청장은 이를 기초정신보건심의위원회에의 회부하고 소속 정신보건심판위원회의 심사결과에 따라 필요한 경우에 퇴원명령 또는 계속입원 등 결정하는데, 계속입원 등이 결정되면 시·도지사에 대하여 재심사를 청구할 수 있다. 위와 같은 불복심사제도는 일반적인 행정구제와는 별도의 구제절차로서 정신보건법의 독특한 제도이다.

그런데 퇴원심사기관과 재심사기관이 행정청인 시장 · 군수 · 구청장과 시 · 도지사이고 정신보건심의위원회는 심의기관에 불과하다는 점에 대하여, 심판기관은 행정 및 사건당사자로부터 독립성을 가져야 하고, 심판에서 사법적 절차가 보장되어야 한다는 이유에서 정신질환자의 위법한 입원에 대한 불복심판기관이 사법기관이어야 한다는 비판이 있다.[144] 이에 반하여 강제입원의 여부를 결정할 때 기본적 인권의 보호를 위하여 사법기관이 판단하는 경우 정신질환자를 범죄인과 동일시하고 정신의료기관이 교도소와 동일시된다는 점에 비추어 현행 제도를 수긍하는 견해도 있다.[145] 외국의 입법례를 살펴보면 미국, 독일, 프랑스 등과 같이 법원이 심사기관인 경우와 영국의 정신보건심의위원회와 같이 특별한 중립적 기관이 심사기관이 되는 경우가 있다. 당사자에게 공정하고 중립적인 절차가 보장되어 있다면 심사기관이 반드시 법원일 필요는 없겠다. 그러나 현행 정신보건법 제33조 제1항, 제35조의 해석상 시장 · 군수 · 구청장의 퇴원 등 청구에 대한 결정과 시 · 도지사의 재심사 청구에 대한 결정은 정신보건심의위원회의 심사결과에 기속되지 않아도 되는 것처럼 보이는바, 이는 적법절차의 관점에서 문제가 있다고 생각한다.

(3) 그 밖의 통제제도

정신보건법 제40조는 누구든지 응급입원의 경우를 제외하고는 정신건강의학과 전문의의 진단에 의하지 않고 정신질환자를 정신의료기관 등에 입원시키거나 입원 등을 연장시킬 수 없도록 규정하여, 입원절차에 의료적인 통제절차를 마련하고 있다. 그 밖에도 정신보건법은 강제의료 등이 행해지는 때 그것을 진료기록부에 기재하게 하거나 정신질환자 또는 보호의무자에

144 박균성, 〈정신보건법안의 문제점—정신질환자의 인권보장과 보호의 관점에서〉, 《현대공법논총—일암 변재옥 박사 화갑기념》, 일암변재옥박사화갑기념논문집 간행위원회(1994. 6), 728면.
145 조홍석, 〈정신병원에의 수용과 기본적 인권〉, 147면.

게 통지하는 제도를 곳곳에 마련하고 있다.

3.3. 기존 구제제도의 부적합성과 특별한 구제제도의 필요성

3.3.1. 기존의 구제제도의 부적합성

위법한 행정상 인신구속은 그 피해가 막대하고 회복이 곤란함에도 불구하고 그에 대한 기존의 구제제도는 즉각적이고 효율적인 구제수단이 되지 못한다는 한계를 가지고 있다.

위법한 행정상 인신구속에 대하여 행정쟁송을 통한 권리구제는 일정한 한계가 있다. 첫째, 위법이 무효가 아닌 단순위법에 불과한 경우에는 제기기간 등의 제한을 받는다는 문제가 있다. 둘째, 위법한 인신구속에 대한 권리구제는 신속하게 행해져야 하는데 행정쟁송을 통해서는 그 구조상 신속한 권리구제를 기할 수 없다. 셋째, 원고적격을 갖는 인신을 구속당하고 있는 자, 특히 정신질환자에 대한 강제입원의 경우 강제입원된 정신질환자나 출입국관리법에 의하여 보호되고 있는 외국인이 쟁송절차를 제기하기에는 상당한 현실적인 어려움이 있을 것이다.

한편, 행정심판이나 행정소송에서의 집행정지는 행정상 인신구속에 대한 즉각적이고 효율적인 구제수단이 될 수 있을 것으로 보인다. 그러나 집행정지는 행정쟁송을 제기하여 승소한 경우에도 이미 처분이 집행되는 등의 사정에 의하여 회복할 수 없는 손해를 입게 되어 권리구제가 되지 못하는 것을 막기 위한 제도로서 본안이 법원이나 행정심판위원회에 제기되어 계속 중이라는 것을 요건으로 한다. 따라서 앞에서 언급한 바와 같은 행정쟁송이 즉각적이고 효율적인 구제수단이 되지 못하는 이유는 집행정지에 관해서도 그대로 적용된다.[146]

---

146 대법원은 출입국관리법상의 강제퇴거명령을 받은 자에 대한 보호명령의 집행정지사건에서 그 집행을 정지하면 외국인의 출입국관리에 막대한 지장을 초래하여 공공복리에 중대한 영향을 미칠 우려가 있다는 이유로 그 보호명령의 집행정지를 허용하지 않았다(대법원 1997. 1. 20.자 96두31 결정). 물론 위 사건은 신청인이 중국인에게만 발행되는 거민신분증을 소지하고 있어 중국 국적을

다음으로, 출입국관리법상 이의신청제도나 정신보건법상 불복심사청구제도는 위법 · 부당한 인신구속에 대한 신속한 구제수단이 될 수는 있다. 그러나 이의신청이나 불복심사청구는 그 결정기관이 어디까지나 행정청이고 사법기관이 아니라는 문제점을 가지고 있다.

3.3.2. 특별한 구제제도의 필요성

따라서 정신질환자에게 위법한 강제입원과 같은 행정상 인신구속에 대한 효과적이고 신속한 사법기관의 구제제도를 마련하는 것이 필요하다. 특히 사법상의 계약의 형태로 이루어지는 보호의무자에 의한 입원에서 이루어지는 위법 그 자체에 대하여 기존의 행정쟁송으로 직접 다툴 길이 없다는 점을 고려하면, 사법기관에 의하여 이루어지는 특별한 구제제도의 필요성이 더욱 절실하다.

그러한 특별구제제도는 인신구속의 결정이 법원이 아닌 행정기관에 의하여 이루어진 경우에는 사후에 그 구속적부의 심사를 법원에 청구할 수 있는 제도이어야 한다.[147] "체포 또는 억류에 의하여 자유를 박탈당한 사람은 누구든지, 법원이 그의 억류의 합법성을 지체없이 결정하고, 그의 억류가 합법적이 아닌 경우에는 그의 석방을 명령할 수 있도록 하기 위하여, 법원에 절차를 취할 권리를 가진다"라고 규정하고 있는 1966. 12. 16. 유엔총회에서 채택되었고, 우리나라는 1990. 4. 10. 가입하여 같은 해 7. 10.부터 효력이 발생한 시민적 및 정치적 권리에 관한 국제규약 제9조 제4항과 "누구든지 체포 또는 구속을 당한 때에는 적부의 심사를 법원에 청구할 권리를 가진다"고 규정한 헌법 제12조 제6항에 부합하는 제도이어야 한다.

아래에서는 우리 헌법 제12조 제6항의 유래와 해석론을 검토한 다음 행

취득한 듯한 외형을 갖추고 있었기 때문에 위 거민신분증이 위조되었다는 신청인의 주장에 대한 소명이 매우 불충분한 상태였다는 점도 감안하여야 하는 사안이다. 그렇지만 위 대법원 결정으로 인해 법원이 외국인의 보호명령에 대한 집행정지의 인용에 관해 인색하게 될 가능성은 농후하다.

147 박균성, 〈행정상 인신구속에 대한 법적 통제〉, 503면.

정상 인신구속의 적부에 대하여 법원에 의한 심사를 받을 권리가 어떻게 구체화되었는지 살펴보기로 한다.

제3장 헌법상 구속적부심사조항의 유래와 해석

1. 개관

헌법 제12조는 제1항 제1문에서 신체의 자유 일반을 선언한 후 같은 항 제2문에서 죄형법정주의와 체포 · 구속 등의 법률주의 및 적법절차를 규정하고, 제3항 본문에서 "체포 · 구속 · 압수 또는 수색을 할 때에는 적법한 절차에 따라 검사의 신청에 의하여 법관이 발부한 영장을 제시하여야 한다"고 하여 형사절차에서의 영장제도와 적법절차를 규정하고 있다. 그런 다음 헌법 제12조 제6항에서는 "누구든지 체포 또는 구속을 당한 때에는 적부의 심사를 법원에 청구할 권리를 가진다"고 규정하여, 체포 · 구속에 관한 가장 효과적이고 즉각적인 사후적 구제수단으로 구속적부심사청구권을 보장하고 있다.

헌법재판소도 형사공판단계에서 수소법원이 헌법 제12조 제1항에 근거하여 직권으로 피고인을 구속할 수 있도록 허용한 형사소송법의 관련 규정을 합헌이라고 결정한 다음, "신체의 자유는 정신적 자유와 함께 모든 기본권의 기초가 되는 것임에도 역사적으로 국가에 의하여 특히 형벌권의 발동형식으로 침해되어 온 예가 많으므로 헌법은 제12조 제1항에서 적법절차의 원칙을 선언한 후 같은 조 제2항 내지 제7항에서 적법절차의 원칙으로부터 도출될 수 있는 내용 가운데 특히 중요한 몇 가지 원칙을 열거하고 있다"고 판시하였다.[148] 위 판시는, 헌법 제12조 제1항은 '신체의 자유'에 관한 일반 원칙을 선언한 것이고, 같은 조 제6항은 체포 · 구속의 방법으로 위와 같은 신체의 자유가 부당하게 침해되는 경우에 대한 사후적인 구제절차를 헌법적 차원에서 보장하는 특별규정으로 파악한 것이라고 볼 수 있다.[149]

위와 같은 구속적부심사제도는 채용하는 나라에 따라 그 양태가 다르게 나타나고 있지만 그 기원은 영국의 인신보호영장(the Writ of Habeas Corpus) 제도에 두고 있다. 헤비아스 코퍼스(Habeas Corpus)는 "인신을 제출하라(We command that you have the body)"라는 의미의 라틴어이다. 이는 사람을 구금하는 자에 대해 피구금자의 신체를 법원 또는 법관 앞에 제출할 것을 명하는 국왕의 대권영장(prerogative writ)을 총칭하는데, 영장 중에 "인신을 제출하라"는 구절이 있어 인신보호영장을 뜻하게 되었다고 한다. "The Great Writ"이라고도 알려진 이 영장은 보통법에 의해 발전하였고, 일련의 인신보호법(Habeas Corpus Acts)에 의해 수정 · 확대되었다. 영국뿐 아니라 영국연방의 자치령 및 식민지에도 보급되었고, 미국에도 계승되게 된다.

한편, 우리의 헌법제정권자는 헌법제정 당시 시행 중이던 남조선과도정부 법령(미군정법령) 제176호 제17조 및 제18조에 규정된 미국식 Habeas Corpus제도를 염두에 두고 제헌헌법 제9조 제3항을 규정하였고, 그 규정내용의 골간이 현행 헌법에까지 유지되고 있다.

따라서 현행 헌법 제12조 제6항에서 규정한 '적부심사청구권'의 본질적 내용 등을 제대로 이해하기 위해서는 미국의 Habeas Corpus제도의 일반적 특성, 미군정법령 제176호의 내용 등을 연혁적으로 검토할 필요가 있다. 아울러 우리와 같이 직접 · 간접적으로 미국식 Habeas Corpus제도의 영향을 받

148 헌재 1997. 3. 27. 선고 96헌바28등 결정.

149 김시철, 〈형사소송법 제201조 제1항 위헌확인〉, 《헌법재판소결정해설집》, 헌법재판소(2003), 905면.

은 독일과 일본의 법체계와의 공통점과 차이점, 현행 헌법의 다른 규정과의 상호관계 등을 종합적으로 살펴볼 필요도 있다.

2. 비교법적 고찰

2.1. 영미법에서의 인신보호영장제도[150]

2.1.1. 영국에서의 인신보호영장제도

1) 의의

Habeas Corpus는 원래 영국의 보통법에서 유래하는 것으로 수세기에 걸쳐 왕권에 대한 정치적, 헌법적 투쟁에서 핵심적 기능을 수행해 온 제도이다. 그 현대적 의미는 사람의 신체를 구속하고 있는 자에 대하여 그 신병을 법원 또는 법관 앞에 구속의 이유와 더불어 제출할 것을 명하고 구속의 이유가 충분하지 않은 경우에는 법원 또는 법관이 피구속자를 석방하는 영장으로서 부당한 인신구속으로부터 신속히 신체의 자유를 회복하는 것에 있다. 영국의 인신보호영장제도란 피구속자 본인을 재판소에 출석시킬 것을 명령하는 영장을 말한다. 이 영장의 문면은 구속자에 대하여 일정한 일시, 장소를 지정하여 피구속자의 신체를 법원 또는 법관의 면전에 연행할 것을

150 아래의 영미법에서의 인신보호영장제도에 관해서는 이수엽, 〈구속적부심사〉, 《사법행정》 제22권 제12호(1981. 12), 23면 이하. 이영란, 《구속적부심사제도에 관한 연구》, 서울대학교 대학원 법학박사 학위논문(1987), 44면 이하. 최경원, 〈영 · 미법상의 인신보호영장제도(1), (2)〉, 《법조》 제29권 제6호(1980. 6), 45면 이하, 제7호(1980. 7), 36면 이하. 田中英夫, 〈人身保護節次〉, 《新 · 實務民事訴訟講座 8》, 日本評論社(1984), 415頁, 416頁. 大谷正義, 〈人身保護法の40年—外国法継受の一事例の素描〉, 《法律論叢 60(2 · 3)》, 明治大学法律研究所(1987. 12), 207-210頁 등을 참조하여 서술한 것임을 밝혀둔다. 특히 미국에서의 인신보호영장제도의 형성과정에 관한 상세한 내용은 이우영, 〈미국 인신보호영장제도(Habeas Corpus) 분석—헌법적 논점을 중심으로〉, 《공법연구》 제35집 제4호, 한국공법학회(2007. 6), 466-472면, 미국의 Habeas Corpus제도의 특성에 관한 상세한 내용은 김시철, 〈형사소송법 제214조의2 제1항 위헌소원〉, 《헌법재판소결정해설집》, 헌법재판소(2004), 129-136면 참조.

명하고 아울러 구속자는 타인을 구금하는 이유에 관하여 답변할 것을 명하는 내용을 담고 있다.

그러나 인신보호영장의 초기인 중세의 영국에서 인신보호영장은 신체의 자유를 보호하려는 것이 아니라 재판의 편의를 위하여 국왕재판소에 당사자 또는 배심원의 신체를 구금해 두고 필요한 시기에 그 출정을 확보하기 위하여 발해졌던 것이다. 그 당시의 인신보호영장은 'Habeas Corpus'라는 라틴어 그대로 'You have the body(법정 또는 재판관의 면전에 신병을 제출한다)'는 의미에 불과하였다.[151] 그런데 인신보호영장이 신체의 자유를 보호하는 영장이라는 관념이 생기게 된 것은 스튜어트왕조 전기에 국왕이 성실재판소(星室裁判所, Court of Star Chamber) 등 커먼로(Common law) 외의 기관을 이용하여 반대파를 억압할 때 구속된 자 및 관련자의 신청을 받은 보통법원(Common Pleas)이 그 구속 주체에 대하여 인신보호영장을 발부하여 현재 체포 · 구속하고 있는 당사자를 보통법원에 출두시키도록 명령하여 해방시켰던 것에서 기원한다.

2) 연혁

(1) Habeas Corpus의 기원

인신보호영장은 영국의 보통법 이래 수세기에 걸친 긴 역사를 가지고 있다. Habeas Corpus란 단어는 1305년에 William Blackstone 경의 기록에서 처

151 櫻田勝義, 〈人身保護法の歴史的考察(一)ー成立前史〉, 《法政理論 1(1)》, 新潟大学法学会(1968. 10), 8-9頁에 의하면, 인신보호영장(The Writ of Habeas Corpus)은 정확하게 The Writ of Habeas Corpus ad subjiciendum et recipiendum인데, Habeas Corpus라고 불리는 영장은 인신보호영장 하나만은 아니었다고 한다. 예를 들면 ① 상급재판소의 하급재판소에 대한 피고인의 신병이송명령(Habeas Corpus ad respondendum), ② 증언을 위한 재판소에의 신병제출명령(Habeas Corpus ad testificiendum), ③ 상급재판소의 하급재판소에 대한 동인의 신병이송명령(Habeas Corpus ad satisfactendum), ④ 재판소가 다른 재판소에 대한 피고인의 신병이송명령(Habeas Corpus ad prosequendum), ⑤ 상급재판소의 하급재판소에 대한 사건 및 피고인의 신병이송명령(Habeas Corpus ad faciendum et respiendum), ⑥ 재판소의 이감명령 Habeas Corpus ad deliberadum et recipiendum)도 있었다고 한다.

음 등장한다. 하지만 인신보호영장과 동일한 효과를 목표로 한 영장들이 12세기부터 사용되어 왔다. 1220년경에 집행관(sheriff)에 대한 명령에 habeat corpora란 말이 등장하였고, 에드워드 1세 시대(1272-1307) 이래로 여러 종류의 신체제출영장이 존재했다고 하므로, 이때 이미 인신보호영장의 맹아가 나타났다고 할 수 있다. 인신보호의 개념의 근원은 1215년의 마그나 카르타 이전으로 소급되고, 그 후 1641년과 1679년의 인신보호법(Habeas Corpus acts)에 의하여 확립된 것이다.

Habeas Corpus는 수감자를 당초 계류 중인 재판에서 증언하도록 법원으로 데리고 오기 위한 영장으로, 지금보다 훨씬 단순한 용도를 가지고 있었다. 하지만 왕이나 법원의 무기로 사용되었던 Habeas Corpus영장은 정치적 상황의 변화에 따라 국가에 의한 강제적인 구금에 대한 사인의 보호도구로 진화하였다.

마그나 카르타 제39조는, "어느 자유인도 적법한 그의 동료의 판결이나 국법에 의하지 않고는 체포, 구금, 추방, 재산의 박탈 등을 당할 수 없고, 또한 그 외 기타 방법으로 침해되지 않는다"고 규정하고 있다. 이 조문은 누구도 적법절차에 의하지 않고는 구금되지 않는다는 것을 의미하게 되었다.

그 후 15세기 후반부터 16세기를 통하여 인신보호영장은 보통법원이 그에 대립하는 중앙의 법원에 대항하는 과정에서 국민의 신체의 자유를 보호하는 수단으로 이용되었다. 또한 1641년의 인신보호법은 국왕에게 상당한 이유(probable cause) 없이 사람을 체포할 수 없도록 하고 체포된 자는 인신보호영장에 의하여 체포의 위법성에 대한 사법적 구제를 받을 수 있도록 하였고, 1679년의 Habeas Corpus Act에 의하여 누구든지 위법절차에 의해 자유를 박탈당하지 않는다는 원칙이 확립되어 이 영장을 이용할 사법적 권한이 강화되었다.

(2) 1679년의 인신보호법

1679년의 인신보호법은 당시 권리청원 등의 법률이 가진 여러 가지 결점 때문에 국왕이 상당기간에 걸쳐서 국민의 구속을 계속하는 것을 방지하기 위하여 제정되었다. 당시에는 ① 어떤 법원이 어떠한 종류의 영장을 발부할 수 있는가가 불분명하였고, ② 법원의 휴정기, 개정기 구분 없이 똑같이 영장을 발부할 수 있는지가 불분명하였으며, ③ 영장이 교부되어도 교도관 등의 구속자가 그 명령에 복종하지 않고 제2, 제3의 영장이 발부되는 것을 기다리거나 영장의 송달을 회피할 목적으로 피구속자를 다른 곳, 특히 당해 법원의 관할 범위 외로 옮기는 것이 가능하다는 등의 결점이 있었다.

1679년의 인신보호법은 영장에 의한 명령에 복종하지 않거나 법률상 보석을 허용하여야 할 경우에도 구속이 계속되는 폐단을 없애기 위하여 ① 정당한 이유 없이 영장을 발부하지 않은 법관과 영장에 응하지 않은 공무원에 대해서는 중죄로 처벌하고, ② 구속된 후 고의로 인신보호영장을 청구하지 않는 자는 휴정기에 이 영장의 발부를 받을 수 없으며, ③ 위 재판소의 재판관은 누구를 불문하고 영장을 발부하지 않으면 안 되고, ④ 교도관은 구속영장의 등본을 신청 후 6시간 내에 교부하여야 하며, ⑤ 인신보호영장에 의하여 자유를 회복한 자는 동일범죄를 이유로 다시 구속되지 않고, ⑥ 구속자는 피구속자의 구속장소를 변경할 수 없다고 규정하였다. 당시 James 2세(1685-1688)가 이 법률의 폐지를 열망하였다는 것으로 보아 이 법률의 실효성을 간접적으로 추측해 볼 수 있다.

(3) 1816년의 인신보호법

1679년의 인신보호법은 ① 형사사건을 이유로 구속된 자에게 구제를 하기 위한 목적으로 생긴 제도이기 때문에 형사사건 이외의 이유로 구속된 자에게는 적용되지 않는다는 점, ② 인신보호영장에 대한 답변내용이 진실한가 여부에 대하여 법원이나 법관이 심리할 권한이 없다는 점 등의 결점을 지니고 있었다.

이를 보완하기 위하여 1816년의 인신보호법은, ① 채무의 지급 또는 민사상의 절차에 의하여 구속된 경우를 제외하고 형사상 범죄 이외의 사유로 구속된 경우에도 적용되고, ② 법관은 피구속자 또는 그 대리인의 청구에 상당한 이유가 있는 때에는 휴정기에도 영장을 발부하여야 하며, ③ 이 법률의 영향을 받는 민사사건에서 법원은 답변의 내용에 관하여 그 진위 여부를 심사할 권한을 갖는다고 1679년의 인신보호법을 수정하였다.

3) 영국의 현행 인신보호절차

(1) 신청

신청자는 피구속자 본인은 물론 관계 있는 자는 누구라도 신청할 수 있다. 사인이 불법구속을 한 경우에도 적용된다. 그리고 신청은 원칙적으로 변호인을 대리인으로 하여야 한다.

(2) 관할

인신보호영장의 관할은 고급법원(The High Court of Justice)의 일부인 여왕좌부(Queen's Branch)의 합의부이다. 1970년 법원조직법(Administration of Justice Act)에 의하여 현재 고급법원에는 형평법부, 여왕좌부, 가사부의 3개 부로 구성되어 있다. 이 중 여왕좌부의 합의부는 대권(prerogative) 인신보호영장의 발부, 사건이송명령(Certiorari) 등의 감독권 행사를 통하여 하급법원의 권한남용을 감독하고 있다.

(3) 영장의 발부

법원은 선서진술서(Affidavit)와 대리인의 진술을 듣고 그 발부 여부를 결정한다. 이때 구속자의 진술을 듣지 않고 영장의 발부를 명할 수도 있으나, 구속자를 소환하여 진술할 기회를 주는 것이 일반적이다. 구속자를 소환하여 당사자 쌍방의 진술을 들은 이상, 법원 또는 판사는 인신보호영장을 발부하여 이에 대한 답변을 기다리지 않고 피구속자의 석방을 명할 수 있다. 이 명령에 의해 피의자 등을 석방한 경우에는 교도관을 비롯한 기타의 구속자는 피고인, 피의자, 미성년자 등을 막론하고 피구속자를 석방한 것에 관하여 일체의 책임을 지지 않는다.

영장은 본인을 구속한 자 또는 구속하였다고 주장된 자에게 지체 없이 답변할 것을 내용으로 발부한다. 영장 및 영장발부통지서를 구속자에게 송달하여야 하고, 통지서에는 영장이 발부된 사실, 답변을 게을리할 경우의 결과 및 답변하여야 할 시기와 장소가 기재되어야 한다.

(4) 답변서

답변은 영장발부통지서에 기재된 일시 · 장소에서 행한다. 1679년의 인신보호법은 구속자가 구속된 장소로부터 거리에 따라 3일, 10일 또는 20일 내로 피구속자를 법정에 출석시키도록 되어 있었다. 1816년의 인신보호법에서 휴정기에 발부된 영장에 대한 답변은 다음 개정기에 할 수 있도록 개정되었다.

답변서에는 구속이유와 관련 있는 사실을 상세하고도 구체적으로 기재하여야 하고, 구속이유가 되고 있는 재판의 사본을 첨부하여야 한다.

답변서와 피구속자의 신체의 제출로서 당초의 구속에 관한 재판의 효력은 정지되고, 심리가 끝날 때까지 피구속자의 신체는 재판소의 지배하에 놓이게 된다. 한편, 답변이유가 없거나 불충분하다고 인정될 때에는 피구속자는 석방될 권리를 가지고, 불법한 구속으로부터 석방된 자는 보통법상 동일범죄를 이유로 재차 구속될 수 없다.

(5) 영장의 강제방법

인신보호영장에 따르지 않는 자는 법정모독죄로 처벌된다. 또한 휴정기에 영장의 발부를 거부한 법관에도 벌금이 과해지고, 피해자가 이를 요구할 수 있다.

(6) 불복방법

신청자는 인신보호영장의 청구절차에서 고등법원 또는 그 법관의 기각결정에 대해서뿐만 아니라 석방거부의 판결에 대해서도 상소원에 상소를 제기할 수 있다. 다만 형사사건에서 단독판사가 내린 명령인 석방명령에 대해서는 상소할 수 없다. 그러나 미성년자의 감독권에 관한 소송에서 인신보호영장이 이용될 경우에는 이 원칙이 적용되지 않고 상소가 허용된다.

4) 이용현황

영국에서 1816년의 인신보호법 이전의 비형사적 구속에 관한 인신보호사건으로 가장 유명한 것은 1772년에 인신보호영장이 사용된 사건이다. 자메이카에서 영국으로 팔려 와서 템스강에 정박 중인 선박에서 실려 있던 흑인 노예 James Somersett가 인신보호영장을 청구한 사건으로, 영국법은 노예제를 인정하지 않기 때문에 James Somersett는 자유인이라고 하여 석방을 명한 것이다.[152]

그러나 최근 영국에서 인신보호영장제도는 미국과는 달리 거의 사용되지 않는다. 1984년 제정된 Police and Criminal Evidence Act에 미결구금일수에 대한 더 자세하고 실현 가능한 조항들이 규정되어 있기 때문에, 경찰에 의한 구금에 대하여 인신보호영장제도는 사용되지 않고 있는 것도 그 이유 중 하나이다. 그렇기 때문에 인신보호영장제도는 실질적 중요성을 갖지 않는 것으로 보인다. 하지만 불법적인 구금에 대해서 판사와의 즉각적인 접촉을 통해 불복할 수 있다는 기본적인 원칙을 천명하고 있으므로, 상당한 가치를 지닌다고 평가할 수 있다.

152 Case of James Sommersett 20 St. Tr. 1(1772), 田中英夫, 〈人身保護節次〉, 416頁에서 재인용.

영국의회가 인신보호영장제도를 정지시킨 몇 번의 경우가 있었다. 이는 사회적 혼란의 시기에 주로 발생하였다. 프랑스가 영국에 대한 전쟁을 선언한 1793년 William Pitt 수상(1783–1801)은 의회 개혁자들을 체포하기 위해 인신보호영장제도를 정지시켰고, 1817년 Liverpool 경(1812-1827)의 정부에서도 같은 상황이 반복되었다. 1914년의 국토방위법(The Defence of the Realm Act)은 내무장관에게 주민들을 억류할 수 있는 권한을 주었는데, 이는 독일계 시민들과 부활절 봉기에 참여가 의심되는 아일랜드인들을 구금하는 데 사용되었다. 또한 제2차 세계대전 당시 독일계 시민들과 유대인 망명자들, 영국연맹의 지도자인 Oswald Mosley와 같은 파시스트들을 억류하는 데 사용되었다. 가장 최근에 발생한 인신보호영장제도의 정지사건은 1971년에 발생했다. 영국 정부는 IRA(아일랜드 공화국군)를 제압하기 위해 수백의 공화당원들을 억류하였다.

9·11테러사건 이후 Anti-terrorism, Crime and Security Act 2001의 법안이 만들어졌다. 이 법안의 핵심내용은 테러 용의자로 지목된 외국인 거주자들을 본국으로 송환시킬 수 없는 이유가 있을 때 그들을 재판 없이 억류시킬 수 있다는 것이다. 이 법안으로 인해 인신보호를 받지 못한 외국인들이 발생하게 되었고, 영국에서 토니 블레어는 평시에 인신보호영장에의 권리를 제한한 첫 총리가 되었다. 하지만 위 법률에 의하여 재판 없이 Belmarsh감옥에 수감된 9명의 테러 용의자들의 구속이 위법하다는 2004년의 대법원 판결에 따라 Prevention of Terrorism Bill 2005가 인신보호의 법리를 보장하게 되었다. Prevention of Terrorism은 총리가 아닌 내무장관이 테러용의자들의 자유를 일시적으로 제한할 때 control order라는 명령을 내릴 수 있도록 하고 있다. control order가 Habeas Corpus제도를 대체하는 것이 아니냐는 영국 내의 의견도 있지만, 내무부의 대변인은 이를 부인하고 있다고 한다.

2.1.2. 미국에서의 인신보호영장제도

1) 의의

미국 연방대법원의 판결에 의하면, 인신보호영장제도는 "강제적이고 비합법적인 국가의 행위로부터 개인의 자유를 지켜 주는 기본적인 도구"〔Brown v. Vasquez F.2d 1164. 1166 (9th Cir. 1991)〕로서 부정의를 표면화시키고 수정할 목적과 유연성을 가지고 운영되어야 한다고 판시하고 있다〔Harris v. Nelson, 394 U.S. 286, (1969)〕.

인신보호영장제도는 당사자에 대한 체포 · 구속이라는 형사절차가 아닌 별도의 절차로서, 본질적으로 민사절차이다. 따라서 당사자의 청구가 있는 경우에 한하여 절차가 개시되고, 사건에 대한 최종적인 사법판단을 하는 것이 아니라 체포 · 구속 자체에 대한 실질적 정당성 여부를 별도로 심리 · 판단하는 절차이다.

통상 미국에서는 피고인에게 형을 부과한 법원에게 그러할 권한이 있는지, 법원의 관할권 내의 사건이었는지 또는 피고인의 형기가 만료되었는지 등을 판단하는 데 사용되고 있다. 또한 재판 전 구금과 같은 다른 구금 조치들에 대한 또는 이민국의 강제추방 진행 과정에서의 억류에 대한 법적 항거 수단으로 많이 사용된다.

2) 유래

미국에서는 인신보호영장제도가 인권보장을 위한 중요한 도구임을 인식하고 영국의 Habeas Corpus를 그대로 계수하였다. 미국연방 형성 초기부터 대다수의 주에서 영국의 1679년의 인신보호법을 모델로 법률을 제정하였고, 연방 차원에서는 1789년의 연방헌법이 제1조 제9항에서 "인신보호영장에 관한 특권은 반란 또는 외침의 경우 공공의 안전을 위해 요구되는 경우가 아닌 한 이를 정지할 수 없다(The privilege of the Writ of Habeas Corpus shall not be suspended, unless when in cases of rebellion or invasion the public safety may require it)"고 규정하여 인신보호영장제도를 보장하고 있다.

3) 절차

(1) 인신보호영장의 청구

(가) 청구인

인신보호영장의 청구는 피구속자가 불법하게 구속된 경우에 할 수 있다. 여기에서의 구속은 법원에서의 법적 절차에 따른 구속만으로 제한되는 것이 아니라, 경찰의 체포에 의한 구금, 정신병원에의 강제입원, 사인에 의한 구금 등을 포함하는 넓은 개념이다. 또한 현재의 물리적인 요소는 본질적인 것이 아니고 자유의 실질적인 제약으로 충분하다.

그리하여 인신보호영장을 청구할 수 있는 자는 형사절차상 체포·구속된 자, 형사절차에서 유죄판결이 확정되어 수감 중인 자, 집행유예에 따른 보호관찰의 대상자, 가석방이 취소된 자, 보석 중인 자, 강제출국 대상자인 비시민권자로서 구금시설에 구금되어 있는 자, 군 구금시설에 구금되어 있는 자, 책임무능력자로서 정신병동 등의 시설에 감호되어 있는 자 등이다. 위법하게 보석이 거부되거나 과도한 보석금납부명령을 받은 자의 석방을 위해서 영장이 발부될 수는 있으나, 보석으로 이미 석방이 되어 있는 자는 보석금의 다과에 대하여 영장을 신청할 수 없다는 판례가 있다.[153]

그 밖에도 구속이 위법이라고 생각하는 사람, 피구속자와 일정한 관계가 있는 자(배우자, 부모, 근친자, 후견인, 형제자매, 자, 비공식 대리인), 검찰관에 의하여 인신보호영장이 청구될 수 있다.

(나) 청구사유

인신보호영장의 청구는 대부분 헌법상의 기본권을 부정하거나 침해된 경우에 사용되고 있다. 예를 들면 연방대법원은 검사가 고의로 피고인의 위증을

153 Johnson v. Hoy U.S. 245, (1915).

증거로 사용한 경우,[154] 검사가 피고인을 기만하여 유죄의 답변을 하게 한 경우,[155] 재판과정 중 판사의 실수에 의해 배심원이 피고인에 대한 편견을 가지게 된 경우[156] 등의 사안에서 공정한 절차에 관한 헌법상의 권리가 부정되었다는 이유로 인신보호영장의 발부를 인정하였다. 그러나 인신보호영장제도가 항소심을 대체하거나 항소심의 기능을 수행하는 것은 아니다.[157]

(다) 청구절차와 방식

인신보호영장의 신청은 피구속자 또는 신청인에 의하여 서명되고 서약된 서면으로 하여야 한다. 위 서면에는 피구속자의 수감 또는 구속사실, 구속자의 성명 및 구속의 근거 등을 기재하여야 한다.[158]

주의 수감자의 경우 연방법원에 영장을 신청하려면 주의 가능한 구제절차를 모두 거친 후여야만 가능하다(보충성의 원칙). 위 원칙을 충족시키기 위한 요건으로 피구속인이 당해 인신보호영장절차에서 다투려는 연방법상의 쟁점이 주의 사법절차에서의 최고법원에서 주장되어야 한다. 다만 주의 절차에 적당한 구제수단이 없거나 정황에 비추어 수감자의 권리를 보장하기에는 주의 구제절차가 비효율적이라고 인정되는 경우,[159] 주가 고의적으

154 Moony v. Holohan, 294 U.S. 103, (1935)에서는 피고인의 위증이 유죄판결의 결정적 증거로 사용되었다.

155 Smith v. O'Grady, 312 U.S. 329, (1941)은 교육상태가 낮고 변호인의 조력을 받지 않은 상태의 피고인을 심문한 것이 문제가 된 사건이었다.

156 Gibb v. Burke, 337 U.S. 773, (1949)은 변호인의 조력을 받지 않고 있는 피고인에게 법률적 권고사항을 전달하는 과정에서 피고인의 전과가 배심원들에게 알려진 사건으로 인신보호영장에 기한 석방은 거부되었으나 사건이송명령으로 해결되었다.

157 Valentina v. Mercer, 201 U.S. 131, 138, (1906). 이우영, 〈미국 인신보호영장제도(Habeas Corpus) 분석—헌법적 논점을 중심으로〉, 469면.

158 28 U.S.C. sec. 2242.

159 Mattox v. Sacks, 369 U.S. 656, (1962)에 따르면 주의 수감자가 연방헌법과 관련된 소송을 연방법원에 제기했을 때에는 주법에 따라 해결할 수 있는 사안이라고 하더라도 연방법원에서의 해결이 허용된다.

로 그러한 구제절차의 이용을 방해한 경우[160] 등에는 예외로 한다.

한편, 판결에 의한 구속의 경우, 수감자는 그 판결이 헌법 또는 법률에 위반하였거나 관할권이 없는 법원에 의해 내려진 판결이거나 법이 허용한 최고한도를 초과하는 형을 부과하였다는 등의 사유로 석방을 주장하면서 판결법원에 판결의 파기 또는 변경의 신청을 언제라도 제기할 수 있다.

(2) 심사

(가) 영장발부의 권한

연방의 인신보호영장은 연방대법원과 대법관들 및 지방법원과 순회판사 등이 자신들의 관할범위 내에서 발부할 수 있도록 되어 있다. 연방대법원은 인신보호영장의 신청을 처리하지 않고 관할권 내에 있는 지방법원에 사건을 이송할 수 있다.[161]

(나) 심사절차

신청인 또는 피구속자는 선서하에 답변서에 기재된 사실을 부정하거나 다른 중요한 사실들을 주장할 수 있고, 이러한 주장들을 적용한 답변서는 법원의 허가를 얻어 정정될 수 있다. 영장의 신청을 접수한 법원이나 판사는 신속히 영장을 발부하거나 신청자격이 명백하지 않는 등의 이유로 영장발부를 거부할 때에는 이유를 제시하여야 한다.

주법원 및 주 공무원에 의하여 구속된 자의 심문에 앞서 영장을 발부할 때 대법관 또는 판사가 지정하는 주의 검찰총장 또는 관련 주 공무원에게 통지를 하여야 한다.[162]

법원의 판결에 의하여 구금된 자에 대한 인신보호영장의 신청에서 구속자(respondent)는 기소장, 신청인의 답변 및 판결 등의 등본을 즉시 법원에

160 Dowd v. Cook, 34 U.S. 206, (1951).

161 28 U.S.C. sec. 2241.

162 28 U.S.C. sec. 2252.

제출하여야 하고, 영장에 대한 답변서 또는 이유제시명령에 대한 답변도 첨부하여야 한다.[163]

영장신청을 접수한 대법관 또는 판사는 최종판결의 전, 석방판결의 경우에는 판결 후 및 상소재판 중에 주법원에 의하여 구금된 자에 대한 절차를 정지시킬 수 있다. 정지 후에 진행된 절차는 무효로 간주된다.[164]

피구속인은 원칙적으로 자신의 청구에 관한 주장 · 증명책임을 부담하고, 증명의 정도는 민사절차에서와 같이 "증거의 우위(by preponderance of the evidence)로 불법에 대한 개연성을 보여 줄 수 있는 정도"만 요구된다. 반면에 구속자는 영장청구에 대한 응답자(respondent)로서 당해 구속의 적법성에 대해 주장 · 증명할 의무를 부담한다.

(3) 재판

(가) 결정

법원은 사안을 약식으로 심사하고, 결정한 후 법과 정의가 허락하는 바에 따라 처리하여야 한다. 법원의 판결에 의하여 구속된 자나 상소 중에 대법원의 판결을 기다리는 자, 이송명령에 의해 다른 법원의 판결을 기다리고 있는 자를 위해 신청된 인신보호영장에 대한 결정은 모든 사안에 대하여 종국성을 갖는다. 그 구속의 적법성이 선행하는 영장신청에 기하여 법원 또는 판사에 의하여 결정되었고, 신청인이 아무런 새로운 근거를 제시하지 못하였으며, 판사 또는 법원이 이를 심사하더라도 정의의 목적에 도움이 되지 않는다고 인정될 때에는 이를 받아들일 필요가 없다.[165]

(나) 상소

연방에서의 수감자는 영장신청이 거부된 데 대하여 상소할 권리가 있으

---

163 28 U.S.C. sec. 2249.

164 28 U.S.C. sec. 2251.

165 28 U.S.C. sec. 2251.

나, 주법원의 결정에 대한 영장의 신청인은 상당한 상소이유에 대한 증명서(certificate of appealability)를 얻어야만 상소가 가능하다. 지방법원의 판사가 증명서발급을 거부하는 경우에는 상소법원의 판사에게 그 발급을 신청할 수 있다.

상소기간은 상소대상인 판결이 선고된 후 30일 이내이고, 국가기관이나 공무원이 일반 당사자인 경우에는 60일 이내이다. 인신보호영장이 상소의 대용물이 아니라는 것이 판례이다.

표10 미국에서 상소제도와 인신보호영장제도의 차이점

상소	인신보호영장제도
유죄판결에 대한 직접적인 공격	분리된 별도의 공격(유죄판결이 선고된 사건과는 별개의 사건)
형사절차의 일부	민사절차
유죄판결의 번복이 목적	불법 구속상태에서의 수감자의 석방이 목적
유죄판결 후에만 가능	공무원에 의하여 불법적으로 자유가 제한된 자라면 유죄판결의 전후를 막론하고 청구가 가능한 것이 원칙
피고인은 유죄판결을 받더라도 보석으로 풀려날 수 있다	보석 등을 이유로 이미 석방된 상태라면 청구할 수 없다
재판 중의 오류나 실수에 기하여 제기 가능	헌법 위반에 근거해야 청구 가능(특히 재판 중의 법률 위반)
상소제기 기간이 정해져 있다	청구 제한 기간이 없다. 수감 중에도 청구 가능하다

(4) 인신보호영장의 정지

미국의 연방헌법에는 반란의 경우나 공공의 안전을 침해할 우려가 있을 때 인신보호영장을 정지할 수 있다고 정해져 있다.

(가) 남북전쟁 및 재통합기

1861년 4월 27일 링컨은 남북전쟁 당시 군대에 명령을 내려 영장의 중지를 집행하도록 했다. 이 영장의 중지행위는 Ex Parte Merryman, 17 f. Cas. 144, (1861) 판결에서 정당성이 없다고 판단되었지만 링컨은 이를 무시하였고, 영장의 정지조치는 링컨 행정부 내내 유지되었다. 그 후 링컨은 의회에서 자신의 인신보호영장의 정지조치는 헌법 내의 범위에서 행해진 것이며, 정지권이 의회에 있다는 규정이 존재하지 않고, 의회가 소집될 때까지 비상사태를 방지할 수 없으므로 정당하다고 주장했다. 의회는 1863년 3월 3일 대통령에게 영장정지권을 위임하는 법률을 통과시켰고, 그 후 모든 정지조치는 의회에 의하여 위임된 권한에 의하여 행사되었다.

Ulysses Grant 대통령은 1870년 초 South Carolina 주의 일부 도시에서 인신보호영장의 정지조치를 내렸는데, 이는 Ku Klux Klan에 대항하는 연방 민권운동의 움직임의 일부로 1870년의 Force Act와 1871년의 Ku Klux Klan Act하에 내려진 조치로 그 정당성이 인정되었다.

(나) 제2차 세계대전과 그 후

연방대법원은 1942년 Ex parte Quirin 판결에서 정당하지 않은 전투원의 경우 인신보호영장이 허용되지 않는다고 하면서 정당한 전투원과 정당하지 않은 전투원을 구분하였다. 일본의 진주만 공격 후 하와이에서도 인신보호영장이 정지되었다. 1950년 Johnson v. Eisentrager 339 U.S. 763 사건에서는 독일군 포로에 대한 인신보호영장의 신청이 거부되었다. 대법원은 이들의 전쟁범죄의 유죄 여부는 군사법정에서 정해질 것이지만, 이들에게까지 인신보호의 권리를 인정해 주는 것은 미군보다 포로들을 더 보호해 주는 결과를 초래하므로 타국에 있는 미국 지배하의 법정에서 인신보호영장을 일시적으로 정지한다고 판시하였다.

(5) 미국 내의 현재 경향

미국 인신보호영장제도의 적용범위는 1960년대의 확대과정 및 1970년대 이후의 일련의 축소과정을 겪으며 변천하여 왔다.[166] 미국에서의 전국적인 민권운동이 전개되고, 연방헌법이 보장하는 형사절차상의 기본권의 구현에 관하여 주법원에 대한 불신이 팽배했던 시기인 1960년대에는 연방법상 보장되는 형사절차상의 기본권이 주법원의 절차에서 확보 · 실현을 담보하기 위한 간접적 수단의 하나로서 작동하였다. 이렇게 인신보호영장제도의 적용범위는 연방헌법상의 신체의 자유에 관한 기본권 법리를 주법원에서 따라가지 않고 있는 때에는 확대되고, 반대로 연방헌법상의 기본권 법리가 체계적 · 안정적으로 구현되고 있는 때에는 그 적용범위가 축소되었다고 한다. 또한 인신보호영장제도의 이념에 초점을 두어, 법체계 외부의 독립적 사회적 · 정치적 요소가 시대에 따라 변화해 감에 따라 이러한 시대적 수요에 대한 반응으로서 인신보호영장제도의 적용범위가 변천해 왔다고 한다.

(가) 인신보호영장제도에 대한 제한

미국 내에서 인신보호영장은 주법원들이 연방헌법을 얼마나 존중하고 있는지 확인하는 지표로서의 중요성을 가지기도 한다. 그렇지만 인신보호영장제도가 형사사건의 최종결정을 지연시키기 때문에, 최근 연방대법원은 이 절차에서의 노력이나 비용이 명백히 드러나는 이익을 초과하지 않도록 영장제도를 단속하려는 노력을 하고 있다. 1991년의 McCleskey v. Zant 499 U.S. 467, (1991) 판결에서 연속적이고 남용적인 청원에 대하여 청구의 요건을 강화했다. 재판의 지연, 그 과정에서 비용의 낭비, 기소자 측에 대한 부정적인 선입견의 발생, 국가의 주권 능력에 대한 반발, 법률가들이 지는 법적인 부담으로부터 해방과 주요한 분쟁들에 대한 법체계의 능력이 저하되는 것에 대한 우려를 그 근거로 들었다.

한편, 인신보호영장제도는 1996년의 Antiterrorism and Effective Death

166 아래의 경향에 대한 분석은 전적으로 이우영, 〈미국 인신보호영장제도(Habeas Corpus) 분석—헌법적 논점을 중심으로〉, 470-472면에 의존한 것이다.

Penalty Act(AEDPA)에 의해 그 범위가 대폭 축소되었다. AEDPA는 "테러를 방지하고, 피해자들에게 정의를 구현하며, 효과적인 사형선고를 가능하게 한다"는 목적의 법률로, 그 조항에 인신보호영장제도의 제한요건들을 가지고 있다. 수감자가 인신보호영장을 청구할 수 있는 기간에 1년이라는 제한을 두고, 연방판사에게 주법원의 판결이 연방대법원의 선례에 의해 명백하게 정립된 연방법에 배치되거나 이를 비합리적으로 적용한 경우가 아닌 한, 주법원의 판결을 존중하도록 요구하고, 연속적인 영장의 청구 또한 제한하고 있어 인신보호영장제도의 범위를 축소시켰다.

2001년 선포된 테러와의 전쟁의 결과, 미국은 Presidential Military Order를 통해 대통령에게 테러 용의자나 테러리스트와의 연관이 의심되는 자들을 억류할 권한을 주었다. 재판 없이, 법조인의 조력 없이 이 용의자들은 무기한으로 구금될 수 있는 것으로 주장되었다. 이는 많은 법조인들로부터 인신보호영장제도에 반한다는 비판의 대상이 되었다.

(나) 최근의 확대 경향

인신보호영장제도의 엄청난 축소 이후 최근의 인신보호영장제도의 범위는 다시 확대되는 경향을 보이고 있다. 1996년의 불법이민대응개혁과 이민자책임법(IIRIRA)이 강제출국결정에 대한 사법심사가 허용되지 않는 것으로 규정한 이후에도, 미국 연방대법원은 구속에 대한 심사청구에서 Habeas Corpus의 적용 가능성을 인정하였다.[167] 또한 2005년의 REAL ID법(The REAL ID Act of 2005)[168]은 추방절차에 있어 최종 명령에 대한 인신보호영장의 관할권을 배제시키고 항소법원을 통한 재심을 확정지었으나, 여전히 이민국적법상의 구속의 기간 또는 요건에 대해 인신보호영장의 심사를 청구

167 아래의 논의는 American Immigration Law Foundation의 홈페이지에 게재된 'Introduction to Habeas Corpus, June 2008'이라는 문헌을 참조한 것이다(자료출처: www.ailf.org/lac/pa/lac_pa_0406.pdf).

168 Pub. L. 109-13, 119 Stat. 231 (2005).

하는 경우 REAL ID법은 영향을 끼치지 않는다. 연방대법원은 Zadvydas v. Davis 판결〔Zadvydas v. Davis, 533 U.S. 678, (2001)〕에서 법원은 추방명령 이후의 구속에 대한 법과 헌법에 기한 심사청구를 하기 위해서 Habeas Corpus가 가능하다고 판시하였고, Demore v. Kim 판결〔Demore v. Kim, 538 U.S. 510, (2003)〕에서는 법원은 추방명령 이전의 구속에 대한 헌법에 기한 심사청구를 하기 위해서 Habeas Corpus가 가능하다고 판시하였으며, Clark v. Martinez 판결〔Clark v. Martinez, 543 U.S. 371, (2005)〕에서 법원은 Zadvydas v. Davis 사건의 결정이 입국자격이 없는 자에 대한 정부의 구속에도 적용된다고 판시하였다.

한편, Hamidi v. Rumsfeld 548 U.S. 557, (2006) 판결에서는 전시 이적행위에 대한 증거에 의한 수감의 경우에도 행정력에 의한 인신구속에 사법적 구제수단이 전혀 제공되지 않는다면 이는 위헌이라는 점을 확인하였다. Rasul v. Bush 542 U.S. 466, (2004) 등 최근의 일련의 판례들을 통해 관타나모의 군 수감시설에 수감된 비시민권자인 피구속자(외국인 포로들)에 대하여, 미국은 인신보호영장절차를 제공할 수 있다고 판시하여 9 · 11테러 직후 급속히 축소되었던 인신보호영장의 경향으로부터 벗어나고 있다.

2.1.3. 시사점과 특성

1) 영미법에서의 인신보호영장제도를 검토할 필요성

영미법에서의 인신보호영장제도는 헌법적 공정성과 정의의 관념에서 위헌 · 위법하게 침탈되고 있는 피구속자의 인신의 자유를 사법기관에 의해 신속하고 효율적으로 회복시킨다는 것을 본질로 한다. 이러한 인권보장이라는 직접적인 구체적인 기능 못지않게 사법의 통제 아래에서 공권력행사의 헌법적합성이 담보된다는 의미에서 권력의 사법통제기능(합헌성 보장기능)도 중요하다.[169]

169 大谷正義, 〈人身保護法の40年ー外国法継受の一事例の素描〉, 210頁.

그런데 우리 헌법상 체포 · 구속적부심사제도는 영미법에서의 인신보호영장제도를 연원으로 하고, 그중에서도 미국법의 영향을 직접적으로 받았다고 보는 것이 일반적이다. 따라서 현행 헌법 제12조 제6항에서 규정한 '적부심사청구권'을 이해하기 위해서는 영미법, 특히 미국에서의 Habeas Corpus제도의 특성을 검토하여야 할 필요가 있다.

2) 미국의 Habeas Corpus제도의 특성

첫째, 미국의 Habeas Corpus제도는 '2단계 심사절차'라는 특징을 가지고 있다. 즉, 인신보호영장의 발부 여부를 검토하는 절차(제1단계 서면심사)와 위 영장이 발부된 경우에 한하여 법관이 당사자를 직접 심문한 다음 그 신병에 관한 결정을 하는 절차(제2단계 실질심사)로 나뉜다.

둘째, 미국의 Habeas Corpus절차는 '민사절차(Civil Procedure)'라는 것이다. 당사자에 대한 체포 · 구속이 이루어진 절차와는 완전히 분리된 별도의 절차(collateral review)로서, 본질적으로 민사절차로 파악되고 있다. 따라서 당사자의 청구가 있는 경우에 한하여 위 절차가 개시된다.

셋째, 미국의 Habeas Corpus절차는 체포 · 구속절차 등과 분리된 별도의 사법심사절차(Collateral Review)라는 것이다. 따라서 법관은 체포 · 구속이 이루어진 원인관계 등에 대한 최종적인 사법적 판단을 하는 것이 아니고, 체포 · 구속 자체의 실질적 정당성 여부 등에 대해서만 별도로 심리 · 판단하게 된다.

3) 적용영역 및 심사범위

원래 Habeas Corpus제도는 불법적인 체포 · 구속에 의한 신체의 자유에 대한 침해를 구제하는 제도이므로, 국가기관 등 공권력 행사기관에 의한 체포 · 구속은 물론 공권력행사와 전혀 관계가 없는 사인에 의한 체포 · 구속의 경우에도 적용되었다. 다만, 국가질서가 정비되면서 사인이 타인의 신체의 자유를 불법적으로 침해하는 경우 Habeas Corpus제도를 통하여 권리구제를 청구하는 사례는 드물게 되었다. 또한 20세기 이후 미국에서는 입법 · 사법 · 행정을 망라한 각종 공권력 행사기관이 행하는 체포 · 구속의 불법성 여부가 주로 문제가 되었다.

Habeas Corpus제도의 적용범위는 모든 공권력 행사기관이 행하는 체포 · 구속이므로, 법원의 재판에 의하여 '신체의 자유'가 제한되는 경우에도 적용될 수 있다. 다만, 영국에서는 Habeas Corpus제도가 정당한 권한 없는 자에 의하여 구속된 때에만 적용되므로, 법관의 영장에 의하여 구속된 경우에는 당해 영장을 발부한 법원에 재판관할권(jurisdiction)이 없을 때에만 Habeas Corpus제도에 의하여 석방될 수 있다는 원칙이 확립되었다.[170] 한편, 미국의 경우 인신보호영장은 원래 재판관할권이 없는 법원이 재판을 한 경우에 대한 구제수단으로 사용되는 것으로서, 재판관할권이 있는 법원의 재판에 근거하여 '신체의 자유'가 제한된 사안에서는 재판의 존재만으로도 당해 체포 · 구속이 정당화되는 것으로 파악되고 있다. 그러므로 미국에서 법원의 재판이 체포 · 구속의 근거인 경우에는 ① 청구인이 당해 재판에 '단순한 법률위반'이 존재한다는 것을 주장 · 입증하였다는 사유만으로는 제1단계 서면심사를 통과할 수 없고 이러한 인신보호영장청구는 법원의 제1단계 심사에서 기각(각하)된다. ② 예를 들면, 해당 법원에 재판관할권이 존재하지 않는 경우 혹은 재판의 결정문 자체에서 당사자의 헌법적 권리가 침해되었다는 점이 확인되는 것과 같이 당해 재판의 형성과정에 '헌법위반'이 있음이 인정되는 경우 등과 같이 제1단계 심사절차에서 재판 자체에 '단순위법' 이상의 명백한 하자가 있다는 점이 인정된 경우에 한하여 비로소 인신보호영장을 발부하여 제2단계 실질심사를 실시하게 된다.

한편, 미국 연방대법원은 일단 체포 · 구속되었다가 보석(bail), 집행유예(probation), 가석방(parole)되더라도 당해 체포 · 구속의 근거가 된 처분의 효

170 이재상, 《신형사소송법》, 271-272면 참조.

력이 완전히 소멸한 것이 아니기 때문에 체포 · 구속요건을 충족시킬 수 있다고 한다.

2.2. 일본에서의 계수

2.2.1. 일본 헌법의 규정내용과 해석

1) 신체의 자유에 관한 헌법의 규정내용과 연혁

일본 헌법(1946. 11. 3. 제정, 1947. 5. 3. 시행)은 제18조에서 "누구도 어떠한 노예적 구속을 받지 않는다. 또한 범죄로 인한 처벌의 경우를 제외하고는 그 뜻에 반하는 고역에 종사하지 않는다"고 규정하고, 제31조에서는 "누구든지 법률이 정하는 절차에 의하지 않고는 그 생명 내지는 자유를 침해받지 않으며, 그 밖의 형벌을 부과받지 않는다"고 규정하며, 제33조에서 "누구든지 현행범으로서 체포되는 경우를 제외하고 권한을 가진 사법관헌이 발행하고 이유와 범죄를 명시한 영장에 의하지 않으면 체포되지 않는다"고 규정하고 있다.[171] 특히 제34조에서 "누구든지 이유를 직접 통고받지 않고, 즉시 변호인에게 의뢰할 권리를 갖지 않는 한, 억류 또는 구금되지 않는다. 또한 누구든지 정당한 이유가 없이 구금되지 않으며, 요구가 있으면 그 이유를 즉시 본인 또는 그 변호인이 출석하는 공개의 법정에서 제시하여야 한다"고 규정하여, 체포 · 구금의 이유고지와 구류이유개시제도를 헌법적으로 보장하고 있다.

일본 헌법의 위 조문 중에서 헌법 제34조가 영미법상 Habeas Corpus제도와 가장 비슷하게 보이지만, 구금이유의 개시에 머무는 등 영미법상의 인신보호영장과 같이 철저한 것은 아니기 때문에,[172] 헌법 제34조 후단이 영미

171 한편, 제35조 제1항에서는 "누구도, 그의 주거, 서류 및 소지품에 대해서 침입, 수색 및 압수를 받지 않을 권리는, 제33조의 경우를 제외하고는, 정당한 이유에 기초하여 발행되고 동시에 수색하는 장소 및 압수하는 물건을 명시한 영장이 없으면 침범받지 않는다"고 규정하고, 제2항에서 "수색 또는 압수는 권한을 가지는 사법 관헌이 발행하는 별도의 영장에 의해 집행한다"고 규정하고 있다.

172 樋口陽一 · 佐藤幸治 · 浦部法穗,《註釋 日本國憲法》上卷, 738頁 참조.

법상 Habeas Corpus제도를 수정된 형태로 채용한 것이고 그것을 토대로 일본의 현행 형사소송법 및 관련 법률의 기본 골격이 이루어진 것인지에 관해서는 학설상의 다툼이 있다. 그렇지만 신체의 자유를 보장하는 조문들 중에서 일본의 인신보호법과 가장 관계가 깊은 조문은 아무래도 제34조라는 점에 대해서는 대체로 긍정하고 있다.

원래 명치헌법에서는 헌법 제34조에 대응하는 규정은 없었고, "일본 신민은 법률에 의하지 않고……감금……을 받지 않는다"고 하여, 감금의 요건 · 절차를 법률에 위임하고 있었다. 제2차 세계대전 이후 일본 헌법이 개정될 당시 일본정부에서 1946. 2. 1. 작성한 최초의 헌법개정안에서도 '구금된 당사자의 절차적 권리'에 관한 규정이 전혀 없었다. 그런데 미군 총사령부는 위와 같은 개정안이 명치헌법적 색채가 강하게 남아 있다는 이유로 이를 거부한 다음, 일본정부에 대하여 1946. 2. 13. 새로운 헌법개정안을 제시하였는데, 그 제31조에는 "……누구든지 정당한 이유 없이 구금되지 않으며, 요구가 있으면 그 이유는 즉시 본인 및 변호인이 출석하는 공개법정에서 개시되어야 한다"고 규정되어 있었다.[173] 이에 일본정부는 1946. 2. 22. 미군 총사령부안을 수락하고 이에 기초하여 새로운 헌법초안을 마련하였고, 미군 총사령부에서 이를 다시 검토한 후에 최종안이 확정되었다. 위와 같은 과정을 거쳐 확정된 것이 현행 일본 헌법 제31조와 제34조인 것이다.

그럼에도 불구하고 일본정부는 그 당시 헌법 제34조 후단에서 말하는 구류이유개시제도가 어떤 의미를 갖는지 제대로 이해하지 못하였고,[174] 형사절차에서의 인신구속으로 한정해서 사고하여, 그로 말미암아 다양한 해

173 高柳賢三 外 2人 編,《日本國憲法制定の課程 I:原文と飜譯》, 有斐閣(1972), 281頁. 아울러 총사령부 초안의 영어 원문과 일본어 번역본은 犬丸秀雄,《日本國憲法制定の經緯—聯合國總司令部の憲法文書による》, 第一法規(1988), 436-463頁에 수록되어 있다.

174 木村篤太郎 司法大臣은 행정집행법 폐지 주장에 대하여 행정검속이라는 이름을 빌려 불법으로 인권을 침해하는 것에 대하여 책임을 지고 훈련과 단속을 행하겠다고 답변한 것에서 그 단면을 볼 수 있다고 한다〔吉利用宣,〈日本国憲法第18条 · 34条の制定の経緯—勾留理由開示制度序説 I〉,《九州工業大学研究報告 人文 · 社会科学 48》, 九州工業大学(2000. 3), 113頁〕.

석을 허용하게 되었다.[175] 그러나 위와 같은 제정 경위에 비추어 보면, 일본 헌법에 규정되어 있는 '구금된 당사자의 절차적 권리'는 미국법의 영향을 강하게 받았다고 볼 수 있는 것이다. 따라서 헌법 제34조 후단의 규정이 영미의 인신보호영장 그 자체를 보장한다고 해석까지 하기에는 곤란하겠지만, 영미법상의 인신보호영장제도의 정신은 일본 헌법의 구류이유개시제도의 저류를 이루고 있다고 할 수 있다.

2) 헌법 제34조 후단의 해석

일본 헌법 제34조 후단에서는 "누구든지 정당한 이유가 없이 구금되지 않

175 吉利用宣, 〈日本国憲法第18条 · 34条の制定の経緯—勾留理由開示制度序説 I〉, 96頁 이하에 의하면, 일본에서 헌법 제34조 후단의 해석론은 다음과 같이 분류할 수 있다. 제1설은 헌법 제34조 후단은 구류이유를 공개법정에서 밝힐 것을 요청하는 것이라는 견해로서, 불법구금으로부터의 해방은 그 결과 발생하는 부차적인 효과에 지나지 않는다고 한다. 그중에는 영미법상의 Habeas Corpus제도를 그대로 정한 것은 아니라는 설, 거기에서 유래한 것이 명확하다는 설, 양자의 목적 · 이념에 자리잡은 것을 포착하는 설 등이 있다. 제2설은 입법의 경위로부터 볼 때 헌법 제34조 후단의 '이유'의 요청은 형소법의 구류 '이유'와 달리 '범죄의 혐의'에 머문다는 견해이다. 헌법 제34조 후단은 미국법상 기소사실인부절차(arraignment)에서 유래한 것이고, 형소법상 구류이유개시제도는 예비심문 · 인신보호절차 · 독일의 구속심사제도를 참조한 것이라고 한다. 제3설은 헌법 제34조 후단의 규정은 불법구금으로부터 해방을 직접 목적으로 한 것이라는 견해이다. 그중에는 ① 헌법 제34조 후단의 규정은 형사절차뿐만 아니라 그 밖의 불법구금으로부터 구제를 목적하는 것이고, 영미법상의 Habeas Corpus제도를 채용한 것으로서 인신보호법이야말로 헌법의 요청에 답하는 것으로 형소법의 구류이유개시제도와 직접 관련이 없다는 견해, ② 헌법 제34조 후단은 영미법상의 Habeas Corpus제도를 예상한 것이지만 같은 조 전단의 위치와 변호인을 요구하는 것으로 볼 때 형소법상의 구류이유개시제도가 그것을 구체화한 것이라고 해석하고, 인신보호법은 형사절차에 관한 헌법 제34조 후단의 규정의 정신을 준해서 미치게 한 것이라는 견해, ③ 헌법 제34조 후단은 Habeas Corpus적 발상을 배경으로 한 것이고, 형사절차뿐만 아니라 행정절차에 의한 신체의 구속에도 적용되며, 구류이유개시제도나 인신보호법의 제정으로 구체화된 것이라는 견해 등이 있다. 제4설은 헌법 제34조 후단의 규정은 Habeas Corpus와 예비심문(preliminary hearing) 절차를 혼합한 독특한 제도라고 밖에 할 수 없다는 견해이다. 즉, 전자는 대상자가 형사구속에 한하지 않지만 구속의 부당을 청구자가 입증하는 반면 후자는 구금자가 혐의를 입증해야 하지만 대상자는 구금된 자에 한하지 않는데, 일본의 구류이유개시제도는 대상은 구금된 자에 한하고 입증은 구금자가 한다는 점에 착안한 것이다. 제5설은 헌법 제34조 후단은 미국의 예비심문제도에서 유래한 것이라는 견해이다. 제6설은 헌법 제18조가 미국헌법 수정 제13조 제1절(노예제도 폐지조항)에서 유래하는 것이고 그 수정 제13조를 실효성 있게 하는 것이 Habeas Corpus이므로, 인신보호법은 헌법 제18조에 기초한 것이고 제34조는 인신보호법과 관계없이 부당구금으로부터 구제를 목적으로 하는 제도라는 견해이다.

으며, 요구가 있으면 그 이유를 즉시 본인 또는 그 변호인이 출석하는 공개의 법정에서 제시하지 않으면 안 된다"고 규정하고 있는바, 그에 관한 일본의 해석론은 다음과 같다.

먼저, '정당한 이유'는 단순히 범죄사실 내지 피고사건이 있다는 것에 그치지 않고, 그것을 포함하여 구금을 필요로 하는 합리적, 실질적 이유를 의미하는 것이라고 한다. 예컨대 형사소송법에서 증거인멸, 주거부정, 도주우려 등과 같은 것이다.[176]

다음으로, 구금이유를 피구속자 및 그의 변호인이 출석한 공개법정에서 고지하여야 한다. 형사소송법 제84조 제1항은 "법정에서는 재판장은 구류의 이유를 알려야 한다"고 하여 이를 법률적 차원에서 구체화하고 있다. 제시된 이유 중 이해하지 못한 부분에 관하여 질문하여 명확하게 하는 권리는 당연히 포함되어 있다고 해석하고 있지만, 나아가 피고인 등의 구두에 의한 의견진술권의 보장도 포함되는 것인지에 관해서는 견해가 대립하고 있다. 형사소송법 제84조 제2항에서는 "검찰관 또는 피고인, 변호인 및 이들 이외의 청구자는 의견을 진술할 수 있다"고 규정하고 있는바, 일본 헌법 제34조 후단이 의견진술권을 보장하고 있다고 넓게 해석하면 위 형사소송법 규정은 위헌이라고 볼 수도 있게 된다.[177]

더 나아가서 헌법 제34조 후단이 영미법상의 Habeas Corpus 또는 예비심문의 제도를 구현하는 것이라고 해석하면, 재판소가 제시된 이유의 유무·당부를 심사하여 피구속자의 석방을 명할 수 있게 된다. 물론 앞에서 본 바와 같이 헌법 제34조 후단이 미국의 영향을 강하게 받은 것은 사실이지만 그 문언해석상 위와 같이 해석하는 것은 무리라는 것이 대체적인 해석론인 것 같고, 다만 그 취지를 가능한 만큼 살리기 위하여 구류이유개시절차를 구류취소절차와 결합시켜 일체적인 것으로 이해하자는 견해도 제시

176 樋口陽一 · 佐藤幸治 · 浦部法穗, 《註釋 日本國憲法》 上卷, 743頁 참조.

177 그 논의에 관해서는 樋口陽一 · 佐藤幸治 · 浦部法穗, 《註釋 日本國憲法》 上卷, 745頁 참조.

되고 있다.[178]

2.2.2. 일본 형사소송법에 의한 구체화

일본 형사소송법(1948. 7. 10. 제정 법률 제131호)에는 구류된 피의자가 재판관에 대하여 구류이유의 개시를 청구할 수 있는데(제82조),[179] 일본 헌법 제34조 후단에 근거를 두고 있다.[180] 형사소송법 제82조에 의하면 구류상태에 있는 피고인, 변호인, 법정대리인, 보좌인, 배우자, 직계친족, 형제자매, 이해관계인은 재판소에 구류의 이유를 개시할 것을 청구할 수 있다. 그 결과 구류이유의 개시에 의하여 구속의 이유 또는 필요가 없다고 인정되면 재판소는 검찰관, 구금된 피고인 또는 그의 변호인, 법정대리인, 보좌인, 배우자, 직계친족 내지 형제자매의 청구에 의하여 또는 직권에 의한 결정으로 구금을 취소할 수 있을 뿐이다(일본 형사소송법 제87조).

일본 형사소송법은 수사단계에서 법원의 영장에 근거하여 체포 · 구속된 형사피의자 등에 대하여 우리나라 형사소송법에서 규정한 것과 같이 직접적인 적부심사청구권을 규정한 적은 없다. 일본의 구류이유개시제도가 구금의 이유를 공개법정에서 개시할 것을 요구함에 그치고 그 절차 자체에서 직접 석방을 명할 수 없기 때문에, 직접적으로 불법구금된 자의 석방을 명하는 제도인 Habeas Corpus와 구별된다. 따라서 이유개시에 의하여 구속의 이유가 없거나 구속을 계속할 수 없다고 인정될 때 직권으로 구류를 취소하거나 구속에 대한 준항고 또는 구속취소청구의 사유가 될 수 있을 뿐이다.[181]

178 樋口陽一 · 佐藤幸治 · 浦部法穗,《註釋 日本國憲法》上卷, 745頁.

179 피고인에 대해서는 형사소송법 제82조 내지 제86조에서 규정하고, 피의자의 구류 및 감정유치에 대해서는 제167조 제5항 및 제207조 제1항에서 이를 준용하고 있다.

180 三井誠 · 酒巻匡,《입문 일본형사수속법》, 신동운 역, 법문사(2003), 57면.

181 이재상,《신형사소송법》, 273면.

2.2.3. 일본 인신보호법에 의한 구체화

1) 의의

일본의 인신보호법(1948. 7. 30. 법률 제199호)은 "기본적 인권을 보장하는 헌법정신에 따라서 국민으로 하여금 현재 부당하게 박탈당하고 있는 인신의 자유를 사법재판에 의하여 신속하고 용이하게 회복시키는 것"을 입법목적(제1조)으로 제정되었다. 인신보호법은 형사소송법의 구류이유개시제도와는 달리 모든 형태의 부당한 구속에 대한 일반적인 구제절차를 규정한 일반법의 성격을 갖는다.

인신보호법은 인신보호청구에 대하여 변호사강제주의를 채택하고(제3조), 피구속자, 구속자 및 청구자의 소재지를 관할하는 고등재판소 또는 지방재판소의 어디에도 관할이 인정되며(제4조), 가석방 등의 결정(제10조)이나 인신보호명령(제12조)이라고 하는 독특한 제도를 설정하고, 재판소에 신속한 재판을 의무로 부여하며(제6조), 증거는 소명으로 족하도록 하고 있다(제5조, 제15조). 또한 최종적인 구제를 명하기 위해서는 심문기일을 열어 판결에 의하도록 하고(제14조 내지 제16조), 이 청구를 받은 재판소는 최고재판소에 그 취지와 사건처리의 경과 및 결과를 통지하여야 하며(제20조), 지방재판소 판결에 대한 상소를 최고재판소에 하도록 하고(제21조), 최고재판소에 자판권도 인정하고 있다(제22조).

2) 제정경위

일본의 인신보호법은 제2회 국회에서 의원제출법안으로서 참의원에서 발의되어 약간의 수정 후 참의원과 중의원에서 잇따라 가결된 다음, 1948년 7월 30일 법률 제199호로 공포되었고 그 부칙에 따라 같은 해 9월 28일부터 시행되고 있다.

인신보호법이 제정된 경위는 1946년 8월 헌법 부속 제법안 요강의 하나로서 정부가 공표한 인신보호법안 요강안에서 시작한다. 요강은 구제청구의 요건, 관할, 구제요건, 제재를 내용으로 한 극히 간단한 것이었다.[182] 그 다음은 1946년 말부터 다음 해 봄에 걸쳐 최고재판소의 법안 만들기의 단계이다. 이때 최고재판소는 준비위원회를 설치하고, 법안은 그 제2소위원회에서 심의되었는데, 학계 등의 의견표명도 있었고, 이것들이 적절히 반영되어 성안이 이루어졌다.

그러나 정부 측의 반대와 소극적인 태도 때문에 인신보호법 제정의 움직임이 멈추게 된다. 당시 정부 측의 반대논리[183]는 헌법 제34조 후단의 규정이 Habeas Corpus와 유사한 절차를 정한 것에는 의문이 없지만, 그 규정이 오직 형사절차에 관한 것이라고 한다면 인신보호법은 형사절차에서의 구금만 대상으로 하는 것이 아니기 때문에 헌법의 정신에서 볼 때 바람직한 법률이기는 하나 헌법 규정이 직접적으로 요구하는 것은 아니고, 헌법 제34조 후단의 규정에 기한 불가결한 규정은 형사소송법상 구류이유개시제도라는 것이다. 그리고 적어도 사인에 의한 불법구금에서 헌법 제34조 후단을 적용하기 곤란하다는 점도 있었다.

그리하여 인신보호법의 제정은 기본적 인권보호법안이라는 이름으로 정부입법으로 진행되다가 부의되지 않고, 1948년 2월 10일 참의원 사법위원회 위원장이었던 伊藤修 의원이 인신보호법안이라는 이름으로 발의를 하여 의원입법으로 성립하게 되었다. 伊藤修 의원의 생각에 따르면,[184] 인신보

182 요강의 전문은 다음과 같다〔大谷正義, 〈人身保護法の40年—外国法継受の一事例の素描〉, 212頁〕. ① 불법 또는 부당하게 신체의 자유를 구속된 것이 있는 때에는 본인 또는 관계자에 있어서 최고재판소에 구금이유에 붙이고 조사를 요구할 수 있도록 하는 것, ② 위 요구가 있는 때에는 최고재판소는 신속하게 구금자에 대하여 일정한 일시·장소를 지정하여 본인을 출두시킬 것을 명하고 동시에 구금의 이유를 붙인 답변을 할 것을 명하게 하는 것, ③ 본인 및 그 변호인이 출석한 공개법정에서 조사한 다음 법률상 적법 또는 정당한 이유가 없다고 인정될 때에는 즉시 본인을 석방하거나 보석을 허가하게 하는 것, ④ 구금자가 본인을 출두시키지 않거나 구금의 이유를 붙인 답변을 하지 않거나 지체한 때에는 재제로서 자유형 및 별금형을 과하게 하는 것 등이다.

183 吉利用宣, 〈我が国の人身保護法制定の経緯—勾留理由開示制度序説Ⅱ〉, 《九州工業大学研究報告 人文·社会科学 48》, 九州工業大学(2000. 3), 123頁 이하 참조.

184 吉利用宣, 〈我が国の人身保護法制定の経緯—勾留理由開示制度序説Ⅱ〉, 128頁 참조.

호법은 청구를 각하하거나 기각할 때 법정에서 이유의 개시는 요구하지 않아 헌법 제34조의 규정과 반드시 일치하지 않고, 헌법 제34조 후단을 주로 근거로 하여 제18조 · 제31조 등의 정신으로부터 요구된 것이라는 것이다. 그리하여 인신보호법의 목적조항인 제1조에서 헌법 제34조에서 유래한 것이라고 기재하지 않고 헌법의 정신을 언급하게 된 것이라고 한다.

다만 최고재판소가 인신보호규칙을 제정하면서 인신보호법의 취지가 축소되게 된다. 인신보호법 제23조에서는 "최고재판소는 청구, 심문, 재판 그 밖의 사항에 대하여 필요한 규칙을 정할 수 있다"고 규정하여, 그 위임을 받아 최고재판소는 인신보호규칙〔昭和 23(1948)年 9月 21日 最高裁判所規則 第212号〕을 제정했다.[185] 그런데 이 규칙은 "청구, 심문, 재판 그 밖의 사항에서 필요한 규칙"에 머물지 않고, 중요한 부분에서 법률의 내용을 한정하는 역할을 가지고 있다. 그 결과 영미의 모법모델과 닮지 않은 일본형 인신보호법제가 탄생하게 되었고, 출발 당시 요강안이 가지고 있었던 모법의 이념은 이것에 의해서 점차 모습이 사라지고 제도의 구조 자체도 변질되어 갔다고 평가된다.[186]

3) 관할과 당사자

(1) 재판소

인신보호의 청구는 피구속자, 구속자 또는 청구자의 소재를 관할하는 고등재판소 혹은 지방재판소에서 할 수 있다(법 제4조). 반드시 지방재판소에 청구해야만 하는 것은 아니라는 점이 특이하다. 또한 하나의 구속에 관하여 복수의 관할을 정한 것은 인신보호의 청구를 쉽게 할 수 있도록 하기 위한 것이다.[187] 심리하기에 적절하지 않은 재판소에 청구가 행해진 경우에 대

185 인신보호규칙의 실제 제정과정에 대해서는, 鮫島真男, 〈人身保護規則制定当時の思い出〉, 《自由と正義 37(8)》, 日本弁護士連合会(1986. 8)에 자세히 기재되어 있다.

186 大谷正義, 〈人身保護法の40年―外国法継受の一事例の素描〉, 214頁.

187 田中英夫, 〈人身保護節次〉, 426頁.

비하여 청구자의 신청에 의하거나 직권으로 적당하다고 인정하는 다른 관할 재판소에 사건을 이송할 수 있도록 하고 있다(법 제8조).

사물관할에 대해서는 우리나라의 인신보호규칙 제3조가 단독판사가 심리한다는 명시적인 규정을 두고 있는 것에 반하여, 일본에서는 그에 관한 규정을 찾아보기 어렵지만, 동경지방재판소의 경우 민사 제9부에서 전담해서 처리하고 있다.

인신보호법 제22조 제1항은, "최고재판소는 특히 필요가 있다고 인정할 때에는 하급재판소에서 심리 중인 사건의 여하의 정도에 불문하고 이것을 송치하게 하고 직접 처리할 수 있다"고 규정하여, 최고재판소가 제1심으로 재판을 할 수도 있게 된다. 이는 사회적으로 중요한 내용을 포함할 가능성이 있는 사건, 이미 문제가 되고 있는 지방에서는 구속자 측으로부터 강한 압력이 걸린 사건 등에 대하여 공정한 심리를 보장하기 위한 것이라고 추측되나, 그러한 사태는 한 번도 일어나지 않았다고 한다.[188]

(2) 당사자

인신보호청구는 피구속자뿐만 아니라 피구속자가 자유롭게 표시한 의사에 반하지 않는 한(규칙 제5조) 누구라도 피구속자를 위하여 청구할 수 있다(법 제2조 제2항). 피구속자는 자유가 구속되어 있어 실제로 청구를 할 수 없는 경우가 적지 않으므로 청구자를 피구속자로 한정하지 않은 것은 당연하지만, 인신보호법은 인신의 자유의 확보의 견지에서 당사자적격을 전혀 한정하지 않고 피구속자와 아무런 관계가 없는 자도 인신보호의 청구를 할 수 있게 하였다.

인신보호사건에서 청구자가 아닌 피구속자의 지위가 문제될 수 있다. 인신보호청구는 피구속자가 자유롭게 표시한 의사에 반하여 청구할 수 없고(규칙 제5조), 피구속자에게는 변호사인 대리인이 선임될 수 있으며(규칙 제

188 田中英夫, 〈人身保護節次〉, 427頁.

31조), 심문기일에 피구속자 또는 그 대리인의 출정이 필요하다(규칙 제30조). 또한 피구속자는 스스로 소송행위를 할 수 있을 뿐만 아니라 피구속자의 소송행위와 청구자의 소송행위가 서로 저촉되는 때에는 그 저촉하는 범위에서 청구자의 소송행위는 그 효력을 잃는다(규칙 제34조 제2항). 이상의 규정들을 종합하여 피구속자에게 당사자의 지위를 인정하는 견해가 있다.[189]

4) 청구요건

(1) 개설

일본의 최고재판소는 인신보호제도를 법률상 정당한 절차에 의하지 않고 신체의 자유가 구속되어 있는 자를 위하여 비상응급적인 특별한 구제방법이라고 파악하고 있다.[190] 인신보호법, 인신보호규칙 및 그에 대한 최고재판소의 판결에 의하면, 인신보호청구를 하기 위해서는 신체의 자유가 구속되고 있는 것(구속성)을 전제로, 그 구속의 위법이 현저하다는 것(위법의 현저성) 및 달리 목적을 달성하기 위한 방법이 없을 것(보충성) 등 3가지의 요건이 필요하게 된다.

(2) 구제청구의 대상(구속성)

인신보호법 제2조는 "법률에 정당한 절차에 의하지 않고 신체의 자유가 구속되어 있는 자는 구제청구를 할 수 있다"고 규정하고, 인신보호규칙 제3조는 "법 및 이 규칙에서, 구속이란 체포, 억류, 구금 등 신체의 자유를 침탈하거나 제한하는 행위"라고 정하고 있다. 따라서 구속이란 체포, 억류, 구금 등 그 명칭과 관계 없이 신체의 자유를 뺏거나 제한하는 행위를 말한다.

최고재판소는 피구속자가 이미 신체의 자유를 회복하게 되면 인신보호

---

189 田中英夫, 〈人身保護節次〉, 426頁. 피구속자에게 재심신청적격을 인정한 하급심 판결도 있었다〔東京地裁 昭和 48(1973)年 6月 14日 判決, 《判例時報》 705号 31頁〕.

190 最高裁 昭和33(1958)年 5月 28日 判決, 《民集》 12卷 8号 1,224頁.

법에 의한 구제를 구할 필요가 소멸하여 권리구제의 이익이 흠결되기 때문에 심문절차를 거칠 것 없이 즉시 결정으로 기각할 수 있다고 한다.[191]

(3) 위법의 현저성

구제의 신속성은 인신보호절차의 주된 특징 중의 하나이다. 인신보호법 제6조는 인신보호청구에 대해서는 신속하게 재판하여야 한다고 규정하고, 인신보호규칙 제2조는 인신보호청구에 관한 심리 및 재판은 사건수리의 전후에 관계없이 다른 사건에 우선하여 신속하게 하여야 한다고 규정하고 있다. 이렇게 신속성이 요구되기 때문에 인신보호절차에서 심리대상을 어느 정도 제한할 필요가 있고, 따라서 중요하거나 복잡한 논점은 인신보호절차에서 판단할 수 없는 것이라는 사고방식이 최고재판소의 판결에 나타나 있다.[192]

인신보호규칙 제4조 전단은 "법 제2조의 청구는 구속 또는 구속에 관한 재판 혹은 처분이 그 권한이 없거나 법령이 정한 방식 혹은 절차에 두드러지게 위반하고 있는 것이 현저한 경우에 한하여 이를 할 수 있다"고 규정하고 있다. 그런데 인신보호법 제2조 제1항은 "법률상 정당한 절차에 의하지 않고 신체의 자유가 구속되어 있는 자는 이 법률이 정하는 바에 따라 그에 대한 구제를 청구할 수 있다"고 규정하고 있을 뿐 명문으로 "위법의 현저성"을 요구하고 있지 않다.

최고재판소는 인신보호규칙 제4조가 인신보호법 제2조에 반하는 것이

191 最高裁 昭和24(1949)年 3月 1日 決定,《民集》3巻 3号 63頁.

192 구제의 신속성과 적절성이 반드시 양립이 불가능한 가치인지 의문이고, 일본 내에서도 위와 같은 최고재판소의 판례에 나타난 사고방식에 대한 반론이 많이 있다. 예를 들면 인신의 자유의 확보에 어느 정도 중요한가를 판단하여 양자를 형량하여 제도를 운용하자는 의견이 있다〔田中英夫,〈人身保護節次〉, 420頁〕. 구제가 되더라도 늦어지면 실질적으로 의미가 없거나 적어지는 유형의 사건에서는 신속성을 강조하고(유아의 인도사건 등), 어떤 쟁점을 판단대상에서 제외시키면 구속이 그대로 계속하는 것으로 되는 경우에는 다소 시간이 걸리더라도 이 쟁점에 대하여 판단을 행하여야 할 것이라고 한다(정신병원에의 강제입원이나 국외퇴거처분 등).

아니라는 전제하에서 "위법의 현저성"을 실체적인 본안요건(청구를 이유 있게 하는 요건)으로 해석하고 있다.[193] 그 논거로서, 인신보호제도는 민사 또는 형사재판과는 달리 비상응급적인 특별한 구제방법이기 때문이라고 한다. 실무에서는 위법이 현저하다는 것을 서면 등의 신속 또 용이한 소명방법에 의한 조사에 의하여 재판소가 구속의 위법성을 곧바로 판단할 수 있는 경우로 이해하고 있다.[194] 그러나 위와 같은 일련의 최고재판소의 판결에 소수의견이 없는 것은 아니다. 소수의견 중에는 청구인의 주장 자체로 보아 구속의 위법성이 현저한 경우이여야 한다는 의미에서 인신보호규칙 제4조를 형식적 요건(청구를 적법하게 하는 요건)을 정한 것으로 해석하고 있다.[195]

한편, 학설은 인신보호규칙 제4조에 대하여 무조건 유효설, 완전무효설, 실질적 제한을 지향하는 설 등으로 나뉘어 있기는 하지만, 규칙 제4조는 인신보호법 제2조를 제한하는 것이고 이것은 규칙제정의 범위를 넘어 무효라는 주장이 통설이고,[196] 일본에서 비록 '제약적인 운용'이 정착하고 인신보호제도

193 이에 관한 최초의 판결은 最高裁 昭和 29(1954)年 4月 26日 大法廷 決定(《民集》 8卷 4号 848頁)이다. 위 사건은 극동국제군사재판소 및 그 밖의 연합국 전쟁범죄 법정에서 유죄가 선고된 후 일본국과의 평화조약(昭和 27年 條約 第5号) 제11조 및 평화조약 제11조에 의한 형의 집행 및 사면 등에 관한 법률(昭和 27年 法律 第103号)을 근거로 연합국 최고사령관으로부터 스가모(巣鴨)형무소장에게 인도되어 그 형무소에 구금되어 잔형을 집행당하고 있던 피구속자들이 위 근거조문들의 위헌성 등을 주장하면서 인신보호법에 기하여 피구속자들의 석방을 동경고등재판소에 청구하였던 것이다. 그 이후에도 외국인 퇴거강제영서의 집행에 의해 입국수용소에 구속되어 있는 자와 관련된 사건〔最高裁 昭和 30(1955)年 9月 28日 大法廷 判決, 《民集》 9卷 10号 1,453頁〕, 유아인도를 청구하는 사건〔最高裁 昭和 33(1958)年 5月 28日 大法廷 判決, 《民集》 12卷 8号 1,224頁〕, 정신병원에 강제로 입원된 자와 관련된 청구〔最高裁 昭和 46(1971)年 5月 25日 判決, 《民集》 25卷 3号 435頁〕 등에서 인신보호규칙 제4조 본문을 인신보호청구의 본안요건으로 해석하고 있다.

194 東京地方裁判所民事第九部人身保護研究会, 〈東京地裁における最近の人身保護請求事件の処理状況〉, 《判例時報》 1961号, 判例時報社(2007. 5), 5頁.

195 예를 들면, 最高裁 昭和 30(1955)年 9月 28日 大法廷 判決의 裁判官 藤田, 池田의 소수의견. 더 나아가서 위 소수의견은 해석의 범위를 넘는 것으로 인신보호규칙 제4조는 인신보호법 제2조에 반하는 것으로서 무효라고 할 수밖에 없다는 견해가 있다〔田中英夫, 〈人身保護節次〉, 422頁〕.

196 長沢正範, 〈人身保護法による精神病院不当強制入院'患者'の救済—その現状と批判〉, 《同志社法學 26(4)》, 同志社大学(1975. 3), 90頁.

의 존재의의가 간과되어 있더라도 활성화의 길을 열 것을 촉구하고 있다.[197]

(4) 보충성의 요건

인신보호규칙 제4조 단서에서는 "달리 구제의 목적을 달성하는 데 적당한 방법이 있을 때에는 그 방법에 의하여 상당한 기간 내에 구제의 목적이 달성되지 않는 것이 명백하지 않으면 이를 할 수 없다"고 규정하여, 보충성을 인신보호청구의 요건으로 하고 있다. 보충성이란 상소, 재심, 구류취소청구 및 그 밖의 법률상 구제수단이 없거나 그와 같은 수단이 있어도 상당한 기간 내에 구제목적을 달성할 수 없는 것이 명확하다는 것을 말한다.

여기에서 말하는 구제란 인신보호법 제1조가 "사법재판에 의하여"라고 하는 것으로 보아 사법절차를 통하여 재판소에 의하여 부여된 구제를 가리키는 것이고, 법률이 재판소 이외의 기관에 의한 구제를 인정하는 것에 지나지 않는 경우는 인신보호규칙 제4조 단서가 적용되지 않는다고 해석한다.[198] 한편, 다른 구제수단이 있더라도 그 방법에 의해서는 상당한 기간 내에 구제의 목적이 달성되지 않는 것이 명백하면 인신보호청구가 가능하다. 따라서 행정상 인신구속의 경우 궁극적으로 행정소송을 통해 구제가 가능하더라도 인신보호법에 의한 구제를 받을 수 있게 된다.

5) 구제절차

(1) 개관

인신보호절차를 간략히 개관하면 다음과 같다. 제1단계로서 청구서를 수리하면서 시작되는 적법요건의 심사단계인데, 여기에서 부적법 각하 또는 다른 재판소로 이송하거나 절차를 계속 진행하는 것이 정해진다. 제2단계는 심문을 위한 준비조사이다. 이 단계에서 관계자의 진술을 듣고 청구에

197 齊藤小百合, 〈人身保護請求〉, 《別冊 ジュリスト 187号 憲法判例百選 II》 第5版, 有斐閣(2007), 262頁.
198 田中英夫, 〈人身保護節次〉, 424頁.

이유가 없는 것이 명백한지 여부를 판단하여, 명백하면 기각한다. 다음으로 인신보호명령이 발부되면, 이것에 기해서 심문기일이 열린다. 여기에서의 명령은 영미법상의 인신보호영장에 해당하는바, 결정으로 구속자에게 피구속자를 일정한 일시 및 장소에 출두하게 할 것과 심문기일까지 답변서의 제출을 명한다(법 제12조의2). 심문은 절차 전체의 중심이고 여기에서 본격적인 요건심사가 행해진다. 마지막으로 심문의 결과, 청구가 이유 있으면 석방판결에 의하여 즉시석방되고, 이유가 없으면 기각판결에 의하여 신병은 다시 구속자에 되돌려진다(법 제16조).

이하에서는 동경지방재판소의 인신보호사건 전담재판부인 민사 제9부의 실무를 중심으로 사건처리절차를 요약해서 소개한다.[199]

(2) 청구의 제기

청구는 서면뿐만 아니라 구두로도 제기할 수 있는데, ① 신청인 또는 대리인의 성명 및 주소, ② 구속자의 성명, 주소 기타 구속자를 확인하기 위해 충분한 사항, ③ 피구속자의 성명, ④ 청구취지, ⑤ 구속의 일시와 장소, 방법 기타 구속된 사정의 개요, ⑥ 구속이 법률상의 정당한 절차에 의하지 않은 이유, ⑦ 보충성의 예외로 청구하는 경우 그 사유를 분명히 하여야 하고(법 제5조), ②, ③, ⑤ 내지 ⑦의 사항에 관해서는 소명방법도 제출하여야 한다(규칙 제7조).

한편, 인신보호법은 변호사강제주의를 채택하고 있다.[200] 따라서 인신보호청구는 특별한 사정이 있는 경우를 제외하고 변호사를 대리인으로 하여

199 東京地方裁判所民事第九部人身保護研究会, 〈東京地裁における最近の人身保護請求事件の処理状況〉, 11-15頁에서는 동경지방재판소의 사건처리 실무가 상세히 기재되어 있다. 아울러 田中英夫, 〈人身保護節次〉, 427-436頁. 大谷正義, 〈人身保護法の40年—外国法継受の一事例の素描〉, 215-219頁도 참조하였다.

200 피구속자의 이익 보호와 청구의 남용 방지를 목적으로 사건의 신속용이한 진행을 도모하는 취지에서 규정된 것이라고 한다.

제기하여야 한다(법 제3조). 나아가 피구속자에게도 변호사 자격을 가진 대리인이 선임되어야 하고, 선임되어 있지 않으면 재판소가 선임한다(법 제14조 제2항, 규칙 제31조).

동경지방재판소 민사 제9부에서는 사건을 수리한 경우 즉시 기록을 검토하여 수리 당일 청구자대리인과 면접하고 사안의 개요를 확인함과 동시에 절차진행에 대한 의견청취를 행하는 것을 원칙으로 하고 있다. 나아가 수수료를 납부하지 않은 경우나 위 인신보호규칙 제7조를 위반하고 있는 경우에는 3일 이내에 보정을 명하고 청구자가 이를 보정하지 않은 때에는 결정으로 청구를 각하한다(규칙 제8조, 제9조 제3항).

(3) 준비조사절차

재판소가 청구의 형식적 요건이나 필요한 소명이 없어 각하하는 경우(법 제7조)나 사건을 이송하는 경우(법 제8조)를 제외하고, 청구가 이유 있는지 여부에 관한 심리의 첫 단계는 준비조사절차이다. 이 절차에서 심문기일을 열어 조사를 진행할지 여부(인신보호명령을 발령할 것인지 여부)를 결정하기 위하여 사건관계자의 진술을 듣고 구속사유 및 그 밖의 사항에 대하여 필요한 조사를 할 수 있다(법 제9조 제1항). 준비조사기일에는 구속자, 피구속자, 청구자, 각 대리인 및 그 밖의 사건관계자 중 재판소가 필요하다고 인정한 자를 신문하고, 구속사실의 유무나 그 이유, 구속사유에 관계된 사항 등을 서면 또는 구두로 진술된 것에 의해서 조사를 행한다.

인신보호제도의 취지가 피구속자를 위법한 구속상태로부터 신속하게 해방하는 것에 있는 것이라든지 법 제12조 제4항에서 청구가 있었던 날로부터 일주일 이내에 심문기일을 여는 것 및 인신보호명령의 송달과 심문기일 사이에는 3일간의 기간을 두는 것이 요구되고 있는 것에 비추어 보면, 인신보호법은 심문기일 중심의 운용을 예정하고 있는 것이라고 해석된다. 그러나 동경지방재판소 민사 제9부의 실무는 절대적인 비중을 차지하고 있는 자녀의 인도에 관한 인신보호청구사건 등 즉시 심문기일을 열어 판결을 받는 것이 상당하지 않는 경우에는 일주일 이내라는 시간적 제한에 상관없이 준비조사절차를 적극적으로 활용하여 상세한 조사나 화해권고를 행하는 등의 운용을 하고 있다.

재판소는 준비조사를 행할 사안에 대해서는 청구자대리인과 면접한 후 즉시 구속자를 심문할 준비조사기일을 지정한다. 동경지방재판소 민사 제9부에서는 제1회 준비조사기일을 일주일 내지 10일 정도 후에 지정하는 경우가 많다고 한다. 준비조사기일에서 통상 청구자 및 구속자를 심문하고, 사건관계자를 재판소에 출두시키며, 청구자 및 구속자의 쌍방으로부터 구속의 경위나 절차의 진행에 대하여 의견 등을 상세히 청취하고 필요에 따라 진술서나 의견서를 제출하게 하여, 분쟁의 실태를 파악함과 동시에 사건의 진행방침을 정한다. 피구속자에 대해서는 재판소가 필요하다고 인정하는 때는 구속자를 호출할 때 동행을 구하는 운영을 한다.

재판소는 준비조사의 결과 청구가 이유 없는 것이 명백한 때에는 심문절차를 경료하지 않고 청구를 기각한다(법 제11조 제1항). 그렇지 않은 경우에는 인신보호명령을 발해서 심문절차에 들어간다.

피구속자는 스스로 변호사인 대리인을 선임할 권리가 있지만(규칙 제31조 제3항), 피구속자가 어린이인 경우와 같이 사실상 스스로 대리인을 선임할 수 없는 경우도 많다. 그래서 피구속자의 임의대리인이 선임되어 있지 않은 경우나 대리인이라고 간주되는 자[201]가 없는 경우에는 재판소가 변호사 중에서 국선대리인을 선임하게 된다(규칙 제31조 제2항).

국선대리인은 피구속자의 대리인으로서 동인의 복지를 위하여 활동한다. 동경지방재판소 민사 제9부에서는 선임명령 송달 후 국선대리인에게 서증 등의 복사본을 교부하고, 재판소와 국선대리인이 긴밀하게 연락하여

201 피구속자가 피고인 또는 피의자인 경우 변호사인 변호인이 있을 때(재판장 또는 재판관에 의하여 선임된 것 제외)에는 그 변호인을 피구속자의 대리인으로 간주한다(규칙 제31조 제3항).

수시로 사건의 진행을 상의하며, 조사사항의 확인 등을 행하고, 국선대리인에 대하여 피구속자의 구속상황이나 구속의 필요성 등의 조사를 의뢰하고 있다. 국선대리인은 구속장소나 청구자, 구속자의 주소 등에 가서 사건 관계자의 면접을 행하는 등을 한 다음에, 재판소에 그 결과에 대하여 의견서나 보고서를 제출하고, 사안에 따라서는 구두로 적절히 설명하는 경우도 있다.[202]

(4) 인신보호명령과 구인·구류절차

(가) 인신보호명령

인신보호명령이란 재판소가 구속자에게 피구속자를 심문기일에 출두시키게 함과 동시에 같은 기일까지 구속사유를 명확하게 하는 답변서의 제출을 명하는 결정을 말한다(법 제12조). 인신보호명령이 구속자에게 송달되면 현실적으로 신병이 제출되기 전부터 그 효과로서 피구속자가 관념적으로는 재판소의 지배 아래로 이전되고,[203] 그 이후 당해 재판소의 지휘 아래 구속자가 피구속자를 종전의 구속장소에서 계속 감호하게 된다(규칙 제25조 제1항). 또한 재판소는 필요한 때에는 피구속자를 구치소 등의 감호기관에 옮기는 것을 명할 수 있고, 그 경우 그 이송을 받은 자에게 피구속자의 감호의무가 생긴다(규칙 제25조 제2항). 또한 다른 재판소, 행정청 그 밖의 자가 피구속자를 피고인, 증인 또는 참고인으로서 호출하는 등 인신보호법의 규정에 의한 구제절차를 지연시킬 염려가 있는 행위를 하려고 하는 때에는 당해 인신보호명령을 발했던 재판소의 동의를 얻어야 한다(규칙 제26조).

인신보호명령이 발해진 후는 비록 구속자가 피구속자를 해방해도 피구속자를 출정시킬 의무가 당연히 없어지는 것은 아니라고 해석하는 견

202 일본의 인신보호청구의 절대 다수의 사건은 자녀의 인도청구에 관한 것인데, 인신보호절차에서는 가정재판소의 조사관이나 조정위원을 활용할 수는 없기 때문에 궁여지책으로 국선대리인을 활용하고 있는 듯하다.

203 영국에서도 같다고 한다〔田中英夫, 〈人身保護節次〉, 430頁〕.

해가 있다.[204] 이 견해에 따르면 정신병자 또는 유아를 구속상태에서 해방시켜도 그 결과 행방불명이 된다면 구속자는 명령위반의 책임을 면할 수 없게 된다.

청구자는 판결이 있을 때까지 청구를 취하할 수 있지만(규칙 제35조 제1항), 그 경우 재판소는 인신보호명령을 취소하고 피구속자를 구속자에게 인도하는 조치를 취할 필요가 있다(같은 조 제2항). 이러한 조치가 취해져야 비로소 피구속자는 재판소의 감호로부터 벗어나게 된다.

(나) 구인 · 구류의 절차

구속자가 심문기일에 피구속자를 출두시키지 않거나 답변서를 제출하지 않는 등 인신보호명령에 따르지 않는 경우, 재판소는 구속자를 구인하여 또는 명령에 따를 때까지 구류하고, 아울러 지연 1일에 500엔 이하의 비율에 의한 과료에 처할 수 있다(법 제18조). 구인 및 구류의 절차에는 형사소송법상 피고인의 구인 또는 구류에 관한 규정이 준용된다(규칙 제39조).[205] 따라서 구인 · 구류의 방법에 대해서는 검찰관이 집행하게 되기 때문에 검찰청과의 사전 연락과 조정이 필요하다.

그러나 피구속자는 구인의 대상이 아니고, 구속자가 구인 · 구류되어도 명령에 따르지 않는 경우에는 피구속자를 강제적으로 재판소에 출두시킬 수단이 없으므로, 구인 또는 구류가 된 사례는 적다고 한다.

(5) 가처분

인신보호절차는 신속히 진행되어야 하지만 최종적인 결론이 나올 때까지

204 田中英夫, 〈人身保護節次〉, 430頁.

205 재판소는 구속자에 대하여 구류질문을 실시한 다음 구류장을 발행한다. 그 집행은 담당 검찰관의 집행지휘의 날인을 얻어서 행하는 것이지만 급속을 요하는 경우에는 재판장의 집행지휘에 의해도 상관없다. 동경지방재판소 민사 제9부도 구류장을 발행하여 구류질문조서를 작성한 후 재판장이 구류장에 집행지휘인을 날인하고 집행시킨 사례가 있다.

어느 정도 시간이 필요하다. 그리하여 인신보호법 제10조는 재판소가 직권으로 피구속자를 석방하고 그 밖의 적당한 처분을 결정할 수 있다고 규정하고 있다. 이 가처분은 인신보호명령 발급 후에 행해지는 것이 많겠지만 그전에도 행할 수 있다. 구속의 위법성이 매우 명백한 경우 이외에 피구속자의 건강상태 등으로부터 긴급하게 구속을 풀 필요가 있는 경우를 생각해 볼 수 있다.

재판소가 가처분을 하는 때에는 언제라도 호출에 응하여 출두하는 것을 서약하게 하거나 적당하다고 인정하는 조건을 붙이는 조치도 취할 수 있고(법 제10조 제1항), 임시로 석방된 피구속자가 호출에 응하여 출두하지 않은 때에는 구인할 수도 있다(제2항).

이 가처분에 대해서는 인신보호명령에 대하여 법 제12조 제3항이 인정하는 것 같은 강제수단이 정하여지지 않았다. 재판소의 결정에 따르지 않은 자에 대한 강제절차로서는 법 제26조의 벌칙에 대한 적용 가능성만 있는데, 이것은 입법의 불비라고 한다.[206]

(6) 심문절차

심문기일은 인신보호청구가 있었던 날부터 일주일 이내에 열려야 한다. 다만 명령서의 송달과 심문기일 사이에는 3일의 기간을 두어야 한다. 이 기간들은 특별한 사정이 있는 때는 단축 또는 연장할 수 있다(법 제12조 제4항).

심문절차는 피구속자, 구속자, 청구자 및 그 대리인이 출석한 공개법정에서 행해지고, 그 성질에 반하지 않는 한, 민사소송의 구두변론방식에 따른다(규칙 제33조). 그리고 입증은 소명으로 한다. 심문기일에서 구속자가 인신보호명령에 대한 답변을 하고 그 밖의 당사자가 주장서면을 진술하며 서증 등을 제출한다. 국선대리인이 제출했던 의견서는 주장서면으로서 진술되고, 보고서는 서증으로 취급된다. 또한 준비조사절차의 결과는 당연히

206 田中英夫, 〈人身保護節次〉, 431頁.

재판소의 판단자료가 되지 않으므로, 당사자가 준비조사절차의 결과를 진술할 필요가 있다.

(7) 화해

앞에서 본 바 대로 일본의 인신보호절차는 자녀의 인도청구로 이용되는 경우가 많기 때문에, 재판소는 준비조사기일에서 수시로 화해권고를 행하기도 하고, 사안에 따라서는 청구자와 자의 면접교섭 등을 시도하여 일정한 환경조정을 행한다는 운용을 하고 있다. 그 과정에서 자의 감호 · 양육 및 면접교섭에 대하여 잠정적 화해가 성립한 사례나 최종적인 화해에 이르는 사례도 많다고 한다.[207] 그러나 인신보호청구사건은 신속히 재판을 행하는 것이 필요하므로, 화해권고 및 환경조정을 행할 수 있는 기간에는 한계가 있다는 것도 주의를 요한다고 한다.

(8) 판결절차

규칙 제36조에서는 판결의 선고는 원칙적으로 심문종결일부터 5일 이내에 하여야 한다고 정해져 있지만, 동경지방재판소 민사 제9부에서는 심문기일을 종결하면 즉일 판결을 선고하는 것이 통례라고 한다. 판결선고기일을 나중으로 미루면 그 기일에 피구속자의 출두를 확보할 방법이 없고, 피구속자가 없는 채 인용판결이 선고되는 경우 그 판결에는 인신보호법 제26조의 형벌 이외에는 집행력이 없으므로 실효성의 확보가 곤란하기 때문이다. 다만 피구속자 자신이 선고 후 청구자에게 인도되는 것을 거절하는 경우 재판소가 피구속자에게 인도에 응하게 하는 강제수단은 존재하지

207 법이나 규칙에 화해에 관한 명문은 없고, 인신보호법의 입법 당초의 문헌 중에는 그 성질상 화해는 허용되지 않는 것이라는 것도 있지만, 현재 인신보호절차에서 화해가 가능하다는 것을 부정하는 견해는 없다고 한다. 그 법적 근거는 명확하지는 않지만 규칙 제33조에서 말하는 "민사소송에 관한 법령 중의 구두변론의 방식에 관한 규정"에는 재판소가 소송의 어떤 단계에서도 화해 권유를 시도할 수 있다는 민사소송법 제89조도 포함된다는 것에서 찾고 있다.

않는다.

청구가 이유 없을 때에는 판결로 청구를 기각하고 피구속자를 구속자에게 인도한다(법 제16조 제1항). 청구가 이유 있으면 판결로 피구속자를 석방한다(같은 조 제3항). 피구속자가 유아 또는 정신병자인 때 그 밖에 피구속자에 대하여 특별한 사정이 있는 때에는 재판소는 즉시석방하는 것에 대신하여 피구속자의 이익을 위하여 적당하다고 인정하는 처분을 할 수 있다(규칙 제37조). 이러한 처분을 행할 것인가의 여부는 재판소의 재량에 속한다.[208]

(9) 상소

인신보호사건의 판결에 대해서는 최고재판소에 상소할 수 있다(법 제21조). 최고재판소에의 상고기간은 3일이고(법 제21조, 규칙 제41조 제1항), 상고이유서의 제출기간은 15일이다(규칙 제41조 제2항). 그러나 법 제11조의 결정(심문절차를 거치지 않고 결정으로 기각하는 경우)에 대해서는 상소는 허용되지 않고 헌법위반을 이유로 한 특별항고만 허용된다.[209] 또한 규칙 제35조 제3항에 의한 결정(청구의 취하가 있는 경우 선행 인신보호명령의 취소 등의 재판)에 대해서도 통상의 상소의 길은 열려져 있지 않다.[210]

상소제기로 제1심 판결의 집행력이 정지되는지에 관하여 청구가 기각된 때에는 문제가 없지만, 인용된 때에는 문제가 생긴다. 법 제16조 제3항이 "판결을 가지고 즉시 석방한다"고 규정하고 있는 것은 제1심 판결에 집행력을 인정한 취지라고 해석할 수 있고, 실제로도 그렇게 취급하고 있으며, 인신의 자유의 신속한 회복을 목적으로 하는 제도의 취지에서 타당하다고 한다.[211]

인신보호청구를 기각하는 제1심 판결이 있은 후 "피구속자가 신체의 자유

---

208 最高裁 昭和 37(1962)年 4月 12日 判決,《民集》16卷 4号 833頁.

209 最高裁 昭和 23(1948)年 10月 29日 判決,《民集》2卷 11号 391頁.

210 最高裁 昭和 32(1957)年 9月 16日 決定,《民集》11卷 9号 1,533頁에서는 위 규정이 헌법 제32조에 반하지 않는 것이라고 한다.

211 田中英夫, 〈人身保護節次〉, 434頁.

를 회복했다"(규칙 제21조 제1항 제5호)고 할 수 있는 상태가 된 때에는 상소심은 판결로 상고를 기각한다.[212] 이 경우에는 구제를 구할 이익이 없어진 것으로 볼 수 있고 법 제11조 및 규칙 제21조와도 균형이 맞기 때문이라고 한다.[213]

6) 현황

일본에서 인신보호절차의 현황의 흐름과 경향을 살펴보면 대략 다음과 같다.[214] 인신보호법이 제정된 후 최초의 약 10년은 형사절차가 선행하고 그것의 절차와 방식을 문제 삼아 제기된 사건이 많았지만 인신보호규칙 제4조를 중시한 판결이 많이 있었는데, 인신보호법이 제정된 후 10년 내지 20년 사이의 후반부터 그러한 판단이 다른 분야에의 선례로 일반화되었다. 또한 이 시기에는 헌법문제와 같은 전제가 되는 문제에 대한 판단의 회피가 선례로 성립되었다.

인신보호법이 제정된 후 20년 내지 30년이 지나는 무렵에는 위와 같은 경향에 대한 하급심의 반동이 생겼다. 이것들은 분야를 달리하면서 판례의 테두리 안에서 판례와 다른 적극적 판단을 나타내었다는 점에서 주목된다. 이 반동은 그 후 정신병 관계를 중심으로 확대되는 방향으로 가게 되었다. 그러나 여전히 헌법문제의 회피경향에는 변화가 없었다. 한편, 자녀의 인도청구에 관한 사건은 점차 이용률이 높아졌고, 인신보호법이 제정된 후 30년 내지 40년의 후반부터 인신보호청구의 급증현상에 주된 요인이 되었다.

최근의 경향은 東京地方裁判所民事第九部人身保護研究会의 〈東京地裁における最近の人身保護請求事件の処理状況〉, 4-5頁에 잘 나타나 있는데, 그에 따르면, 일본의 전국 지방재판소의 1년간 청구건수는 100건부터 150건 정도이고, 동경지방재재판소에서는 10건부터 20건 정도라고 한다(고등재판소가 제1심인 사건 제외).

---

212 最高裁 昭和 24(1949)年 3月 1日 判決,《民集》3巻 3号 63頁.

213 田中英夫,〈人身保護節次〉, 434頁.

214 大谷正義,〈人身保護法の40年—外国法継受の一事例の素描〉, 238頁.

동경지방재판소 민사 제9부의 사건유형을 보면 자녀의 인도를 청구하는 사례가 대부분이고, 형사시설의 피수용자를 둘러싼 사례가 조금씩 보이고 있으며, 양자가 거의 대부분을 차지하고 있다. 1992년부터 2006년까지 동경지방재판소 민사 제9부의 사건처리결과를 보면, 취하 59.2%, 화해 9.2%, 각하 10.2%, 기각결정 13.8%, 인용판결 2.6%, 기각판결 2.0%이고, 나머지는 이송 등이다. 특히 자녀의 인도를 구하는 사건에서는 취하 또는 화해에 의하여 사건이 끝나는 경우가 많다고 한다.

일본에서 인신보호절차는 인신보호법이 제정된 이후 영미에서 가장 이용이 많은 수형자 등이 청구한 형사절차와 관련된 청구의 실적은 지극히 적고, 출입국 관리와 관련된 청구, 정신병원의 강제입원과 관련된 청구, 전범석방청구와 관련된 청구 등도 있었지만 그 실적이 미미하며, 자녀의 인도와 관련된 청구가 압도적인 다수를 이루고 있다.[215]

이상에서 본 바와 같이 일본에서 인신보호절차는 본래 권력적 구속으로부터 해방 및 그것을 통하여 기본적 인권으로서 인신의 자유를 보장하는 기능을 하지 않고, 자녀의 인도라는 본래의 목적과 다른 영역에서 이용되고 있는 것이 현실이다. 공권력이나 이에 준하는 강대한 권력을 가진 기관이나 시설에서의 구제상황이 현실에서 잘 나타나지 않는다는 것도 원인이 될 수 있지만,[216] 인신보호규칙 제4조가 위법의 현저성을 요구하고 있는 것이 이러한 현실의 주요한 원인이라는 주장이 설득력이 있어 보인다.[217]

---

215 단적인 예로 동경지방재판소 민사 제9부가 2006년도 접수하여 처리한 사건 14건 중 자녀 등의 인도청구 9건이었고, 2005년도 20건 중 5건, 2004년도 9건 중 8건이었다. 그나마 최근에는 형무소나 구치소에 수용 중인 자의 청구가 급증하여 자녀 등의 인도청구의 비율이 줄었으나, 1985년부터 1991년까지 6할을 조금 넘는 수준이고 때에 따라서는 8할인 적도 있었다고 한다〔東京地方裁判所民事第九部人身保護研究会, 〈東京地裁民事第九部研究会報告—東京地裁における人身保護事件の処理状況〉, 《判例時報》 1431号, 判例時報社(1992. 11), 14頁〕.

216 東京地方裁判所民事第九部人身保護研究会, 〈東京地裁における最近の人身保護請求事件の処理状況〉, 3頁.

217 長沢正範, 〈人身保護法による精神病院不当強制入院'患者'の救済 : その現状と批判〉, 89頁.

표11 최근 10년간 일본의 인신보호사건 접수 및 처리현황

연도	전국의 신규 건수	고등재판소			지방재판소		
		신규	기제	미제	신규	기제	미제
2000	143	16	15	2	127	119	21
2001	159	25	25	2	134	143	12
2002	183	29	30	1	154	136	30
2003	167	16	14	3	151	167	14
2004	150	25	21	7	125	111	28
2005	357	30	34	3	327	324	31
2006	171	20	21	2	151	162	20
2007	142	25	25	2	117	121	16
2008	159	25	27	–	134	135	15
2009	144	21	17	4	123	126	12

* 출처 : 平成 12(2000)年－平成 21(2009)年 司法統計年報, 民事·行政編, 最高裁判所 事務總局, 해당 통계 부분.

표12 동경지방재판소에서의 인신보호사건의 처리현황

연도	전국의 지방재판소 신규 건수	동경지방재판소 본청								
		신규 건수	인용 판결	기각 판결	기각 결정	각하	화해	취하	청구서 각하명령	이송
2006	151	14			3	3	2	6		
2005	327	20			4	6	2	6	2	
2004	125	9	1			2	1	5		
2003	151	18	2		4	3	2	6	1	
2002	154	8			2		1	5		
2001	134	11			1		4	5		1
2000	127	18			2			16		
1999	110	20			6	1		12		1
1998	100	9					1	8		
1997	91	12				2	1	9		
1996	125	10				3		7		
1995	122	12	1	2			1	7		1
1994	137	8						8		
1993	136	15	1	1	2		1	10		
1992	133	12		1	3		2	6		

* 출처 : 東京地方裁判所民事第九部人身保護研究会, 〈東京地裁における最近の人身保護請求事件の処理状況〉, 26頁.

2.3. 독일의 제도와 영미법과의 차이점

2.3.1. 독일 기본법 제104조의 규정

독일 기본법 제104조는 '신체의 자유에 대한 박탈'이라는 개념을 도입하여 형사절차상의 체포 · 구금뿐만 아니라 모든 형태의 '신체의 자유'에 대한 제한을 법률에 정한 방식에 따르도록 하였다.[218] 특히 ① 모든 '자유박탈의 허용과 계속'을 판사만 결정하도록 함으로써 '자유박탈'에 대해서는 사법절차에 의한 결정을 필수적 요건으로 규정하였고(제2항), 나아가 ② 그중 형사피의자에 대한 구속에 관해서는 '법관대면기회'를 헌법적 차원에서 보장하였다는 점(제3항)에서 특징이 있다.[219] 반면에 ③ 독일 기본법은 우리 헌법 제12조 제6항이나 일본 헌법 제34조 후단과는 달리, '당사자가 부당한 체포 · 구속에 관하여 법원에 대하여 일정한 절차개시를 청구할 수 있는 절차적 기본권'을 규정하지는 않았다.

---

218 독일 기본법 제104조(자유박탈의 경우의 권리보장) ① 신체의 자유는 형식적 법률에 근거해서만 그리고 거기에 규정된 방식에 따라서만 제한될 수 있다. 구금된 자는 정신적으로나 육체적으로 학대되어서는 안 된다. ② 자유박탈의 허용과 계속은 법관만 결정한다. 법관의 지시에 의하지 않은 모든 자유의 박탈은 지체 없이 법관의 결정을 받아야 한다. 경찰은 자기의 절대적 권력으로 누구도 체포익일이 종료한 후까지 구금할 수 없다. 상세한 내용은 법률로 정한다. ③ 누구든지 범죄행위의 혐의 때문에 일시적으로 체포된 자는 늦어도 체포익일에 법관에게 인치되어야 하고 법관은 체포된 자에게 체포이유를 알려야 하며 그를 신문하고 그에게 이의를 제기할 기회를 주어야 한다. 법관은 지체 없이 이유를 첨부한 체포영장을 발부하거나 석방을 명하여야 한다. ④ 자유박탈의 명령이나 계속에 대한 법관의 모든 결정은 지체 없이 피구금자의 가족 또는 그가 신임하는 자에게 통지되어야 한다.

219 형사피의자 등의 '법관대면기회'에 관한 독일 기본법 규정은 위 국제규약 제9조 제3항과 본질적으로 유사한 규정으로서, Habeas Corpus제도가 정착된 미국에서는 형사피의자가 Initial Appearance절차에서 법관을 대면할 수 있는 기회가 '헌법적 차원'에서 보장되는 것이 아니라 원칙적으로 '법률적 차원'에서 부여된 것이라는 점과 대조된다. 한편 위에서 본 바와 같이 우리 헌법 제12조 제1항, 제3항, 제6항 중 어느 조항도 당사자의 '법관대면기회'를 명시적으로 규정하지 않았으므로, 우리나라에서는 형사피의자 등의 '법관대면기회'가 헌법적 차원에서 보장된다고 하기 어렵다. 다만 형사소송법적 차원에서는 영장실질심사제를 도입하여 이를 보장하고 있다.

2.3.2. 자유박탈의 종류와 근거

1) 자유박탈의 종류

독일에서는 강제수용을 민법상, 공법상 및 형법상 강제수용 등 3가지로 분류하고 있다. 민법상 강제수용은 법률상 대리인 혹은 법원의 승인을 받은 임의대리인에 의해 이루어진다. 형법상 강제수용은 형법 및 형사소송법 규정을 따르고 있다. 공법상 강제수용에 대해서는 아래에서 좀 더 살펴본다.

2) 공법상 강제수용

(1) 법적 근거에 따른 구분

(가) 주법에 의한 강제수용

주의 강제수용법은 정신질환자의 공법상 강제수용의 실체법적 요건을 규정하고 있다. 성년후견법(BtG)[220] 발효 후 절차법적으로는 비송사건절차법(Gesetz über die Anlegenheiten der freiwilligen Gerichtsbarkeit, FGG)의 규정이 적용된다. 각 주들은 강제수용법을 제정하고 있는데, 각 주법들 중에 절차가 달리 정해진 부분이 있다면 그것은 연방법인 비송사건절차법에 대하여 보충적으로 적용된다.

(나) 연방법에 의한 강제수용

연방법상의 강제수용에는 자유박탈에 관한 재판절차법 제4조에서 달리 정

220 Betreuungsgesetz. 김천수, 〈성년후견과 의료행위의 결정〉, 《가족법연구》 제21권 제1호, 한국가족법학회(2007. 3), 4-5면에서는 독일의 후견제도를 규정한 민법의 변천에 관하여, '1990년 개정 이전에 독일 민법은 후견제도를 제4편 가족법의 제3장 후견(Vormundschaft)에서 제1절 미성년자에 관한 후견, 제2절 성년자에 관한 후견, 제3절 Pflegschaft 등으로 나누어 규율하였다가, 1990년 및 1998년 개정을 거친 지금은 제3장의 제목이 Vormundshaft, rechtliche Betreuung, Pflegschaft 라는 표현으로 바뀌어, 이들 세 유형을 포함하던 과거 Vormundshaft 개념은 이제 미성년자에 관한 개념으로 좁게 사용되고 있고, 종래 성년자에 관한 후견이 제3장 제2절 rechtliche Betreuung에서 내용을 달리하여 규율되고 있다'는 취지로 설명하고, 'rechtliche Betreuung'를 일본 및 우리 학계에서 '법정성년후견'이라고 번역하고 있다고 한다. 그런데 위 글에서는 Pflegschaft를 감호로 번역하였는데, 이는 부모 또는 후견인의 보호에 장애가 있는 상황이 발생하였을 때 보호하는 제도이므로 〔《독일법》, 사법연수원(2010), 192면 참조〕, 아래에서는 '보호'로 번역하기로 한다.

하고 있지 않는 한 제3조에 따라 비송사건절차법의 강제수용 규정이 적용된다. 거기에는 외국인법, 전염병방지법, 성병퇴치법에 근거한 강제수용을 정하고 있다. 다만 법률상 대리인에 의한 강제수용에는 자유박탈에 관한 재판절차법(FEVG)[221]이 적용되지 않는다(FEVG 제2조 제2항).

(2) 민법상 강제수용과 공법상 강제수용의 관계

민법상 수용과 공법상 강제수용은 서로 독립적 관계이다. 공법상 강제수용은 공공의 안전과 질서유지를 목적으로 한다. 정신질환자법(PsychKG)상 강제수용은 질병이나 장애로 인해 당사자에게 중대한 건강상 위해에 대한 현재의 위험이 있거나 당사자가 질병이나 장애상 거동으로 인하여 공공의 안전과 질서에 현재의 중대한 위험을 나타내고 이러한 위험이 다른 방법으로는 방지될 수 없는 경우에만 허용된다. 반면에 민법상 강제수용에서는 단지 그 보호조치가 당사자의 개인적 건강을 위한 것일 뿐이다.

2.3.3. 신체의 자유에 대한 절차적 보장

1) 개관

민사상 강제수용과 관련하여, 원래 독일 민법상 친권자 혹은 후견인에게 부여된 체재지 결정권(Aufenthaltsbestimmungsrecht)에는 아동, 미성년자 혹은 피보호자를 폐쇄시설에 수용할 수 있는 권리 및 의무가 포함되어 있었고, 별도로 후견인법(VormG)의 적용이 필요하지 않았었다. 그런데 기본법 발효 후 그러한 강제수용(Unterbringung)에도 기본법 제104조 제2항이 적용되는지 논란이 생겼는데, 당시의 지배적 견해는 이에 반대하였다. 그러나 연방헌법재판소는 1960. 2. 10.자 결정에서, 후견인이 체재지 결정권의 일환으로 성년의 금치산자를 폐쇄시설에 수용하는 경우 기본법 제104조

221 1956. 6. 29. 제정, Gesetz über das gerichtliche Verfahren bei Freiheitsentziehungen.

제2항에 따라 법관의 결정과 후견인법상 승인이 필요하다고 판단하였다(BVerfGE 10, 302). 이 결정으로 인하여 친족법 개정법은 후견인법상의 절차에 민법 제1800조 제2항(Umfang der Personensorge)과 비송사건절차법(FGG) 제55조의a를 추가하였다. 이에 관한 절차법적 보장은 1979. 7. 18. 친권자의 보호권에 관한 법률의 개정을 통해 이루어졌는데, 민법 제1631조의b(mit Freiheitsentziehung verbundene Unterbringung)의 승인유보는 부모의 자녀에 대한 수용에까지 확대되었다. 민법상 수용의 절차는 1992. 1. 1. 성년후견법(BtG) 시행 때까지는 구 비송사건절차법 제64조의a-제64조의i에서 규정되어 있었다.

한편, 공법상 강제수용의 실체적 요건 및 그 절차적 권리는 주법에서 부분적으로 다르게 규정되어 있었다. 그리고 법원의 재판절차는 자유박탈에 관한 재판절차법(FEVG)에서 규율되고 있다. 비송사건절차법 제70조-제70조의n은 성년후견법(BtG) 제5조 제19호에 의해 추가되었다. 이 조항은 주에 따라 이미 1990. 10. 3. 혹은 1992. 1. 1.경부터 발효되었는데, 관련 법령의 개정으로 일부 조문이 개정되기도 하였다.

민법상 수용과 공법상 강제수용은 서로 구분하여 규정되어 있지만, 성년후견법(BtG)으로 말미암아 그 절차적 권리는 두 가지 수용형태에서 통일적으로 규정되게 되었다. 이로써 그때까지의 연방법과 주법상의 절차법적 공존은 제거되었다. 또한 개별사건에서 보다 용이한 절차가 선택되는 것이 방지되고, 민법상 수용 또는 공법상 강제수용이 될 것인지도 오직 사실관계에 따라 결정되도록 하였다. 특히 장기조치의 경우에는 민법상 수용이 '개인후견의 원칙' 때문에 보다 장점이 많은데, 강제수용을 종결할 수 있을 것인지를 성년후견인(Betreuer)이 독자적 책임하에 심사할 의무가 있기 때문이다. 성년후견인은 언제나 법원의 승인 없이 수용을 종결할 수 있다.

2) 자유박탈에 관한 재판절차법(FEVG)

(1) 의의와 적용 범위

독일 기본법 제104조 제2항을 구체화한 일반법은 자유박탈에 관한 재판절차법(FEVG)이다.[222] 위 법률 제1조 제1항에 의하면, 법원의 명령에 의하지 않고 자유박탈을 가져오는 행정조치에 관하여, 관련 행정기관은 지체 없이 법원의 결정을 받아야 할 의무를 부담한다. 위 법률 제2조 제2항에서는 자유박탈이란 어떠한 자를 그의 의사에 반하여 또는 의사상실 상태에서 사법형무소, 구치소, 격리위탁시설, 격리보호시설, 격리병원 또는 병원의 격리된 일부에 수용하는 것이라고 정의하고 있다. 따라서 노동시설, 전염병자 수용소, 병원, 격리소 등에서 발생하는 모든 형태의 '자유박탈'에 대하여 위 법률이 적용된다.

다만, 위 법률은 연방법이 달리 절차를 정하지 않은 때에 한하여 적용이 되기 때문에, 형사소송법 등 재판절차에 관한 다른 연방법이 있을 때에는 적용이 되지 않는다. 한편, 자유박탈의 근거가 연방법이 아닌 주법일 경우에도 위 법률이 적용되지 않으므로,[223] 정신질환자, 마약중독자 및 알코올중독자에 대한 자유박탈은 주법에 근거를 두기 때문에 위 법률이 적용되지 않고 비송사건절차법 제70조 내지 제70조의n에 따른다.[224]

(2) 심판절차(행정기관이 청구인이 되는 비송절차)

비록 위 법률의 입법목적은 영미법에서의 인신보호법과 유사하지만, 행정기관 등 구속 주체의 신청을 의무화한 다음 그 행정조치의 적법성을 구법원(Amtsgericht)이 심사하도록 규정하고 있다(비송절차). 위 심판절차는 당사자가 법원에 사후적 구제절차를 개시할 수 있도록 규정한 제도가 아니다.

---

222 v.Mangoldt · Klein · Starck, *Bonner Grundgesetz Kommentar Band 3*, S.1,450.

223 Maunz-Dürig, *Grundgesetz******, Vertrag C.H.Beck(2002), Art.104, S.14.

224 Keidel · Kuntze · Winkler, *Freiwillige Gerichtsbarkeit*, S.1,590.

한편, 긴급한 경우에는 종국재판 전에 잠정적인 자유박탈을 명할 수 있으나 그 기간은 6주를 넘지 못한다.

일반적인 심리절차는 법원이 구금된 당사자(사건본인)에 대하여 구두심문을 하는 것이지만, 그가 전염병에 걸린 경우 등의 예외적인 상황에서는 위와 같은 구두심문절차 자체가 생략될 수 있다. 자유박탈을 명하는 결정에서 그 기간을 최대 1년을 초과하지 않는 기간으로 정한 때에는 그 기간이 경과하기 전에 자유박탈의 계속 여부를 직권으로 재판하여야 하고, 그 기간이 경과하도록 자유박탈의 계속을 명하지 않는 경우에는 피수용자는 방면된다. 자유박탈 여부에 관한 법원의 결정은 항고로 다툴 수 있다.

3) 비송사건절차법(FGG)[225]

(1) 적용범위

비송사건절차법(FGG) 제70조는 제70조 이하의 "수용조치"의 의미를 정의하고, 그 강제수용 절차규정의 적용범위를 민법상 수용과 수용유사조치, 주법에 의한 공법상 강제수용으로 정하고 있다.

민법상 수용은 기본적으로 법률상 대리인에 의해 이루어진다. 미성년자에 대한 수용으로 부모에 의한 수용(민법 제1631조의b), 후견인에 의한 수용(민법 제1880조, 제1631조의b), 체재지결정권이 있는 보호인(Pfleger)에 의한 수용(민법 제1915조, 제1800조, 제1631조의b), 부모 유고 시 긴급조치 범위 내에서의 친족법상 수용(민법 제1693조), 후견인이나 보호인이 정해지지 않았거나 그 권한행사가 방해받는 경우 후견인법에 의한 미성년자 수용(민법 제1846조, 제1915조) 등이 있다. 성년자에 대한 것으로 성년후견인(Betreuer)에 의한 수용(민법 제1906조 제1항), 임의후견인에 의한 수용(민법 제1906조

225 이하의 설명은, 'Keidel · Kuntze · Winkler, Freiwillige Gerichtsbarkeit'의 해당 부분을 참조한 것이다. 우리나라 문헌으로는 '백승흠, 〈독일법상 피성년후견인의 수용에 관한 고찰〉, 《가족법연구》 제21권 제2호, 한국가족법학회(2007. 9), 126-140면'이 있다.

제5항), 성년후견인이 정해지지 않았거나 그 권한행사가 방해받는 경우 후견인법에 의한 수용(민법 제1908조의i, 제1846조) 등이 있다. 성년후견인(민법1906조 제4항)이나 임의후견인(민법 제1906조 제4조, 제5항)에 의한 수용 유사 조치에서의 동의(Einwilligung)도 수용조치이다.

그 밖에 공법상 강제수용에 관한 절차는 정신질환자의 수용 등에 관한 주법이 적용된다.

(2) 관할

민법상 수용에 관해서는 제70조에 규정되어 있다. 이미 후견, 보호, 성년후견(Betreuung)이 개시되고 있고, 그 임무 범위 내에 수용도 포함되는 경우에는 그 법원이 수용결정에 관해서도 관할이 있다.

만약 그러한 절차가 계류되어 있지 않는 경우에는 당사자의 거소가 있는 법원에 관할이 있다. 당사자가 내국에 거소가 없는 경우에는 보충적으로 보호의 필요가 문제되고 있는 구역의 법원에 관할이 있다(제65조 제2항 및 제70조 제2항 제2문). 민법상 긴급처분에도 유사하게 적용된다(제70조 제2항 제3문).

공법상 강제수용에는 강제수용의 필요가 현실화된 구역의 법원에 관할이 있다. 특별히 긴급처분에 관한 관할규정은 없다(제70조 제5항).

(3) 절차

(가) 절차개시

① 원칙

강제수용 절차에는 전반적으로 직권조사주의가 적용되는데(제12조), 수용절차법의 특별규정 형태로 구체화되어 있다. 엄격한 증거조사가 요구되고, 의심이 있을 때에는 당사자를 석방하여야 한다.

② 민법상 강제수용

민법상 수용절차의 개시는 직권 혹은 신청, 신고(Anregung)[226]에 의해 이루어진다. 신청에 일정한 형식을 요하지는 않는다. 신고는 법률상 대리인에 의해 이루어지나, 수용시설, 해당 행정청, 치료의사, 친척 등에 의해서도 가능하다. 강제수용의 결정은 어디까지나 법률상 대리인에 의해 이루어지는 것이고, 법률상 대리인의 결정을 승인해 주는 법원에 의한 것이 아니다. 법원의 결정은 법률상 대리인의 동의에 대한 승인이지, 공법상 강제수용의 경우처럼 수용명령이 아니다.

법률상 대리인이 강제수용을 집행할 것인지의 문제는 법원의 승인이 있더라도 법률상 대리인의 소관 사항일 뿐이므로, 법원의 결정에 구속되지 않고 의무에 합당한 재량에 의하여 결정한다. 수용시설을 선택하는 것도 대리인의 업무이다. 대리인이 승인사항을 수행하는 것을 포기할 경우에는 그 승인의 효력은 소멸된다(제70조의g).

③ 공법상 강제수용

반면 공법상 강제수용은 해당 행정청의 청구, 때로는 클리닉의 청구를 전제로 한다. 직무상 결정은 예외적으로 주법이 명백하게 허용하고 있는 경우에만 가능하다. 여기서 결정의 대상은 민법상 수용과는 달리 수용 명령(Anordnung)이지 그 승인이 아니다. 결정에는 수용시설의 종류만 정해지고, 그 구체적 선택은 해당 행정기관의 소관이다. 강제수용은 법원의 명령에 따라 해당 행정청에 의해 행하여진다.

(나) 절차의 진행

① 당사자의 청문

법원은 민법상 수용의 승인 혹은 공법상 강제수용의 명령 전에 당사자를 개

226 당사자의 신청이나 행정청의 직권에 의한 경우 외에 당사자의 법률상 대리인, 수용시설의 장, 배우자 등 친척에 의한 경우 등을 통칭한다.

별적으로 청문하고, 그로부터 직접 인상(Eindruck)을 얻어야 한다(제70조의c). 직접 인상의 형성에 관한 포기는 허용되지 않는다. 다만 의사의 진단서에 의할 때 개별청문이 현저히 나쁜 영향을 초래할 수 있거나 당사자가 법원의 직접 인상형성 절차를 통해 그의 의사를 표명하는 것이 명백히 불가능한 경우에는 개별청문이 생략될 수도 있다(제70조의c 제5문, 제68조 제2항).

② 전문감정인의 감정서

법원은 공법상 강제수용의 명령 혹은 민법상 수용의 승인 전에, 전문가가 당사자와의 개별 조사와 문답을 거쳐 제출한 전문감정인의 감정서를 참고하여야 한다(제70조의e). 법률상 청문을 보장하기 위하여 결정 전에 당사자에게 적기에 완전한 감정서가 교부되어야 한다. 강제수용이 전 기간 4년을 초과하여 연장되어야 하는 경우에는 법원은 그때까지 당사자를 취급하였거나 감정을 한 감정인 혹은 당사자가 수용된 시설에 속한 감정인에게 감정을 의뢰해서는 안 된다(제70조의i 제2항 제2문).

절차의 대상이 수용유사조치에 대한 승인이라면 민법 제1906조 제4항에 따라 의사의 진단서만으로 충분하다(제70조의e 제1항 2문).

③ 제3자의 의견청취

법원은 강제수용조치 전에 배우자, 동반자, 부모, 당사자가 함께 살고 있는 아동, 성년후견인, 당사자의 신뢰관계인, 시설운영자, 해당 행정청, 미성년자인 경우에는 보호권한이 있는 대리인에게 의견진술의 기회를 주어야 한다(제70조의d).

(다) 결정

제70조는 수용조치가 내려지는 결정의 최소내용을 규정하고 있다. 결정에는 당사자와 수용조치의 표시 외에도, 사전에 연장되지 않는 한 강제수용조치가 종료되는 시점이 명시되어야 한다. 최장기간은 1년이고, 명백히 연

장의 필요가 있는 경우에만 결정 고지 후 최장 2년이다(제70조의f 제1항 제3호). 결정에는 이유와 불복수단에 대한 안내가 제시되어야 하고, 항상 당사자에게 직접 고지되어야 한다.

(라) 긴급결정(잠정적 처분)

법원은 성년후견인 절차처럼 강제수용 절차에서도 잠정적 처분을 할 수 있다(제70조의h). 그 요건은 종국적 수용조치를 위한 요건이 존재하고 그 조치를 지연함으로써 위험이 생길 여지가 있는 경우 등 긴급한 사유가 있는 경우이다.

(마) 불복수단

형식적 확정력이 발생하는 모든 결정에 대해서는 즉시항고를 제기할 수 있다. 강제수용을 승인, 명령하거나 기각하는 결정이 이에 속하고, 친족법상의 결정에도 마찬가지로 적용된다(제70조의m).

(바) 집행

수용의 집행에 관해서는 비송사건절차법에 정해져 있지는 않다. 민법상 강제수용은 해당 행정청의 지원을 받을 수 있는 법률상 대리인의 임무이다. 이들은 법원으로부터 강제력을 사용하는 권한도 부여받을 수 있다. 이들은 경찰관서에 지원을 요청할 권한도 있다(제70조의g). 공법상 수용명령의 집행은 주법상 해당 행정청의 권한에 속한다.

(사) 집행정지

법원은 제70조의k에 따라 공법상 강제수용의 집행을 정지할 수 있고, 그 정지를 취소할 수도 있다. 민법상 수용에는 이와 관련된 규정이 없는데, 이 점에서는 그 결정의 집행이 법률상 대리인의 책임이기 때문이다.

(아) 집행조치에 관한 결정

공법상 강제수용에는 법원의 집행조치에 관한 결정을 받을 수 있는 가능성을 열어 놓고 있는 반면(제70조의l), 민법상 수용에는 그 결정권한이 법률상 대리인에게 남아 있다.

(자) 수용결정의 취소

수용조치는 그 실체법상 수용 요건이 더 이상 존재하지 않게 된 경우에는 취소될 수 있다(제70조의i 제1항).

(4) **당사자의 지위와 절차보좌인**(Verfahrenspfleger) **선임**[227]

당사자(사건본인)은 14세 이상인 때에는 행위능력에 관계없이 절차능력을 갖는다(FGG 제70조의a). 당사자에게 절차능력을 인정함으로써 스스로 유효하게 공격방어방법의 제출 등의 소송행위를 하거나 재판에 대해 스스로 불복신청을 할 수 있게 된다. 결정은 항상 당사자에게 직접 고지되어야 하고(제70조의g 제1항), 만 14세 이상이면 자신의 항고권을 독자적으로 행사할 수 있다(제70조의a).

한편, 법원은 당사자의 권리를 보장하기 위해 필요한 경우 당사자에게 절차보좌인(Verfahrenspfleger)을 선임할 수 있다(제70조의b). 법원이 예외적으로 당사자의 개별 청문을 생략하고자 하는 경우에는 절차보좌인의 선정이 강제된다(제70조의b 제1항 제2문). 당사자는 변호사의 선임 혹은 기타 절차대리인의 선임을 통해 절차보좌인의 선정을 저지할 수 있다(제70조의b 제3항).

당사자의 위와 같은 지위는 절차보좌인이 선임된 경우에도 제한되지 않

---

227 Verfahrenspfleger를 어떻게 번역할 것인지에 관하여, pfleger를 감호인으로 번역하였으니 그 앞에 절차(Verfahren) 덧붙이는 몇몇 문헌이 있다. 그러나 어감상 절차감호인보다는 절차보좌인이 어울린다고 생각되므로 후자를 사용하기로 한다. 한편 절차보좌인제도에 관한 자세한 사항을 다룬 우리나라 문헌으로는 '백승흠, 〈독일 민법에서 피성년후견인의 절차능력과 절차감호인에 관한 고찰〉, 《한·독사회과학논총》 제17권 제3호, 한독사회과학회(2007. 12), 416-426면'이 있다.

는다. 따라서 당사자에 의해 행해진 절차행위는 절차보좌인의 절차행위와 모순되더라도 효력이 있다.

4) 기본법 제104조 제3항에 관련된 형사소송법 규정

(1) 수사기관에게 형사피의자 등을 판사의 면전에 인치할 의무 부과

수사기관이 피의자를 체포한 경우, 법원의 사전영장이 존재하는지 여부와 관계없이, 늦어도 그 다음 날이 종료할 때까지 피의자를 법관에게 인치하여 당해 자유박탈의 계속에 대하여 판사의 결정을 받아야 할 의무가 있다(형사소송법 제115조, 제128조).[228] 위와 같이 수사기관에게 피의자의 체포에 관하여 일정한 의무를 부과하는 구조는 위 행정기관 등에 의한 체포·구속에 관한 사법적 결정절차와 유사하다(기본법 제104조 제3항).

(2) 형사피의자의 '법관대면기회'에 대한 헌법적 차원의 보장

형사절차의 경우 수사기관에 의하여 체포된 피의자에게는 법관을 대면할 수 있는 기회가 헌법적 차원에서 보장되므로, 행정절차와 달리 입법자가 위와 같은 형사피의자의 '법관대면기회'를 제한하는 경우 그 자체로 위헌성 논란이 발생할 수 있다.

(3) 구속심사제도의 심사대상(구속의 계속여부)

형사절차에서의 구속에 대한 사후적인 통제제도로서 구속심사제도와 항고제도를 두고 있다. 구속된 피의자는 구속명령을 발한 영장담당법관에게 구속심사(Haftprüfung)를 청구할 수 있다(형사소송법 제117조). 독일의 구속심사제도는 구속명령을 발한 영장담당법관이 담당하고, 구속의 정당성 여부를 심사하는 제도가 아니라 구속의 계속(Fortdauer der Untersuchungshaft)이 필요한가를 심사하는 제도라는 점에서, 영미법에서의 Habeas Corpus제도와

228 이재상, 《신형사소송법》, 272면 참조.

구별된다.[229]

한편, 독일형사소송법 제304조에는 명시적인 규정이 없는 한 법원의 모든 결정에 대하여 항고할 수 있으므로, 법관의 구속명령에 대해서도 항고를 할 수 있다. 이때 구속심사의 청구와 동시에 구속명령에 대한 항고를 할 수는 없다(형사소송법 제117조 제2항).

2.3.4. 영미법 계통의 인신보호영장제도와의 비교

1) 총설

영미법이나 일본법에서는 인신의 구속이 반드시 법관의 관여에 의하여 이루어지는 것은 아니고 설령 영장발부 등과 같이 법관의 관여에 의하여 인신의 구속이 이루어지더라도 법관과 구속을 당할 자의 대면은 헌법적으로 보장되어 있는 것은 아니다.[230] 다만 사후적으로 부당한 인신의 구속을 구제하는 제도로서 영미법상의 인신보호영장제도와 일본 구류개시제도가 마련되어 있는데, 위 제도들은 당사자의 신청에 의하여 절차가 개시되도록 규정되어 있다.

이에 비하여 독일은 모든 인신구속을 법관이 결정해야만 하도록 규정하고 형사피의자의 경우에는 반드시 법관의 대면이 있어야 하도록 기본법에 규정하고 있기 때문에, 구속적부심사제도와 같은 구속에 대한 사후적인 특별한 구제제도가 기본법 차원에서 마련되어 있지는 않다. 다만 형사소송법에 구속에 대한 항고나 구속심사가 규정되어 있어 구속명령에 대한 사후적인 통제수단으로 이용되고 있다.

한편, 영미법에서의 Habeas Corpus제도나 일본의 제도는 당해 구금에 대하여 법원에서 헌법적 차원의 정당한 이유가 있는지 여부를 심사하도록 규

229 이재상, 《신형사소송법》, 272-273면.

230 미국에서도 형사피의자가 Initial Appearance 절차에서 법관을 대면할 수 있는 기회가 제공되나, 이는 '헌법적 차원'에서 보장되는 것이 아니라 '법률적 차원'에서 부여되는 것이다.

정되어 있는 반면, 독일의 제도는 원칙적으로 법원은 '신체의 자유에 대한 자유박탈의 계속'이 필요한지 여부만 심사하도록 규정되어 있다.

2) 일본과 독일 제도의 구체적인 비교

(1) 당사자의 절차개시 여부

일본 구류개시제도나 인신보호법상의 심판절차는 당사자에게 일정한 절차적 권리를 인정한 헌법 제34조 후단의 규정으로 인하여 원칙적으로 당사자가 절차를 개시하도록 규정되어 있다. 이에 비하여 독일의 제도는 당사자가 절차를 개시하는 것이 아니라 행정기관이 절차를 개시하거나 혹은 법원이 직권으로 절차를 진행하는 구조를 가지고 있다. 독일 형사소송법상 구속된 피의자는 언제나 법원에 구속의 취소나 그 집행정지 여부의 심사를 청구할 수 있기 때문에, 법률적 차원에서는 당사자에게 절차개시권을 부여하고 있다고 볼 여지도 있다. 그러나 변호인이 없는 피의자가 3개월 동안 형사소송법에 따른 위와 같은 청구를 하지 않는 경우, 법원은 매 3개월마다 직권으로 그 구속의 계속필요성에 대한 구속심사를 해야 할 의무가 있기 때문에, 구속심사제도의 경우 법원의 직권에 의한 제도라는 성격이 상대적으로 강하다.

한편, 독일 기본법에는 부당한 체포 · 구속에 관련된 당사자의 절차적 권리를 헌법적 차원에서 보장하지 않았기 때문에 위와 같은 제도가 헌법에 위반될 여지가 없지만, 만일 일본에서 독일 제도를 그대로 수용하면서 당사자의 독자적인 절차개시권을 폐지하는 경우에는 그 자체로 헌법위반 여부가 논란이 될 수 있는 것이다.

(2) 구속을 실시한 행정기관이 법원으로부터 사후승인을 받아야 하는지 여부

일본 헌법 제31조는 "……누구든지 정당한 이유 없이 구금되지 않으며, 요구가 있으면 그 이유는 즉시 본인 및 변호인이 출석하는 공개법정에서 제시되어야 한다"고 규정하고 있다. 따라서 행정기관 등이 법률에 근거하여

행정상 즉시강제 등을 이유로 독자적으로 당사자를 구속할 수 있고, 그 구속상태를 계속 유지하기 위해서 법원에 사후승인결정을 받아야 하는 헌법상 의무는 없다.

그러나, 독일은 기본법 제104조 제2항에서 위와 같은 경우에 행정기관 등에게 지체 없이 사후승인을 받도록 규정하고 있다.

(3) 심사대상의 차이

영미법에서의 Habeas Corpus제도를 수정 · 채용한 일본 헌법 제34조 후단으로 인하여, 일본 제도는 당해 구금에 대하여 재판소에서 헌법적 차원의 정당한 이유가 있는지 여부를 심사하도록 규정되어 있다.

반면에 독일의 제도는 원칙적으로 기본법 제104조 제2항의 규정에 따라 법원은 '신체의 자유에 대한 자유박탈의 계속'이 필요한지 여부를 심사하도록 규정되어 있다.

3. 우리나라에서의 구속적부심사제도의 연혁과 인신보호법의 제정경위

3.1. 구속적부심사제도의 연혁

3.1.1. 헌법 제정 이전의 구속적부심사제도의 도입

1) 미군정법령의 제정 경위

우리 헌법상 구속적부심사제도는 영미법상 인신보호영장제도(the Writ of Habeas Corpus)를 연원으로 하고 있고, 그중에서도 미국법의 영향을 직접적으로 받았다고 보는 것이 일반적이다.[231] 미국식 Habeas Corpus제도가 현실적으

231 계희열,《헌법학(중)》, 313면. 김철수,《헌법학신론》, 601면.

로 우리나라에 도입된 것은 1948. 3. 20. 제정되어 1948. 4. 1. 효력이 발생된 미군정법령 제176호 제17조 내지 제18조에 미국식 Habeas Corpus제도의 특성을 그대로 수용한 독립적인 사법적 절차를 규정한 것에서 비롯된다.

그 이후 우리 헌법제정권자는 헌법 제정 당시 시행 중이던 미군정법령 제176호 제17조 및 제18조를 제헌헌법 제9조 제3항으로 규정하였고, 제헌헌법 제9조 제3항과 현행 헌법 제12조 제6항의 규정내용 등을 서로 비교하면, 제헌헌법 당시에 규정되었던 '적부심사청구권'의 본질적 내용이 변경되지는 않았다.[232]

2) 미군정법령 제176호에 대한 내용

(1) 개괄적인 내용

일제강점기에 우리나라에 적용되었던 조선형사령은 일본 형사소송법상의 영장제도 등을 철저히 왜곡하여 수사기관 등이 자의적으로 인신구속을 할 수 있도록 허용하고 있었다. 이러한 문제점을 시정하기 위하여 해방 이후 미군정은 대법원, 대검찰청, 미국인 고문(길리엄) 등이 작성한 각종 '초안'을 바탕으로 미군정법령 제176호를 제정하면서, 수사기관에 대하여 강제처분권을 광범위하게 인정하고 있었던 조선형사령 중 일부 규정을 폐지하고(제24조), 인신구속 혹은 압수수색에 관하여 원칙적으로 재판소의 영장이 필요하다고 규정하였다(제3조, 제5조). 위와 같이 미군정법령 제176호에 규정된 대부분의 내용은 형사소송절차에 관한 규정이었다.[233]

(2) 미국식 Habeas Corpus제도의 도입

미군정법령 제176호 제17조 내지 제18조에는 위에서 살펴본 미국의 Habeas Corpus제도의 일반적인 특성을 그대로 수용한 구속적부심사제도에 관한

232 헌재 2004. 3. 25. 선고 2002헌바104 결정.

233 김시철, 〈형사사법제도에 관한 우리나라와 미국의 헌법 등에 대한 비교법적 검토〉, 253면.

독자적인 절차가 규정되었는데, 그 개략적 내용은 다음과 같다.[234]

① 구속적부심사제도는 일반 형사소송절차와 독립된 별도의 절차로서, 당사자의 신청이 있는 경우에 한하여 당해 절차가 개시된다.

② 모든 국가기관에 의한 구속은 물론 사인에 의한 구속의 경우에도 적부심사신청의 대상이 되었기 때문에,[235] 모든 피구속자는 법원에 적부심사신청을 할 수 있었다.

③ 재판소는 심사신청서에 대한 심사단계(제1단계 서면심사)에서 그 구속이 적법하다고 인정되는 경우에는 신청서를 각하하고, 신청서에 의하여 그 구속이 일응 불법하다고 인정하는 경우에 한하여 7일 이내의 심문기일(제2단계 실질심사)을 지정하여 구속자에게 피구속자와 함께 재판소에게 출두하여 그 구속자에 대한 구속을 계속해야 하는 이유를 설명할 것을 명할 수 있었다.

④ 심문기일이 지정된 경우에도 그 기일 이전에 구속자가 미군정법령 제176호 제8조 및 제9조의 규정에 의하여 발부된 구속영장[236]을 담당 재판부에 제출한 경우에는 구두심문을 하지 않고 신청을 각하할 수 있었다.

⑤ 재판소는 구속의 이유 피구속자의 주장 및 구속의 적법 여부에 관하여 필요한 증거를 조사한 후 그 구속이 위법하다고 인정되는 때는 피구속자의 석방을 명할 수 있었다.

(3) 적부심사제도의 실제 운영

미군정법령 제176호 제17조 내지 제18조에 규정된 구속적부심사제도는 미

234 이에 관해서는 이영란, 《구속적부심사제도에 관한 연구》, 191면 이하 참조.

235 '구속'은 경찰관, 검찰관 또는 군사재판관계관리 등의 관리나 또는 정신병원, 교정원소년보호단체 혹은 청년단체 등에 의한 신체의 구속 등 실제로 신체의 자유를 속박당하는 모든 경우를 포함하는 개념이었다〔이영란, 《구속적부심사제도에 관한 연구》, 193면〕.

236 제8조는 재판소의 사후영장에 관한 규정이고, 제9조는 재판소의 구속기간연장결정에 관한 규정이다.

국의 Habeas Corpus제도의 본질적 특성을 대부분 그대로 수용한 것으로서, 재판소의 영장 등에 근거한 위와 같은 구속에 대해서는 그 영장 자체에 하자가 존재하는 등 특별한 사정이 없는 이상, 서면심사단계에서 그 신청을 각하하도록 규정하고 있었음은 앞에서 본 바와 같다.

그런데 형사소송절차에 관한 미군정법령 제176호에는 검사가 영장발부절차에 관련하여 재판소에 대하여 수사기록 등 관련자료를 제출하여야 한다는 취지의 명문의 규정이 없었다. 그래서 그 당시 구속영장처리실무에 관련하여 검찰관이 수사기록과 같은 소명자료도 첨부하지 않은 채 재판소에 구속영장청구서만 제출하고, 법관은 영장청구의 형식요건만 심사한 채 영장을 발부하는 실무관행이 정착되었다.

이로 인하여 재판소는 피의자에 대한 구속영장 발부단계에서 구속 사유의 실질적인 적법성 여부를 전혀 검토하지 못하였기 때문에, 미군정법령 제176호 제17조의 규정내용과 관계 없이, 재판소가 발부한 영장에 근거하여 구속된 피의자가 구속적부심사청구를 하는 경우에도, 제1단계 서면심사에서 각하하지 않고 일단 피의자 등을 소환하여 제2단계 실질심사를 한 것으로 보인다.[237]

3.1.2. 제헌헌법과 제정형사소송법

1) 헌법적 차원에서 구속적부심사제도의 도입

위와 같은 미군정법령 제176호가 시행된 직후인 1948. 7. 17. 제정된 헌법 제9조 제3항은 "누구든지 체포, 구금을 받은 때에는 즉시 변호인의 조력을 받을 권리와 그 당부의 심사를 법원에 청구할 권리가 보장된다"고 규정함으로써, 체포 · 구금에 관한 적부심사제도가 헌법에 처음으로 도입되었다.

237 이러한 실무관행에 대해서는 법전편찬위원회의 위원장으로서 형사소송법 초안의 작성을 주도한 김병로 대법원장의 1954. 2. 15. 제18회 정기국회 제18차 본회의 발언 참조〔발언 내용은 《형사소송법제정자료집》, 형사정책연구원(1990), 269면에 수록되어 있다〕.

제헌헌법의 기초를 세운 유진오 박사는 "신체의 자유는 모든 자유의 기본이 되는 것일 뿐 아니라 체포, 구금, 심문, 처벌, 강제노역 등은 신체의 자유를 가장 제한하는 것이므로, 관헌이 임의로 이를 행함을 방지하기 위하여 법률에 제정하여도 좋을 만한 규정을 상당히 상세히 규정하였다"고 설명하였다.[238] 그러면서 "본조 제3항 후단은 누구든지 체포 또는 구금되었을 때에는 그 처치가 정당한지 여부를 심사할 것을 법원에 청구할 수 있음을 규정하였는데, 이것은 영·미의 '인신보호영장(Writ of Habeas Corpus)' 제도를 채택한 것이다. 인신보호영장은 누구든지 관헌에 체포 또는 구금되었을 때에 그 체포 또는 구금이 법률상 정당하게 행하여졌느냐 아니하냐를 심사하기 위하여 그자를 재판소에 출정시킬 것을 요구하는 재판소의 영장을 말하는데, 그 영장을 받은 관헌은 그 요구에 응하여 그자를 재판소에 출정시켜야 하며, 재판소는 그를 심사하여 그 결과 그 체포 또는 구금이 정당한 것이면 그를 구치소로 반환하지만 만일 불법하게 체포 또는 구금된 것이면 즉시 이를 석방하여야 하는 제도이다. 영·미에서 이 인신보호영장제도를 가지고 신체의 자유를 보장하기 위하여 특히 효과적인 방법이라고 자랑하고 있는 이유는 대륙법계 제국에도 신체의 자유가 침해된 경우에 그것을 구제하는 수단이 없는 것은 아니지만(손해배상청구권, 불법체포감금죄 등), 대륙제국의 제도는 불법체포 구금의 상태가 종료된 후에 비로소 취할 수 있는 구제방법인데 대하여, 인신보호제도는 불법상태가 현재 계속 중에 그것을 해제하고 신체의 자유를 회복하는 것이므로 특히 강력한 보장이라 하는 것이다. 그러므로 영·미에 있어서는 인신보호영장의 발행을 요구하는 권리는 본인뿐만 아니라 그의 대리인 또는 제3자에게도 인정되어 있는데, 우리나라에서도 그 범위는 아무쪼록 확장하도록 하여야 할 것이다"라고 설명하고 있다.[239] 즉 제헌헌법 제9조 제3항 후단은 미군정법령 제176호 제17조 및 제

238 유진오, 《신고헌법해의》, 일조각(1954), 67면.
239 유진오, 《신고헌법해의》, 70-71면.

18조를 구체적으로 의식하고 제정된 것이라는 점을 보여 주는 것이다.

2) 형사소송법 제정

국회에서 1954년 형사소송법의 제정에 관한 심의를 할 당시에도, 구속영장의 발부에 관하여 기존의 실무관행인 형식주의를 유지해야 한다는 검찰의 주장[240]과 법관이 피의자에 대한 구속영장의 형식요건뿐만 아니라 영장발부의 필요성까지 심사한 다음 영장을 발부하여야 한다는 실질주의를 지지하는 견해[241]가 대립하였다.

이러한 견해의 대립을 배경으로 하여, 그 당시 입법자는 피의자에 대한 구속영장의 발부에 관하여 기존의 형식주의를 유지하는 경우 인권보장에 문제가 있고, 반면에 구속영장에 관한 영미식 법률제도를 그대로 수용하는 경우 현실적으로 수사에 지장이 있다고 판단한 다음, 검사가 구속영장을 신청할 때 필요한 소명자료를 제출하도록 하되, 미국법상의 Initial Appearance(필요적 피의자신문제도)를 도입하지는 않기로 하였다. 다만 구속영장의 발부단계에서는 법원이 수사기록을 검토하는 등 제한적인 범위 내에서만 실질심사가 이루어지고 형사피의자의 법관대면기회가 전혀 인정되지 않는 점을 감안하여, 영미의 일반적인 Habeas Corpus제도와는 달리 법관이 발부한 영장에 근거한 구속의 단순위법사항에 대해서까지 사후적으로 구제할 수 있는 구속적부심사를 허용하면서, 나아가 모든 피의자에게 적부심사절차에서 법관을 직접 대면할 수 있는 기회를 부여하는 법률을 제정하였다.

---

240 그 당시 한격만 검찰총장은 1954. 1. 9. 형사소송법 초안에 대한 공청회에서 실질심사를 하게 되면 증거가 인멸되어 수사에 막대한 지장을 줄 것이라고 발언하였다〔그 발언 내용은《형사소송법제정자료집》, 125면에 수록되어 있다〕.

241 그 당시의 형사소송법 초안에 규정된 형사피의자의 구속영장에 관한 실질주의는 미국법상의 Initial Appearance(필요적 피의자심문제도) 혹은 현행 형사소송법에서 규정한 바와 같은 임의적 피의자심문제도를 의미하는 것이 아니라, 단순히 검사가 법원에 구속영장을 청구하면서 수사기록 등 소명자료를 제출해야만 한다는 취지였다〔《형사소송법제정자료집》, 124-126면 참조〕.

3) 제헌헌법 제9조 제3항과 제정형사소송법 제201조에 대한 검토

제헌헌법 제9조 제3항 후단은 미군정법령 제176호 제17조 및 제18조를 참조하여 제정된 것이다. 한편, 제정형사소송법 제201조 제4항 내지 제6항[242]의 경우 비록 일반적인 형태의 미국식 Habeas Corpus제도와는 상당한 차이가 있지만, 그 당시 입법자가 미국식 Habeas Corpus제도를 모범으로 하여 위 제도를 만든 것이 분명한 이상, 그것을 다음과 같이 수정·변형한 것으로 파악할 수 있다.

첫째, 제정형사소송법상 제도는 당사자의 청구에 따라 그 구속 자체의 헌법적 정당성을 법원이 별도로 심사하는 절차를 규정한 것이다.

둘째, 일반법이 아닌 개별 법률인 형사소송법 중 일부에 규정됨으로써 수사단계에서 구속된 피의자에 대해서만 적용하도록 한정되었다.

셋째, 위와 같이 일반적인 형태의 구속적부심사제도가 수정·변형된 근본적인 이유는 입법자가 법관이 수사단계에서 구속영장을 발부하는 절차에 관련하여 형사피의자에게 '법률적 차원'에서 '법관대면기회'를 제공할 것인지 여부를 검토하다가, 그 당시 수사현실 등을 고려하여 이를 인정하지 않기로 결정하였기 때문이다.

위와 같은 경위로 입법자는 수사단계에서 법원이 발부한 구속영장의 경우 그 실질적인 적법성을 추정하기 어렵다고 판단한 것으로 보이는데, 영장에 명백한 하자 등이 있는지 여부와 관계없이 단순위법사항까지 법원이 포괄적으로 다시 심사할 수 있는 제도가 마련되었다. 또한 입법자는 일반적 형태의 Habeas Corpus제도에서 볼 수 있는 제1단계의 서면심사에 의한 청구기각(각하)을 인정하지 아니하였고, 청구가 있는 경우 법원은 구속된 모든

242 제정형사소송법 제201조 ④ 전 3항의 규정에 의하여 구속을 받은 자 또는 그 변호인, 법정대리인, 배우자, 직계친족, 형제자매, 호주나 가족은 관할법원에 구속의 적법 여부의 심사를 청구할 수 있다. ⑤ 전 항의 청구를 받은 법원은 지체 없이 구속한 자와 구속받은 자를 심문하여 그 청구가 이유 없다고 인정한 때에는 결정으로 이를 기각하고, 이유 있다고 인정한 때에는 결정으로 구속받은 자의 석방을 명하여야 한다. ⑥ 전 항의 청구를 기각하는 결정에 한하여 항고할 수 있다.

피의자를 소환하여 구두심문하는 방법으로 제2단계 실질심사를 실시하도록 규정함으로써, 적부심사제도에 관련하여 '법률적 차원'에서 구속된 모든 당사자(피의자)에게 '법관대면기회'를 보장하였다.

3.1.3. 제3공화국 헌법과 그 당시의 논의

1) 제3공화국 헌법의 규정

제3공화국 헌법 제10조 제5항은 "누구든지 체포 · 구금을 받은 때에는 적부의 심사를 법원에 청구할 권리를 가진다. 사인으로부터 신체의 자유의 불법한 침해를 받은 때에도 법률이 정하는 바에 의하여 구제를 법원에 청구할 권리를 가진다"고 규정하고 있었다. 특이한 점은 제3공화국 헌법은 사인에 의한 '신체의 자유'에 대한 불법한 침해에 대해서도 법원에 구제를 청구할 수 있도록 규정하고 있었다는 점이다.

제3공화국 헌법 제10조 제5항의 해석에 관하여 한태연 교수는, "이 제도는 영국에서 있어서의 권리청원(petition of Right)과 인신보호법(Habeas Corpus Act)에서 기원한 제도로서, 영미법에서 있어서는 인신보호영장제도로서 보급되고 있다. …… 체포, 구금되었을 때에는, 그 적부의 심사를 법원에 청구할 권리를 가진다. 이것은 체포, 구금의 남용을 방지하기 위하여 한번 체포 또는 구금된 자에게 그 구속이 과연 정당한가 아닌가 하는 심사를 법원에 요구케 하는 데에 그 의미가 있다. 다만 이 적부심사를 신청할 권리는 본인뿐만 아니라, 그 대리인에게도 인정되지만, 제3자에게는 명문의 규정이 없는 한 인정되지 않는다. …… 제10조 제5항 후단에 있어서는 사인으로부터 신체의 자유에 대한 침해를 규정하고 있다. 즉, '사인으로부터 신체의 자유의 불법한 침해를 받은 때에는 법률의 정한 바에 의하여 구제를 법원에 청구할 권리를 가진다'는 규정이 그것이다. 여기에서 사인이란 물론 국가기관 이외의 일반국민을 말하고, 불법한 침해란 법률에 인정되지 아니하는 강제적 수단으로써 신체의 자유를 구속하는 경우를 말한다. 사인은 그 권리의 실천에 있어서 국가에 있어서와 같이 집행력이 인정되고 있지 않는 까닭에, 그 권리의 실천을 위한 자력구제도 여기에서 의미하는 불법한 침해를 의미하게 된다. 어떻든 이러한 경우에는 법률의 정한 바에 의하여 그 구제를 법원에 청구할 수 있다. 따라서 이러한 경우에 있어서의 청구는 본인은 물론 그 대리인에게 그 권한이 있음은 틀림이 없지만, 제3자에게도 이러한 청구권이 인정될 수 있느냐 하는 것이 문제될 수 있다. 물론 이 문제는 여기에 관한 법률로써 규정할 문제이지만, 사인으로부터의 신체의 자유를 규정한 취지로 보아 그 권리의 보장을 위해서는 제3자에게도 청구권을 주는 것이 타당하다고 생각한다"고 하였다.[243]

2) 인신보호법안의 제출

우리 입법자가 Habeas Corpus제도에 관한 일반법을 제정한 적은 없었다. 다만 1969. 7. 9. 당시 야당인 신민당에서 "헌법 제10조 제5항에 관련하여, 영장에 의한 구속에 대하여는 형사소송법상 구속적부심사제도가 있으나, 다른 형태의 구속으로 인하여 신체의 자유가 부당하게 침해되는 것에 대한 법률이 제정되지 않아서 헌법상 보장된 권리를 행사할 수 없기 때문에 이에 대한 입법이 요청된다"는 것을 입법목적으로 하여 인신보호법안을 국회에 제출하였으나, 위 법률안은 입법화되지 못하였다.

3) 형사소송법의 구속적부심사제도에 관한 개정 논란

한편, 형사소송법에 규정된 구속적부심사제도를 개선하기 위하여 1972. 5. 19. 공화당에서 개정초안을 발표하였고,[244] 이에 관하여 대법원[245]과 대한변

243 한태연, 《헌법학》, 법문사(1972), 239면.

244 공화당의 개정안 주요 골자는 ① 변호서 제출제, ② 48시간 내의 처리, ③ 소환방식의 민사소송법 준용, ④ 공소제기 후의 처리방도 신설, ④ 구속적부심사제도와 병행하여 검사의 청구에 의하여 구속집행정지제도를 보완하는 것 등이었다고 한다〔이영란, 《구속적부심사제도에 관한 연구》, 200-201면〕.

245 대법원장의 자문기관인 형사소송법 제도개선심의위원회에서 만든 개정안에 의하면, 검찰의 이른바 전격기소의 폐단을 방지하기 위하여 공소제기 전에 적부심이 신청된 경우에는 공소제기 후라

호사협회[246]에서도 각자 독자적인 개정초안을 제시하였다. 주목할 점은 3가지 개정초안이 공통적으로 뒤에서 살펴볼 헌재 2004. 3. 25. 2002헌바104 결정의 쟁점과 유사하게, 검사에 의한 전격기소의 문제에 대한 해결책을 포함하고 있었다는 것이다.[247] 반면에 검찰 측에서는 제정형사소송법에 규정된 구속된 피의자에 대한 '적부심사제도'를 폐지하여야 한다는 주장을 강력하게 제기하였다.[248]

3.1.4. 제4공화국 헌법

위와 같은 구속적부심사에 대한 폐지주장이 제4공화국 헌법의 개정과정에서 수용되어 구속적부심사제도에 관한 헌법규정이 삭제되었고, 이어 제정형사소송법에 규정되었던 구속적부심사제도는 1973. 1. 25. 법률 제2450호로 폐지되었다. 그러나 유신헌법이 시행되는 동안 여러 가지 영역에서 '신체의 자유'를 침해하는 사례가 늘게 되었기 때문에, 구속적부심사제도를 '부활'시켜야 한다는 주장이 제기되었다. 주의할 점은 그 당시까지도 수사

도 심사결정할 수 있도록 하는 조항을 신설하고자 하는 것으로 이 점은 공화당 안과 유사한 것이었다〔이영란, 《구속적부심사제도에 관한 연구》, 201면〕.

246 대한변호사협회 개정안의 주요 요지는 ① 당회의 심문기일을 정하여 검사가 출석하지 아니하거나 구속필요 소명자료를 제출하지 아니할 때는 석방명령을 할 것, ② 심사청구의 통지를 받은 검사는 만기일까지 기소를 할 수 없도록 하는 것, ③ 48시간 내의 처리 등을 보완하는 것이다〔이영란, 《구속적부심사제도에 관한 연구》, 201면〕.

247 그 밖에 3개 개정안에서 공통적으로 지적된 것은 ① 검사나 사법경찰관이 구속적부심사절차에 관하여 불성실하게 임할 경우의 대처방법, ② 심사기간을 제한할 수 있는 법적 규제 등으로서, 위와 같은 문제점들은 당시 구속적부심사제도 운영에서 20년간의 실무상의 난점들을 입법적으로 해결하기 위하여 부각된 문제들이었다〔이영란, 《구속적부심사제도에 관한 연구》, 201면 이하〕.

248 이러한 폐지론의 주요 내용은 다음과 같다〔이영란, 《구속적부심사제도에 관한 연구》, 202면〕. ① 법관이 발부한 영장에 의하여 구속된 자의 구속의 적부 여부를 법관이 다시 판단하는 것은 이론상 모순이고(이른바 옥상옥 이론), ② 외국에 유사한 입법례가 없다. ③ 영장을 발부하는 법관은 자기가 다시 한 번 심사할 기회를 가질 수 있으므로 영장발부에 소홀할 염려가 있다. ④ 사선변호인을 선임할 정도의 경제적 여유가 있는 사람만 구제받고 가난한 서민층은 적절히 이 제도를 이용하지 못하여 석방의 기회에서 배제되는 등 법조부조리의 한 원인이 된다. ⑤ 석방률 및 석방된 자의 도주율이 높아서 수사에 막대한 지장을 준다.

단계의 구속영장 발부절차에서 형사피의자의 '법관대면기회'가 전혀 보장되지 않아서 인권침해의 문제점이 매우 심각하였고, 우리 입법자가 적부심사제도에 관한 일반법을 제정한 적이 없었기 때문에, 위와 같은 부활론은 주로 기존의 폐지론을 반박하면서 제정형사소송법에서 규정하였던 종래 형사피의자에 대한 구속적부심사제도를 부활시켜야 한다는 취지에 한정되었다는 점이다.

3.1.5. 제5공화국 헌법

1) 헌법규정

위와 같은 구속적부심사제도의 부활론 등에 힘입어서 1980. 10. 27. 제5공화국 헌법 제11조 제5항에는 "누구든지 체포 · 구금을 당한 때에는 법률이 정하는 바에 의하여 적부의 심사를 법원에 청구할 권리를 가진다"고 규정되었다.

2) 형사소송법의 개정(1980. 12. 18. 법률 제3282호)

형사소송법 제214조의2를 신설하여, 제정형사소송법에 규정되었던 피의자에 대한 구속적부심사제도를 부활시켰는데, 다만 ① 구속적부심사청구의 청구사유를 구속영장의 발부가 법률에 위반한 때와 구속 후 중대한 사정변경이 있었을 때로 제한하였고, ② 검찰인지사건과 공안사건, 법정형이 중한 사건에 대하여는 피의자의 청구권 자체를 배제하는 등 그 적용영역을 상대적으로 축소시켰다.

3.1.6. 현행 헌법

1) 헌법규정

위와 같이 부활된 형사소송법상 구속적부심사제도의 적용영역이 지나치게 제한적이라는 비판이 계속되었는데, 1987. 10. 29. 헌법 제12조 제6항에는

"누구든지 체포 또는 구속을 당한 때에는 적부의 심사를 법원에 청구할 권리를 가진다"고 규정되었다.

2) 형사소송법의 개정

이러한 헌법 개정 이후, 입법자는 1987. 11. 28. 법률 제3955호로서 형사소송법을 개정하여, 검찰인지사건 등에 대하여 피의자의 구속적부심사청구권 자체를 배제하는 제한규정을 삭제하는 등 구속적부심사제도의 적용범위를 현저하게 확대하였고, 그 후 여러 차례의 형사소송법의 개정 등에 의하여 이 사건 법률조항 등에 의한 현행 제도가 정착되었다. 그 후 1995. 12. 29. 법률 제5004호로 형사소송법을 다시 개정하여, 입법자는 형사소송법 제201조의2를 신설하여 수사단계의 형사피의자에 대한 구속영장 발부 이전에 법관이 임의적으로 피의자심문을 할 수 있는 제도를 도입하였고, 그 후 이에 관한 여러 차례 법률이 개정되었으나, 임의적 피의자심문제도의 큰 틀은 그대로 유지되고 있다.

3.2. 현행 헌법 제12조 제6항의 해석

3.2.1. 신체의 자유와 구속적부심사제도의 관계

우리나라의 구속적부심사청구권의 헌법적 근거는 "누구든지 체포 또는 구속을 당한 때에는 적부의 심사를 법원에 청구할 권리를 가진다"고 규정한 헌법 제12조 제6항이다.

헌법재판소는 형사공판단계에서 수소법원이 헌법 제12조 제1항에 근거하여 직권으로 피고인을 구속할 수 있도록 허용한 형사소송법의 관련규정을 합헌이라고 결정한 헌재 1997. 3. 27. 선고 96헌바28등 결정에서, "신체의 자유는 정신적 자유와 함께 모든 기본권의 기초가 되는 것임에도 역사적으로 국가에 의하여 특히 형벌권의 발동형식으로 침해되어 온 예가 많으므로 헌법은 제12조 제1항에서 적법절차의 원칙을 선언한 후 같은 조 제2

항 내지 제7항에서 적법절차의 원칙으로부터 도출될 수 있는 내용 가운데 특히 중요한 몇 가지 원칙을 열거하고 있다"고 판시하였다.[249] 헌법 제12조 제1항은 '신체의 자유'에 관한 일반원칙을 선언한 것이고, 같은 조 제6항은 체포 · 구속의 방법으로 위와 같은 신체의 자유가 부당하게 침해되는 경우에 대한 사후적인 구제절차를 헌법적 차원에서 보장하는 특별규정이라고 파악할 수 있다는 것이다.[250]

3.2.2. 헌법 제12조 제6항의 연혁적 의미

우리나라 구속적부심사제도는 미국의 Habeas Corpus제도에서 비롯되었고 미군정령법 제176호 제17조 내지 제18조에서 이식되었으며 제헌헌법 제9조 제3항에 의하여 헌법적 차원의 제도로 격상되었던 것이다. 그 연혁적 의미는, 행정기관 등 공권력에 의하여 체포 · 구속이 이루어진 사안에서 입법자는 당사자의 신청에 의하여 법원이 포괄적으로 실질적인 적법성 여부를 심사할 수 있도록 하는 법률을 제정할 의무가 있다는 것으로 요약될 수 있다. 현행 헌법 제12조 제6항도 제헌헌법의 관련조항과 본질적 내용이 다르지 않다.

3.2.3. 헌법 제12조 제6항의 구체적인 해석[251]

1) 체포 · 구속의 개념

체포 · 구속의 의미가 구체적으로 무엇인지에 관하여 수사기관에 의한 것으로 한정할지, 다른 공권력에 의한 체포 · 구속도 포괄하여야 할지 해석상 논

249 헌재 1997. 3. 27. 선고 96헌바28등 결정.

250 김시철, 〈형사소송법 제201조 제1항 위헌확인〉, 905면.

251 구속적부심사청구권을 규정한 헌법 제12조 제6항에 대한 해석은 헌재 2004. 3. 25. 선고 2002헌바104 결정에 상세히 기술되어 있고, 위 결정에 대한 해설은 김시철, 〈형사소송법 제214조의2 제1항 위헌소원〉, 《헌법재판소결정해설집》, 헌법재판소(2004), 참조. 아래의 해석론은 위 헌법재판소의 결정을 참조한 것이다.

란이 있을 수 있으나, 헌법적으로 보장되는 '신체의 자유'는 수사기관뿐만 아니라 일반 행정기관을 비롯한 다른 국가기관 등에 의해서 직접 제한될 수도 있고, '신체의 자유'를 헌법적 차원에서 보장하고 있는 헌법 제12조 소정의 '체포 · 구속'은 포괄적인 개념으로 해석되어야 함이 상당하다는 것은 앞에서 이미 살펴보았다.

2) 체포 · 구속의 주체에 관한 검토

(1) 공권력행사기관에 의한 체포 · 구속

헌법 제12조에서 보장하고 있는 '신체의 자유'와 같은 자유권적 기본권이 일반적으로 주관적 공권성을 가진다는 점에 대해서는 학설상 이론이 없다.[252] 그렇다면 최소한 국가기관, 지방자치단체 등 모든 공권력 행사기관이 '체포' 또는 '구속'의 방법으로 '신체의 자유'를 제한하는 사안에 대해서는 헌법 제12조 제6항이 적용된다.

(2) 사인에 의한 체포 · 구속이 포함되는지 여부

연혁적으로 Habeas Corpus제도는 공권력행사와 전혀 관계가 없는 사인에 의한 인신구속의 경우에도 적용되었다. 다만 헌법 제12조 제6항이 위와 같은 사인에 의한 체포 · 구속까지 법원에 대한 적부심사청구권을 헌법적 차원에서 보장하는 것인지 여부에 대해서는 논란이 있을 수 있다. 적극설[253]은 Habeas Corpus제도의 연혁 등을 중시하는 견해이고, 소극설[254]은 우리 헌법상 기본권은 특별한 사정이 없는 한 공권력행사기관에 대한 주관적 공권일 뿐이며 사인에 대한 권리가 아니라는 일반 헌법이론을 중시하면서 현행 헌

252 김철수, 《헌법학신론》, 297면 참조.

253 심희기, 〈한국형 인신보호법 제정의 필요성〉, 《인신보호법 제정을 위한 공청회 자료집》, 나경원 의원실(2004. 11), 21면.

254 조국, 〈인신보호법 제정의 필요성〉, 《인신보호법 제정을 위한 공청회 자료집》, 나경원 의원실(2004. 11), 40면.

법 제12조 제6항에 관하여 사인에 의한 체포 · 구속에 대하여 법원에 적부심사를 청구할 수 있는 권리가 헌법적 차원에서 보장된다고 해석하기는 어렵다는 견해가 될 것이다.

적극설의 당위성과 입법적 해결을 통하여 적부심사 청구권자를 확대하여야 한다는 필요성에 대해서는 전적으로 동의하지만 헌법 제12조 제6항의 체포 · 구속의 개념은 형법상의 체포 또는 감금의 개념과 달리 국가기관에 의한 체포 · 구속을 전제로 하는 것이고, 특히 사인에 의한 '신체의 자유'에 대한 불법한 침해에 대하여 법원에 구제를 청구할 수 있도록 규정한 제3공화국 헌법 제10조 제3항의 규정이 삭제된 이상 적극설을 따르기는 어려울 것이다.

3) 적부심사청구권의 행사주체

현실적으로 체포 · 구속을 당한 사람의 경우, 헌법 제12조 제6항 소정의 권리를 행사할 수 있다고 보아야 한다. 한편, "누구든지 …… 권리를 가진다"는 헌법 제12조 제6항의 규정에 비추어 볼 때, 입법자가 법률로써 이러한 권리행사의 주체를 임의로 제한할 수 없다고 할 것이다.

4) '적부의 심사'를 법원에 청구할 수 있는 권리

(1) 체포 · 구속 자체의 적부에 대한 심사절차

헌법 제27조 제1항은 "모든 국민은 헌법과 법률이 정한 법관에 의하여 법률에 의한 재판을 받을 권리를 가진다"고 규정하고, 제101조 제1항은 "사법권은 법관으로 구성된 법원에 속한다"고 규정하며, 제103조는 "법관은 헌법과 법률에 의하여 그 양심에 따라 독립하여 심판한다"고 규정하고 있다. 그러므로 국가기관을 비롯한 타인이 체포 · 구속의 방법으로 당사자의 '신체의 자유'를 제한하는 사안에 관련하여 그 원인관계의 정당성에 다툼이 있는 경우, 위와 같은 사법권행사에 관련된 일반적인 헌법규정에 근거하여 법원은 최종적인 사법적 판단을 하게 된다. 한편, 법치국가의 원칙에 비추어 볼 때, 위와 같은 원인관계를 인정할 수 없다는 취지의 판결이 확정된 경우,[255] 구속 주체인 국가기관 등이 당사자의 '신체의 자유'에 대한 제한을 더 이상 유지할 수 없음은 당연하므로, 이러한 원인관계에 대한 사법적 절차에 따라 '신체의 자유'를 회복시키기 위해서 우리 헌법제정권자가 헌법 제12조 제6항을 별도로 규정하였다고 보기는 어렵다.

따라서 헌법 제12조 제6항은 당사자가 체포·구속된 원인관계 등에 대한 최종적인 사법적 판단을 구하지 않고도, 체포·구속 자체에 대한 적부 여부를 법원에 청구할 수 있는 절차를 별도로 헌법적 차원에서 보장하는 규정으로 보아야 할 것이다.

(2) 적부심사제도에 관한 당사자의 절차개시

적부심사청구권이 '신체의 자유'를 보장하기 위한 절차적 기본권이라는 측면을 고려한다면, 헌법은 체포·구속된 당사자의 청구에 의하여 개시된 절차에서 법원이 당해 체포·구속 자체의 적부에 대하여 제대로 심사하는 기회를 최소한 1번 이상 보장하는 것을 요구한다고 보아야 한다.[256]

(3) '적부'에 대한 해석

적부의 심사대상이 당해 체포·구속 자체의 '헌법적 정당성(실질적 적법성)' 여부인지, 체포·구속을 '계속'하는 것의 적법성 여부인지 논란이 있을 수 있다. 만일 체포·구속의 계속 여부가 심사의 대상이라고 해석하는 경우 형사절차에서 당사자의 청구에 의한 법원의 보석결정을 통하여 당사자를 석

---

255 예컨대 구속된 상태에서 형사재판을 받던 피고인과 관련하여 그 구속의 원인관계인 공소사실에 관하여 법원이 무죄판결을 한 다음 형사본안판결이 확정된 경우나, 행정처분에 의하여 정신병원에 강제입원되었던 당사자가 그 입원의 원인관계인 정신질환의 존부에 관하여 제기한 행정소송절차에서 그 억류의 원인관계인 질병이 애당초 존재하지 않은 것으로 판명되거나 혹은 치료가 완료되었다고 인정하는 판결을 받은 다음 그 판결이 확정된 경우 등을 예시할 수 있다.

256 김시철, 〈형사소송법 제214조의2 제1항 위헌소원〉, 125면, 한수웅, 〈헌법 제27조의 재판청구권〉, 《헌법논총》 제10집, 헌법재판소(1999), 349면 참조.

방할 수 있는 제도를 마련하고 있다면, 헌법상 요구되는 최소한의 입법형성의무는 이행된 것으로 볼 수 있을 것이다.

그러나 헌법재판소는 헌법 제12조 제6항에 규정된 '적부'는 당해 체포 · 구속 자체의 '헌법적 정당성 여부'로 해석하고, 당사자의 청구에 따라서 법원이 당해 체포 · 구속 자체의 '헌법적 정당성'을 심사함과 동시에 만일 이러한 정당성이 인정되지 아니하면 이를 이유로 하여 법원이 그 당사자를 석방하도록 결정할 수 있는 제도가 법률에 규정되어야만 헌법에서 요구하는 입법형성의무가 제대로 이행된 것으로 볼 수 있다고 판시하고 있다.[257]

3.2.4. 헌법 제12조 제6항과 관련된 입법형성의무

1) 헌법 제12조 제6항의 규정내용

"누구든지 …… 권리를 가진다"는 헌법 제12조 제6항의 규정에 비추어 볼 때, 우리 헌법이 헌법적 차원에서 일정한 권리를 인정하고 있고, 입법자가 법률로써 이러한 권리행사의 주체를 임의로 제한할 수는 없다. 한편, 헌법 제12조 소정의 '신체의 자유'는 대표적인 자유권적 기본권이지만, 위와 같은 '신체의 자유'를 보장하기 위한 방법의 하나로서 같은 조 제6항에서 규정한 '체포 · 구속적부심사청구권'은 절차적 기본권(청구권적 기본권)이라는 점은 그 규정내용상 분명하다.

한편, '체포 · 구속을 당한 때'라고 하는 매우 구체적인 상황에 관련하여 헌법적 차원에서 '적부의 심사를 법원에 청구할 권리'라는 절차적 권리를 보장하고 있기 때문에, 위와 같이 구체적 적용영역에 대한 입법권의 행사는 직접적으로 헌법적 제약을 받게 된다.[258]

---

257 헌재 2004. 3. 25. 선고 2002헌바104 결정.

258 헌재 2004. 3. 25. 선고 2002헌바104 결정.

2) 입법자의 입법형성의무

입법자가 헌법적 차원에서 부과된 구체적인 입법형성의무 등을 제대로 이행하지 않는 경우, 입법부작위 등을 이유로 헌법위반상태가 초래된다. 입법부작위가 성립하기 위해서는 입법자의 작위의무(입법의무)의 존재가 전제되어야 한다. 이러한 입법의무는 헌법이 개별규정에 의하여 입법의무의 내용과 범위를 본질적으로 규정하는 이른바 헌법위임의 경우와 명백한 헌법위임이 없는 경우라 할지라도 객관적 헌법질서의 기본결정으로부터 헌법해석을 통하여 입법자의 구체화된 행위의무나 보호의무를 도출해 낼 수 있는 경우 등에 인정될 수 있다.[259]

그런데 헌법 제12조 제6항의 경우 비록 구체적 영역에 한정적으로 적용되는 것이기는 하지만, 입법자의 형성적 법률이 존재하지 않는 경우 현실적으로 법원에서 당사자의 '체포 · 구속적부심사청구권'에 대하여 심리할 수 없으므로, 입법자가 법률로써 구체적인 내용을 형성해야만 권리주체가 실질적으로 이를 행사할 수 있는 경우에 해당하는 것으로서, 이른바 헌법의 개별규정에 의한 헌법위임이 존재한다고 볼 수 있다. 따라서 입법자가 헌법적 차원에서 부과된 입법형성의무를 제대로 이행하지 않는 경우, 입법부작위로 인한 헌법위반상태에 놓이게 된다.

3.3. 인신보호법의 제정의 당위성과 그 경위

3.3.1. 인신보호법 제정의 당위성

1) 개설

정신보건법에 규정된 입원 유형 중 시장 · 군수 · 구청장에 의한 입원과 응급입원은 시장 · 군수 · 구청장이나 경찰관 등의 공권력의 행사에 의하여 인신구속이 이루어지는 행정상 인신구속의 한 예이다. 따라서 헌법 제12조

259 이에 관한 더 자세한 내용은 한수웅, 〈헌법불합치결정의 헌법적 근거와 효력—독일에서의 판례와 이론을 중심으로〉, 《헌법논총》 제6집, 헌법재판소(1995), 481면 참조.

제6항에 의하여 구속적부심사제도가 권리구제수단으로 마땅히 마련되어야 하나, 인신보호법이 제정되기 이전에는 그러한 구제절차가 마련되어 있지 않았으므로, 입법부작위 상태로서 헌법에 위반된 상황이 상당 기간 지속되었다.

현행 헌법 제12조 제6항은 공권력에 의한 구속의 경우에 적용된다는 것이 통설적인 견해이므로, 보호의무자에 의한 입원과 같이 사법적 계약의 형태로 이루어지는 강제입원에는 헌법 제12조 제6항이 일률적으로 적용된다고 보기는 어렵다. 그러나 연혁적으로 볼 때 우리 헌법의 시초는 사인에 의한 구속의 경우에도 구속적부심사제도를 두고 있었고, 입법정책적인 측면에서도 신속한 권리구제절차가 필요하며, 신체의 자유는 기본권 중의 기본권이므로, 구속적부심사제도를 도입하여야 할 당위성은 충분하다.

2) 공권력에 의한 체포 · 구속의 경우

(1) 형사절차에서의 구속적부심사제도

(가) 구속적부심사제도의 원칙적인 실현

제정 당시 형사소송법에 규정된 수사단계의 구속영장에 대한 적부심사제도의 경우, 최소한 그 제도가 적용되는 범위 내에서는 ① 입법자가 헌법상 요구보다 법원의 심사 정도를 심화 · 확대하였고, ② 모든 구속된 당사자에게 '법관대면기회' 등을 보장하는 등 절차적 기회를 부가적으로 제공하였기 때문에 전반적인 위헌성 문제는 발생하지 않는다. 다만 개별 법률이 규율하는 적부심사청구권의 적용영역에서 청구인이 절차적 권리를 제대로 행사할 수 없는 상황이 발생하는 경우 이를 보완할 수 있는 일반법이 존재하지 않기 때문에 그 범위 내에서 헌법위반문제가 논란이 될 수 있다.

다시 말하면 입법자가 제정 당시 형사소송법의 규정과 같이 강화된 형태의 적부심사청구권을 다른 적용영역까지 그대로 확대하지 않은 것은 헌법적 차원의 문제가 될 수 없지만, 개별 법률의 적용범위에서 제외되는 경우 일반법의 부존재로 인한 법적공백상태가 발생하기 때문에 그 한도 내에서 입법형성의무의 불이행 여부가 논란이 될 수 있는 것이다.

(나) 이른바 전격기소의 문제와 헌법재판소의 헌법불합치 선언

개정 전의 형사소송법 제214조의2 제1항은 구속적부심사절차에서 '피의자'라는 청구인적격을 '절차개시요건'이 아니라 '존속요건'으로 규정하고 있었다. 따라서 청구인이 구속적부심사청구권을 행사한 후, 검사가 법원의 결정을 기다리지 않고 전격적으로 기소해 버리면, 위와 같은 영장에 근거한 구속의 정당성에 대하여 법원이 실질적인 판단을 하지 못하고 그 청구를 기각할 수밖에 없었다. 이는 검사의 전격기소가 있는 경우 위 영장 자체의 헌법적 정당성 여부에 관하여 결정할 권한이 없는 검사의 일방적인 행위로 인하여 법원으로부터 실질적인 심사를 받고자 하는 청구인의 '절차적 기회'가 박탈되는 결과를 초래했다.

헌법재판소는 구속된 피의자가 적부심사청구권을 행사한 경우 검사는 그 적부심사절차에서 피구속자와 대립하는 반대 당사자의 지위만을 가지게 되는데, 위와 같은 대립적인 절차에서 헌법상 독립된 법관으로부터 심사를 받고자 하는 청구인의 '절차적 기회'가 반대 당사자의 '전격기소'라고 하는 일방적 행위에 의하여 제한되어야 하는 공익적 필요성 등을 전혀 인정할 수 없고, 현행법상 검사가 전격기소를 한 이후 청구인에게 '구속취소제도'라는 후속절차가 보장되어 있었다고 하더라도 그 이전 단계에서 이미 행사된 적부심사청구권의 당부에 대하여 법원으로부터 실질적인 심사를 받을 수 있는 청구인의 절차적 기회를 완전히 박탈하여야 하는 합리적인 이유를 발견할 수 없으므로, 입법자는 그 한도 내에서 적부심사청구권의 본질적 내용을 제대로 구현하지 않았다는 취지로 형사소송법 제214조의2 제1항에

대한 헌법불합치 선언을 하였다.[260]

그 후 헌법재판소의 위와 같은 결정으로 인하여 2004. 10. 16. 법률 제7225호로 형사소송법 제214조의2 제3항이 개정되어, 검사의 전격기소로 인한 형사소송법 부분에서의 법적공백은 해소되었다. 개정된 형사소송법 제214조의2 제3항은 "제1항의 청구를 받은 법원은 지체 없이 체포 또는 구속된 피의자를 심문하고 수사관계서류와 증거물을 조사하여 그 청구가 이유 없다고 인정한 때에는 결정으로 이를 기각하고, 이유 있다고 인정한 때에는 결정으로 체포 또는 구속된 피의자의 석방을 명하여야 한다. 심사청구 후 피의자에 대하여 공소제기가 있는 경우에도 또한 같다"고 규정하여, 피의자가 구속적부심사를 청구한 이후 검사가 기소를 하더라도 법원이 이미 제기된 청구를 실질적으로 심사할 수 있게 한 것이다.

(2) 행정상 인신구속의 경우

(가) 행정상 인신구속에 대한 헌법 제12조 제6항의 적용 여부

헌법 제12조 제6항은 적어도 국가기관, 지방자치단체 등 모든 공권력 행사기관이 '체포' 또는 '구속'의 방법으로 '신체의 자유'를 제한하는 사안에 대하여 적용되고, "누구든지 …… 권리를 가진다"는 위 규정의 형식에 비추어 볼 때, 행정상 인신구속을 당한 자라 해서 형사절차 내에서 구속을 당한 자와 달리 구속적부심사에 대한 권리주체에서 배제할 수는 없으므로, 그에 대한 구제수단으로 구속적부심사제도를 두지 않는다면 헌법 제12조 제6항에 위반된다 할 것이다. 즉 헌법은 행정기관에 의하여 인신구속이 된 자 등의 청구에 의하여 개시된 절차에서 법원이 당해 인신구속의 적부에 대하여 제대로 심사하는 기회를 최소한 1번 이상 보장하는 것을 요구한다고 보아야 한다.

---

260 헌재 2004. 3. 25. 선고 2002헌바104 결정.

(나) 미군정법령의 폐지로 인한 입법부작위상태의 발생

① 미군정법령 제176호의 폐지

제정 당시 형사소송법 부칙 제8조는 "본법 시행(1954. 10. 14.)[261] 직전까지 시행된 다음 법령은 폐지한다.…… 2. 미군정법령 중 본법에 저촉되는 법조"라고 규정하고 있었는데, 일반적 형태의 구속적부심사절차를 규정한 미군정법령 제176호 제17조 및 제18조가 제정형사소송법에 저촉된다고 단정하기는 어렵다. 다만, 우리 입법자는 이에 관한 후속입법을 전혀 하지 않았는데, 1961. 7. 15. 구 법령 정비에 관한 특별조치법(법률 제659호)의 시행으로 인하여 1948. 7. 16. 이전의 법령으로서 제헌헌법 제100조의 규정에 의하여 의용되고 있는 구법령은 1961. 12. 31.까지 새 법령으로 대치되지 않는 경우, 1962. 1. 20. 일괄적으로 폐지되는 것으로 간주되었기 때문에, 최소한 1962. 1. 20. 이후에는 미군정법령 제176호 제17조 및 제18조에 근거한 구속적부심사제도는 확정적으로 폐지되었다고 볼 수 있다.

② 행정상 인신구속에 관한 적부심사청구권의 부존재

따라서 제헌헌법 제9조 제3항에서 보장한 체포·구금의 당부에 관한 적부심사청구권은 미군정법령 제176호이 폐지된 이후 인신보호법이 제정되기 이전까지 행정상 인신구속의 영역에서 입법부작위가 발생하게 된 것이다. 즉 제정형사소송법의 시행일인 1954. 10. 14. 또는 구 법령 정비에 관한 특별조치법에서 정한 구 법령의 일괄폐지 시점인 1962. 1. 20. 이후 인신보호법이 제정되기 이전까지 전반적인 헌법위반상태가 계속되고 있었다고 볼 수 있다.

261 그 당시 형사소송법 부칙 제9조에는 시행일자가 1954. 5. 30.로 규정되었는데, 대통령의 공포절차가 지연되어 1954. 9. 23. 법률 제341호로 공포되었고 1954. 10. 14. 효력을 발생하였다(《형사소송법제정자료집》, 392면).

3) 사인에 의한 인신구속의 경우

(1) 구속적부심사의 부존재가 위헌인지 여부

헌법 제12조 제6항의 체포 · 구속의 개념은 형법상의 체포 또는 감금의 개념과 달리 국가기관에 의한 체포 · 구속을 전제로 하는 것이고, 특히 사인에 의한 '신체의 자유'에 대한 불법한 침해에 대하여 법원에 구제를 청구할 수 있도록 규정한 제3공화국 헌법 제10조 제3항의 규정이 삭제된 이상 사인에 의한 체포 · 구속에까지 헌법 제12조 제6항이 적용된다고 보기는 어렵다. 정신보건법을 예로 들면, 사법적 계약의 형태로 강제입원이 이루어지는 보호의무자에 의한 입원에서 구속적부심사제도를 도입하지 않는다고 하더라도 곧바로 헌법 제12조 제6항을 위반한다고 볼 수는 없을 것이다.

다만 정신보건법 제21조 제3항에 의하여 행정기관이 보호의무자가 되어 강제입원에 공권력이 관여하는 경우 즉, 보호의무자가 없거나 보호의무자가 부득이한 사유로 인하여 그 의무를 이행할 수 없어 당해 정신질환자의 주소지 또는 현재지를 관할하는 시장 · 군수 또는 구청장이 그 보호의무자가 되어 강제입원을 하는 때에는 공권력에 의한 구속으로 못 볼 바 아니므로, 이 경우에 구속적부심사제도가 도입되지 않는다면 헌법위반이 될 것이라고 생각된다. 독일의 경우에도 사법에 근거한 권력관계 즉, 부모나 후견인에 의한 자유박탈에는 기본법 제104조 제2항이 적용되지 않으나, 청소년청(Jugendamt)에 의하여 수행된 후견활동은 공권력의 수행이므로 기본법 제104조 제2항이 적용된다고 해석하고 있다.[262]

(2) 구속적부심사제도 도입의 필요

사인에 의한 인신구속에 대한 구제절차로서 구속적부심사제도를 두고 있지 않다고 하여 바로 위헌이라고 할 수 없다고 하더라도, 그에 대한 구속적부심사제도의 도입 필요성이 부인되는 것은 당연히 아니고, 오히려 입법정

262 Maunz-Dürig, *Grundgesetz******, Art.104, S. 5.

책적으로 구속적부심사제도의 도입을 적극적으로 검토할 필요가 있다.

첫째, 신체의 자유는 기본권 중의 기본권으로 그 중요성과 박탈의 고통은 다른 기본권보다 월등한 것이므로 보호의 범위나 정도도 넓어야 함은 당연하다. 따라서 구속적부심사제도와 같은 신체의 자유에 대한 절차적 보장은 사적인 법률관계에도 방사되어야 할 것이다.[263] 이미 우리 제3공화국 헌법에서는 사인에 의한 구속의 경우에도 구속적부심사제도를 두도록 규정하고 있었음은 이를 반영한 것이라고 볼 수밖에 없다.

둘째, 국가는 기본권 보호의무를 부담하고 있으므로, 사인에 의한 신체의 자유의 침해에 대한 구제수단을 입법적으로 마련하여야 할 책무를 가지고 있다. 일반적으로 기본권 보호의무란 기본권에 의하여 보호되는 기본권적 법익을 사인인 제3자의 위법적 제약으로부터 보호하여야 할 국가의 의무를 말한다. 보호의무는 결국 동등한 기본권 주체들의 기본권 영역들을 상호획정하고, 그렇게 획정된 영역에서 타 기본권 주체의 행위나 영역으로부터 나오는 기본권적 법익에 대한 위험을 억제하여 각 기본권 주체가 자신의 기본권을 원만히 행사할 수 있도록 법질서를 형성·유지해야 할 국가의 의무로 이해할 수 있을 것이다.[264] 이러한 기본권 보호의무는 모든 자유권적 기본권들의 공통적인 기능이나, 독일의 경우 연방헌법재판소에서 이것이 문제가 된 사안은 대부분 신체의 자유와 관련된 것이라고 한다.[265] 이해의 편의를 위하여 기본권적 방어권과 비교하여 보면, 방어권의 경우에는 국가와 개인의 단선적 관계가 형성되지만, 보호의무의 경우에는 사인(피해자)-국가-제3자(가해자)의 삼각관계가 형성된다. 특히 국가의 보호의무가 사인의 기본권을 제한함으로써 실현되는 경우에 국가는 대립하는 사인의 기본권들로부터 상충하는 역할을 수행할 것을 요구받게 된다. 즉 피해자의

263 Von Horst Dreier, *Grundgesetz Kommentar Band III*, Mohr Siebeck(2000), S. 709.

264 정태호, 〈기본권보호의무(Grundrechtliche Schutzpflicht)〉, 《인권과 정의》 제252호, 대한변호사협회(1997), 85면.

265 정태호, 〈기본권보호의무(Grundrechtliche Schutzpflicht)〉, 88면 참조.

기본권은 국가에게 타인의 기본권 제한을 비롯한 적극적 활동을 요구하고, 가해자를 비롯한 제3자의 기본권은 이 보호의무의 실현을 위한 국가의 침해활동에 대하여 방어적 작용을 발휘하게 된다. 보호의무의 구성요건이 충족되면, 국가는 사인이 기본권적 법익을 위법적으로 제약하는 것으로부터 그 법익의 안전성을 법치국가적 수단을 통하여 보장하여야 할 의무를 지게 된다. 국가의 보호의무는 객관적인 측면에서는 기본권에 대한 객관적인 보호의 필요를 충족시키고 공동체의 안전을 유지하는 것이며, 주관적인 측면에서는 개별 기본권 주체의 개인적인 보호의 필요를 충족시키는 것이다. 보호의무는 법치국가적으로 가능한 범위 안에서 법익의 보호를 위하여 필요한 조치를 취할 수 있는 권한의 기초를 미리 법률로 확정하여야 할 의무를 입법자에게 부과한다. 즉 보호의무의 법적 효과는 방어권과는 달리 법률이라는 매개를 통하여 확정된다. 입법자는 보호의무를 통하여 사인으로부터 기본권적 법익을 보장하기에 적합하고 충분한 규범들을 마련할 의무를 지고 있다. 민법상의 부작위청구권이나 손해배상청구권 등의 제도, 이들 권리를 관철하기 위한 민사소송법의 각종 제도들, 위해방지를 위한 경찰행정법의 각종 수단들, 형법적 제재 등과 같이 공·사법 영역의 수많은 기존의 실체적·절차적 규범들은 입법자가 이미 알려진 '위험 요인들'로부터 모두 기본권 보호의무를 이행하기 위하여 제정된 것으로 이해될 수 있다. 헌법재판소는 기본권 보호의무에 의한 합헌성 판단에서의 심사기준에 관하여 다음과 같이 판시하고 있다. "국가의 기본권 보호의무의 이행은 입법자의 입법을 통하여 비로소 구체화되는 것이고, 국가가 그 보호의무를 어떻게 어느 정도로 이행할 것인지는 원칙적으로 한 나라의 정치·경제·사회·문화적인 제반여건과 재정사정 등을 감안하여 입법정책적으로 판단하여야 하는 입법재량의 범위에 속하는 것이다. 국가의 보호의무를 입법자가 어떻게 실현하여야 할 것인가 하는 문제는 입법자의 책임범위에 속하므로, 헌법재판소는 권력분립의 관점에서 소위 과소보호금지의 원칙을, 즉 국가가 국민의 법익보호를 위하여 적어도 적절하고 효율적인 최소한의 보호조치를 취했는가를 기준으로 심사하게 되어, 결국 헌법재판소로서는 국가가 특정조치를 취해야만 당해 법익을 효율적으로 보호할 수 있는 유일한 수단인 특정조치를 취하지 않은 때에 보호의무의 위반을 확인하게 된다"는 것이다.[266] 따라서 사인에 의한 인신구속에 대한 구속적부심사제도를 도입하지 않은 현재의 상태가 헌법에 위반된다고 판단할 것인지 여부는 위와 같은 헌법재판소의 판단기준에 합치되어야 할 것이고, 이에 대한 검토가 더욱 상세하게 이루어져야 할 것이다. 그렇지만 적어도 국가의 기본권 보호의무로부터 입법정책적인 면에서 구속적부심사제도 도입의 당위성은 충분히 뒷받침된다고 볼 수 있다.

셋째, 보호의무자에 의한 강제입원와 같은 사인에 의한 인신구속 중에는 공익적인 성격을 가지고 있는 경우가 많다. 강제입원에서 부모 등 보호의무자의 권한은 정신질환자의 의료·보호라는 공익을 떠나서 생각할 수 없는 것이다. 한편, 시장·군수 또는 구청장이 그 보호의무자가 되어 강제입원을 하는 경우를 공권력에 의한 구속으로 보아 이에 대한 구속적부심사제도가 도입되지 않으면 위헌이라고 보아야 할 것이다. 그런데 위 경우와 보호의무자가 근친자인 경우 사이에 본질적인 차이가 없으므로, 양자를 구분하여 달리 취급할 이유가 없다. 또한 해당 정신질환자가 자신이나 타인을 해할 우려가 있다면 국가는 보호의무자의 입원결정 여부와 관계없이 그자를 정신의료기관에 수용할 것이므로, 이때의 보호의무자에 의한 입원과 공권력에 의한 입원 사이에는 별다른 차이가 없다.[267] 그럼에도 불구하고 공권력에 의한 입원은 구속적부심사제도를 도입하지 않았기 때문에 헌법에 위반되고 보호의무자에 의한 입원은 헌법에 위반되지 않는다고 하기에는 논리적으로 수긍하기 힘들다. 그러므로 여기에서 보호의무자에 의한 강제입원에서도

266 헌재 1997. 1. 16. 선고 90헌마110등 결정.

267 BVerfGE 10, 303, 327.

구속적부심사제도는 도입되어야 할 당위성을 발견할 수 있는 것이다.

3.3.2. 인신보호법의 도입 형식

1) 헌법재판소의 입법의무의 부과

이미 논한 바와 같이 우리 헌법의 구속적부심사제도는 형사소송법에서의 전격기소의 경우와 행정상 인신구속의 경우라는 두 가지 부분에서의 법적 공백으로 인한 헌법위반상태에 있었는데, 전자는 헌재 2004. 3. 25. 선고 2002헌바104 결정에 의한 헌법불합치선언에 의하여 형사소송법이 개정되어 법적공백상태가 해소되었다.

헌법재판소는 위 결정에서, "헌법의 개별규정에 근거한 헌법위임에 따라서 일정한 형태로 절차적 청구권을 적극적으로 형성하고 있는 형사소송법 제214조의2 제1항에 대하여 그 효력을 제거하는 취지의 단순위헌결정 등을 선고하게 되면, 피의자가 적부심사청구권을 행사한 이후 전격기소가 행해진 사안에 대한 권리구제의 효과는 발생하지 않고 오히려 통상적인 피의자의 구속적부심사청구권의 행사에 관한 근거규정이 전면적으로 효력을 상실하는 결과가 야기되기 때문에, 구조적으로 단순위헌결정 등을 할 수는 없다"고 판시하였다. 그러면서 입법자가 헌법 제12조 제3항에 따라서 수사단계에서 발부된 영장에 근거하여 이루어진 구속이라는 적용영역에 관하여 헌법위임에 따른 입법형성을 제대로 하지 아니함으로써 위에서 적시한 법적공백이 발생하였다는 점을 지적하고, ① 전격기소가 이루어진 이후에도 법원이 당해 적부심사청구에 대하여 실질적인 심사를 계속 할 수 있도록 허용하는 방법, ② 또는 헌법 제12조 제6항의 전반적인 적용영역에 대한 일반법을 제정하는 방법 등 다양한 개선입법 중 하나를 선택하여 현행제도를 적극적으로 보완해야 할 의무가 입법자에게 부과된다는 취지로 헌법불합치결정을 하였다. 다만 이러한 개선입법이 이루어질 때까지 이 법률조항을 계속 적용하라고 명하였다.

2) 구속적부심사제도의 입법형태

위와 같은 헌법재판소의 결정을 참작하면, 형사절차에서의 체포 · 구속 외에 감염병 예방 및 관리에 관한 법률상의 입원치료, 정신보건법상의 시장 · 군수 · 구청장에 의한 강제입원 등과 같은 행정상 인신구속에 대응하는 구속적부심사제도를 마련하여야 한다. 그와 같은 구속적부심사제도의 입법형태는 인신보호법과 같은 일반법을 제정하는 방안과 체포 · 구속을 가능하게 하는 개개의 법률에 구속적부심사조항을 삽입하는 방안을 생각해 볼 수 있다.

헌법 제12조 제6항에 입법형식 등에 대한 특별한 제한이 없는 이상, 입법자가 일반법의 형식을 취하지 않고, 개별 법률에서 부분적인 적용영역에 대하여 적용되는 구속적부심사제를 규정하더라도 그 개별규정이 헌법 제12조 제6항의 최소한도의 요구사항을 충족시키는 이상, 그 적용영역에서는 입법형성의무를 제대로 이행하였다고 보아야 할 것이다. 그러나 아무래도 입법기술적인 측면이나 비용 등 여러 사정을 고려하면, 일반법을 제정하는 것이 바람직할 것이고 실제로도 그와 같은 입법노력과 입법의 실현이 있었다.

3.3.3. 인신보호법의 제 · 개정 경위

1) 현행법 이전의 인신보호법 제정 노력

우리나라에서 현행법이 제정되기 이전에 인신보호법을 제정하려는 노력이 전혀 없었던 것은 아니다. 제3공화국 헌법 당시인 1969. 7. 9. 야당인 신민당에서 인신보호법안을 국회에 제출한 적이 있다. 당시의 입법안 제13조를 보면 준비조사결과 청구가 이유 없는 것이 명백할 때에는 법원이 심문절차를 거치지 않고 결정으로 청구를 기각하도록 규정하는 등 그 입법안의 내용은 Habeas Corpus제도의 일반적인 특성을 대부분 그대로 수용한 것이었다.[268]

268 상세한 내용은 이영란, 《구속적부심사제도에 관한 연구》, 198-200면, 당시의 신민당안의 원문은 이영란, 《구속적부심사제도에 관한 연구》, 344-350면에 수록되어 있다.

위와 같은 제3공화국 헌법하에서 인신보호법의 제정이 수포로 돌아간 이후에도 인신보호법의 제정노력이 소멸한 것은 아니었다. 1999년 결성된 대통령자문기구인 사법개혁추진위원회는 인신보호법의 제정을 결의하였다. 당시 제안된 인신보호법의 주요 내용은 ① 청구권자를 무제한으로 하고 청구요건은 보충성의 원칙에 의하여 상당한 기간 내에 구제목적을 달성할 수 없음이 명백한 경우에 한하여 청구할 수 있도록 하였으며, ② 청구형식은 서면으로 청구하는 것과 변호사강제주의를 원칙으로 하되, 변호사를 선임할 수 없는 사정을 소명한 경우 청구자의 직접청구가 가능하도록 하였고, ③ 관할 법원은 피구금자 등 청구자의 소재지 관할 법원, 지원의 합의부로 하고 심리절차는 예비절차를 거치도록 하는 것이었다.[269]

2) 인신보호법의 제정 경위

(1) 발의

(가) 발의의 배경 및 취지

1998년 충남 연기군 '양지마을'사건[270]이나 1987년의 부산 '형제복지원' 사건[271] 등과 같은 사인에 의한 인신구속으로 인한 인권유린사건 등이 인권단

---

269 《민주사회를 위한 사법개혁—대통령자문위원회 보고서》, 사법개혁추진위원회(2000), 65면 이하 참조.

270 1983년 설립되어 천안, 조치원 등 충남지역의 부랑인 452명을 수용하고 있는 '양지마을'에서 불법감금된 원생들이 양지마을 임직원 등에게 강제노역, 성폭행, 폭행 등의 인권유린행위를 당한 사건. 'PD수첩'에서 보도되어 사회적 이슈가 되었고, 이후 검찰조사를 통해 '양지마을' 이사장에게는 폭행과 노역비 착취, 국고보조금의 횡령 등의 죄가 인정되어 3년형이 선고되었다.

271 형제복지원은 전국 최대의 부랑아 수용시설로, 이곳에서 1987년 3월 22일 원생 1명이 구타로 숨지고 35명이 탈출하는 사건이 발생하면서 형제복지원의 실체가 사회에 알려지게 되었다. 조사 결과 형제복지원은 부랑인 선도를 명목으로 역이나 길거리에서 주민등록증이 없는 사람을 끌고 가서 불법 감금시키고 강제노역을 시켰으며, 저항하면 굶기고 구타하거나 심지어 살해하여 암매장까지 하였다. 이렇게 하여 12년 동안 무려 531명이 사망하였고, 일부 시신은 3-5백만 원에 의과대학의 해부학 실습용으로 팔려나간 것으로 밝혀졌다. 원장은 매년 20억 원의 국고 지원을 받는 한편, 원생들을 무상으로 노역시키고 부실한 식사를 제공하여 막대한 금액을 착복하였다. 또한 자신의 땅에 운전교습소를 만들기 위해 원생들을 축사에 감금하고 하루 10시간 이상의 중노동을 시켰다. 이 사건으로 형제복지원 원장을 비롯한 직원 5명이 구속되었으며, 형제복지원 원장은 1989년 9월 14일에

체와 언론의 주목을 받아 사회문제로 알려졌으며, 알려지지 않은 크고 작은 사례도 많이 존재한다는 문제의식이 생겨났다. 한편, 헌재 2004. 3. 25. 선고 2002헌바104 결정을 계기로 형사절차 이외의 공권력에 의한 인신구속에 대한 구속적부심사제도를 마련하지 않은 것이 헌법에 위반된다는 주장이 대두되었다. 그리하여 2005년 1월 31일 나경원 의원 등 49인으로부터 발의된 인신보호법이 임시국회에 상정되었다.

인신보호법 의안에서는 다음과 같은 제안이유를 밝히고 있다. 이 법안의 제정취지는 체포 · 구속된 피의자에 대해서는 형사소송법의 적부심제도를 통하여 인신구금의 적법성 및 정당성에 관한 법원의 심사를 받을 수 있는 절차를 보장하고 있지만, 행정기관이나 개인에 의하여 설치된 시설에 구금되어 있는 자에 대하여는 위와 같은 구제절차를 두지 아니하여 중대한 인권침해가 발생하고 있으므로 기본권의 하나인 신체의 자유를 실질적으로 보장할 수 있는 기본법을 마련하겠다는 것이다.

(나) 인신보호법 초안의 내용

인신보호법의 적용대상이 되는 "피구금자"라 함은 적법한 절차에 의하지 아니하고 유치장 또는 구치소 등에 구금당하고 있거나 불법 · 부당한 행정처분 등에 의하여 의료시설 · 복지시설 등 단체 또는 개인이 운영하고 있는 수용 · 보호시설에 수용당하고 있는 자를 말한다(안 제2조).

피구금자가 위법 · 부당하게 구금 또는 수용된 때에는 피구금자 · 법정대리인 · 후견인 또는 피구금자와 특별한 관계가 있는 자는 이 법이 정하는 바에 따라 법원에 그 구제를 청구할 수 있다(안 제3조). 법원은 그 구제청구가 제5조에 규정한 요건을 충족하지 못할 때에는 일정한 기간을 주어 보완할 것을 명령하고, 그 기간 내에 보완하지 아니할 경우에는 결정으로 그 청구를 각하할 수 있다(안 제7조). 법원은 구제청구를 받은 즉시구금자, 피구금

2년 6월형이 확정되었다.

자 또는 그 밖의 구제청구자 및 관계자로부터 진술을 듣는 등 구금사유 및 그 밖의 사항에 관하여 필요한 조사를 하여야 한다(안 제9조 제1항).

법원은 직권으로 또는 구제청구자의 청구에 따라 결정으로 제14조의 규정에 따른 판결이 있기 전에 피구금자에게 언제든지 법원의 소환에 응할 것을 서약받고 피구금자의 구금 또는 수용을 임시로 해제할 것을 명할 수 있다(안 제10조). 법원은 피구금자의 신병을 보호하기 위하여 필요하다고 인정하는 때에는 결정으로 피구금자를 현재의 구금시설에서 유치장 · 구치소 · 교도소 또는 그 밖에 적당하다고 인정되는 다른 수용시설로 이송할 것을 명할 수 있다(안 제12조). 법원은 구제청구사건을 심리한 결과 그 청구가 이유가 있다고 인정되는 때에는 판결로 피구금자의 구금을 즉시 해제하도록 하고, 이유가 없다고 판단되는 때에는 이를 기각하여야 한다(안 제14조 제1항). 법원은 구제청구사건의 재판에 소요된 비용의 전부 또는 일부를 구제청구자 또는 구금자에게 부담시킬 수 있다(안 제15조).

이 법률에 따라 구금이 해제된 자는 법원의 판결에 의하지 아니하고는 구제청구의 전제가 된 사유와 같은 사유로 다시 구금 또는 수용하여서는 아니된다(안 제17조). 구금자가 제14조의 규정에 따른 피구금자에 대한 구금해제의 판결에 불구하고 즉시 이를 행하지 아니하거나 제17조의 규정에 불구하고 피구금자를 다시 구금하거나 수용한 때에는 3년 이하의 징역, 7년 이하의 자격정지 또는 3천만 원 이하의 벌금에 처하거나 이를 병과한다(안 제21조).

(2) 법제사법위원회의 법안 검토

인신보호법 의안은 2005년 1월 31일 나경원 의원 등 49인으로부터 발의되어 2005년 2월 1일 법제사법위원회에 회부되었다.

위원회는 검토과정에서, 그동안 정신병자로 취급되어 장기간 사회로부터 격리되거나 부당하게 부랑자 · 윤락녀로 취급되어 보호시설에 수용되는 사건 등이 사회적인 이슈로 다루어지면서 인권의 사각지대에 있는 국민들을 위한 보호방안이 마련될 필요성이 있다는 점에 대해서는 나름대로 국민적 공감대가 형성된 것으로 볼 수 있다고 하여 입법의 필요성은 인정하였다. 그러나 적용범위와 행정소송과의 관계, 입법의 실효성, 법안의 내용 등에 대하여 문제점을 지적하였다.[272]

(3) 법안 심사와 최종 입법안

법제사법위원회는 제269회 국회(정기회) 제14차 위원회(2007. 11. 21)에서 소위원회 심사결과를 검토한 후 인신보호법안을 수정의결하였다.[273]

초안에서 수정된 주요 내용은 다음과 같다.

① 초안의 '구금'이라는 용어를 '수용'로 대체하고, 피수용자의 정의를 포괄적으로 규정하되, 형사절차에 의하여 체포 · 구속된 자, 수형자 및 출입국관리법에 의하여 보호된 자는 제외하였다(안 제2조).

② 다른 법률에 구제절차가 있는 경우에는 상당한 기간 내에 그 법률에 따른 구제를 받을 수 없음이 명백한 경우에 한하여 구제청구를 인정하였다(안 제3조).

③ 구제청구 시 기재사항을 위법 · 부당하다는 사유에서 위법한 사유로 한정하였다(안 제5조).

④ 청구의 각하사유를 명백히 하였다(안 제6조).

⑤ 수용의 임시해제요건을 명확히 하였다(안 제9조).

⑥ 구제청구에 대한 법원의 판단형식을 결정으로 하였다(안 제13조).

⑦ 구제청구에 대한 법원의 결정에 대하여 불복이 있으면 3일 이내에 즉시항고할 수 있도록 하였다(안 제15조).

⑧ 조사를 방해한 수용자에 대한 벌칙규정을 삭제하였다.

⑨ 수용자가 정당한 사유 없이 심문기일에 출석하지 아니한 때에는 결정

272 자세한 내용은 법제사법위원회 수석전문위원 김종두의 2005. 4.자 인신보호법안 검토보고 참조.
273 이하의 내용은 〈인신보호법안 심사보고서〉, 법제사법위원회, 2007. 11.를 참조하였다.

으로 과태료를 부과할 수 있도록 하였다(안 제19조).

⑩ 수용자가 피수용자에 대한 수용해제의 판결에도 불구하고 즉시 이를 행하지 않거나, 재수용 금지 규정에도 불구하고 피구금자를 다시 구금하거나 수용한 때 수용자에 대한 벌칙규정을 삭제하였다.

(4) 의결과 공포

이러한 인신보호법 수정안은 국회의 의결을 거쳐 법률 제8724호로 2007. 12. 21. 제정 · 공포되었고, 부칙에 의하여 6개월 경과한 후인 2008. 6. 22.부터 시행되었다.

3) 인신보호법의 개정

(1) 인신보호법 개정이유

제정 인신보호법은 정신요양원 등 각종 의료 · 복지 · 수용 보호시설에 수용 또는 감금된 사람이 부당하게 인신의 자유를 제한당한 경우 법원에 구제를 청구할 수 있도록 하고 있고, 구제청구자로서 피수용자 본인과 배우자, 가족 등을 규정하고 있었다.

그러나 각종 시설의 피수용자 중에는 가족에 의해 수용된 경우가 많고, 피수용자는 강제구금상태에서 구제청구를 하기 어렵기 때문에 이 법의 실효성 문제가 지적되었다. 그리하여 구제청구자에 수용시설 종사자를 추가하고, 피수용자의 구제청구를 방해하지 못하도록 하는 등 피수용자의 의사를 존중하고 피수용자가 구제청구제도를 보다 쉽게 이용할 수 있도록 하기 위하여, 인신보호법을 2010. 6. 10. 법률 제10364호로 개정하여 2010. 9. 11.부터 시행하고 있다.

(2) 주요 개정 내용

① 피수용자가 부당하게 인신의 자유를 제한당하고 있는 경우 법원에 구제

를 청구할 수 있는 자에 "수용시설 종사자"를 추가하여 신속하고 효율적인 구제청구가 가능하도록 하였다(법 제3조).

② 수용자는 수용을 개시하기 전에 피수용자에게 구제청구를 할 수 있음을 고지하도록 하고, 수용자 및 다른 구제청구자는 피수용자의 구제청구를 방해하지 않도록 하였다(법 제3조의2 신설). 피수용자의 구제청구를 방해한 자는 1년 이하의 징역 또는 1천만 원 이하의 벌금의 형사처벌을 받도록 하였다(법 제18조 제2항).

제4장 우리나라 인신보호법의 해석

1. 총설

드디어 우리나라에서 헌법이 제정된 후 약 60년이 경과한 시점에서 "위법한 행정처분 또는 사인에 의한 시설에의 수용으로 인하여 부당하게 인신의 자유를 제한당하고 있는 개인의 구제절차를 마련함으로써 헌법이 보장하고 있는 국민의 기본권을 보호하는 것을 목적"으로 하는 인신보호법이 제정되어 헌법 제12조 제6항이 형사소송법 이외의 적용영역에서도 법률적 차원에서 구체화되기에 이른다. 앞에서 본 바 대로 2005. 1. 31. 나경원 의원 등 49인으로부터 발의된 인신보호법 의안은 2005. 2. 1. 법제사법위원회에 회부된 후 수정과정을 거쳐 2007. 12. 21. 법률 제8724호로 제정 · 공포된 후 2008. 6. 22.부터 시행되었다. 그 후 인신보호법은 2010. 6. 10. 법률 제10364호로 개정되어 2010. 9. 11.부터 현행 인신보호법이 시행되고 있다. 이러한 인신보호법의 역사적인 제정과 시행은 높이 평가되어야 마땅할 것이나, 입법과정에서 관계 당국 사이의 반대의견에 부딪혀 특히 구제범위와 관련하여 위헌적인 요소가 일부 포함되어 있는 것은 아쉬움으로 남는다.

인신보호법에 의한 구제절차의 기본이념은 신체의 자유를 사법기관에 의하여 신속하고 용이하게 회복시키는 것에 있다. 만일 신속성의 요구를 도외시하면 신체의 자유의 회복은 관련 행정소송이나 민사소송과 같은 원인관계에 대한 소송 등을 통해서도 구제될 수 있기 때문에 인신보호절차의 존재의의는 반감될 것이다. 인신보호절차는 신체의 자유가 제한되고 있는 상황을 전제로 하는데, 헌법 제12조 제6항에서는 구속이라는 용어를 사용하고 있으나 인신보호법은 수용이라는 용어를 사용하고 있는 것이 특이하다. 그리고 현행 인신보호법에는 다소 논란이 될 수 있는 보충성의 원칙에 대하여 규정하고 있다.

우리나라의 인신보호법에 따른 인신보호절차는 다음과 같이 요약할 수 있다. 첫 번째 단계는 구제청구의 제기 단계이다. 구제청구자는 피수용자, 그 법정대리인, 후견인, 배우자, 직계혈족, 형제자매, 동거인, 고용주가 된다. 구제청구의 관할은 피수용자 또는 수용자의 주소, 거소, 현재지 관할 법원 또는 지방법원의 단독판사가 된다. 구제청구자격이 없는 경우, 구제청구서 기재사항의 불비, 청구의 보충성 위반, 구제청구가 기각된 후 다시 청구한 경우 등에는 구제청구가 각하될 수 있고, 구제청구를 접수한 재판부는 직권 또는 신청으로 사건심리에 적당한 다른 법원에 이송할 수 있다.

다음으로 사건의 심리 단계이다. 법원은 구제청구를 각하하는 경우를 제외하고는 즉시수용의 적법 여부, 수용계속의 필요성에 대한 공개법정에서 심리를 개시하여야 하고, 심리는 공개되어야 한다. 영미법상의 인신보호영장이 발부된 것과 같이 수용자는 심문기일에 피수용자를 출석시키고 답변서를 제출할 의무를 부담한다. 심리에 필요하면 전문가의 진단 소견 · 의견조회를 실시하기도 한다.

마지막으로 종국결정 단계이다. 구제청구가 이유 없으면 청구를 기각하고, 이유 있으면 수용해제 결정을 하게 되고 이때 재수용은 금지된다. 비용은 전부 또는 일부를 구제청구자 또는 수용자에게 부담시킨다. 위 결정에 대해서는 3일 이내 즉시항고할 수 있다.

이하에서는 위에서 개관한 인신보호법의 기본이념과 요건 및 그 절차에 대한 해석론을 순서대로 전개하고자 한다.

표13 인신보호절차 흐름도

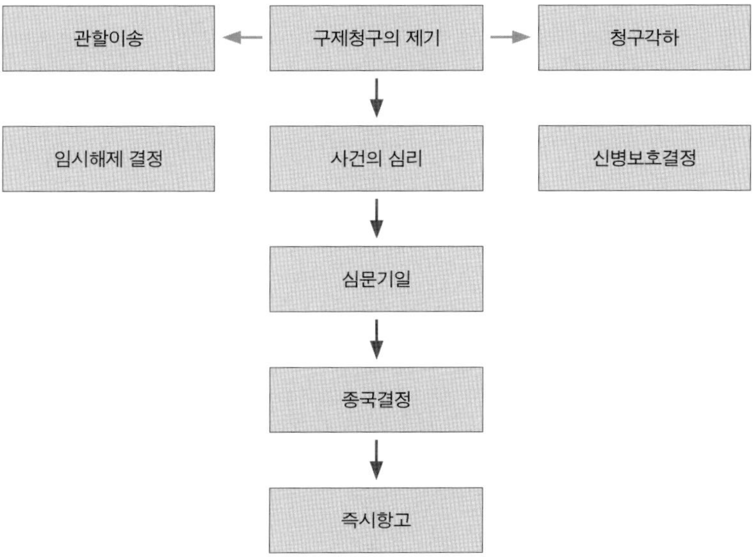

2. 인신보호법의 기본이념과 요건

2.1. 인신보호법의 기본이념으로서 신속성

2.1.1. 신속한 구제

구속적부심사제도는 국민으로 하여금 현재 부당하게 침탈되고 있는 신체의 자유를 사법기관에 의하여 신속하고 용이하게 회복시키는 것을 목적으로 하는 제도이다. 따라서 이에 관한 일반법으로서의 인신보호법은 신속성의 요구가 제1차적인 목적이 되어야 한다. 우리나라의 인신보호법은 신속한 구제가 인신보호법의 기본이념이라는 점을 명문으로 밝히지는 않았지만 인신보호절차의 성격상 신속성의 요구는 당연한 것이다. 인신보호법과 인신보호규칙은 이러한 요구를 반영하여, 구제청구가 제기되면 '지체 없이' 심리를 개시하도록 하고(법 제8조), 특별한 사정이 없는 한 2주일 이내에 심문기일을 열도록 하며(법 제10조, 규칙 제10조), 구제청구에 대한 상소는 3일 이내의 즉시항고로 하고(법 제15조),[274] 입증도 증명이 아닌 소명으로 갈음하게 하고 있다.

한편, 인신보호사건의 처리에 관한 예규(2011. 7. 22. 개정 재판예규 제1342호) 제9조 제1항은 간이통지방식을 채택하고 있다. 인신보호규칙 제8조 제1항에 따른 예상비용산정서의 제출 고지, 제8조 제2항에 따른 비용통지, 제10조에 따른 심문기일의 통지, 제13조 제2항에 따른 보호 · 감호에 필요한 사항의 고지 등은 서면 이외에 구두 · 전화 · 모사전송 · 전자우편 · 휴대전화 문자전송 그 밖에 적당한 방법으로 할 수 있다. 위 규정에 따라 통지한 때에는 사후에 통지 여부, 통지한 내용 등을 확인할 수 있도록 법원사무관 등은 그 방법, 날짜, 통지한 내용 등을 기재한 서면을 구제청구사건기록에 첨부하여야 한다(예규 제8조 제2항). 위 간이통지방식은 구제청구절차의 각종 통지가 신속하게 이루어질 수 있도록 하기 위한 것으로 신속성의 요구를 반영하여 채택된 것이라 할 수 있다.[275]

참고로 일본의 인신보호법은 제1조에서 "이 법률은 …… 국민으로 하여금 실제로 부당하게 빼앗기고 있는 인신의 자유를 사법재판에 의해 신속하고 용이하게 회복하게 하는 것을 목적으로 한다"고 규정하고, 제6조에서는 인신보호청구는 신속하게 재판하여야 한다고 규정하여 신속성을 인신보호법의 기본이념으로 명시하고, 인신보호규칙 제2조는 인신보호청구에 관한 심리 및 재판은 사건수리의 전후에 관계없이 다른 사건에 우선하여 신속하

274 이때 원심법원은 항고장을 받은 날로부터 3일 이내에 항고법원에 항고기록을 송부하도록 규정하고 있다(규칙 제17조).

275 《인신보호제도 해설》, 법원행정처(2008), 18면 참조.

게 하여야 한다고 규정하고 있다. 그리고 인신보호청구가 있는 날부터 1주일 이내에 심리가 개시되어야 하고(제12조 제4항), 상소기간도 3일로 하고 있으며(제21조), 입증도 증명이 아니고 소명으로 족하다.

2.1.2. 구제의 신속성과 적절성과의 관계-위법의 현저성 문제

이렇게 인신보호법에 의한 구제에는 신속성이 요구되기 때문에 구제청구에서의 판단의 범위가 제한되어야 하는 것은 아닌지 의문이 있을 수 있다. 즉 신속성이 요구되기 때문에 중요한 또는 복잡한 논점은 당연히 인신보호절차에서 판단할 수 없는 것이라고 하여야 한다고 생각할 수도 있는 것이다. 일본에서는 이 문제가 위법의 현저성 문제로 다루어지고 있다.

일본 인신보호규칙 제4조 전단은 "법 제2조의 청구는 구속 또는 구속에 관한 재판 혹은 처분이 그 권한이 없거나 법령이 정한 방식 혹은 절차에 두드러지게 위반하고 있는 것이 현저한 경우에 한하여 이를 할 수 있다"고 규정하고 있다. 그런데 일본 인신보호법 제2조 제1항은 "법률상 정당한 절차에 의하지 않고 신체의 자유가 구속되어 있는 자는 이 법률이 정하는 바에 따라 그에 대한 구제를 청구할 수 있다"고 규정하고 있을 뿐, 명문으로 "위법의 현저성"을 요구하고 있지 않다. 여기에서 인신보호법 제2조 제1항과 인신보호규칙 제4조의 관계가 논란이 되고 있는 것이다.

일본의 최고재판소는 인신보호절차에 신속성이 요구되기 때문에 그 심리대상이 중요하거나 복잡한 것은 본래의 행정소송이나 민사소송 등 원인관계 소송에서 다투어져야 하고, 인신보호절차에서 판단할 수 없는 것이라고 생각한다. 이러한 사고방식 아래에서 최고재판소는 인신보호규칙 제4조가 인신보호법 제2조에 반하는 것이 아니라는 전제 위에 "위법의 현저성"을 실체적인 본안요건(청구를 이유 있게 하는 요건)으로 해석하고 있다. 그 이유는 인신보호제도가 민사 또는 형사재판과는 달리 비상응급적인 특별한 구제방법이기 때문이라고 한다. 이에 관한 판단이 있었던 최초의 사건은 극동

국제군사재판소 및 그 밖의 연합국 전쟁범죄 법정에서 유죄가 선고된 후 일본국과의 평화조약(1952년 조약 제5호) 제11조 및 평화조약 제11조에 의한 형의 집행 및 사면 등에 관한 법률(1952년 법률 제103호)을 근거로 연합국 최고사령관으로부터 스가모(巣鴨)형무소장에게 인도되어 그 형무소에 구금되어 잔형을 집행당하고 있던 피구속자들이 위 근거조문들의 위헌성 등을 주장하면서 인신보호법에 기하여 피구속자들의 석방을 동경고등재판소에 청구하였던 사건이다.[276] 그 이후에도 최고재판소는 외국인 퇴거강제영서의 집행에 의해 입국수용소에 구속되어 있는 자와 관련된 사건,[277] 유아인도를 청구하는 사건,[278] 정신병원에 강제로 입원된 자와 관련된 청구[279] 등에서 인신보호규칙 제4조 본문을 인신보호청구의 본안요건으로 해석하였다.

그리하여, 실무에서는 위법이 현저하다는 것을 서면 등 신속·용이한 소명방법에 의한 조사에 의하여 재판소가 구속의 위법성을 곧바로 판단할 수 있는 경우로 이해하고 있다.[280] 정신질환자가 보호의무자의 동의에 의하여 정신병원에 수용된 경우를 예로 들면, 입원에 관하여 적법하게 선임된 보호의무자의 동의가 없는 경우 또는 피구속자가 정신장애자이고 그 진료 또는 보호를 위하여 입원의 필요가 있다고 하는 진단에 일견 명백한 오류가 있다고 인정되는 경우에 한정하여 그 구제가 허용된다. 진단의 당부에 관해서는 담당의사가 그 자격이 없든지 또는 제3자와 통모하여 다른 목적을 위하여 피구속자를 구속했을 것이라는 등 위 진단이 의학적 상식을 일탈한 목적 또는 방법에 의한 것이라는 소명이 있고, 그 결과 위 진단에 기하여 피구속자를 구속하는 것이 허용되지 않는 경우에 비로소 구속의 위법성이 현

276 最高裁 昭和 29(1954)年 4月 26日 大法廷 決定,《民集》8巻 4号 848頁.

277 最高裁 昭和 30(1955)年 9月 28日 大法廷 判決,《民集》9巻 10号 1,453頁.

278 最高裁 昭和 33(1958)年 5月 28日 大法廷 判決,《民集》12巻 8号 1,224頁.

279 最高裁 昭和 46(1971)年 5月 25日 判決,《民集》25巻 3号 435頁.

280 東京地方裁判所民事第九部人身保護研究会,〈東京地裁における最近の人身保護請求事件の処理状況〉, 5頁.

저하다고 해석한다.[281]

그러나 위와 같이 최고재판소가 "위법의 현저성"을 요구함에 따라 권력적 구속으로부터의 해방 및 기본적 인권인 인신의 자유의 보장이라는 인신보호절차의 기능이 제대로 작동하지 않게 되었고, 위법의 현저성을 요구하는 것은 구속의 근거가 되고 있는 법률의 합헌성의 심사에 소극적인 태도를 초래하는 주된 원인이 되었다.

위와 같은 일련의 최고재판소의 판결에 소수의견이 없는 것은 아니다. 소수의견 중에는 청구인의 주장 자체로 보아 구속의 위법성이 현저한 경우이어야 한다는 의미에서 인신보호규칙 제4조를 형식적 요건(청구를 적법하게 하는 요건)을 정한 것으로 해석하고 있다.[282]

한편, 학설은 인신보호규칙 제4조에 대하여 무조건 유효설, 완전무효설, 실질적 제한을 지향하는 설 등으로 나뉘어 있기는 하지만, 규칙 제4조는 인신보호법 제2조를 제한하는 것으로서 규칙제정의 범위를 넘어 무효라는 주장이 통설이고,[283] 일본에서 비록 '제약적인 운용'이 정착되었고 인신보호제도의 존재 의의가 간과되어 있더라도 제도 활성화의 길을 열 것을 촉구하고 있다.[284]

우리나라의 인신보호법령은 일본과는 달리 위법의 현저성을 요구하는 명문의 규정이 없으므로, 인신의 자유의 회복이라는 인신보호절차의 가장 큰 목적의 달성을 방해하는 일본 최고재판소와 같은 해석론이 제기되기 어렵다. 또한 구제의 신속성과 적절성이 반드시 양립이 불가능한 가치인가도

---

281 위 最高裁 昭和 46(1971)年 5月 25日 判決 참조. 이에 대하여 입원의 필요성과 같은 강제입원의 실체적 요건에 대해서도 심리를 하여야 할 것이라는 견해가 있다〔竹中 勳, 〈情神醫療と人身保護請求〉, 《ジュリスト》No. 840, 有斐閣(1985. 7.), 56면〕.

282 예를 들면, 最高裁 昭和 30(1955)年 9月 28日 大法廷 判決의 裁判官 藤田, 池田의 소수의견. 이에 대하여 위 소수의견은 해석의 범위를 넘는 것이고, 인신보호규칙 제4조는 인신보호법 제2조에 반하는 것으로서 무효라고 할 수밖에 없다는 견해가 있다〔田中英夫, 〈人身保護節次〉, 422頁〕.

283 長沢正範, 〈人身保護法による精神病院不当強制入院'患者'の救済—その現状と批判〉, 90頁.

284 齊藤小百合, 〈人身保護請求〉, 262頁.

의문이다. 따라서 심리대상이 되는 인신의 자유의 제한이 얼마나 신중한 절차로 이루어진 것인지, 신속한 절차의 진행이 인신의 자유의 확보에 얼마나 중요한 것인지 등 제반사정을 고려하여 구제의 신속성과 적절성이라는 양 가치를 형량하여 제도를 탄력적으로 운영하여야 할 것이다.[285]

따라서 구제가 되더라도 늦어지면 실질적으로 의미가 없거나 적어지는 유형의 사건에서는 신속성을 강조하고, 정신병원에의 강제입원의 경우와 같이 어떤 쟁점을 판단대상에서 제외시키면 구속을 그대로 계속하는 것으로 되어 버리는 경우에는 다소 시간이 걸리더라도 이 쟁점에 대하여 판단을 행해야 할 것이다.

2.2. 인신보호청구권의 전제요건으로서의 구속-수용

2.2.1. 인신구속의 개념과 인신보호법의 규정내용

신체의 자유는 신체적 거동의 자유로서, "신체의 안정성이 외부로부터의 물리적인 힘이나 정신적인 위험으로부터 침해당하지 아니할 자유와 신체활동을 임의적이고 자율적으로 할 수 있는 자유"를 말하는 것이다.[286] 이러한 신체의 자유의 제한 내지 침해의 유형을 헌법 제12조 제1항에서는 체포 · 구속 · 압수 · 수색 · 심문 · 처벌 · 보안처분 또는 강제노역으로 예시하고 있다.

그런데 인신보호법 제2조 제1항 본문에서는 헌법 제12조 제1항 제1문에 규정된 체포 · 구속에 대한 대응하는 개념으로 '수용'이라는 용어를 사용하고 있다. 그러면서 피수용자를 "자유로운 의사에 반하여 수용시설에 수용 · 보호 또는 감금되어 있는 자"라고 정의하고 있다. 참고로 일본 인신보호법은 신체의 자유의 제한 내지 침해에 대하여 '구속'이라는 용어를 그대로 사용하면서, 인신보호규칙(2006. 7. 28. 최고재판소규칙 제11호로 개정된 것) 제3조에서는 구속을 "체포, 억류, 구금 등 신체의 자유를 빼앗거나 제한하

285 田中英夫, 〈人身保護節次〉, 420頁.

286 헌재 1992. 12. 24. 선고 92헌가8 결정.

는 행위"라고 정의하고 있다.

원래 나경원 의원 등이 발의한 인신보호법 초안 제2조 제1항에서는 '피수용자'라는 용어 대신 '피구금자'라는 용어를 사용하면서, ① 적법한 절차에 의하지 않고 유치장 또는 구치소에 구금된 자(제1호), ② 부당한 행정처분에 의하여 일정한 구금시설에 수용된 자(제2호), ③ 개인 또는 민간단체가 운영하고 있는 사설시설에 불법 · 부당하게 수용된 자(제3호) 등 세 가지로 분류하여 열거하고 있었다. 그러면서 위 초안 제3조 단서에서는 "다만, 형사소송법 제201조 또는 제214조의2의 규정에 따라 영장실질심사 또는 구속적부심을 청구할 수 있는 피의자 및 그 밖의 법률에 따라 법관의 결정으로 구금 · 유치 · 보호처분 · 감호위탁 또는 치료 위탁된 자는 그 청구를 할 수 없다"고 규정하고 있었다. 그런데 입법과정에서 법무부는 형사절차에 의한 구금은 형사소송절차에 따라 구제받는 것이 타당하고 정신보건법과 같이 개별법에서 구제절차를 정하고 있는 경우 별도로 법률에 구제절차를 두는 것은 중복 입법에 의한 혼란을 초래할 우려가 있으므로, 다른 법률에 구제절차가 있는 경우에는 인신보호법에 의한 구제청구를 할 수 없도록 해야 한다고 주장하였다.[287] 그리하여 인신보호법의 적용범위가 행정처분이나 사인에 의한 수용에 한정됨에 따라 '구금'이라는 용어 대신 '수용'이라는 용어가 사용된 것이다.[288]

자유로운 의사에 반하여 신체적 거동이 제한되고 있다면 명칭의 여하를 불문하고 구제의 대상이 되는 수용에 해당된다. 실정법에 규정된 명칭에 현혹되지 말고 또 그 동기에 구애받지 말고, 그 실질에 의하여 특히 감금이 수반되는지 여부에 의하여 인신구속에 해당하는지 여부를 살펴보아야 한다. 폐쇄된 시설에의 수용뿐만 아니라 폐쇄되지 않은 시설에의 수용일지라도 시설관리자가 피수용자를 일정한 시설에 가두고 탈출을 제지하는 권한을

287 《인신보호제도 해설》, 9-10면 참조.
288 《인신보호제도 해설》, 11면 참조.

부여받고 있는 경우에는 사실상 탈출의 가능성이 다소 있더라도 구속에 해당한다고 보는 것이 타당하다.[289]

특히 '보호'는 사전적으로는 "위험이나 곤란 따위가 미치지 않도록 잘 보살펴 돌봄"이라고 정의되므로, 어감상 신체의 자유의 박탈 내지 제한을 의미하는 구속과는 거리가 멀다고 느껴질 수 있다. 그러나 출입국관리법상 외국인 보호는 외국인보호실 · 외국인보호소 기타 법무부장관이 지정하는 장소에 수용하는 것으로 신체의 자유를 박탈하는 것이므로, 전형적인 인신구속에 해당한다. 또한 병원과 같은 치료시설 또는 복지시설에의 수용도 감금이 수반되는 한 그것이 경찰행정적 관점으로부터 공공의 안녕질서의 유지를 위하여 행해진 경우뿐만 아니라 복지행정적 측면으로부터 치료를 위하여 행해졌더라도 구속에 해당한다고 보아야 한다.

2.2.2. 자유로운 의사에 반하는 수용

인신보호법 제2조 제1항 본문에서 보는 바와 같이 신체의 자유의 박탈 내지 제한인지의 여부는 그것을 받은 자의 '자유로운 의사'에 반하는지 여부가 관건이 된다.[290] 스스로 자신의 정신질환을 자각하여 자의로 정신병원에 입원한 것처럼, 비록 신체적 거동이 자유롭지 않게 되었더라도 그것이 본인의 자유로운 의사에 기하여 원해서 이루어진 것이라면 신체의 자유의 제한 내지 침해라고 볼 수 없으므로, 그러한 자의입원을 두고 체포나 구속이라고 할 수는 없을 것이다.

그런데 '자유로운 의사'에 기한 것인지 여부는 의사능력이 있다는 것을 전제로 하는 것이다. 여기에서 말하는 의사능력은 자기의 상황을 인식하고 장래를 예측하여 적절한 판단을 하는 데 충분한 능력이라 할 수 있다.[291] 따

289 같은 취지, 정형근, 〈인신보호법에 관한 연구〉, 《인권과 정의》 제390호, 대한변호사협회(2009. 2), 90면.
290 참고로 일본의 인신보호규칙 제5조도 피구속자가 자유롭게 표시한 의사에 반하여 인신보호청구를 할 수 없도록 규정하고 있다.
291 最高裁 昭和46(1971)年 2月 9日 判決, 《最高裁判所 裁判集 民事》 102号 157頁.

라서 정신질환이 심각한 환자를 입원시키거나 유아를 감호하는 것은 당연히 신체의 자유를 제한하는 행위가 수반되는 것이기 때문에 입원절차나 감호방법의 당·부당 또는 애정에 기한 것인가 아닌가에 상관없이 구속에 해당한다.[292] 반면에 미성년자라도 의사능력을 가진 경우에는 구속의 요건을 갖추지 못한 것이 된다. 다만 자유의사에 기한 것으로 보이더라도 의사능력이 없는 때부터 정당한 권한을 가지고 있지 않는 구속자와 함께 생활하면서 정당한 권한을 가진 자에 대한 적개심이 심어지는 등 자유의사에 기해서 거기에 머물고 있다고 할 수 없는 특별한 사정이 있는 경우에는 구속에 해당한다고 하여야 할 것이다.[293] 나아가 구속을 개시했던 구속자가 그 후에 피구속자의 감호를 제3자에게 맡겨 현실적으로 감호는 제3자가 행하고 있는 경우에도 구속자가 구속의 주체성을 잃지 않는다고 보아야 할 것이다.[294]

미성년자라도 언제부터 의사능력이 있다고 볼 것인가의 판별기준에 관하여, 가장 중요한 척도는 역시 나이가 될 것이나 성장 정도 등이 사람마다 다르기 때문에 개별 사안마다 제반사정을 종합적으로 판단할 필요가 있다. 구체적으로 어떻게 판별할지의 문제는 향후 판례나 실무가 축적되어야 알 수 있을 것이다. 참고로 일본의 판례나 하급심 재판례를 살펴보면 10세 정도를 잠정적인 표지로 하여 제반 사정을 고려한다.[295] 最高裁判所 昭和61(1986)年 7月 18日 判決에서는 11세 10개월(소학교 6학년)의 자에 대하여

292 最高裁 昭和43(1968)年 7月 4日 判決, 《民集》 22巻 7号 1441頁 참조.

293 最高裁 昭和61(1986)年 7月 18日 判決, 《民集》 40巻 5号 991頁. 일본에서는 인신보호절차로써 자녀의 인도청구가 빈번히 행해지고 있는바, 위 판례는 감호권을 가지지 않는 자의 감호 아래 있는 어린이가 현재 의사능력을 가지고 그 감호를 수용함과 아울러 감호권을 가지는 사람의 감호에 복종하는 것을 반대하고 있다고 하더라도 의사능력이 전혀 없는 당시부터 계속해서 감호권자에 대한 혐오와 공포의 생각을 갖도록 철저히 가르쳐 온 결과 위와 같은 의사를 밝히고 있는 것이라면 구속에 해당한다는 취지이다.

294 最高裁 昭和56(1981)年 11月 19日 判決, 《判例時報》 1024号 54頁 참조.

295 東京地方裁判所民事第九部人身保護研究会, 〈東京地裁における最近の人身保護請求事件の処理状況〉, 5頁. 이하의 재판례도 거기에서 인용한 것이다.

의사능력이 있는 것을 전제로 판단하고 있다. 또한 大阪地方裁判所 平成2(1990)年 9月 7日 判決에서는 종교단체에 빠진 모가 세 명의 자를 데리고 들어간 사안에서 8세 4개월의 자에 대해서는 의사능력이 없는 것으로 보았고, 12세 8개월의 자(위 종교단체에 들어갈 당시 11세 4개월 전후)에 대해서는 最高裁判所 昭和61(1986)年 7月 18日 判決에서 말하는 특별한 사정이 있어 예외적으로 구속상태에 있다고 판단하였고, 14세 9개월의 자(위 종교단체에 들어갈 당시 13세 5개월 전후)에 대해서는 의사능력을 가졌다고 하였고, 최고재판소도 이를 수긍하였다〔最高裁判所 平成2(1990)年 12月 6日 判決〕.

2.2.3. 수용시설에의 수용

인신보호법은 현실적으로 수용시설에 어떤 사람을 수용하여 그 신체의 자유를 박탈 · 제한하는 행위가 있으면, 그 행위가 공권력에 의한 것이든 사인에 의한 것이든 관계없이 피수용자 등은 법원에 대하여 인신보호청구권을 행사할 수 있다고 규정하고 있다.

인신보호법 제2조 제1항 본문에 의하면, 수용시설은 국가, 지방자치단체, 공법인 또는 개인, 민간단체 등이 운영하는 의료시설 · 복지시설 · 수용시설 · 보호시설을 말한다. 법률의 규정에 근거하여 설치된 시설은, 유치장과 구치소뿐만 아니라 아동복지법 제16조 제1항에 따른 아동복지시설, 장애인복지법 제58조 제1항에 따른 장애인복지시설, 정신보건법 제3조 제3호 내지 제5호에 따른 정신의료기관 · 정신질환자 사회복귀시설 및 정신요양시설, 부랑인의 보호 및 재활을 목적으로 사회복지사업법 제34조 제1항 또는 제2항에 따라 설치된 사회복지시설, 노인복지법 제32조 제1항에 따른 노인주거복지시설과 제34조 제1항에 따른 노인의료복지시설, 성매매방지 및 피해자보호 등에 관한 법률 제5조에 따른 성매매피해자 등을 위한 지원시설, 가정폭력방지 및 피해자보호 등에 관한 법률 제7조에 의한 보호시설, 보호관찰 등에 관한 법률 제67조에 따라 갱생보호사업의 허가를 받은 자가 갱생보호사업을 위하여 설치한 시설, 마약류관리에 관한 법률 제40조에 따른 치료보호기관 등이 있다.

인신보호법 제2조 제1항 본문은 법률의 규정에 근거하여 설치된 시설에 한정되지 않으므로, 수용시설이기만 하면 법률적 근거가 없이 설치 · 관리되는 시설이라도 수용 · 보호 또는 감금 등을 통해 신체의 자유를 제한하고 있다면 인신보호법의 적용대상이 된다.[296]

수용시설이 정확하게 무엇을 말하는지 그 개념과 범위에 대해서는 논란이 있을 수 있다. 사전적으로 시설이라고 함은 '베풀어서 설비한 구조물'이다. 따라서 수용시설은 수용 · 보호 또는 감금 등을 목적으로 그 용도에 맞게 설비된 구조물이 된다. 만일 이를 엄격히 해석한다면 신체의 자유가 제한되고 있음에도 인신보호절차에 의한 구제를 받지 못하는 경우도 생길 수 있다. 그러므로 특히 공권력에 의한 수용의 경우에는 가급적 인신보호절차가 적용될 수 있는 방향으로 해석하는 것이 누구든지 구속적부심사를 청구할 수 있도록 규정한 헌법 제12조 제6항에 합치하는 해석이 될 것이다.[297]

이렇게 수용시설에서의 수용이 인신보호법에 의한 구제절차의 요건이므로, 영미법에서 상당한 비율로 이용되고 일본법에서는 거의 대부분을 차지하는 사건유형인 자녀의 인도청구를 둘러싼 인신보호절차는 거의 이용될 수 없다고 생각된다. 예컨대 부모가 이혼한 경우 자녀를 감호하는 한쪽으로부터 다른 한쪽이 자녀를 데리고 와 수용시설에 수용하는 특별한 경우가 아닌 한 자신의 주거지에 두는 것만으로는 수용시설에서의 수용이라고 볼 수 없기 때문이다.[298] 사실 헌법 제12조 제6항은 공권력에 의한 인신구

296 《인신보호제도 해설》, 11면.

297 여기에서 '시설'의 의미를 개인의 주거 내에 타인을 그의 의사에 반하여 사실상 감금하고 있는 경우도 포함하는 것으로 확대해석하는 견해가 있다〔이호중, 〈인신보호법의 제정의미와 활용성〉, 《형사정책》 제21권 제1호, 한국형사정책학회(2009. 9), 304면〕. 또한 같은 맥락에서 인신의 자유를 제한하는 모든 곳으로 해석하는 견해도 있다〔정형근, 〈인신보호법에 관한 연구〉, 93면〕.

298 이와 반대되는 견해로는, 신권철, 〈정신질환자의 강제입원과 퇴원: 인신보호법상 구제요건을 중심으로〉, 《저스티스》 제113호, 한국법학원(2009. 10), 230면.

속에 대한 보호절차를 원래의 보장범위로 하고 있기 때문에 자녀의 인도를 목적으로 한 청구를 인신보호절차의 보호범위에서 제외하더라도 위헌이라고 단정할 수 없다. 또한 가사소송법은 자의 양육에 관한 처분과 그 변경에 관한 사항을 마류 가사비송사건으로 분류하고, 가사소송법 제62조 제1항에서는 가사사건의 소의 제기, 심판청구 또는 조정의 신청이 있는 경우 가정법원 · 조정위원회 또는 조정담당판사는 사건의 해결을 위하여 특히 필요하다고 인정한 때에는 직권 또는 당사자의 신청에 의하여 관계인의 감호와 양육을 위한 사전처분을 할 수 있도록 규정하고 있으므로 어느 정도 신속한 구제가 가능하다. 더구나 가사소송절차에서는 가사조정위원이나 가사조사관 등 전문적인 인력을 동원할 수 있어 인신보호절차보다 타당한 판단을 하기에 유리한 구조를 가지고 있다. 한편, 인신보호청구와 가사소송절차는 소송물이 다르기 때문에 기판력이 미치지 않아 양립 불가능한 것은 아니나, 자녀의 인도청구는 그 배후에 있는 이혼문제 등 부모 사이의 분쟁을 제거하지 않으면 최종적인 해결이 될 수 없다는 점을 고려하면 자녀의 인도청구를 인신보호절차에서 배제하는 것을 수긍할 수 있다.[299]

2.2.4. 인신보호법 제2조 제1항 단서의 위헌성

인신보호법 제2조 제1항 단서에서는 형사절차에 따라 체포 · 구속된 자, 수형자 및 출입국관리법에 따라 보호된 자는 피수용자의 범위에서 제외하고 있으므로, 이러한 자는 인신보호법에 의한 구제대상에서 배제되고 있다.

형사절차에 따라 체포 · 구속된 자는 형사소송법의 구속적부심사 조항에 헌법 제12조 제6항에서 보장된 구속적부심사청구권이 구체화되어 있을 뿐만 아니라 헌법상의 요구 수준을 상회하는 법관대면권까지 보장하고 있기 때문에 인신보호법의 구제대상에서 제외되더라도 아무런 문제가 없다.

299 富田 哲, 〈人身保護請求事件の動向と問題点—最近の最高裁判例から〉, 《行政社会論集 8(1)》, 福島大学(1995. 9), 42頁.

그러나 우리 헌법 제12조 제6항은 '누구든지' 법원에 구속적부심사를 청구할 수 있고 입법자는 법률로써 이를 구체화할 의무가 있으므로, 인신보호법 제2조 제1항 단서가 수형자를 그 적용에서 배제한 것은 위헌이라고 밖에 생각할 수 없다. 헌법재판소가 구속적부심사절차에서 '피의자'라는 청구인적격을 '절차개시요건'이 아니라 '존속요건'으로 규정한 개정 전의 형사소송법 제214조의2 제1항으로 말미암아 검사의 전격기소로 인하여 피의자의 구속적부심청구권이 배제된 것이 위헌이라고 선고한 헌재 2004. 3. 25. 선고 2002헌바104 결정을 상기해 보면 쉽게 그 법리를 알 수 있다.

또한, 출입국관리법에 따라 보호된 자를 적용대상에서 배제한 것이 위헌인지 여부는 헌법 제12조 제6항의 '누구든지'에 외국인이 포함될 수 있는지의 해석에 따라 결론이 달라진다. 그런데 헌법 제12조 제6항의 구속적부심청구권은 신체의 자유에 대한 절차적 보장을 의미하고 신체의 자유라는 기본권의 주체는 국가권력의 영향하에 있는 모든 인간의 권리라고 해석할 수 밖에 없다.[300] 따라서 외국인도 헌법 제12조 제6항의 기본권주체성을 부인할 수 없는 것이다. 그렇다면, 출입국관리법에 따라 보호된 자를 인신보호법상 구제대상에서 배제한 것도 위헌이라고 해석할 수밖에 없다.

이러한 결론은 이미 앞에서 살펴본 바와 같이 영미법과 일본법에서는 수형자와 출입국관리법에 따라 보호된 자의 인신보호청구를 배제하는 아무런 규정이 없을 뿐만 아니라 그들의 청구가 빈번히 이루어지고 있다는 점에 비추어 보아도 명백하다.

2.3. 보충성의 문제

2.3.1. 인신보호법의 규정내용

인신보호법 제3조 단서는 다른 법률에 구제절차가 있는 경우 상당한 기간 내에 그 법률에 따른 구제를 받을 수 없음이 명백하지 않으면 인신보호법

300 장영수, 《헌법학》 제6판, 홍문사(2011), 604면.

상의 구제청구를 할 수 없다고 규정하고, 제6조 제1항 제3호에서는 법원이 다른 법률의 구제절차에 따른 구제를 받을 수 있음이 명백함에도 불구하고 구제청구를 한 경우 결정으로 각하할 수 있도록 규정하고 있다. 구제청구의 보충성을 명문화한 것이다.

구제청구의 보충성 규정은 인신보호법 초안에는 없는 규정이었으나, 행정쟁송과 같은 다른 구제절차와의 중복으로 인한 혼란을 없애고 남소를 막아야 한다는 의견이 받아들여져 일본 인신보호규칙 제4조 단서를 참조해 만들어진 것이다.[301]

2.3.2. 영미법과 일본법에서의 보충성

영미법에서 인신보호영장은 원래 국왕의 특권에 속하는 영장(prerogative writ)의 하나로서, 통상적인 구제방법이 적용되지 않거나 적당하지 않다고 인정되는 경우에 한하여 발해지는 예외적인 구제방법(extraordinary remedy)이므로,[302] 그 발급은 궁극적으로는 법원의 재량에 달려 있다. 그러나 오늘날 인신보호영장은 그 재량적 성격을 사실상 잃어서 상소와 같이 다른 절차가 인신보호절차와 동등한 효과를 가지고 있는 경우를 제외하고는 인신보호영장의 청구가 제한되지 않는다.[303]

특히 미국의 연방인신보호법에서 "주법원에서 유죄선고가 확정된 피구금자가 연방법원에 인신보호청구를 하려면 주법상 허용된 구제절차를 경유하여야 한다"고 규정한 것은, 가급적 연방이 각 주의 자율성과 독립성을 존중하여야 한다는 권한배분과 독립성 존중에서 비롯된 것이다.[304]

한편, 일본에서도 인신보호규칙 제4조 단서가 "달리 구제의 목적을 달성하는 것에 적당한 방법이 있는 때에는 그 방법에 의하여 상당기간 내에 구

301 《인신보호제도 해설》, 13면.
302 최경원, 〈영 · 미법상의 인신보호영장제도(하)〉, 37면.
303 田中英夫, 〈人身保護節次〉, 424頁 참조.
304 《인신보호제도 해설》, 13면. 심희기, 〈인신보호법이 나아가야 할 방향〉, 17면 참조.

제의 목적이 달성되지 않는 것이 명백하지 않으면 청구할 수 없다"고 규정하여 보충성의 원칙을 채택하고 있다. 일본의 인신보호절차에서 보충성이란 상소, 재심, 구류취소청구 및 그 밖의 법률상 구제수단이 없거나 그와 같은 수단이 있어도 상당한 기간 내에 구제목적을 달성할 수 없다는 것이 명확하다는 것을 말한다.

이때 구제라 함은 인신보호법 제1조가 "사법재판에 의하여"라고 한 것에 비추어 사법절차를 통하여 재판소에 의하여 부여된 구제를 가리키는 것이고, 법률이 재판소 이외의 기관에 의한 구제를 인정하는 것에 지나지 않는 경우는 적용되지 않는다고 해석하고 있다.[305] 또한 인신보호규칙 제4조 단서가 "상당한 기간 내에 구제의 목적이 달성될 수 없는 것이 명백하지 않으면……"이라고 규정하고 있으므로, 구제가 인신보호법 제1조에 따라 신속하고 용이하게 행해지는 것이 명백하지 않으면 인신보호절차를 대체할 수 없다고 해석한다.[306] 따라서 행정상 인신구속의 경우 궁극적으로 행정소송을 통해 구제가 가능하더라도 인신보호법에 의한 구제를 받을 수 있게 된다.

2.3.3. 우리나라에서의 보충성

1) 인신보호법 제3조 제1항 단서의 해석

이미 앞에서 충분히 살펴보았지만, 헌법 제12조 제6항은 인신의 구속에 대하여 효과적이고 신속한 사법기관의 구제제도를 마련할 것을 요구하고 있다. 그러한 특별구제제도는 인신구속의 결정에 대한 사후적인 구속적부의 심사를 사법기관인 법원에 청구할 수 있는 제도이어야 하고, 즉각적이고 효율적인 구제제도로서 신속성을 갖추어야 한다. 한편, 앞에서 본 비교법적 고찰을 통해서 보충성이란 다른 구제수단이 인신보호절차와 동등한 효과를 가지고 있는 경우에 적용된다는 점을 확인할 수 있었다.

---

305 田中英夫, 〈人身保護節次〉, 424頁.

306 田中英夫, 〈人身保護節次〉, 424頁 참조.

그렇다면 인신보호법 제3조 단서에서의 "다른 법률에 구제절차가 있는 경우"에서의 구제절차는 사법기관인 법원에 의한 구제절차를 의미하고, "상당한 기간 내에 그 법률에 따른 구제를 받을 수 없음이 명백하다"는 것은 그 구제절차가 신속성의 요구를 충족하는 것이 명백하다는 것을 말한다.

2) 원인관계에 관한 소송과의 관계

예컨대 절도혐의로 구속된 상태에서 형사재판을 받던 피고인에 관련하여 그 구속의 원인관계인 절도죄의 공소사실에 관하여 법원이 무죄판결을 한 다음 형사본안판결이 확정된 경우나 입원명령과 같은 행정처분에 의하여 정신병원에 강제입원되었던 당사자가 그 입원의 원인관계인 정신질환의 존부에 관하여 제기한 행정소송절차에서 그 억류의 원인관계인 질병이 애당초 존재하지 않은 것으로 판명되거나 혹은 치료가 완료되었다고 인정하는 판결을 받고 그 판결이 확정된 경우를 생각해 보자. 이러한 신체의 자유를 제한하는 사안에서 원인관계의 정당성에 대한 다툼이 있는 경우 위와 같은 사법권행사에 관련된 일반적인 헌법규정에 근거하여 법원은 최종적인 사법적 판단을 하게 된다. 이때 법치국가의 원칙상 원인관계를 인정할 수 없다는 취지의 판결이 확정된 경우, 구속 주체인 국가기관 등이 당사자의 신체의 자유에 대한 제한을 더 이상 유지할 수 없음은 당연하다.

따라서 이러한 원인관계에 대한 사법적 절차에 따라 '신체의 자유'를 회복시키기 위하여 우리 헌법제정권자가 헌법 제12조 제6항을 별도로 규정하지는 않았을 것이다. 헌법 제12조 제6항은 당사자가 체포·구속된 원인관계 등에 대한 최종적인 사법적 판단을 구하지 않고도, 체포·구속 자체에 대한 적부 여부를 법원에 청구할 수 있는 절차를 별도로 헌법적 차원에서 보장하는 규정인 것이다.

앞의 예에서, 절도혐의로 구속된 자가 석방될 수 있는 길은 크게 두 가지가 있을 것인데, 그자가 절도혐의로 기소된 후 그 형사재판에서 무죄판결을 받는 경우이거나 그 전이라도 형사소송법에 규정된 구속적부심사를 통해 석방되는 경우이다. 한편, 정신질환자의 강제입원에서도 마찬가지인데 강제입원의 근거가 된 입원명령 취소소송에서 승소하는 경우와 인신보호법에 규정된 구제절차를 통해 수용이 해제되는 경우이다. 이때 절도죄에 대한 형사재판과 입원명령에 대한 취소소송은 그 구속과 수용의 원인관계에 관한 소송으로 서로 대응되는 것이고, 형사소송법상 구속적부심사청구와 인신보호법상 구제청구 역시 서로 대응되는 것이다.

3) 구체적인 검토

위와 같은 이해 아래에서 인신보호법상의 보충성의 원칙을 구체적으로 적용해 보면, 형사소송법상의 구속적부심사제도는 보충성의 원칙이 작동한 결과 당연히 인신보호법의 적용대상에서 제외되어야 한다. 그런데 인신보호법 제2조 제1항 본문에서는 형사절차에 따라 체포·구속된 자를 구제대상에서 제외하고, 다시 제3조 제1항 단서에서 보충성의 요건을 규정하여, 같은 내용이 중복되고 있기 때문에 입법기술상의 문제가 있다.

다음으로, 행정상 인신구속에서의 행정쟁송이나 사인에 의한 인신구속에서의 민사소송 등은 인신보호법상의 구제절차를 대체하는 절차로서 보충성의 요건을 충족시키는 것이 아니다. 이들 소송은 원인관계에 대한 소송으로 인신보호법상의 구제절차에 대응하지도 않을뿐더러 신속한 구제절차가 아니기 때문이다. 한편, 행정소송에서의 집행정지는 신속성의 요구를 충족한다고 생각할 수도 있으나 행정소송을 전제로 하고 있다는 점에서 인신보호법상의 구제절차를 대체할 수 없다.

정신보건법상 불복심사청구제도와 같은 개별법에서의 특수한 구제절차는 위법·부당한 인신구속에 대한 신속한 구제수단이다. 그러나 그 결정기관이 어디까지나 행정청이고 사법기관이 아니기 때문에 인신보호법상의 구제절차를 대체할 수 있는 절차가 아니라고 보아야 한다.

2.4. 인신보호절차의 성격과 다른 절차의 준용

인신보호절차의 법적 성격을 어떻게 파악할 것인지는 쉽지 않은 문제이다. 인신보호법도 구제절차 중 인신보호법이 정하지 않은 사항에 대하여 민사소송절차, 형사소송절차, 행정소송절차 중 어떤 절차를 따라야 할지에 대하여 아무런 규정을 두고 있지 않다.

형사소송법상 구속적부심사절차는 형사절차에서의 구속에 관한 것이고 인신보호절차는 행정상 인신구속 등 그것을 제외한 것에 관한 것이라는 점에서 형사절차와 유사하다고 볼 수 있다. 인신보호법상의 구제절차가 형사절차에서의 구속적부심사절차와 유사하고, 인신보호법에 구인, 국선변호인 제도 등 형사절차상의 제도를 두고 있으며, 행정기관에 의한 수용이 수사기관에 의한 구속과 다르지 않다는 점을 감안하면 인신보호법에서 형사소송법을 준용하는 규정을 두는 것이 바람직할 수 있다.

한편, 인신보호법이 행정상 인신구속을 주된 대상으로 하고 그에 대한 구제절차를 규율하는 것이므로, 행정소송절차로 규율하는 것이 좋다고 생각할 수도 있다. 구제절차가 위법한 처분에 대한 불복이라는 성격을 가지고 있어 행정쟁송과 성격이 유사하고, 수용이 위법하게 개시되었으나 수용의 계속이 필요한 경우 사정판결이 가능하다는 점에서 그러하다.[307]

비교법적으로 살펴보면, 미국의 인신보호법제에서 다른 특별한 규정이 없을 때에는 민사소송법을 준용하도록 규정하고 있는 것은 사실이다. 그러나 영미법상 Criminal Procedure는 수사기관이나 검사가 절차를 개시하는 형사사건에 관한 절차이고, 그것이 아닌 모든 절차는 포괄적으로 Civil

307 심희기, 〈인신보호법이 나아가야 할 방향〉, 12-13면에서는, 인신보호법 제정과정에서 법무부는 인신보호절차의 기본성격을 행정소송절차로 설정하려고 하였는데, 그 의도를 ① 행정소송법상 사정판결 조항을 준용하여 수용이 위법하게 개시되었더라도 사정변경을 내세워 구제청구를 기각할 수 있고, ② 구제대상을 위법한 인신구속으로 규정하여 '부당'의 영역을 사법심사의 대상에서 배제할 수 있게 하기 위한 것이라고 추정하고, 이에 대하여 비판하고 있다.

Procedure로 분류하고 있다. 그런데 Habeas Corpus제도는 '국가기관'이 절차를 개시하는 것이 아니라 '일반 당사자(피구속자)'가 당해 절차를 개시하는 것이기 때문에 Civil Procedure의 범위에 속하게 된다. 이런 점을 감안하면 우리의 법제와 다른 미국의 법제를 끌어들여 인신보호법의 기본성격과 그에 따른 준용규정을 도출하는 것은 바람직하지는 않다.

인신보호절차는 기존의 소송절차에서 예정한 사법절차는 아니기 때문에 민사소송, 형사소송, 행정소송 등 기존의 소송절차에 어디에 해당한다고 분명하게 말하기 곤란하다.[308] 그러나 인신보호절차는 위법한 인신구속에 대한 헌법적 정당성을 심사하는 것이 기본적인 소명이므로 헌법적 차원의 특수한 절차로 이해하는 것이 옳다고 생각한다.[309]

인신보호절차의 기본성격을 위와 같이 파악하더라도 인신보호법이 완벽한 소송절차를 모두 포괄하는 법률이 아니기 때문에 다른 소송절차를 준용할 필요가 있다. 개인적으로 인신보호절차가 형사소송법상 구속적부심사절차와 구제대상과 절차상의 구조가 매우 유사하고, 민사소송보다는 법원이 개입할 수 있는 여지가 많으며, 비용부담 등에서 구제청구자에게 유익할 수 있으므로 형사소송절차를 준용하는 것이 바람직하다고 생각한다.

그러나 전문가 진단소견 등의 조회절차 외에는 법원의 직권조사가 제한되어 구제청구자나 수용자 등 관계인의 주장과 소명에 따라 결정이 좌우될 가능성이 크고, 사인에 의한 수용의 경우 법원의 직권 개입이 더욱 제한될 것이며, 재판에 사용된 비용의 부담기준, 결정의 효력 등 민사소송법의 적용이 불가피한 측면이 많다는 점이 입법과정에서 반영되었다. 그리하여, 인신보호규칙 제18조는 "이 규칙에서 정하고 있지 아니한 사항에 대하여는 그 성질에 반하지 아니한 범위 내에서 민사소송의 예에 따른다"고 규정하

308 신권철, 〈정신질환자의 강제입원과 퇴원: 인신보호법상 구제요건을 중심으로〉, 228면.
309 같은 취지, 심희기, 〈인신보호법이 나아가야 할 방향〉, 13면.

게 된 것이다.[310] 한편, 일본의 인신보호규칙 제46조도 같은 취지의 규정을 두고 있다.

3. 구제청구의 제기

3.1. 구제청구의 당사자

3.1.1. 구제청구자

1) 인신보호법의 규정

인신보호법 제2조에서는 피수용자를 "자유로운 의사에 반하여 수용시설에 수용 · 보호 또는 감금되어 있는 자"라고 정의하고, 수용자를 "수용시설의 장 또는 운영자"라고 정의하고 있다. 한편, 제3조에서는 구제청구자를 피수용자, 그 법정대리인 · 후견인 · 배우자 · 직계혈족 · 형제자매 · 동거인 · 고용주 · 수용시설의 종사자 등으로 정하고 있다. 따라서 인신보호법상 구제청구자는 '피수용자'와 '피수용자의 법정대리인 등'으로 나눌 수 있다.

2) 피수용자의 법정대리인 등

인신보호법 제3조는 피수용자 외에도 피수용자의 법정대리인, 후견인, 배우자, 직계혈족, 형제자매, 동거인, 고용주, 수용시설의 종사자도 피수용자의 대리인이 아니라 자기의 이름으로 독립하여 구제청구를 할 수 있도록 규정하고 있다. 구제청구자가 아닌 자가 구제청구를 한 때에는 구제청구가 각하될 수 있다(법 제6조 제1항 제1호). 구제청구자의 범위는 형사소송법상 보석청구인,[311] 체포 · 구속적부심사 청구인[312] 등의 범위를 참조한 것이라고

310 이에 관한 자세한 사항은《인신보호제도 해설》, 40-41면 참조.

311 보석을 청구할 수 있는 자는 피고인, 피고인의 변호인 · 법정대리인 · 배우자 · 직계친족 · 형제자매 · 가족 · 동거인 또는 고용주 등이다(형사소송법 제94조).

312 형사소송법상 구속적부심사를 청구할 수 있는 자는 체포 또는 구속된 피의자 또는 그 변호인, 법

한다.[313] 구체적으로 인신보호법이 형사소송법과 다른 점은 '변호인' 및 '가족'이 없는 대신 '후견인'과 '수용시설의 종사자'가 규정되어 있다는 점이다.

그런데 미국에서는 피구속자는 물론 구속을 불법이라고 생각하는 사람, 피구속자와 일정한 관계가 있는 자(배우자, 부모, 근친자, 후견인, 형제자매, 자, 비공식 대리인), 검찰관 등도 구제를 청구할 수 있다. 일본에서도 피구속자뿐만 아니라 피구속자가 자유롭게 표시한 의사에 반하지 않는 한(일본 인신보호규칙 제5조) 누구라도 피구속자를 위하여 구제를 청구할 수 있다(일본 인신보호법 제2조 제2항). 이렇게 미국과 일본 등에서는 피구속자가 구속되어 있어 실제로 청구를 할 수 없는 경우가 적지 않으므로 인신의 자유를 확보하기 위하여 당사자적격을 전혀 한정하지 않고 피구속자와 아무런 관계가 없는 자도 인신보호의 청구를 할 수 있게 한 것이다.

물론 우리나라에서도 형사절차에서의 인신구속과 마찬가지로 인신의 자유를 박탈당한 피수용자가 스스로 구제청구를 제기하거나 그 의사를 밝히는 것이 어려울 수 있다는 점을 고려하여 구제청구자의 적격을 확대하였다. 그러나 그 범위를 형사절차에서의 보석이나 구속적부심사의 청구인적격을 참작하여 정한 것은 인신보호절차의 구제대상에 대한 사려 깊고 세밀한 검토가 부족한 것이었다고 평가할 수 있다. 예컨대 정신보건법상 보호의무자에 의한 입원의 경우 피수용자는 스스로의 권리를 지키기 어려운 경우도 많고 외부와의 연락도 곤란하여 구제청구권을 행사하기 어려울 것이다. 더구나 피수용자의 입원에 동의한 보호의무자는 인신보호법상의 구제청구자의 지위를 갖는 경우가 많지만 수용자와 이해관계를 같이 할 가능성이 매우 높다는 점을 생각해 보면, 피수용자를 위하여 구제청구권을 행사하는 것을 기대하기 어려운 경우가 많을 것으로 추측된다.

따라서 형사절차와는 그 사정이 전혀 다르므로, 구제청구권자의 범위를

정대리인, 배우자, 직계친족, 형제자매나 가족, 동거인 또는 고용주 등이다(형사소송법 제214조의2).

313 《인신보호제도 해설》, 12면.

보다 확대하여 피수용자의 인권침해 사실을 알고 있는 누구라도, 피수용자의 자유로운 의사에 반하지 않는 한, 구제청구를 청구할 수 있도록 하는 것이 바람직하였을 것이다.[314] 다행히도 인신보호법이 2010. 6. 10. 법률 제10364호로 개정되면서 구제청구자에 '수용시설 종사자'를 추가하였다. 그리하여 개정 전보다는 어느 정도 신속하고 효율적인 구제청구가 가능하도록 되었으나, 수용시설의 종사자가 자신의 고용주이거나 상사인 수용자의 의사에 반하여 구제청구를 할 수 있을지는 여전히 의문이다.[315]

피수용자 외의 자가 구제청구를 하는 경우 구제청구자는 피수용자와 인신보호법 제3조에서 정한 관계에 있음을 증명하는 서류를 구제청구서에 첨부하여야 한다(규칙 제2조). 구제청구자격을 증명하는 서류는 변호인선임신고서, 주민등록등본, 주민등록증사본, 가족관계증명서, 재직증명, 고용주임을 증명하는 자료 등이다(예규 제3조 제2항).

3) 구제청구권 고지 의무

인신보호법 제3조의2에서는 수용자가 수용을 개시하기 전에 피수용자에게 구제청구를 할 수 있음을 고지할 의무를 부과하고, 수용자 및 다른 구제청구자는 피수용자의 구제청구를 방해하지 않아야 한다고 규정하고 있다. 법원은 수용자가 구제를 청구할 수 있음을 고지하지 않은 경우 500만 원 이하의 과태료를 부과할 수 있고, 그 과태료는 법무부장관이 부과 · 징수한다(법 제20조). 또한 피수용자의 구제청구를 방해한 자는 1년 이하의 징역 또는 1천만 원 이하의 벌금형에 처해질 수 있다(법 제18조 제2항).

피수용자가 인신보호절차를 통해 효과적으로 구제를 받기 위해서는 인신보호법상 구제청구권이 자신에게 있다는 것을 스스로 인식하는 것이 전제가 된다. 따라서 행정처분 등에 의해 피수용자를 수용하는 업무를 수행

---

314 같은 취지, 이호중, 〈인신보호법의 제정의미와 활용성〉, 311-312면.

315 심희기, 〈인신보호법이 나아가야 할 방향〉, 18면에서도 비슷한 취지의 우려를 표하고 있다.

하는 자로 하여금 피수용자를 수용하는 때에 피수용자에게 수용의 이유, 법원에 구제청구를 할 수 있는 권리가 있음을 고지하도록 하는 규정을 명문으로 두는 것이 바람직하다.[316] 이와 같은 구제청구권의 고지의무 명문화는 입법과정에서 국가인권위원회가 제시했던 의견이었으나 아쉽게도 받아들여지지 않았다. 그런데 다행히도 인신보호법이 2010. 6. 10. 법률 제10364호로 개정되면서 위와 같은 내용으로 신설되었다.

3.1.2. 피수용자의 지위

인신보호법 제12조 제2항에 따르면 구제청구자뿐만 아니라 피수용자도 변호인을 선임할 수 있고, 법원이 필요하다고 인정하여 피수용자를 소환할 때에는 그 피수용자는 심문기일에 출석하게 된다. 그런데 일본의 인신보호규칙에서는 피구속자가 자유롭게 표시한 의사에 반하여 인신보호를 청구할 수 없고(제5조), 피구속자가 스스로 소송행위를 할 수 있을 뿐만 아니라 피구속자의 소송행위와 청구자의 소송행위가 서로 저촉되는 때에는 그 저촉하는 범위에서 청구자의 소송행위가 효력을 잃도록 규정하고 있다(제34조 제2항). 그리하여 이들 규정이 피구속자에게 당사자의 지위를 인정한 것이라고 해석하는 견해도 있고,[317] 피구속자에게 재심신청적격을 인정한 하급심 판결례도 있다.[318]

그런데 우리나라의 경우에는 구제청구자가 피수용자의 의사에 반하여 구제청구를 하거나 소송행위를 한 경우 어떻게 처리하여야 하는지에 대하여 인신보호법령에는 아무런 규정을 두고 있지 않아 해석론에 맡겨져 있다.

---

316 마찬가지로 피수용자의 가족 등이 피수용자를 위하여 구제청구권을 행사하기 위해서는 피수용자가 언제, 어디에, 어떠한 이유로 수용되어 있는지를 확인할 수 있어야 하므로, 수용자는 피수용자를 수용한 즉시 그의 가족 또는 대리인 등에게 피수용자의 수용사실과 그 이유 · 장소, 구제청구권의 내용을 통지할 의무가 있음을 명문으로 규정하는 것이 바람직하다.

317 田中英夫, 〈人身保護節次〉, 427頁.

318 東京地裁 昭和 48(1973)年 6月 14日 判決, 《判例時報》 705号 31頁.

우선 형사소송에서 체포·구속적부심사절차의 청구인과 피의자의 관계를 유추적용하자는 견해가 있을 수 있다. 위 절차에서도 청구권자와 피의자의 의사가 상충될 수 있으므로, 인신보호절차에서와 같은 문제가 발생할 수 있다. 피의자가 아닌 청구권자가 체포·구속적부심을 청구한 경우에도 법원은 지체 없이 피의자에게도 체포구속적부심이 청구된 사실을 알려야 한다(형사소송규칙 제104조 제1항). 또한 형사소송법 제214조의2 제3항의 간이기각결정사유에 해당하지 않는 한, 법원은 청구의 실질적 요건이 구비되었는가를 심사하기 위하여 기일을 열어 피의자심문을 행하게 된다. 이러한 점을 감안하면, 청구인이 설령 피의자의 의사에 반한 체포·구속적부심사절차를 청구하였다고 하더라도 그 청구 자체가 부적법하게 되는 것은 아닌 것이 분명하다. 다만 피의자가 심문을 통하여 체포·구속적부심사절차의 청구가 자신의 의사에 반한 것이라는 점을 분명히 밝혔다면, 법원은 이를 참작하여 결정을 내리게 될 것이다.

한편, 민사소송에서 당사자라 함은 자기의 이름으로 국가의 권리보호를 요구하는 사람과 그 상대방을 말한다. 이렇게 당사자의 개념을 형식적으로 파악한 결과, 권리관계의 주체 이외에 제3자가 정당한 당사자가 되어 소송수행권을 갖는 경우가 있을 수 있는데, 이를 제3자의 소송담당이라 하고, 법정소송담당, 임의적 소송담당으로 나누어진다. 법정소송담당은 권리관계의 주체인 사람의 의사와 관계없이 제3자가 법률의 규정에 의하여 소송수행권을 갖는 경우이고, 임의적 소송담당은 선정당사자와 같이 권리관계의 주체인 사람이 자신의 의사에 의해 제3자에게 자기의 권리에 대한 소송수행권을 수여하는 경우를 말한다. 인신보호절차에서 청구인과 피수용자의 관계는 굳이 비교하자면 법정소송담당과 유사하게 될 것인데, 법정소송담당의 경우 소송담당자가 수행하는 소송에서 사건본인이 자신의 이익을 보호받는 방법은 공동소송적 보조참가, 독립당사자참가 등 소송참가이다. 즉 소송담당자는 다른 사람의 권리관계에 관하여 소송을 수행하지만, 자기의 이름으로 소송수행을 하는 당사자적격자이고, 사건본인은 자신의 이익을 도모하기 위하여 소송에 개입할 뿐이다. 따라서 소송담당자가 사건본인의 의사에 반하여 소송을 제기하더라도 부적법하다고 볼 수는 없다.

결국, 우리나라에서 피수용자의 의사에 반하여 청구된 인신보호절차는 일본과 같은 명문의 규정이 없는 한, 민사소송법을 유추하든 형사소송법을 유추하든 그 자체가 부적법하다고 볼 수는 없을 것이다. 따라서 피수용자의 의사를 본안에서 참작하면 될 것이다.

그런데 피수용자가 자신에 대한 수용에 대한 구제청구를 반대한 것이 본안에서 어느 정도로 참작되어야 하는지는 또 다른 문제이다. 만일 수용의 개시 자체도 본인의 의사에 반하는 것이 아니고 현재의 수용상태도 용인된다고 하면 구속성이 부인되어, 구제청구는 기각되어야 할 것이므로, 별다른 문제가 생기지 않는다. 수용의 개시는 본인의 의사에 기한 것이지만 수용의 계속은 용인되지 않는다거나, 현재의 수용은 용인되지만 구속의 개시는 본인의 의사에 기한 것이 아니라든가, 구제절차의 제기 자체는 반대하지만 수용의 개시에 동의하지 않았거나 현재의 수용상태를 용인하지도 않는다고 할 때 문제가 된다.

피수용자가 구제청구의 제기를 반대한다는 점은 석방 여부에 대한 중요한 고려사항 중의 하나이겠지만, 반드시 거기에 구속될 필요는 없다고 생각한다. 인신보호법의 목적(제1조)은 "위법 · 부당한 법집행 또는 행정조치 등에 의해 부당하게 인신의 자유를 제한당하고 있는 개인의 구제절차를 마련"하기 위한 것이므로, 피수용자의 의사에 반하여 구제청구가 제기되었다 하더라도 실제로 위법 · 부당한 수용이 있었다면 수용의 해제결정을 하여야 할 것이다. 피수용자의 경우 지적장애가 있을 수도 있고, 수용으로 인해 판단능력이 저하되었을 가능성도 무시할 수 없으며, 이렇게 하는 것이 구제청구권자를 넓게 인정한 인신보호법의 취지에도 부합하게 될 것이다.

3.1.3. 변호인 · 대리인

1) 변호인

피수용자와 구제청구자는 변호인을 선임할 수 있다.[319] 인신보호법 제12조 제2항은 구제청구자 등이 빈곤이나 그 밖의 사유로 변호인을 선임할 수 없는 경우 구제청구자 등의 명시적 의사에 반하지 않는 이상 법원은 직권으로 변호인을 선정하여야 한다고 규정하여 국선변호인의 선정의무까지 부과하고 있다. 다만 법원은 구제청구가 명백하게 이유 없는 때에는 국선변호인의 선정의무를 지지 않는다. 그리고 국선변호인에 관하여 규칙에서 따로 정하지 않은 사항에 대해서는 구제청구사건의 성질에 반하지 않는 범위 내에서 형사소송법, 형사소송비용 등에 관한 법률 중 국선변호인에 관한 규정을 준용한다(규칙 제15조 제4항).

그런데 국선변호인의 선정시기에 관하여 논란이 있을 수 있다. 인신보호법 제10조에서 심문기일에서 구제청구자, 수용자 및 피수용자의 소환 및 출석에 대하여 규정한 다음 제12조 제1항에서 심리의 공개를 규정하고 제2항 후문에서 국선변호인의 선임규정을 두고 있으므로, 국선변호인은 심문기일의 진행을 돕기 위해서 선임되는 것으로 해석될 여지가 있다. 그러나 제12조 제2항 전문에서 피수용자와 구제청구자는 변호인을 선임할 수 있다고 규정하고 있는데, 위와 같은 방식으로 해석하면 사선으로 선임하는 변호인도 심문기일 즈음에야 비로소 선임할 수 있다고 해석하여야 하므로 논리적이지 못하다. 따라서 국선변호인의 선정규정의 위치와 관계없이 구제청구가 있으면 언제든지 국선변호인을 선정할 수 있다고 해석하여야 할 것이다.[320] 법원의 실무에서도 피수용자에게 국선변호인으로부터 도움을

319 참고로 일본의 인신보호법은 제3조에서 인신보호청구에 대하여 변호사강제주의를 채택하고 있다.

320 일본에서도 인신보호규칙 제29조와 제30조에서 심문기일의 진행에 관하여 규정한 다음 제31조 제2항에서 국선대리인의 선임에 관하여 규정하고 있어 우리와 같이 심문기일 이전에 준비조사의 단계부터 국선대리인을 선임할 수 있는가가 문제될 수 있다. 그러나 동경지방재판소 민사 제9부는 그것과 상관없이 심문기일 이전에도 국선대리인을 선정하고 있다〔東京地方裁判所民事第九部人身

받을 권리를 보장해 주기 위하여 피수용자에게 구제청구서부본을 송달할 때 그 이면에 국선변호인 선정 안내서가 인쇄된 국선변호인 선정 청구서를 함께 송달하는 것(예규 제4조 제2항)으로 보아 정확하게 알 수는 없지만 같은 취지로 운영하는 것으로 보인다.

국선변호인은 피수용자의 인권과 복지의 관점에서 활동할 의무가 있고 어느 정도 중립적으로 활동할 것이므로, 법원으로서는 그 활동을 지원하고 그 결과를 활용하는 운영의 묘를 살릴 필요가 있다. 원래 인신보호법 초안 제9조는 법원조사관을 통한 조사와 관할 수사기관의 장에 대한 조사위임을 규정하고 있었다. 그러나 입법과정에서 인신보호절차가 규문화될 위험이 있고 수용자에게 입증책임을 부담하게 하는 것이 바람직하다는 의견이 반영되어 위 규정이 삭제되었다.[321] 그러나 법원은 적절하고 신속한 구제를 위해서 피수용자의 생활상황이나 환경을 조사할 필요가 있다. 이러한 조사를 보완하는 데 국선변호인을 활용할 필요가 있는 것이다.

2) 대리인

국가, 지방자치단체, 공법인, 설령 민간시설이라고 하더라도 수용시설의 장 또는 운영자인 수용자가 인신보호절차를 직접 수행하고 법원에 출석하도록 하는 것은 현실적이지 않다. 그리하여 인신보호규칙 제15조에서는, 수용자는 법원의 허가를 얻어 수용시설의 소속직원으로 하여금 구제청구사건을 대리하게 할 수 있다고 규정하고 있다. 이 경우 대리허가신청은 서면으로 하여야 하고, 법원은 언제든지 대리허가를 취소할 수 있다.

3.2. 관할

구제청구사건의 관할법원은 당해 피수용자 또는 수용시설의 주소, 거소 또

保護研究会, 〈東京地裁における最近の人身保護請求事件の処理状況〉, 13頁〕.

321 《인신보호제도 해설》, 19면.

는 현재지를 관할하는 지방법원 또는 지원이 된다(법 제4조). 다만 법원은 직권 또는 구제청구자의 신청에 따라 청구사건의 심리에 적당하다고 판단되는 다른 법원에 사건을 이송할 수 있다(법 제7조).

한편, 구제청구사건의 사물관할은 단독재판부이다. 이에 관하여 입법과정에서 구제청구사건의 중대성을 감안하여 신중한 심리가 이루어질 수 있도록 합의부의 심판사항으로 하자는 견해가 제기되기도 하였다. 그러나 구제청구사건은 신속성과 용이성이 핵심이므로, 신속 · 용이한 심리와 결정이 가능하려면 단독판사가 심판하는 것이 바람직하다는 점을 고려하여, 인신보호규칙 제3조는 구제청구사건의 사물관할을 단독판사가 심판하도록 규정하고 있다.[322]

우리나라 인신보호법은 심급에 관하여 3심제를 채택하고 있다. 이에 반해, 일본의 인신보호법 및 규칙은 신속성의 요구를 반영하여 제1심으로 지방재판소 또는 고등재판소를 선택하여 청구할 수 있고, 바로 최고재판소에 상소하는 2심제를 채택하고 있다.

3.3. 구제청구의 방식과 절차

3.3.1. 청구의 방식과 접수

1) 청구서의 기재사항

구제청구서에는 ① 구제청구자의 주소 및 성명, ② 수용자의 성명, 주소, 그 밖에 수용자를 특정할 수 있는 사항, ③ 피수용자의 성명, ④ 청구의 요지, ⑤ 수용이 위법한 사유, ⑥ 수용 장소를 기재하여야 하고, 서면으로 하여야 한다(법 제5조).[323]

청구취지와 관련하여 수용의 해제가 아니라 현재의 수용상태보다 개선된 상태에 두는 것을 인신보호절차에 의하여 청구할 수 있을지에 대해서

322 《인신보호제도 해설》, 14면.

323 일본의 인신보호법 제4조는 구두로도 청구가 가능하도록 규정하고 있다.

논란이 있을 수 있다. 일본의 경우 인신보호법 제16조 제3항에서는 청구가 이유 있는 때 피구속자를 즉시 석방하도록 규정하고 있지만, 인신보호규칙 제37조에서는 청구인용의 판결로서 "재판소는 청구를 이유 있다고 하는 때는 판결로 피구속자를 즉시 석방하거나 또는 피구속자가 유아 혹은 정신병자인 때, 그 밖에 피구속자에 대해 특별한 사정이 있다고 인정되는 때에는 피구속자의 이익을 위하여 적당하다고 인정되는 처분을 할 수 있다"고 규정하고 있다. 그리하여 일본의 학설과 실무는 모두 이를 긍정하고 있다.

그런데 우리나라의 인신보호법 제13조 제1항에서는 구제청구가 이유 있으면 수용의 해제를 명할 수 있다고만 규정하고 있고, 일본의 인신보호규칙 제37조와 같은 규정을 두고 있지 않다. 따라서 구제청구의 취지로서 석방청구만 가능하다고 해석해야 하는지, 석방 대신 적절한 조치를 청구할 수 있는지 해석상 문제가 되는 것이다. 생각건대 신체의 자유의 박탈뿐만 아니라 제한도 인신보호절차에서 구제되어야 하고, 수용해제 대신 피수용자를 위한 적절한 조치를 취할 현실적인 필요가 있으며, 석방도 청구할 수 있는데 이보다 못한 적절한 조치를 청구할 수 없다고 하는 것은 논리적이지 않다는 점 등을 고려하면 적극적으로 해석하여야 하지 않을까 생각한다.[324]

2) 청구서의 접수와 송달

구제청구가 제기되면 접수담당자는 사건명을 '인신보호'로 하여 접수하고(예규 제3조 제1항), 지체 없이 구제청구서부본을 수용자에게 송달한다(규칙 제5조 제2항). 피수용자 외의 자가 구제청구를 한 경우에는 피수용자에게도 구제청구서부본을 송달하여야 하므로, 구제청구자는 수용자와 피수용자에 대한 송달에 필요한 수의 구제청구서부본을 제출하여야 한다(규칙 제5조 제1항, 제3항).

324 이 문제는 법원이 구제청구를 하였을 때 수용해제결정 대신 적절한 조치를 취하거나 수용해제결정과 동시에 조건을 부과할 수 있는지와 밀접한 관련이 있다. 이에 관해서는 해당 부분에서 후술한다.

수용자가 구제청구절차에서 요구되는 사항을 미리 숙지하고 이를 준비할 수 있도록 하기 위해 수용자에게 구제청구서부본을 송달할 때에는 답변서 제출의무, 피수용자 출석의무 등이 기재된 구제청구절차 안내서를 동봉하여 송달한다(예규 제4조 제1항).

한편, 피수용자에게 구제청구서부본을 송달할 때에는 이면에 국선변호인 선정청구서가 인쇄된 국선변호인 선정안내서를 동봉하여 송달한다(예규 제4조 제2항).

3.3.2. 인지의 불첩부

인신보호규칙 제4조는 인신보호법이나 인신보호규칙에 따른 구제청구서나 신청서 등에는 인지를 붙이지 않는다고 규정하고 있다. 인신보호규칙 제18조는 "이 규칙에서 정하고 있지 아니한 사항에 대하여는 그 성질에 반하지 아니하는 범위 내에서 민사소송의 예에 따른다"고 규정하고 있으므로, 이 조항이 없으면 인지를 첩부하여야 한다. 그러나 인신보호법의 목적은 헌법상 기본권의 보장이라는 중대성을 갖고 있으므로, 그 이용의 문턱을 가급적 낮추어 줄 필요가 있기 때문에, 인지의 부담이 경제적으로 어려운 형편에 처해 있는 피수용자나 구제청구자에게는 절차의 이용을 가로막는 장애요소가 될 수 있다는 점을 고려하여 인지를 붙이지 않도록 규정한 것이다.[325]

인신보호법이나 인신보호규칙에 따른 신청서로는 임시해제신청서, 신병보호결정의 취소·변경신청서 등이 있다. 그런데 인신보호규칙 제4조의 취지는 구제청구절차에서 일체의 인지를 붙이지 않도록 하는 데 있으므로, 소송구조신청서 등에도 인지를 붙일 것을 요하지 않는다고 보아야 한다.[326]

---

325 《인신보호제도 해설》, 15면.

326 《인신보호제도 해설》, 15면.

3.3.3. 청구의 각하

인신보호법 제6조 제1항에서는, ① 구제청구자가 아닌 자가 구제청구를 한 때, ② 제5조(청구서의 기재사항)에서 정한 청구의 방식을 충족하지 못한 때, ③ 다른 법률의 구제절차에 따른 구제를 받을 수 있음이 명백한 때, ④ 이 법 또는 다른 법률에 따른 구제청구가 기각된 후 다시 구제청구를 한 때 중 하나에 해당하는 때에는 법원은 결정으로 구제청구를 각하할 수 있다고 규정하고 있다. 일본의 인신보호법 제7조가 "…… 요건 또는 필요한 소명이 결여되어 있을 때에는 결정으로 이를 각하할 수 있다"고 규정하고 구체적 사유는 규칙에서 규정하고 있는 것과 달리 우리나라의 인신보호법은 법률에서 구체청구의 각하사유를 명시하고 있다. 또한 형사절차상의 구속적부심의 경우에는 구속적부심사청구서의 형식요건의 심사를 통하여 형식적 요건이 불비된 경우 피의자심문이나 기타 수사관계서류 및 증거물을 조사하지 않고 청구를 기각할 수 있는 간이기각결정을 하는 것과 달리 각하결정을 한다는 점에서 차이가 있다(형사소송법 제214조의2 제3항 참조).

한편, 같은 조 제2항에 따라 이러한 경우 법원은 상당한 기간을 정하여 그 흠을 보정하도록 명할 수 있다. 보정을 명해도 보완할 수 없는 것이 명백할 때에는 그것을 명할 필요가 없을 것이다. 여기에서의 보정의 의미는 구제청구자격에 관한 소명자료가 제출되지 않았거나 다른 법률에서 정한 구제절차를 거쳤는지 여부 또는 상당한 기간 내에는 그 법률에 따른 구제를 받을 수 없는지 여부, 이미 기각된 사안과 동일한 이유로 구제청구를 하는지 여부에 의심이 있는 경우 이를 확인하기 위한 차원의 것이라고 보인다.[327]

인신보호법 제6조 제1항 제4호는 인신보호법에 따른 구제청구뿐만 아니라 다른 법률에 따른 구제청구가 기각된 경우에도 다시 구제청구를 할

327 《인신보호제도 해설》, 17면.

수 없도록 규정하고 있다. 예컨대 정신보건법상 입원명령에 대한 취소소송이 먼저 기각되면 동일한 사유로 제기된 인신보호법상의 구제청구는 이를 각하하여야 한다. 입원명령 취소소송에서의 판결과 인신보호법상의 구제절차에서의 결정은 서로 기판력이 미치지 않기 때문에 같은 쟁점의 사건에서 결론이 엇갈리는 것을 방지하기 위한 것이다. 인신보호법상 구제청구사건을 제기한 시점이 다른 법률에서 정한 구제청구가 기각된 이후인 경우에만 위 규정이 적용되는 것은 아니고 다른 법률에서 정한 구제청구가 기각되기 전에 인신보호법상의 구제청구사건이 제기되었더라도 그 종국결정이 내려지기 전에 다른 법률에서 정한 구제청구가 먼저 기각되면 마찬가지로 인신보호법상의 구제청구사건은 각하되어야 할 것이다.[328]

3.3.4. 간이통지방식의 채택

예규 제9조 제1항은 구제청구절차의 각종 통지가 신속하게 이루어질 수 있도록 인신보호규칙 제8조 제1항에 따른 예상비용산정서의 제출고지, 인신보호규칙 제8조 제2항에 따른 비용 통지, 인신보호규칙 제10조에 따른 심문기일의 통지, 인신보호규칙 제13조 제2항에 따른 보호감호에 필요한 사항의 고지 등은 서면송달방식으로 하는 외에 구두 · 전화 · 모사전송 · 전자우편 · 휴대전화 문자전송 그 밖에 적당한 방법으로 할 수 있다고 규정하고 있다.

간이한 방식에 따라 통지한 때에는 사후에 통지 여부, 통지한 내용 등을 확인할 수 있도록 법원사무관 등은 그 방법, 날짜, 통지한 내용 등을 기재한 서면을 구제청구사건기록에 첨부하여야 한다(예규 제9조 제2항).

328 《인신보호제도 해설》, 17면.

4. 구제청구사건의 진행

4.1. 심리의 개시

4.1.1. 심리의 신속성

법원은 구제청구에 대하여 이를 각하하는 경우를 제외하고는 지체 없이 수용의 적법 여부 및 수용을 계속할 필요성 등에 대하여 심리를 개시하여야 한다(법 제8조 제1항). 우리나라는 일본과 달리 인신보호법에서 '신속성'의 이념을 명문으로 규정하고 있지는 않지만, 위와 같이 '지체 없이' 심리를 개시하여야 한다고 규정하고, 인신보호규칙 제10조에서 청구가 있는 날부터 2주일 내에 심문기일을 열어야 한다고 규정함으로써, 신속한 심리를 통하여 피수용자를 부당한 인신구속의 상태로부터 해소시켜 주어야 한다는 취지를 나타내고 있다.

참고로 형사절차상의 구속적부심사에서는 형사소송법이 2007. 6. 1. 법률 제8496호로 개정됨에 따라, "구속적부심사청구를 받은 법원은 '지체 없이' 심리하여야 한다"는 형사소송법 제214조의2 제3항이 "청구서가 접수된 때부터 '48시간 이내에' 피의자를 심문하고 …… 조사하여 …… 이유 있다고 인정된 때에는 석방을 명하여야 한다"는 제214조의2 제4항으로 바뀌어, 피의자의 자유를 보다 신속하게 회복할 수 있도록 심문시한이 명시되었다.

한편, 일본의 인신보호법 제12조 제4항은 인신보호청구가 있는 날부터 1주일 이내에 심리가 개시되어야 한다고 규정하고 있다. 위와 같이 형사상 구속적부심 및 일본의 인신보호법과 비교하여 볼 때, 인신보호법상의 구제절차의 경우 인신보호사건의 청구한 날부터 심문기일을 열어야 하는 날까지의 2주의 시한은 지나치게 긴 것이 아닌지 의문이 들 수도 있으므로, 실무에서는 이를 감안하여 가급적 심문기일을 빨리 열어 신속성의 요구에 부응해야 할 것이다.

4.1.2. 심리가 제외되는 경우

법원이 구제청구를 각하하는 경우에는 심리가 개시되지 않는다. 또한 명시되어 있지 않지만 관할이송의 경우에도 심리가 곧바로 개시되지 않음은 당연하다.

4.1.3. 심리의 범위

1) 수용개시의 적법 여부와 수용계속의 필요성

(1) 수용개시의 적법 여부

심리의 대상은 기본적으로 개시된 수용의 적법 여부이다. 형사절차상 구속적부심사에 대하여 헌법재판소는 "헌법 제12조 제6항은 당사자가 체포·구속된 원인관계 등에 대한 최종적인 사법적 판단절차와는 별도로 체포·구속 자체에 대한 적부 여부를 법원에 심사청구할 수 있는 절차(Collateral Review)를 헌법적 차원에서 보장하는 규정으로 봄이 상당하다"고 판시한 바 있다.[329] 이와 같은 맥락에서 인신보호사건에서 심리되는 수용의 적법 여부란 수용 자체의 헌법적·법률적 정당성 여부가 될 것이고, 수용의 원인관계를 다투는 절차와는 전혀 별개이다.

(2) 수용계속의 필요성

영미의 인신보호영장이나 일본 인신보호법의 경우에는 인신구속이 적법하게 행해졌는지 여부를 그 대상으로 하고 수용계속의 필요성까지 대상으로 하지 않고, 독일은 인신구속의 개시에서부터 법원이 개입하므로 인신구속의 심사제도는 구속의 적법 여부를 심사한다기보다는 구속의 계속이 필요한지의 여부를 심사하는 제도에 더 가깝다.

그런데 우리의 인신보호법 제8조 제1항은 수용이 적법하게 개시되었는

329 헌재 2004. 3. 25. 선고 2002헌바104 결정.

지 여부 외에 현재 수용을 계속할 필요성이 있는지에 관해서도 심리하도록 규정하고 있다. 피수용자에 대한 수용이 적법하게 개시되었다고 하더라도 그 후에 상태가 호전되는 등 더 이상 수용할 필요성이 존재하지 않게 되었다면 즉시 석방해야 한다는 뜻이다. 특히 가족에 의해 수용시설에 강제로 입원된 경우 수용시설에서는 환자의 상태가 호전돼도 가족들이 동의하지 않는 한 퇴원허가를 잘 내 주지 않는 것이 현실임을 고려하면 수용을 계속할 필요성이 있는지 여부는 중요한 심사대상이 된다고 할 것이다.[330] 참고로, 형사소송상의 구속적부심의 경우에도 구속의 필요성이 심사의 대상이 되는지의 여부에 대하여 견해의 대립이 있지만, 구속 당시의 사정과 적부심사 시의 사정을 함께 고려하여 인신의 보호에 유리한 방향으로 결정하여야 한다는 것이 다수의 견해이다. 대법원의 보석 · 구속집행정지 및 적부심 등 사건의 처리에 관한 예규 제19조 제1항에서는 "체포 · 구속적부심사 청구사건은 체포 · 구속의 적법 여부와 체포 · 구속 계속의 필요 여부를 판단기준으로 하되, 적부심사 시까지의 변경된 사정도 고려한다"고 규정하여 같은 입장을 취하고 있다.

2) 단순위법사항의 심리 여부

구속영장에 의하여 구속이 이루어지는 형사사건과 같이 법원의 재판에 의하여 구속이 행해진 경우에는 그 재판의 존재 자체가 구속의 정당한 이유가 되기 때문에, 그 재판이 뒤집어지지 않는 이상 인신보호절차에서 그 재판의 당부를 심사할 수는 없을 것이다. 법원은 헌법 제27조, 제12조 제1항 등에 근거하여 피고인에 대하여 유죄판결을 하면서 징역형을 선고할 수 있고, 헌법 제12조 제3항에 근거하여 수사단계에서 피의자에 대한 체포 · 구속영장을 발부할 수도 있는데, 위와 같은 유형의 재판이 있는 경우 당사자들의 '신체의 자유'가 직접적으로 제한되는 것은 사법권 행사의 본질적인

330 《인신보호제도 해설》, 19면 참조.

내용에 해당한다. 그러한 사법권 행사의 본질적인 특성 때문에 우리 헌법에서는 "법관은 헌법과 법률에 의하여 그 양심에 따라 독립하여 심판한다"고 규정한 다음(제103조), 대법원을 정점으로 하는 단일한 법원조직이 사법권을 행사하도록 하면서(제101조), 바로 그 법원으로 하여금 헌법 제12조 제6항 소정의 적부심사를 담당하도록 하고, 법원의 재판 자체에 단순위법사항이 존재한다는 것이 사후적으로 밝혀져도 당해 사건의 심급절차가 아닌 예외적 절차를 통하여 그 재판의 효력을 번복하는 것은 엄격하게 제한하고 있다.[331] 그렇기 때문에 체포 · 구속이 법원의 재판에 근거하여 이루어진 경우에는 특별한 사정이 없는 한 이에 관한 헌법적 정당성이 추정된다.[332]

반면에 정신보건법상의 강제입원과 같이 행정기관 등에 의하여 수용이 이루어진 경우에는 그 행정처분의 존재만으로는 헌법적 정당성을 추정하기 어려울 것이다. 따라서 당사자의 구제청구가 있는 경우 법원으로 하여금 포괄적으로 당해 수용의 정당성을 다시 심사하도록 하여야 할 것이다. 그렇다면 우리 헌법 제12조 제6항의 해석상 정신보건법상의 강제입원과 같은 처분에 의한 구속의 경우에는 수용의 계속 여부, 수용의 명백한 하자 여부, 수용의 단순위법사항까지도 심사되어야 할 것이고, 당사자도 그러한 실질적인 심사를 받을 수 있는 권리를 헌법적으로 부여받은 것이라고 보아야 한다.

---

331 예를 들어 민사소송법이나 형사소송법상 재판에 대한 재심사유는 매우 제한적이고, 당해 재판에 단순위법사항이 있다는 사유만으로는 재심사유로 인정되지 않는다. 헌법재판소는 민사소송법상 재심사유의 제한에 관련하여, "위와 같은 법리에 비추어 재심이나 준재심은 확정판결이나 확정판결과 같은 효력이 있는 화해조서 등에 대한 특별한 불복방법이고, 확정판결에 대한 법적 안정성의 요청은 미확정판결에 대한 그것보다 훨씬 크다고 할 것이므로 재심을 청구할 권리가 헌법 제27조에서 규정한 재판을 받을 권리에 당연히 포함된다고 할 수 없고 어떤 사유를 재심사유로 정하여 재심이나 준재심을 허용할 것인가는 입법자가 확정된 판결이나 화해조서에 대한 법적 안정성, 재판의 신속 · 적정성, 법원의 업무부담 등을 고려하여 결정하여야 할 입법정책의 문제라고 할 것이다"고 판시한 바 있다(헌재 1996. 3. 28. 선고 93헌바27 결정).

332 일본의 인신보호규칙 제29조 제4항에서는 "재판에 근거하여 행해진 구속은 적법한 것으로 추정한다"고 명시하고 있다.

대법원도 같은 입장인 것으로 보인다.[333] 원심은 구제청구인이 2008. 6. 19. ◇◇신경정신과병원에서 퇴원한 후 2008. 7. 21. 다시 조울증으로 입원하였고, 현재까지도 조울증이 완치되지 않은 사실을 인정한 다음 구제청구를 기각한 제1심 판결을 유지하였다. 그러나 대법원은 수용자가 '우울증, 당뇨병, 폐기종, 고혈압, 위궤양'을 입원사유로 밝혔는데 우울증 외에는 정신병원에서의 입원치료와는 직접적 관련이 없는 질병들인 사실, 수용자는 구제청구인에게 현재까지도 조울증 증상이 남아 있는 상태이나, 보호자가 원하면 언제든지 퇴원이 가능하다는 소견을 밝힌 사실 등에 비추어, 수용자가 이 사건 수용의 적법성 및 수용을 계속할 필요성에 관하여 소명을 다하였다고 보기 어렵다는 이유로 원심결정을 파기환송하였다. 위 사례는 법원이 포괄적으로 당해 수용의 정당성을 다시 심사한 것을 잘 보여 준다.

4.2. 전문가 진단소견과 의견조회

4.2.1. 전문가 진단소견과 의견조회의 실시

인신보호법 제8조 제2항은 "법원은 필요하다고 인정하는 때에는 정신건강의학과 의사 · 심리학자 · 사회복지학자, 그 밖의 관련 전문가 등에게 피수용자의 정신 · 심리상태에 대한 진단소견 및 피수용자의 수용상태에 대한 의견을 조회할 수 있다"고 규정하고 있다. 위 규정은 구제청구자의 주장이나 구제청구자가 제출하는 자료만으로는 법원이 수용의 적법성 등을 정확하게 판단하기에 곤란할 수 있다는 점을 고려한 규정이다.[334]

전문가 진단 등을 위한 의견조회를 실시하는 시기에 대해서는 특별히 인신보호법에서 제한을 두지 않고 있으므로 법원의 재량사항이다. 따라서 법원은 심문 전후를 불문하고 적정한 시기에 이를 실시할 수 있다.

한편, 법원은 의견 등을 조회할 때 전문가 진단 등이 정확하고 신속하게

333 대법원 2009. 6. 11.자 2009인마2 결정.

334 《인신보호제도 해설》, 20면.

진행될 수 있도록 관련 전문가에게 구제청구서 사본과 같이 사안의 개요를 파악할 수 있는 서면을 첨부하여 송부하고(예규 제5조), 수용자에게 구제청구서부본을 보낼 때에도 전문가의 진단 등을 위한 활동에 협조를 구하는 문구가 담긴 구제청구절차 안내서 등을 함께 보낼 필요가 있다.[335] 이러한 구제청구서와 구제청구서에 첨부된 소명자료만 보고도 의견조회를 할 만한 경우가 있을 수 있겠으나, 수용의 적법성 등을 정확하게 판단하기 위하여 수용자의 답변서를 받아보거나 심문을 진행한 다음에 실시하는 것이 더 적절할 수도 있을 것이므로, 사안에 따라 적절히 대처해야 할 것이다.

4.2.2. 정신 · 심리상태 진단 등을 위한 피수용자의 이송조치

1) 이송조치의 필요성 및 근거

인신보호규칙 제6조에서는 "법원은 법 제8조 제2항에 따른 전문가의 진단 또는 의견조회를 위하여 필요하다고 인정하는 때에는 결정으로 피수용자를 정신 · 심리상태의 진단에 적당한 의료기관이나 요양소 등의 수용시설로 이송할 것을 수용자에게 명할 수 있다"고 규정하고 있다. 이 조항은 피수용자가 수용시설에 수용되어 있는 상태에서 전문가가 몇 차례의 면접이나 서류심사를 하는 정도만으로는 그 상태를 정확하게 진단하고 파악하기 어려울 수 있다는 현실적인 고려하에서, 피수용자를 심리상태의 진단에 적당한 의료기관 등의 수용시설로 이송시킬 수 있도록 한 것에 그 취지가 있다.[336]

문제는 전문가 진단 등을 위해 피수용자를 수용시설로 이송시키는 조치는 강제적 조치로서 법률의 명시적인 근거가 있어야 하나, 인신보호법에 이에 관한 명문의 규정이 없다는 점에 있다. 이에 관해 인신보호법 제11조의 피수용자의 신병보호결정에서 진단 등의 목적을 위한 이송조치의 근거

335 《인신보호제도 해설》, 20면.
336 《인신보호제도 해설》, 20면.

를 찾는 견해가 있다.[337] 인신보호법 제11조는 "법원은 피수용자의 신병을 보호하기 위하여 필요하다고 인정되는 때에는 동종 또는 유사한 다른 수용시설로 이송할 것을 수용자에게 명할 수 있다"고 규정하고 있는데, 여기서 '신병을 보호하기 위하여 필요한 때'를 신체 · 건강상의 직접적 위해 그 밖의 불이익을 받을 우려가 있는 경우만으로 좁게 해석하는 것은 피수용자의 이익에 도움이 되지 않으므로, 수용의 적법 · 타당성을 확인하기 위한 진단 목적의 이송조치도 넓게는 피수용자의 신병을 보호하기 위한 조치에 해당한다고 해석하는 것이 피수용자의 이익을 위해서 바람직하다는 것이 그 논거이다.

그러나 인신보호법 제11조의 신병보호조치는 그야말로 피수용자의 신병을 보호하기 위한 조치로서 전문가 진단 등을 위해 이송하는 조치를 포괄하는 것이라고 보는 것은 문언상의 한계를 넘는 것은 아닌지 의문이 있다. 더구나 전문가 진단 등의 비용을 원칙적으로 구제청구자가 부담하도록 하고 있는 점까지 고려하면 법률에서 구체적인 근거를 마련하는 것이 필요하다고 본다.

2) 이송절차

(1) 이송 · 감호 책임자

인신보호법에는 앞서 언급한 바와 같이 피수용자 이송에 관한 직접적인 법적 근거가 없기 때문에 같은 법 제11조의 피수용자의 신병보호결정에서 진단 등의 목적을 위한 이송조치의 근거를 찾는다 하더라도, 피수용자를 다른 수용시설로 이송할 경우 그 이송이나 감호의 책임이 누구에게 있는지에 관한 규정이 없다.

이송이나 감호책임의 주체로는 법원인력, 경찰과 같은 기관, 수용자 등을 생각해 볼 수 있다. 일단 피수용자 이송이나 감호의 책임을 법원직원에게 부

337 《인신보호제도 해설》, 20면.

담시키는 것은 법원의 인력 상황에 비추어 현실적인 어려움이 있다.[338] 또한 인신보호법에는 경찰과 같은 법원 외의 기관에 대하여 이송이나 감호책임을 부과하는 규정도 없다. 결국 피수용자의 신병에 관한 법원의 결정을 따르지 않을 경우 사실상의 불이익을 받을 수밖에 없는 수용자로 하여금 신병 이송·감호의 책임을 부담하게 하는 것이 가장 실효적이다. 이러한 고려에 따라 인신보호규칙 제13조 제1항은 법원이 피수용자의 신병을 이송하는 결정을 한 때에는 수용자가 지체 없이 그 결정에서 정한 수용시설로 피수용자를 이송하도록 규정하고 있다.[339] 다만 법원은 결정으로 피수용자를 이송하는 방법을 달리 정할 수 있다(규칙 제13조 제1항 단서).

(2) 이송에 필요한 절차

피수용자의 신병을 이송하는 경우 법원은 사전에 이송받는 시설의 장 또는 운영자에게 도망방지 등 피수용자를 보호 또는 감호하는 데 필요한 사항을 고지하고 동의를 얻어야 한다(규칙 제13조 제2항). 이 경우 법원사무관 등은 이송되는 시설의 장 또는 운영자로부터 피수용자 보호, 감호위탁동의서를 제출받아 구제청구사건기록에 편철하여야 한다(예규 제8조).

또한 피수용자를 이송받은 수용시설의 장 또는 운영자는 수용 중인 피수용자가 도망하는 등 피수용자의 신상에 변동을 가져올 만한 사유가 발생하였을 때에는 지체 없이 이를 법원에 알려야 한다(규칙 제13조 제3항).

(3) 수용시설의 지정

법원장, 지원장은 매년 12월 31일까지 관할구역 또는 인접관할구역 내의 의료기관, 요양소 기타 수용시설 중에서 인신보호법 제8조 제2항, 제9조 제

338 심희기, 〈인신보호법이 나아가야 할 방향〉, 19면에서는 법원직속의 법원경찰의 창설을 제안하고 있다.
339 《인신보호제도 해설》, 21면.

3항, 제11조의 조치에 적당한 수용시설을 지정하여야 한다(규칙 제7조 제1항). 사전에 이송에 적합한 수용시설을 파악하여 지정해 두면 구제청구사건의 신속하고 원할한 진행에 도움이 됨은 물론이다. 개개의 구제청구사건이 접수된 다음에야 수용시설을 물색해 협조나 동의를 구한다고 하면 절차는 그만큼 지연될 수밖에 없기 때문에 규정된 것이다.[340]

법원장 등은 수용시설을 지정하기 전에 미리 그 시설의 운영자와 협의하여야 하고, 언제든지 법원서기관, 법원사무관, 법원주사, 법원주사보로 하여금 지정된 수용시설이 피수용자의 진단, 감호에 충분한 시설을 갖추고 있는지 여부와 그 운영실태를 조사, 보고하도록 하여 부적당하다고 인정되는 경우에는 그 지정을 취소할 수 있다(규칙 제7조 제2항, 제3항).

4.2.3. 진단 등을 위한 비용의 부담

인신보호규칙에서는 전문가 진단 등을 위한 비용에 관하여 규정하고 있는데, 법원은 필요한 경우에 피수용자에 대한 진단 · 의견조회를 의뢰받은 자 또는 시설의 장이나 신병보호결정 등에 의하여 피수용자를 수용하는 자 또는 시설의 장으로 하여금 소요되는 비용의 예상액과 그 산출근거를 기재한 예상비용산정서를 제출하게 할 수 있고(규칙 제8조 제1항), 제출받은 예상비용산정서, 구제청구자의 경제적 능력 등을 종합하여 비용의 예납액을 산출하고 이를 구제청구자 또는 변호인에게 서면으로 통지하여야 한다(규칙 제8조 제2항).

이에 따라 구제청구자는 통지받은 비용의 예납액을 납입하여야 한다. 이 경우 법원은 빈곤이나 그 밖의 사유로 제3항에 따른 비용을 예납할 자금능력이 부족한 구제청구자의 신청에 따라 또는 직권으로 민사소송법 제128조에 따른 소송구조를 할 수 있다(규칙 제8조 제3항).

340 《인신보호제도 해설》, 22면.

4.3. 수용의 임시해제

4.3.1. 의의

1) 개념과 입법취지

수용의 임시해제라 함은 법원이 수용을 계속하는 경우 발생할 것으로 예상되는 신체의 위해 등을 예방하기 위하여 긴급한 필요가 있다고 인정하는 때 직권 또는 구제청구자의 신청에 따라 결정으로 피수용자의 수용을 임시로 해제하는 것을 말한다(법 제9조 제1항).

인신보호절차는 신속성을 기본이념으로 하고 있지만, 그래도 최종적인 결론이 나올 때까지 어느 정도 시일이 경과하는 것은 피하기 어렵다. 따라서 구제청구에 대한 심리가 진행되는 경우 일정한 심리기간이 필요하므로, '피수용자의 신체의 자유에 대한 부당한 침해로부터의 신속 · 용이한 회복'을 위한 인신보호법의 입법취지의 실현을 위해 구제청구에 대한 종국판결이 내려지기 전이라도 법원이 긴급한 필요가 있다고 인정하는 때에는 결정에 의하여 피수용자의 수용을 임시로 해제할 수 있도록 한 것이다.

2) 연혁

수용의 임시해제는 일본 인신보호법 제10조의 가석방제도를 모델로 한 것이라고 생각된다. 일본 인신보호법 제10조 제1항은 "재판소는 필요하다고 인정할 때에는 종국판결을 하기 전에 결정으로 법원의 소환에 언제라도 출두하겠다고 맹세시키거나 기타 적당하다고 인정되는 조건을 붙여 피구속자 석방 등의 적당한 처분을 할 수 있다"고 규정하고 있다. 일본 인신보호법 제12조는 석방판결은 심문을 거쳐 하도록 규정하고 있으므로, 심문 전 조사를 통해 위법한 구금임이 밝혀진 경우라도 심문 없이 곧바로 석방판결을 할 수 없다. 이런 경우를 위해 가석방 규정을 둔 것이라고 한다.[341]

---

341 《인신보호제도 해설》, 23면.

4.3.2. 요건

첫째, 피수용자의 수용상태 계속이 전제가 된다. 수용의 임시해제는 인신보호법상의 구제절차 내에서 최종적인 결정이 나오기 전이라도 긴급한 필요에 의하여 수용을 해제하는 제도이므로, 당연히 피수용자의 수용상태의 계속이 전제가 된다. 피수용자에 대한 수용상태가 계속되어야 그 수용을 임시로 해제할 이익이 있기 때문이다.

둘째, 신체의 위해 등이 발생할 가능성이다. 수용을 계속할 경우 피수용자에게 신체의 위해 등이 발생할 가능성이 있어야 임시해제가 결정될 수 있다.

셋째, 긴급성이다. 피수용자에 대한 신체의 위해 등을 예방하기 위하여 긴급한 필요가 있어야 한다. 이러한 것으로 피수용자의 건강상태 등으로 보아 긴급하게 수용을 풀 필요가 있는 경우가 고려된다.

4.3.3. 절차

1) 직권 또는 신청

임시해제는 직권 또는 구제청구자의 신청에 의한다(법 제9조 제1항). 구제청구자에 의한 임시해제의 신청은 서면으로 하여야 하고, 그 신청서에 임시해제할 상당한 이유를 기재하고 이를 소명하여야 한다(규칙 제9조 제2항). 임시해제할 상당한 이유는 앞의 요건에서 본 바와 같은 수용을 계속할 경우 신체의 위해 등이 발생할 가능성과 긴급성이다.

임시해제의 신청은 구제청구사건을 제기하기 전이라도 할 수 있다고 보아야 한다. 피수용자의 상태로 봐서는 수용을 임시해제해도 괜찮은지에 대한 의문이 들지만 수용을 계속하게 되면 피수용자에게 신체의 위해 등이 발생할 우려가 있다고 보이는 경우, 구제청구가 제기된 때에는 인신보호법 제11조의 신병보호결정을 할 수 있으나, 임시해제신청만 제기되면 신병보호결정을 할 수 없으므로, 임시해제신청인으로 하여금 구제청구를 속히 제

기하게 하는 것이 바람직하다.[342]

2) 접수 및 편철방법

수용의 임시해제신청이 있는 때에는 사건명을 '임시해제신청'으로 하여 신청사건으로 전산입력하고, 임시해제신청기록은 구제청구사건기록에 첨철하도록 한다(예규 제6조 제1항). 이와 같이 접수 및 편철방법을 규정한 것은, 구제청구가 제기되지 않아도 임시해제신청만 독립하여 제기될 수 있다는 점과 임시해제의 보전처분적 성격을 고려한 것이라고 한다.[343]

4.3.4. 임시해제의 결정

1) 고려사항

법원은 수용을 계속하는 경우 발생할 것으로 예상되는 신체의 위해 등을 예방하기 위하여 긴급한 필요가 있다고 인정하는 때에는 피수용자의 수용을 임시로 해제할 것을 결정할 수 있다.

인신보호법상 수용의 임시해제규정의 모델이 된 일본 인신보호법 제10조의 가석방제도는 재판소가 심문기일 전 조사를 통해 피구속자가 영장 없이 구속되었거나, 영장발부 사유가 범죄를 구성하지 않는다거나, 권한 없는 자에 의해 구속되었다고 판단한 경우에 하는 임시조치로서 주로 형사절차에서의 구속과 관련하여 그 적용이 논의되어 온 것이다.[344] 반면에 우리 인신보호법에서는 형사절차에 의한 구속을 적용대상에서 배제하고 있으므로, 어떠한 경우에 임시해제를 할 것인지 실무상 문제가 될 수 있다.

임시해제의 결정은 그 요건인 수용을 계속할 경우 신체의 위해 등이 발생할 가능성과 긴급성이 충족되는지 여부, 수용의 위법성의 개연성 정도,

342 《인신보호제도 해설》, 24면.
343 《인신보호제도 해설》, 24면.
344 《인신보호제도 해설》, 23면.

뒤에서 볼 피수용자의 서약과 조건, 임시해제를 할 경우 피수용자를 충실하게 보호할 만한 보증인이 있는지 여부, 피수용자의 성향 등 제반 사정을 고려하여 판단하는 수밖에 없을 것이다. 예를 들어, 피수용자를 강제입원시킨 보호의무자 외에 다른 가족이나 친척들은 피수용자의 입원에 반대하는 경우나 수용자 측이 별다른 이유 없이 수용의 적법성이나 필요성에 대한 자료제출에 협조하지 않는 경우 등에는 임시해제를 좀 더 쉽게 고려해 볼 수 있을 것이다.[345]

2) 피수용자의 서약 및 임시해제의 조건

법원은 수용의 임시해제 결정을 하기 전에 피수용자로부터 언제든지 법원의 소환에 응하겠다는 서약을 받아야 하고, 필요한 경우 피수용자에 대하여 수용의 임시해제에 따른 조건을 붙일 수 있다(법 제9조 제2항). 일본 인신보호법 제10조 제1항도 "재판소는 필요가 있다고 인정할 때에는 제16조의 판결을 하기 전에 결정으로, 임시로 피구속자를 구속으로부터 면하게 하기 위해서 언제라도 호출에 응하고 출두하는 것을 서약시키고 또는 적당하다고 인정하는 조건을 붙여서 피구속자를 석방하고 그 밖의 적당한 처분을 할 수 있다"고 규정하고 있다.

인신보호규칙 제9조 제1항은 수용의 임시해제를 할 때 부과할 수 있는 조건에 대해 규정하고 있다. ① 주거지 외의 외출을 제한하고 주거를 변경할 필요가 있는 경우에는 법원의 허가를 받을 것, ② 적절한 치료시설에서 정기적인 치료를 받을 것, ③ 피수용자 외의 자가 작성한 출석보증서를 제출할 것, ④ 그 밖에 피수용자의 출석을 보증하기 위하여 법원이 정하는 적당한 조건을 이행할 것 등이다. ④에서 보는 바와 같이 위와 같은 조건들은 예시적인 것으로 해석되고 여기에 한정되는 것은 아니다.

한편, 구제청구자는 적합한 임시해제조건에 관한 의견을 밝히고 이에 관

345 《인신보호제도 해설》, 24면.

한 소명자료를 낼 수 있다(규칙 제9조 제3항).

3) 집행

임시해제 결정을 집행하거나 이행을 강제하는 방법에 관하여 인신보호법에는 아무런 규정이 없다. 결정의 집행에 관한 사항은 입법사항으로 보아야 하므로, 법률에 근거가 없는 한 수용해제 결정을 검사 또는 집행관 등의 외부기관에 의해 집행하도록 한다거나 민사상 간접강제와 같은 민사집행법상의 절차를 취할 수는 없다.

당초의 인신보호법 초안에는 구제를 방해하는 행위를 한 사람에게 2년 이상의 징역 또는 5만 엔 이하의 벌금에 처하도록 규정한 일본 인신보호법 제26조를 참조하여 수용해제결정의 이행을 강제하기 위한 방법으로서 '구금해제결정 불이행'을 처벌하는 조항을 두었었다. 그러나 인신보호법 입법과정에서, 구제청구가 인용되거나 수용의 임시해제결정이 있은 다음 계속된 수용은 형법상 불법체포 · 감금죄로 처벌하면 족하다는 의견이 받아들여져 위 처벌조항은 삭제되고 별다른 집행규정이나 불이행 시 처벌규정 등을 두지 않게 되었다.

이러한 입법과정에서의 논의를 보면 집행관련 규정을 두지 않은 입법자의 의도는 결정불이행 시 체포 · 감금죄나 손해배상과 같은 일반적 구제수단을 통해 수용해제결정의 이행을 간접적으로 강제하는 것으로 충분하다고 본 것으로 생각된다. 그러나 구제청구자나 피수용자는 수용자가 해제결정을 이행하지 않으면 민사소송을 제기하거나 형사고소를 하는 등의 추가 절차를 거쳐야 하기 때문에 이는 부당한 인신제한으로부터 신속하게 자유를 회복시켜야 한다는 인신보호제도의 취지에 맞지 않고 인신보호법의 실효성에 대한 문제가 제기될 소지가 있다. 수용해제 결정의 이행을 위한 규정이 마련될 필요가 있다.

4.3.5. 임시해제의 취소

법원은 피수용자가 심문기일에 출석하지 않거나 인신보호법 제9조 제2항에 따른 조건을 준수하지 않은 때에는 임시해제 결정을 취소할 수 있다.

법원이 위와 같이 임시해제결정을 취소하는 경우 피수용자를 종전의 수용시설에 수용하는 것이 상당하지 않다고 인정하는 때에는 피수용자를 구인한 후 인신보호법 제13조에 따른 종국결정을 할 때까지 동종 또는 유사한 수용시설에 유치할 수 있다(법 제9조 제3항, 규칙 제9조 제4항). 여기에서 구인장소는 동종 또는 유사한 수용시설에 한정되는 것은 아니다. 심문기일 출석 등의 목적을 위해서 법정으로 피수용자를 구인하는 것도 가능하다고 보아야 한다. 그리하여 인신보호규칙 제9조 제4항은 피수용자를 법정이나 그 밖의 시설로도 구인할 수 있도록 규정하고 있다. 이 경우 구제청구사건의 성질에 반하지 않는 범위 내에서 형사소송법 중 구인에 관한 규정을 준용한다(규칙 제9조 제5항).

피수용자를 구인한 후 동종 또는 유사한 수용시설에 유치하는 경우의 절차에 관해서는 인신보호규칙 제13조 제4항에 의하여, 제13조 제2항, 제3항이 준용되므로, 이송하기 전에 이송받는 시설의 장 또는 운영자에게 도망 방지 등 피수용자를 보호 또는 감호하는 데 필요한 사항을 고지하고 동의를 얻어야 하고, 이송받은 시설의 장 또는 운영자는 피수용자가 도망하는 등 신상에 변동을 가져올 만한 사유가 발생하였을 때에는 지체 없이 이를 법원에 알려야 한다.

임시해제 결정을 취소할 때 피수용자를 수용자의 시설과 동종이거나 유사한 수용시설로 유치하는 경우가 아니라면 법원이 피수용자의 신병을 수용자에게 인도해 주어야 하는지가 문제된다. 일본 인신보호법 제11조와 인신보호규칙 제22조는 법원이 청구를 기각하는 경우에는 가석방을 취소하고 피구속자를 법원에 출두시키거나 출석에 불응할 경우 피구속자를 구인하여 구속자에게 인도하도록 규정하고 있다. 그러나 우리 인신보호법에서는 일본의 경우와 같은 규정을 두고 있지 않고, 뒤에서 보는 바와 같이 피수용자의 신병이 수용자에서 법원으로 이전된 적이 없다고 해석하여야 하므로, 법원이 임시해제결정을 취소하더라도 피수용자의 신병을 수용자에게 인도할 책임을 진다고 볼 수는 없을 것이다.

4.4. 심문

4.4.1. 심문기일의 지정

인신보호법 제10조 제1항에서는 "법원은 구제청구를 각하한 경우를 제외하고 심문기일을 지정하여 구제청구자와 수용자를 소환하여야 한다"고 규정하고,[346] 인신보호규칙 제10조에서는 "법원은 특별한 사정이 없는 한 법 제3조의 청구가 있는 날부터 2주일 내에 심문기일을 열어야 한다"고 규정하고 있다.

영미법에서는 2단계의 심사절차를 거치게 되는데, 법원은 제1단계 서면심사나 준비조사절차에서 당해 체포 · 구속의 형식적인 적법성 등을 검토하여, 청구인이 제출한 청구서 및 자료에 의해 당해 체포 · 구속의 불법성이 부각되지 않는 경우 이 단계에서 청구인의 영장신청을 기각 혹은 각하한다. 제1단계의 심사결과 정당성 여부에 의문이 있다고 판명된 경우에 한하여 법원이 인신보호영장을 발부하여, 구속 주체와 피구속자를 소환한 다음 사실조사와 변론청취를 통해 구체적인 적법성에 대한 제2단계 실질심사를 한다. 일본법의 경우에도 구제청구를 각하하는 경우가 아니면 준비조사의 결과 청구의 이유가 없는 것이 명백하여 결정으로 기각되지 않아야 비로소 본격적으로 심문절차로 진행된다는 점에서 영미법과 거의 같다.

---

346 수용자가 정당한 사유 없이 심문기일에 출석하지 않은 때에는 법원은 결정으로 500만 원 이하의 과태료를 부과할 수 있다(법 제19조 제1항). 수용자가 위와 같은 과태료 재판을 받고도 정당한 사유 없이 다시 출석하지 않은 때에는 법원은 결정으로 수용자를 7일 이내의 감치에 처한다(같은 조 제2항). 위 과태료의 결정에 대해서는 민사소송법 제311조를 준용한다(같은 조 제3항). 이는 수용자의 출석을 강제하여 신속한 절차의 진행을 도모하기 위한 것으로 보인다.

그런데 우리나라의 인신보호법의 경우에는 인신보호법 제6조에 의하여 구제청구가 각하되는 경우를 제외하고는 모두 수용의 적법 여부 및 수용을 계속할 필요성에 대하여 심리를 개시하도록 하고, 이러한 심리를 위하여 심문기일을 지정하도록 되어 있다. 따라서 영미법과 일본법과는 달리 필요적 심문제도를 채택하고 있다.

인신보호법 제8조는 신속성의 이념에 따라 '지체 없이' 심리를 개시하도록 하고, 인신보호규칙 제10조는 법원은 특별한 사정이 없는 한 구제청구가 있는 날부터 2주일 내에 심문기일을 열어야 한다고 규정하고 있다. 인신보호사건의 처리에 관한 예규 제4조 제1항은 구제청구가 접수되면 법원은 지체 없이 수용자에게 구제청구서부본을 보내야 하고, 이때 답변서 제출의무, 피수용자를 출석시킬 의무 등을 기재한 구제청구절차 안내서와 함께 송달하도록 규정하고 있다. 심문기일이 지정되기 전이라도 수용자로 하여금 구제청구 사유, 수용자가 해야 할 사항 등을 미리 알게 함으로써 준비시간 부족 등을 핑계로 절차를 지연시키지 못하게끔 하는 데 위 규정의 취지가 있다. 담당법관은 구제청구사건이 접수되면 곧바로 기록을 검토하고 심문기일을 신속하게 지정함으로써, 가급적 구제청구서부본과 심문기일 통지서가 함께 수용자에게 송달되도록 하는 것이 권고되고 있다.[347]

4.4.2. 심문기일의 절차

1) 심리의 공개

인신보호법 제12조 제1항은 심리의 공개를 규정하고 있다. 다만 피수용자의 보호를 위하여 필요하다고 인정되는 때에는 결정으로 이를 공개하지 않을 수 있다.

347 《인신보호제도 해설》, 27면.

2) 수용자의 의무

(1) 피수용자를 출석시킬 의무

(가) 의의

영국의 인신보호영장(the Writ of Habeas Corpus)에 기원을 둔 인신보호영장은 사람의 신체를 구속하고 있는 자에 대하여 법원 또는 법관 앞에 구속의 이유와 더불어 그 신병을 제출할 것을 명하고 구속의 이유가 충분하지 않은 경우에는 법원 또는 법관이 피구속자를 석방하게 하는 영장으로서 부당한 인신구속으로부터 신속히 신체의 자유를 회복시키는 것에 그 의미가 있다. 따라서 수용자가 피수용자를 법원의 소환에 따라 심문기일에 출석시키고, 그 수용의 이유에 대한 답변을 하는 것은 인신보호제도의 매우 중요한 부분이라고 할 수 있다.

이에 따라 일본의 인신보호법에서도 구속자에 대해서 피구속자를 재판소가 지정하는 일시, 장소에 출두시킬 것을 명함과 동시에 심문기간까지 구속일시, 장소 및 그 사유에 대하여 답변서를 제출할 것을 명하는 인신보호명령제도를 채택하고 있다. 이 명령의 발급에 의하여 이른바 인신보호절차의 제1단계가 종료하고, 심문절차에서 정식으로 구속의 적법성을 심사하게 된다.

우리나라의 인신보호법 제10조 제2항도 법원이 피수용자 등 관계인을 심문기일에 출석하게 할 수 있도록 규정하고, 제3항은 수용자에게 심문기일 전까지 답변서를 제출할 의무와 법원의 소환이 있는 경우 피수용자를 심문기일에 출석시킬 의무를 부과하고 있다. 이는 영미법상의 인신보호영장 및 일본법상의 인신보호명령과 유사한 취지의 규정이라 할 것이다.

(나) 피수용자의 출석이 심문기일의 개정요건인지 여부

형사절차상의 구속적부심사절차에서는, 피의자를 구금하고 있는 관서의 장은 심문기일에 피의자를 출석시켜야 하는데(형사소송규칙 제104조 제2

항), 피의자의 출석은 심문기일 개시의 요건이다. 일본 인신보호법 역시 피구속자를 비롯한 당사자의 출석을 필수적인 요건으로 하고 있다.

그러나 우리나라의 인신보호법은 제10조 제2항과 제3항에서 보는 바와 같이 임의적 출석을 원칙으로 하고 있다. 인신보호법 제6조의 각하사유가 없으면 필요적으로 심문절차가 개시되지만, 피수용자를 반드시 출석시켜야 하는 것은 아니며 법원의 소환이 있는 경우에만 수용자에게 피수용자를 출석시킬 의무가 부과되도록 규정하고 있을 뿐이다. 일본에서는 재판소가 준비조사절차 등에서 인신보호명령을 발령하여 개시할 만한 근거가 당해 인신보호청구에 존재하지 않는다고 판단한 때에는 결정으로 청구를 기각 또는 각하하나, 우리나라의 경우에는 그러한 절차가 선행되지 않으므로, 수용의 위법성이 어느 정도 확인된 것이 아니다. 또한 피수용자 중에는 감염병 예방 및 관리에 관한 법률에 의하여 수용된 자도 있을 것이고, 정신보건법상의 강제입원인 경우에는 중증환자도 있을 것인데, 현실적으로 피수용자의 출석을 필수적 요건으로 하였을 때 발생할 수 있는 어려움이 있을 수 있다는 점이 고려되어야 한다. 따라서 피수용자의 출석이 심문기일의 개정요건이라고 볼 수는 없다.

(다) 피수용자의 신병의 이전 여부

일본에서는 인신보호명령이 송달되면 관념적으로 그 시점부터 인신보호명령을 발한 재판소가 당해 구속의 장소에서 감호하는 것으로 간주하고, 그 경우 피구속자의 감호는 구속자가 당해 재판소의 지휘에 의하여 계속하여 행하는 것으로 본다(일본 인신보호규칙 제25조). 그리하여 청구자가 청구를 취소한 경우 재판소는 인신보호명령을 취소하고 피구속자를 구속자에게 인도하는 조치를 취할 필요가 있게 된다(일본 인신보호규칙 제35조).

우리나라에서도 법원이 피수용자를 소환하여 수용자에게 피수용자를 출석시킬 의무가 부과되면 피수용자의 감호가 법원으로 이전하는지 논란이 될 수 있다. 일본에서의 제도 운영은 인신보호명령이 발령되면 법원이 수용자에 갈음하여 피수용자를 감호하는 것으로 관념화함으로써 피수용자의 인신의 자유를 확실히 보장해 주는 측면이 있고, 영미법상 인신보호영장제도를 원형대로 실현하는 측면이 있다. 그러나 우리나라의 경우에는 일본과는 달리 인신보호법상 구제절차에서 제1단계 심사절차가 설계되어 있지 않아 심문기일이 지정되더라도 수용의 위법성이 어느 정도 확인된 것이 아니다. 무엇보다 일본법과 같은 명문의 규정이 없다. 따라서 우리나라에서는 일본과 같이 피수용자의 소환이 수용자에게 명해졌다고 해서 그 시점에 피수용자의 신병이 법원으로 이전한다고 해석할 수는 없고, 단지 수용자에게 피수용자를 심문기일에 출석시킬 의무만 부담시키는 것으로 볼 수밖에 없다.

(라) 피수용자의 호송·감호 책임

법원이 심문기일에 피수용자를 출석시키기로 한 경우 그 호송·감호를 누가 책임질 것인가가 문제된다. 인신보호법에 호송이나 감호방법에 관한 별다른 규정을 두고 있지 않아 논란이 있을 수 있다. 그러나 인신보호법 제10조 제3항이 피수용자를 출석시킬 의무를 부과하고 있으므로, 피수용자의 호송·감호책임도 그 의무에 포함되어 있다고 해석할 수 있고, 법원 직원에게 이를 맡기는 것은 인력 사정 등으로 인해 현실적으로 곤란하며, 경찰 등 외부기관에 그 업무를 맡도록 요구할 수 있는 법상 근거도 없다는 현실적인 고려까지 더하면, 수용자에게 그 책임이 있다고 보아야 할 것이다. 형사절차상의 구속적부심사절차에서도 피의자를 구금하고 있는 관서의 장이 피의자의 호송·감호 책임을 부담하고 있다는 점에 비추어 보면, 크게 균형을 잃은 해석은 아니라고 본다. 이에 따라 인신보호규칙 제11조 제1항에서는 "피수용자가 심문기일에 출석요구를 받은 때에는 수용자 기타 피수용자를 수용하고 있는 수용시설의 장 또는 운영자는 피수용자를 호송하고 당일의 심문이 종료될 때까지 법원 청사 내에서 피수용자를 감호하여야 한다"고 규정하고 있다. 물론 향후 인신보호법에 이에 관한 명문의 규정을 두는 것이 바람직하다.

한편, 피수용자를 수용하고 있는 시설이 피수용자를 법원으로 호송하거나 감호하는 데 적절한 시설이나 인력을 갖추지 못하는 경우가 있을 수 있다. 이러한 경우를 대비하여 인신보호규칙 제11조 제2항은 "법원은 피수용자가 수용시설에 수용되어 있는 경우에는 수용시설의 소재지를 관할하는 경찰관서의 장에게 제1항의 호송, 감호를 요청할 수 있다"고 규정하고 있다. 다만 이때의 호송, 감호 요청은 업무협조를 구하는 의미에 그친다.[348]

(마) 의무이행 확보수단

피수용자가 법원의 출석 요구에도 불구하고 심문기일에 출석하지 않은 경우 수용자는 피수용자의 불출석에 정당한 사유가 있음을 소명하여야 한다(규칙 제11조 제3항). 그런데 인신보호법은 수용자가 법원으로부터 피수용자를 출석시키도록 명령을 받고도 이를 이행하지 않을 때의 제재나 불이익에 대한 규정을 두지 않았다.

미국에서는 별다른 강제수단을 법률에 규정해 놓고 있지는 않지만 법원의 인신보호영장을 따르지 않는 것 자체가 법정모독에 해당하게 된다. 일본의 인신보호법 제18조는 인신보호명령에 따르지 않은 구속자에 대하여, ① 구인, ② 명령에 따를 때까지 구류하는 것, ③ 명령에 따를 때까지 지연 1일당 500엔 이하의 과료에 처하는 것 등의 강제수단을 취할 수 있다고 규정하고 있다. ②와 ③은 영미에서의 법정모욕의 사고방식을 본뜬 것이고, 강력한 간접강제의 방법을 정한 것이다.[349]

우리나라의 인신보호법 초안에서도 소환에 응하지 않은 경우 제21조에

348 《인신보호제도 해설》, 28면.

349 田中英夫, 〈人身保護節次〉, 431頁.

의하여 2년 이하의 징역, 5년 이하의 자격정지 또는 2천만 원 이하의 벌금에 처할 수 있도록 규정하고 있었으나, 수용자에게 형벌의 경고를 통하여 일련의 소송절차의 진행과 관련한 고도의 주의의무를 요구하는 것은 다른 소송절차와 비교하여 볼 때 과도한 의무부과가 될 수 있다는 점 등의 우려에 따라 삭제되었다.[350] 제재규정이 없는 우리나라 인신보호법하에서도 피수용자가 법원의 출석 요구에 응하지 않는다면 현실적으로는 수용의 적법여부에 대해 수용자에게 불리한 심증을 형성할 것이라고 추측되지만, 피수용자의 소환명령의 실효성을 높이기 위한 규정을 마련할 필요가 있다고 생각된다.

(2) 답변서 제출의무

인신보호법 제10조 제3항은 수용자에게 심문기일 전까지 답변서를 제출할 의무를 부과하고 있다. 수용자가 제출할 답변서에는 ① 피수용자의 성명, 주소, 그 밖에 피수용자를 특정할 수 있는 사항, ② 피수용자를 수용한 일시 및 장소, ③ 수용의 사유, ④ 수용을 계속할 필요성, 예상되는 수용의 종료 시기, ⑤ 그 밖에 수용과 관련된 사항 등이 기재되어야 한다.

수용자가 답변서를 거짓으로 작성하거나 제출을 거부한 때에는 1년 이하의 징역, 3년 이하의 자격정지 또는 1천만 원 이하의 벌금에 처한다(법 제18조 제1항).

3) 당사자의 의견진술 및 소명방법의 조사

인신보호규칙 제12조 제1항은 "법원은 심문기일에 구제청구자 또는 변호인의 진술 및 수용자의 답변을 들은 후 소명방법에 대하여 조사한다"고 규정하고 있다.

심문이라 함은 당사자 쌍방을 공개된 법정에 대석시키는 것이 아니고

350 법제사법위원회 김종두 전문위원의 인신보호법안 검토보고서 참조.

자유로운 방식으로 당사자에게 서면 또는 말로써 진술할 기회를 주는 것을 말한다. 심문은 당사자의 주장 의견을 듣는 절차이지 당사자본인신문과 같이 증거자료를 수집하는 절차가 아니다. 인신보호규칙 제18조에 의하여 심문에 대하여 따로 정한 바가 없으면 민사소송의 예에 따른다. 일본의 인신보호규칙 제33조는 민사소송에 관한 법령의 규정 중 구두변론의 방식에 관한 규정에 따른다고 하고 있으나, 우리의 경우 그러한 규정은 없으므로 민사소송의 일반 심문절차에 따라 구두 또는 서면 모두 가능하다고 보아야 한다.

심문의 순서는 편의적인 문제이므로 담당 재판부에서 적절하게 정할 일이지만, 어떠한 순서에 의하더라도 그 심리가 신속하게 진행될 수 있도록 해야 할 것이다. 인신보호법이 구제청구사건의 기일을 심문에 의하도록 한 것은 이와 같은 심문절차의 특성이 구제청구사건의 신속한 진행을 가능하게 하기 때문이다.[351]

당초의 인신보호법 초안 제9조는 법원에게 수용의 위법성 여부에 관한 1차적 증거조사 책임을 부여하는 심리방식을 상정하였으나, 입법과정에서 법원의 직접조사는 재판의 규문절차화를 야기할 우려 등이 있다는 의견이 반영되어 위 규정이 삭제되었다. 따라서 구제청구사건의 심문기일에는 기본적으로 관계인에게 진술할 기회를 부여한 다음 관계인들이 제출한 소명방법을 조사하는 방식으로 진행하여야 하는데, 인신보호규칙 제12조 제1항은 이런 점을 분명히 한 것이다. 입증의 정도도 소명에 의하고,[352] 즉시 조사할 수 있는 증거방법에 한하여 조사하여야 하나, 구제청구서 또는 답변서와 동시에 제출된 소명방법에 한정되는 것은 아니다. 심문절차에서 조사할 수 있는 증거방법으로는 서증, 검증물, 참고인심문 등을 들 수 있다.

---

351 《인신보호제도 해설》, 29면.

352 증명은 사회 일반인이 일상생활에서 안심하고 이를 신뢰하여 행동하는 정도라는 고도의 개연성에 덧붙인 법관의 확신이 심증으로써 요구됨에 대하여, 소명은 일응 확실하다는 개연성의 심증으로 충분하다.

4) 수용의 적법성 등의 소명책임

인신보호규칙 제12조 제2항에서는 "수용자는 수용의 적법성 및 수용을 계속할 필요성에 관하여 소명하여야 한다"고 규정하여, 소명책임을 수용자에게 부담시키고 있다. 미국에서는 피구속인이 원칙적으로 자신의 청구에 관한 주장 · 증명책임을 부담하되, 증명의 정도는 민사절차에서와 같이 "증거의 우위(by preponderance of the evidence)로 불법에 대한 개연성을 보여 줄 수 있는 정도"만 요구된다. 피구속자가 그것에 성공하게 되면, 구속자는 영장청구에 대한 응답자(respondent)로서 당해 구속의 적법성에 대해 주장 · 증명할 의무를 부담하게 된다. 일본의 경우에는 인신보호법 제15조 제2항에서 "구속자는 구속의 사유를 소명하여야 한다"고 규정하여 우리와 같은 입법례를 따르고 있다.

대법원도 수용자는 수용의 적법성 및 수용을 계속할 필요성에 관하여 소명하여야 한다는 점을 확인해 주었다.[353] 민사소송법상의 원칙에 따르면, 청구인이 수용의 위법성 혹은 수용계속의 불필요에 관하여 입증을 하여야 한다. 그리고 우리나라에서는 영미법이나 일본법처럼 1단계 심사절차에서 수용이 위법하다는 개연성을 확인하지도 않는다. 그러나 구제청구자는 증거수집이나 증거접근이 어려운 경우가 대부분이어서, 구제청구자에게 소명책임을 부담시키면 수용자의 자발적 협조 없이는 자기에게 유리한 증거를 제출하기 어렵고, 수용의 적법성이나 수용계속의 필요성 등을 확인할 수 있는 실질적인 자료는 수용자에게 편재되어 있으므로, 이런 점을 고려하여 수용자에게 주장 · 입증책임을 부담하도록 하되 소송의 신속성을 고려하여 소명책임을 부담시키는 것이라고 해석된다.[354]

수용의 적법성 등에 대한 소명책임을 수용자에게 부담시키더라도 수용자는 자기에게 유리한 자료를 확보하고 있을 가능성이 높고 구제청구자에

353 대법원 2009. 6. 11.자 2009인마2 결정.

354 《인신보호제도 해설》, 30면.

게 수용자가 제출하는 자료를 효과적으로 탄핵할 것을 기대하기도 곤란한 경우가 많을 것이므로, 법원으로서는 정신건강의학과 의사 등의 전문가 진단소견이나 의견조회 등의 절차를 적절하게 활용할 필요가 있다.[355]

5) 피수용자의 소송행위와 진의 확인

피수용자가 자유로운 의사에 기초한 소송행위를 할 수 있음은 당연하다. 이러한 소송행위는 심문절차에서의 진술뿐만 아니라 항고, 청구의 취하 등을 포함한다. 다만 피수용자가 수용자나 자기를 수용시킨 가족으로부터 강요나 협박을 받는 등의 이유로 진의에 반하여 청구의 취하와 같이 자기에게 불리한 행위를 하는 경우가 있을 수 있다. 특히 피수용자가 판단능력이 다소 떨어지는 장애를 갖고 있는 경우에는 이러한 우려가 더 심해진다. 그리하여 피수용자가 구제청구절차에서 청구의 취하 등 자기에게 불리한 행위를 하는 경우, 법원은 그 의사의 진의가 의심스럽다고 판단되면 피수용자를 심문하는 등 그 진의를 확인하기 위한 적절한 조치를 취하는 것이 바람직하며 예규에서 그러한 취지를 규정하고 있다(예규 제7조).

형사절차상 구속적부심사의 경우에도 피의자를 심문할 때 법원은 공범의 분리심문이나 그 밖에 수사상의 비밀보호를 위한 적절한 조치를 취하도록 하고 있다(형사소송법 제214조의2 제11항). 피수용자의 진의를 확인하는 조치를 취할 때에도 그 의사에 영향을 끼칠 수 있는 요소를 배제하기 위한 방법을 강구할 필요가 있을 것이다.

6) 심문조서의 작성

형사절차상의 구속적부심사와 같이 인신보호법상의 구제절차의 심문에서도 조서를 작성하여야 한다. 그리하여 심문조서에는 구제청구자, 수용자 등 진술자의 진술 요지와 변호인의 의견 요지를 기재하고, 심문기일에 참

355 《인신보호제도 해설》, 30면.

고인에 대한 심문이 행하여진 경우에는 그 진술의 요지를 기재한다(예규 제10조 제2항).

4.5. 신병보호

4.5.1. 의의

인신보호법 제11조에서는, "법원은 피수용자의 신병을 보호하기 위하여 필요하다고 인정하는 때에는 결정으로 피수용자를 현재의 수용시설에서 적당하다고 인정되는 동종 또는 유사한 다른 수용시설로 이송할 것을 수용자에게 명할 수 있다"고 규정하고 있다. 이러한 신병보호가 결정되면 지체 없이 구제청구자, 수용자 또는 변호인에게 통지하여야 한다(규칙 제13조 제5항).

'신병을 보호하기 위하여 필요한 때'에는 신체 · 건강상의 직접적인 위해 그 밖의 불이익을 받을 우려가 있는 경우가 포함된다는 점에는 이론이 있을 수 없다. 한편 수용의 적법 · 타당성을 확인하기 위한 진단 목적의 이송조치도 넓게는 피수용자의 신병을 보호하기 위한 조치에 해당한다고 해석할 수 있는지 논란이 될 수 있고, 그 결론에 따라 전문가 진단 등을 위해 피수용자를 수용시설로 이송시키는 조치를 법률의 명시적인 위임 없이 규정한 인신보호규칙 제13조 제4항의 위헌 여부에 대한 판단이 좌우될 수 있다는 점은 앞에서 살펴보았다.

4.5.2. 신병보호절차

이에 관해서는 이미 '전문가 진단소견과 의견조회'의 항목에서 설명하였으므로 그 요지만 다시 설명하면 다음과 같다.

법원이 피수용자의 신병을 이송하는 결정을 한 때에는 수용자는 지체 없이 그 결정에서 정한 수용시설로 피수용자를 이송하여야 한다(규칙 제13조 제1항). 피수용자의 신병에 관한 법원의 결정을 따르지 않을 경우 사실상의 불이익을 받을 수밖에 없는 수용자로 하여금 신병 이송 · 감호의 책임을 부담하게 하는 것이 가장 현실적이라는 점을 감안한 규정이다. 다만 법원은 결정으로 피수용자를 이송하는 방법을 달리 정할 수 있다(규칙 제13조 제1항 단서).

피수용자의 신병을 이송하는 경우 법원은 사전에 이송받는 시설의 장 또는 운영자에게 도망방지 등 피수용자를 보호 또는 감호하는 데 필요한 사항을 고지하고 동의를 얻어야 한다(규칙 제13조 제2항). 또한 피수용자를 이송받은 수용시설의 장 또는 운영자는 수용 중인 피수용자가 도망하는 등 피수용자의 신상에 변동을 가져올 만한 사유가 발생하였을 때에는 지체 없이 이를 법원에 알려야 한다(규칙 제13조 제3항).

4.5.3. 신병보호결정의 취소 · 변경

법원은 상당한 이유가 있다고 인정하는 때에는 언제든지 결정으로 법 제11조에 의한 신병보호결정을 취소하거나 변경할 수 있다(규칙 제14조 제1항). 신병보호결정은 종국결정을 할 때까지의 잠정적 조치에 불과하기 때문에, 신병보호결정을 행한 이후에도 다른 시설로 피수용자를 이송하거나 그 결정을 취소하여야 할 사정 변경이 생기면 이를 반영할 수 있어야 하므로, 인신보호규칙에서 그 근거를 두게 된 것이다.[356]

신병보호결정은 직권으로 행할 수도 있으나 구제청구자 · 피수용자의 신청에 의하여 행할 수도 있는데, 후자의 경우 그 신청은 서면으로 하고 그 신청서에 신병보호를 취소, 변경할 상당한 이유를 기재하고 이를 소명하여야 한다(규칙 제14조 제2항). 한편, 법원은 신병보호결정을 취소, 변경함에 있어 필요하다고 인정하는 때에는 심문기일을 지정하여 피수용자, 구제청구자 또는 변호인을 소환할 수 있다(규칙 제14조 제3항). 신병보호결정의 취소

356 《인신보호제도 해설》, 31면.

· 변경신청은 문건으로 전산입력하고, 그 신청서 등은 구제청구사건기록에 가철한다(예규 제6조 제2항).

5. 재판

5.1. 종국결정

5.1.1. 재판의 형식

재판의 종류에는 판결, 결정, 명령이 있는바, 인신보호법은 결정의 형식으로 재판하도록 규정하고 있다. 인신보호법 제6조에서는 법원이 일정한 사유가 발생하면 결정으로 각하할 수 있도록 규정하고, 제13조에서는 청구가 이유 있을 때에는 수용을 해제할 것을 결정으로 명하고, 이유가 없을 때에는 기각하도록 규정하고 있다. 일본의 경우에는 인신보호명령을 발령하기 이전에 준비조사절차 단계 등에서 구제청구를 결정으로 각하나 기각하는 것을 넘어 최종적인 구제를 명하기 위해서는 심문기일을 열어 판결에 의하도록 하고 있는 것과 다르다.

당초의 인신보호법 초안에서는 일본의 인신보호법과 같이 구제청구사건의 재판을 판결의 형식으로 하도록 규정하고 있었으나, 구제청구사건의 신속성과 효율성, 형사소송법상의 구속적부심제도와의 균형을 고려하여 결정의 형식에 의하도록 수정되었다.

5.1.2. 결정의 유형

1) 각하결정

인신보호법 제6조 제1항에서는 각하사유를 열거하고 있는바, ① 구제청구자가 아닌 자가 구제청구를 한 때, ② 제5조에서 정해진 청구의 방식을 충족하지 못한 때, ③ 다른 법률의 구제절차에 따른 구제를 받을 수 있음이 명백한 때, ④ 이 법 또는 다른 법률에 따른 구제청구가 기각된 후 다시 구제청구를 한 때 등이다.

그런데 헌법 제12조 제6항은 "누구든지 체포 또는 구속을 당한 때에는 적부의 심사를 법원에 청구할 권리를 가진다"고 규정하고 있기 때문에, 인신보호법에서 구제청구를 각하할 수 있도록 규정한 것이 헌법에 저촉되는 것은 아닌지에 관한 약간의 의문이 들 수는 있다. 그렇지만 헌법 제12조 제6항에서의 '누구든지'는 '구속을 당한 자 누구든지'로 해석하는 것이 합리적이므로, 피수용자에게 구제청구권을 부여하기만 하면 헌법위반의 문제는 발생하지 않고 그 밖에 어느 범위에서 구제청구권을 부여할 것인지의 문제는 입법정책의 문제가 될 것이다. 따라서 인신보호법이 피수용자 및 그와 일정한 범위의 사람들에게 구제청구권을 부여하고 그 구제청구적격을 가지지 않은 자가 제기한 청구를 각하하는 것을 헌법에 어긋난다고 보기는 어렵다(①의 경우).

다음으로 헌법 제12조 제6항에서 구속적부심사청구권을 보장한 것은 적법하게 제기된 청구권을 보장하겠다는 것이지 판단할 필요도 없을 정도로 부적법한 것이 분명한 청구까지 본안판단을 행하겠다는 것이라고 보기는 어려울 것이므로, 구제청구자의 귀책사유로 청구의 방식을 충족하지 못한 경우에 각하하는 것은 정당화될 수 있다(②의 경우).

한편 인신보호법은 위법한 구속에 대한 효율적이고 즉각적인 구제절차를 담은 일반법이므로, 헌법 제12조 제6항의 요구를 충족하면서도 개별적인 특수성을 반영한 대등한 절차가 있다거나 더 근원적인 해결절차가 있다면 먼저 그 절차에 의하게 하는 것도 바람직한 측면이 있고, 어쨌든 인신보호법상의 구제절차가 보장이 된다면 헌법 제12조 제6항의 위반문제는 발생하지 않을 것이므로, 구제청구에 보충적 성격을 부여한다고 해서 위헌이라고 보기 어렵다(③의 경우).

또한 헌법 제12조 제6항은 법원이 당해 인신구속의 적부에 대하여 제대로 심사하는 기회를 최소한 1번 이상 보장하는 것을 요구하는 것이므로,[357] 이미 그 기회를 활용한 후 다시 제기하는 청구까지 보장해야 할 헌법적 의무는 없다고 본다(④의 경우).

따라서 인신보호법 제6조가 헌법에 반하는 것은 아닐 뿐만 아니라 오히려 각하결정을 통하여 청구의 남용을 방지하고 심사의 효율성을 증대시키는 것이 필요할 수도 있다. 참고로 형사소송법 제214조의2 제3항도 같은 취지에서 심문 없이 결정으로 청구를 기각할 수 있다고 규정하고 있다.

그러나 인신보호법이 결정 유형으로 각하를 설정하고 있다고 하더라도 되도록 각하결정의 범위를 좁게 해석하여 본안심사의 가능성을 높이는 것이 바람직할 것이다. 설령 궁극적으로 수용의 해제결정을 받지 못하더라도 수용자로 하여금 수용의 과정을 법원의 사법적 심사에 의하여 통제받고 있다는 인식을 갖게 하는 것이 기본권을 충실히 보장하는 수단이 되기 때문이다.

2) 수용의 해제결정

(1) 의의

인신보호법 제13조 제1항에서는 "법원은 구제청구사건을 심리한 결과 그 청구가 이유가 있다고 인정되는 때에는 결정으로 피수용자의 수용을 즉시 해제할 것을 명하여야 한다"고 규정하고 있다. 따라서 수용의 해제결정은 일종의 이행결정으로 수용자에게 수용의 해제를 명하는 것이므로, 인용결정의 주문은 "피수용자에 대한 수용을 즉시 해제할 것을 명한다"는 형식이 될 것이다.[358]

이렇게 법원이 수용자에게 이행을 명하는 것이 행정소송에서 의무이행소송이 허용되지 않는 것과 견주어 잘못된 것은 아닌가라는 논의가 입법

357 헌재 2004. 3. 25. 선고 2002헌바104 결정 참조.

358 《인신보호제도 해설》, 34면.

과정에서 있었다.[359] 그 견해에서 주로 내세우는 논거는 권력분립의 원칙에 반한다는 것이다. 그러나 권력분립원칙은 그 자체에 목적이 있는 것이 아니라 인권보장을 위한 수단에 불과한 것이고, 현행 행정소송법 체제하에서도 법률적인 근거가 없기 때문에 의무이행소송이 허용되지 않는다고 해석하는 것일 뿐이지 법률적 근거만 있다면 의무이행소송을 허용하지 않을 이유가 없는 것이다. 따라서 인신보호법이 구제청구가 이유 있을 때 인용결정으로 이행결정의 형식을 취한다고 해서 헌법적인 문제가 발생하지는 않는다.

(2) 사유

인신보호법 제13조 제1항은 청구가 이유가 있다고 인정되는 때에 수용해제결정을 하여야 한다고 규정하고 있고, 구체적인 사유에 대해서는 규정하고 있지 않다. 다만 제3조와 제5조 제5호, 제8조 제1항, 제10조 제3항 제4호에 비추어 보면, 수용이 위법하게 개시되었거나 수용이 적법하게 개시되었더라도 사후의 사정변경에 의하여 수용의 필요성이 소멸한 경우를 수용해제결정의 사유로 보는 것이 타당하다. 이렇게 보는 것이 헌법 제12조 제6항의 '적부'의 의미와 부합하고,[360] 형사소송법상의 구속적부심사에서도 체포 또는 구속의 불법뿐만 아니라 부당(구속계속의 필요성)에 대한 판단을 하는 것과도 균형이 맞게 된다.[361]

(3) 변형결정의 가능성

(가) 문제의 소재

구제청구가 어느 정도 이유가 있으나 수용의 무조건적인 해제를 하기는 곤란한 여러 가지 상황이 있을 수 있다. 예컨대 수용이 적법하게 개시되었고

359 보건복지부, 〈인신보호법안 검토의견〉, 《인신보호법 제정에 관한 공청회 자료집》, 국회법제사법위원회(2005. 9), 44면 참조.

360 헌재 2004. 3. 25. 선고 2002헌바104 결정 참조.

361 이재상, 《신형사소송법》, 274면.

심리 당시에도 수용을 계속할 필요성은 있으나 수용자가 적절하게 치료를 하지 않고 있거나 피수용자를 학대하는 경우와 같이 수용자가 피수용자의 인권을 부당하게 침해하고 있는 경우, 수용해제결정을 하거나 기각결정을 하여야 하는지, 아니면 수용자에게 다른 적절한 조치를 명할 수 있는지의 문제가 제기된다.

수용의 해제결정에 갈음하여 또는 동시에 피수용자를 위한 적절한 조치를 취하거나 조건을 부가할 현실적인 필요가 있는데, 인신보호법 제13조 제1항이 청구가 이유가 있다고 인정되는 때에 수용해제결정을 하여야 한다고만 규정하고 문언상으로는 변형된 결정이나 조건부 결정에 대한 근거를 두지 않고 있기 때문에 생기는 문제이다.

(나) 일본의 상황

일본의 경우 인신보호법 제16조 제3항에서는 청구가 이유 있는 때 피구속자를 즉시 석방하도록 규정하고 있지만, 인신보호규칙 제37조에서는 청구인용의 판결로서 "재판소는 청구를 이유 있다고 하는 때는 판결로 피구속자를 즉시 석방하거나 또는 피구속자가 유아 혹은 정신병자인 때, 그 밖에 피구속자에 대해 특별한 사정이 있다고 인정되는 때에는 피구속자의 이익을 위하여 적당하다고 인정되는 처분을 할 수 있다"고 규정하고 있다.

이에 대하여 최고재판소는 석방을 명할지 적당한 처분을 명할지 그 내용은 어떠한지에 대해서는 제1심 재판소의 자유재량이라고 판시하였다.[362] 그리고 하급심 판결례 중에는 "재판소는 인신보호법에 기한 구제수단으로서 피구금자의 이익을 위한 석방 그 밖의 적당한 처분을 할 수 있고, 피구속자가 정신병자인 때 등 특별한 사정이 있는 때에는 피구속자의 이익을 위하여 적당하다고 인정되는 처분을 할 수 있으므로, 완전한 신체의 자유의 회복을 구하지 않고 현재의 구금상태보다 개선된 상태에 두는 것을 구하는 것

362 最高裁 昭和 37(1962)年 4月 12日 判決,《民集》16卷 4号 833頁.

도 동법에 기하여 구제청구로서 허용된다"고 판시한 것도 있다.[363]

그리하여 실무에서도 인신보호법에 의한 구제청구에서 피구속자의 석방 외의 조치가 청구되는 것이 상당수 있다고 한다.[364] 현실적으로 동경지방재판소 민사 제9부에서 처리된 이러한 유형의 구제청구는 ① 피수용자가 건강상태를 이유로 의료형무소에의 이송 등의 의료적 조치를 청구하는 사안, ② 접견교통 등 외부교통의 제한 등의 조치에 대한 구제를 구하는 사안, ③ 형의 집행정지나 처우의 변경을 구하는 사안 등이 있다.[365] 그러나 일본에서는 인신보호청구의 요건으로 위법의 현저성을 요구하므로, 이 경우에도 인신보호의 청구가 허용되기 위해서는 의료조치가 전혀 결여되어 있는 상태에서 구속을 계속하고 있거나 피구속자에 대하여 현저히 부적절 또는 불합리한 의료조치밖에 행하지 않고 있는 것이 명백한 경우이어야 한다. 그리하여 청구인이 승소한 경우는 거의 없다고 알려져 있다.

(다) 판단

우리나라의 인신보호법 제13조 제1항에서는 구제청구가 이유 있으면 수용의 해제를 명할 수 있다고만 규정하고 있고, 일본의 인신보호규칙 제37조와 같은 규정을 두고 있지 않다. 따라서 구제청구의 취지로서 석방청구만 가능하다고 해석해야 하는지, 석방 대신 적절한 조치를 청구할 수 있는지 해석상 문제가 되는 것이다. 이 문제는 수용자에게 수용의 해제에는 못 미치는 처우의 개선을 명하는 경우와 피수용자에게 수용의 해제를 명하면서 조건을 부과하는 경우의 두 가지로 나누어 생각해 볼 수 있다.

---

363 東京地裁 平成 5(1993)年 1月 13日 判決, 東京高裁 平成 10(1998)年 6月 25日 判決〔東京地方裁判所民事第九部人身保護研究会, 〈東京地裁における最近の人身保護請求事件の処理状況〉, 11頁에서 재인용〕.

364 久岡康成, 〈人身保護法と勾留の違法ー勾留の状態から生ずる勾留の違法〉, 《立命館法學》 2008年(5 · 6), 立命館大学法学会(2008), 393頁.

365 東京地方裁判所民事第九部人身保護研究会, 〈東京地裁における最近の人身保護請求事件の処理状況〉, 11頁.

먼저, 피수용자의 수용 계속의 필요성이 인정되나 수용자가 치료 등에 소홀한 경우와 같이 수용자에게 수용의 해제결정에 갈음하여 수용의 해제에는 못 미치는 처우의 개선을 명할 수 있는지의 문제이다. 피수용자의 입장에서 보면, 명문규정이 없다는 이유로 아무런 조치 없이 청구를 기각하는 것보다 비록 수용을 해제하지는 않더라도 수용자에게 적절한 조치를 취하도록 명하는 것이 인신의 자유를 어느 정도 회복하는 길이므로 불리할 것이 없다. 다만 수용자의 입장에서 법원이 명문의 규정 없이 수용자에게 적절한 조치를 명하는 것은 행정청의 권한을 지나치게 침해한다는 비판을 제기할 수 있다. 그러나 법원이 수용의 해제도 결정할 수 있는데 이보다 못한 적절한 조치를 결정할 수 없다고 하는 것은 논리적이지 않다. 따라서 신체의 자유의 박탈뿐만 아니라 제한도 인신보호절차에서 구제가 되어야 한다는 것이 헌법 제12조 제6항이나 인신보호법의 입법취지에 부합하는 것이고, 수용의 해제 대신 피수용자를 위한 적절한 조치를 취할 현실적인 필요도 있다는 점을 감안하면, 적극적으로 해석하여야 하지 않을까 생각한다.[366]

다음으로 수용을 해제하되 피수용자에게 일정한 조건을 부과하는 결정이 가능한지의 문제이다. 수용자의 입장에서 보면 단순한 수용의 해제결정과 다를 바 없으므로 별다른 문제가 발생하지 않는다. 그러나 피수용자의 입장에서는 수용을 해제해 주되, 정기적으로 검진을 받아야 한다든지, 다른 시설로 옮겨야 한다는 등의 조치는 법률적인 근거도 없이 의무를 부과하는 것이 될 수 있기 때문에 판단하기가 쉽지 않다. 그러나 이러한 결정이 청구를 기각당하는 것과 비교해 볼 때 더 유리한 것인 한 일종의 일부 인용의 결정으로서 의미가 있다. 입법기술적으로 보면 형사절차에서의 구속적부심사에서는 형사소송법 제214조의2 제5항의 규정에 의하여 피의자에 대하여 출석을 보증할 만한 보증금의 납입을 조건으로 하여 결정으로 석방을 명할

366 따라서 처음부터 수용의 해제를 청구하지 않고 개선조치를 명할 것을 청구하는 것도 허용된다고 생각한다. 같은 취지, 이호중, 〈인신보호법의 제정의미와 활용성〉, 306면.

수 있도록 규정하고 있는 것을 참조할 만하다. 뿐만 아니라 인신보호법 제9조 제2항에서는 수용의 임시해제를 조건을 붙여 결정할 수 있도록 규정하고 있다. 따라서 이 경우에도 적극적인 해석이 가능하지 않을까 생각한다.

이렇게 해석하면 그 조건의 이행확보를 어떻게 할 것인가가 문제된다. 수용자에게 수용의 해제결정에 갈음하여 수용의 해제에는 못 미치는 처우의 개선을 명하는 결정을 하였는데, 수용자가 이를 어기면 피수용자가 다시 구제청구를 하게 될 것이고, 그때에는 수용의 해제를 명하게 될 것이므로, 어느 정도 그 이행이 담보되는 측면이 있다. 그러나 피수용자에게 일정한 조건을 붙여 수용을 해제한 결정을 한 후 피수용자가 수용의 해제조건을 이행하지 않으면 어떻게 하여야 하는지 문제가 발생한다. 예컨대 수용해제의 조건인 정기적인 건강진단의무나 다른 병원에로의 입원의무 등의 이행을 확보할 명확한 규정도 없고, 그 비용의 부담에 관한 규정도 없기 때문에 현실적으로 그러한 결정을 할 수 있을지는 의문이다. 향후의 입법적인 과제라고 생각된다.[367]

3) 기각결정

구제청구가 이유 없을 때에는 기각하여야 한다. 구제청구가 이유 없다는 것은 수용의 개시가 적법하게 이루어졌고, 심리 당시에 수용의 필요성도 인정되는 경우이다.

한편, 인신보호법 제13조 제2항은, 제9조 제3항에 따라 수용의 임시해제를 취소하면서 피수용자를 구인한 후 다른 수용시설에 유치하고 있었던 경우나 제11조에 따라 신병보호조치를 하면서 다른 수용시설에 유치하고 있었던 경우와 같이 피수용자를 보호하고 있는 자가 있는 때에는 피수용자의 신병을 수용자에게 인도할 것을 명하도록 규정하고 있다. 기각결정을 할 때 피수용자의 신병을 수용자에게 인도하는 명령은 결정문의 첫머리 부분

---

367 《인신보호제도 해설》, 34면 참조.

에 피수용자를 현재 수용하고 있는 자를 특정할 만한 사항을 기재하고(피수용자의 현재 수용인○○○), 주문에는 "○○○은 피수용자를 수용자에게 인도하라"는 항목을 추가하면 될 것이다.[368]

인신보호법에 대한 심사과정에서 법무부는 사정판결조항을 추가하려고 하였다. 하지만 수용이 적법하게 개시되었더라도 수용을 계속할 필요가 없다고 판단되는 때에는 법원은 구제청구를 인용할 수 있다고 해석할 수는 있겠지만, 인신보호절차에서 행정소송법의 사정판결을 끌어들여 구제청구자에게 불리한 방향으로 논리를 전개하는 것은 '인신보호법의 헌법적 위상'을 행정소송법보다 하위에 두려는 발상이라는 반대의견이 많았다.[369] 인신보호법이 사정판결조항을 규정하지 않은 것은 타당한 태도라고 본다.

5.1.3. 결정의 절차와 방식

인신보호법상의 구제절차는 신속성을 기본적인 이념으로 하고 있으므로, 비록 인신보호법령에 명시적인 규정은 없더라도, 법원은 심문이 종료하면 지체 없이 결정을 내리는 것이 바람직하다. 참고로 일본의 인신보호규칙 제36조는 특별한 사정이 없는 한 심문종결일부터 5일 이내에 판결을 선고하도록 규정하고 있고, 동경지방재판소 민사 제9부의 실무에서는 심문종결일에 바로 판결을 선고한다고 한다.[370]

인신보호규칙 제16조 제1항은 인신보호법과 인신보호규칙에 의한 각종 결정서에는 재판한 법관이 기명날인하도록 규정하고 있다. 한편, 제9조 제3항에 따라 수용의 임시해제를 취소하면서 피수용자를 구인한 후 다른 수

368 《인신보호제도 해설》, 34면.

369 심희기, 〈한국형 인신보호법 제정안의 주요 쟁점〉, 피구금자 인권과 한국형 인신보호법 제정 학술회의(2007), 3면 참조.

370 東京地方裁判所民事第九部人身保護研究会, 〈東京地裁における最近の人身保護請求事件の処理状況〉, 15頁. 판결을 나중에 선고하면 그 기일에 피구속자의 출두를 확보할 방법이 없고, 피구속자가 출석하지 않은 채 인용판결이 선고되면 직접적인 집행수단이 없어 실효성이 떨어지기 때문이라고 한다.

용시설에 유치하고 있었던 경우나 제11조에 따라 신병보호조치를 하면서 다른 수용시설에 유치하고 있었던 경우와 같이 피수용자를 보호하고 있는 자가 있는 때에는 그 시설의 장 또는 운영자에게도 수용의 해제결정이나 기각결정을 고지하여야 한다(규칙 제16조 제2항). 이러한 규정은 종국결정에 따른 피수용자 신병처리가 원활하고 신속하게 이루어질 수 있게 하기 위한 것이다.[371]

5.1.4. 결정의 효력

1) 집행의 문제

인신보호법상 구제절차에서 결정의 집행문제는 청구를 인용하여 피수용자에 대한 수용을 해제하는 경우에 생긴다. 그런데 인신보호법은 수용해제를 명하는 결정의 집행절차에 관하여 아무런 규정을 두고 있지 않다. 결정의 집행에 관한 사항은 법률적 근거가 필요하므로, 법률에 아무런 근거가 없는 한 수용해제결정을 검사 또는 집행관 등의 외부기관에 의해 집행하도록 한다거나 민사상 간접강제와 같은 민사집행법상의 절차를 취할 수는 없다. 또한 인신보호법에는 인신보호법에서 정하지 않은 사항에 대하여 다른 법률을 준용한다는 규정이 없고, 인신보호규칙 제18조가 "이 규칙에서 정하고 있지 아니한 사항에 대하여는 그 성질에 반하지 아니하는 범위 내에서 민사소송의 예에 따른다"고 규정하고 있더라도 기본권을 침해할 여지가 있는 강제집행에 관한 다른 법률의 규정을 규칙에 의해서 준용하는 것은 법률유보원칙에 반한다는 점에서 다른 법률을 준용하여 집행할 수는 없다.[372]

371 《인신보호제도 해설》, 36면.
372 같은 취지, 신권철, 〈정신질환자의 강제입원과 퇴원: 인신보호법상 구제요건을 중심으로〉, 239면.

2) 위반할 경우의 제재

당초의 인신보호법 초안에는 수용해제결정의 이행을 강제하기 위해 구금해제결정을 불이행한 경우에 대한 처벌규정을 두고 있었다. 인신보호법 초안 제21조에서는 ① 구금자가 제14조의 규정에 따른 피구금자에 대한 구금해제의 판결에 불구하고 즉시 이를 행하지 아니한 때와 ② 인신보호법에 따라 구금 또는 수용이 해제된 자를 법원의 판결에 의하지 않고 구제청구의 전제가 된 사유와 같은 사유로 다시 구금 또는 수용한 때에는 3년 이하의 징역, 7년 이하의 자격정지 또는 3천만 원 이하의 벌금에 처하거나 병과하도록 규정하고 있었다. 한편, 일본의 인신보호법 제26조는 피구속자를 이동, 은닉, 은피시키고 그 밖에 인신보호법에 의한 구제를 방해한 행위를 한 자 등을 2년 이하의 징역 또는 5만 엔 이하의 벌금에 처하도록 규정하고 있다. 그러나 입법과정에서 형법상의 체포 · 감금죄로 처벌할 수 있고 민사상 손해배상책임으로 수용해제결정의 이행을 강제할 수 있으므로 별도의 처벌규정을 둘 필요가 없다는 의견이 받아들여져 위 처벌규정은 삭제되었다.

그러나 형사 또는 민사판결에서 수용해제결정과는 다른 결론에 도달할 수도 있다는 점과 형사소송이나 민사소송과 같이 추가적인 절차를 거치게 한다는 것은 위법 또는 부당하게 인신구속된 자를 신속하게 구제하려는 인신보호법의 취지에 반하는 것이라는 점에서 처벌규정이 신설될 필요가 있다.

3) 재수용 금지

인신보호법 제16조는 인신보호법에 따라 수용이 해제된 자는 구제청구의 전제가 된 사유와 같은 사유로 다시 수용할 수 없다고 규정하고 있다.

이 조항에서 '구제청구의 전제가 된 사유와 같은 사유'라 함은 수용해제결정 후 별다른 사정변경이 없는 것을 전제로 한다. 예컨대, 정신질환자의 상태가 호전되었기 때문에 인신구속의 필요성이 소멸되어 수용해제결정을 하였으나, 사후에 정신질환의 상태가 악화된 경우라면 같은 정신질환을 이유로 다시 수용한다고 하여 인신보호법 제16조에 반하는 것은 아닐 것이다. 이와 같이 수용해제결정 후 사정변경이 존재하는 경우에는 같은 사유로 피수용자를 다시 수용할 수 있다. 사정변경이 있는지의 여부를 판단할 때에는 급박한 공공의 위해 우려가 있는지, 피수용자의 안전을 위한 조치가 필요한지 여부 등이 함께 검토되어야 할 것이다.[373] 참고로 형사소송법 제214조의3에서도 이와 유사한 내용의 조문을 두고 있다.

5.1.5. 비용부담

1) 패소자 부담의 원칙

법원은 구제청구사건의 재판에 사용된 비용의 전부 또는 일부를 구제청구자 또는 수용자에게 부담시킬 수 있다(인신보호법 제14조). 여기에서 '재판에 사용된 비용'이란 민사소송법상 재판비용[374]과 당사자비용[375]을 포함하는 것이다.

이러한 재판에 사용된 비용의 부담에 관한 인신보호법 제14조는 형사소송법 제186조[376]와 일본 인신보호법 제17조[377]를 참고로 하여 규정한 것이다.[378] 그런데 형사소송에서와 같이 법원이 재량에 따라 비용부담을 결정할 수 있다고 보기 위해서는 패소자가 부담하지 않는 나머지 금액을 국고부담으로 할 수 있어야 하지만, 인신보호법이나 인신보호규칙에는 국선변호인

---

373 《인신보호제도 해설》, 35면.

374 재판비용이란 당사자가 국고에 납입하는 비용으로서 재판수수료인 인지액과 그 밖의 재판 등을 위해 지출하는 비용을 말한다.

375 당사자가 소송을 위해 자신이 지출하는 비용이다.

376 형사소송법 제186조 (피고인의 소송비용부담) ① 형의 선고를 하는 때에는 피고인에게 소송비용의 전부 또는 일부를 부담하게 하여야 한다. 다만, 피고인의 경제적 사정으로 소송비용을 납부할 수 없는 때에는 그러하지 아니하다. ② 피고인에게 책임지울 사유로 발생된 비용은 형의 선고를 하지 아니하는 경우에도 피고인에게 부담하게 할 수 있다.

377 일본 인신보호법 제17조(절차비용) 구속자 또는 청구자에게 절차에 든 비용의 전부 또는 일부를 부담시킬 수 있다.

378 《인신보호제도 해설》, 36면.

선임비용을 제외하고는 재판에 사용된 비용을 국고부담으로 할 수 있는 근거가 없다. 따라서 인신보호법상 구제청구사건에서 패소자에게 재판에 사용된 비용의 일부만 부담시키려면 민사소송법 제99조, 제100조의 경우와 같이 승소자에게 일정한 귀책사유가 있어 나머지 비용을 승소자에게 부담시킬 수 있는 경우이어야 한다.

인신보호법 제14조는 구제청구권 행사의 남용을 방지하기 위한 것이다. 그러나 이러한 규정은 자력이 없는 피수용자의 청구권을 사실상 봉쇄하는 결과를 초래할 수 있다. 또한 인신보호법이 2010. 6. 10. 개정되면서 수용시설의 종사자도 구제청구자가 될 수 있게 되었는바, 그가 구제청구를 하는 것 자체도 정신적인 압박이 동반되는데 절차비용을 부담할 위험까지 부과하는 것은 개정 법률의 취지를 반감시키는 결과를 초래할 것이다. 따라서 헌법재판소법 제37조와 같이 구제청구권자가 패소한 경우에는 재판에 사용된 비용은 원칙적으로 국가부담으로 하되, 청구를 각하하는 경우 또는 청구를 기각하는 경우라도 구제청구가 권리의 남용이라고 인정되는 경우에 한하여 구제청구자에게 재판에 사용된 비용을 부담시킬 수 있다고 규정하는 것이 타당하다.[379]

재판에 사용된 비용은 민사소송법상 소송비용뿐만 아니라 피수용자의 정신·심리상태나 수용상태에 대한 전문가 진단소견·의견 조회에 든 비용, 신병보호를 위해서 피수용자를 다른 수용시설에 수용하는 데 든 비용, 임시해제결정을 취소하면서 피수용자를 수용자의 시설과 동종이거나 유사한 수용시설에 수용하는 데 든 비용 등까지 포함한다. 다만 인신보호법에서는 인지를 붙이지 않으므로(규칙 제4조), 인신보호법상 재판비용이란 인지액

---

379 인신보호법안에 대한 국가인권위원회의 의견(국가인권위원회공보 제3권 제3호)도 재판소요비용을 구제청구자에게도 부과할 수 있도록 규정하고 있어 예기치 않게 아동, 노인, 부랑인 등 자력이 없는 피구금자의 청구권을 사실상 봉쇄하는 결과가 발생할 우려가 있으므로, 구제청구권자에 대한 재판비용의 부담은 구제청구권 행사의 남용을 방지하기 위한 최소한의 경우로 한정하여 해석하는 것이 바람직하다는 입장이다.

을 제외한 비용이 된다.

국선변호인 선임으로 인한 비용에 대해서는 인신보호규칙 제15조 제4항에 의해서 형사소송법, 형사소송비용 등에 관한 법률이 준용되므로, 그 비용 부담은 법원이 재량에 따라 결정할 수 있는데, 변호인의 조력을 받을 권리의 보장과 인신보호제도의 활성화를 위해 구제청구자가 충분한 자력이 있음에도 이를 숨긴 경우나 그 자력을 회복한 경우 등에 한하여 예외적으로 부담시키는 것이 타당하다.[380]

구제청구자가 피수용자가 아닌 경우 피수용자가 심문기일에 출석하기 위한 여비, 숙박료 등의 경비를 재판비용에 산입할 것인지, 산입한다면 당사자비용에 준해서 산입할 것인지 증인비용에 준해서 산입할 것인지가 명확하지 않다. 참고인의 기일출석에 준하여 처리하자는 견해가 유력하다.[381]

2) 전문가 진단 등에 드는 비용의 예납

법원은 필요한 경우에 피수용자에 대한 진단 · 의견조회를 의뢰받은 자 또는 시설의 장이나 신병보호결정 등에 의하여 피수용자를 수용하는 자 또는 시설의 장으로 하여금 소요되는 비용의 예상액과 그 산출근거를 기재한 예상비용산정서를 제출하게 할 수 있다(규칙 제8조 제1항). 법원은 제출받은 예상비용산정서, 구제청구자의 경제적 능력 등을 종합하여 비용의 예납액을 산출하고 이를 구제청구자 또는 변호인에게 서면으로 통지하여야 한다(같은 조 제2항). 이때 구제청구자는 통지받은 비용의 예납액을 납입하여야 한다(같은 조 제3항).

3) 소송구조

법원은 빈곤이나 그 밖의 사유로 전문가 진단 등을 위한 비용을 예납할 자

380 《인신보호제도 해설》, 37면.
381 《인신보호제도 해설》, 38면.

금능력이 부족한 구제청구자의 신청에 따라 또는 직권으로 민사소송법 제128조에 따른 소송구조를 할 수 있다(규칙 제8조 제4항). 구제청구자가 전문가 진단 등을 위한 비용을 예납할 자금능력이 부족한 경우 민사소송법상의 소송구조를 받을 수 있도록 한 것이다.

자금능력이 부족할 것과 패소할 것이 명백한 경우가 아니어야 한다는 등의 요건이나 서면에 의한 신청 등과 같은 절차, 납입유예 또는 지급유예의 효과 등에 대해서는 민사소송법의 예에 따른다. 다만 가족에 의해 피수용자에 대한 수용이 이루어지는 경우가 많으므로 그런 경우 무자력 요건을 판단할 때 가족의 자금능력을 참작하는 것은 타당하지 않을 것이다.[382]

이러한 소송구조에 관한 규정을 적극적으로 활용하여 인신보호법상의 구제절차를 활성화 하는 것이 법원의 책무일 것이다. 대법원도 제1심법원이 전문가 진단비용으로 400만 원을 예납하도록 한 후 구제청구인이 이를 이행하지 못하자 수용을 계속할 필요성 등에 대해 추가 심리를 하지 않은 채 바로 기각결정을 한 사례에서, "이 사건에서의 구제청구인의 정신 · 심리상태에 대한 진단의 필요성과 장기간의 정신병원 입원으로 경제적 능력의 대부분을 상실한 구제청구인의 사정 등을 감안하면, 인신보호규칙 제8조 제4항의 규정에 따라 전문가 진단비용에 대한 소송구조 등을 통해 구제청구인에 대한 정신 · 심리상태에 대한 추가적인 심리를 하여야 한다"고 판시하였다.[383]

다만 송달료나 전문가 진단 등을 위한 비용에 대하여 소송구조를 받더라도 구제청구자가 패소하면 그 비용을 환수당하게 되므로, 위법한 수용을 당하고 있는 자가 자력이 없어 구제청구를 제기할 수 없는 경우에 대한 완벽한 대처는 아니다. 따라서 헌법재판소법 제37조와 같이 비용의 전부 또는 일부를 국가가 부담하게 할 수 있는 규정을 마련하는 것이 필요하다.

---

382 《인신보호제도 해설》, 38면.

383 대법원 2009. 6. 11.자 2009인마2 결정.

5.2. 불복절차

5.2.1. 불복의 대상

인신보호법 제15조는 구제청구에 대한 수용의 해제결정과 기각결정에 대한 불복방법으로 즉시항고를 명시적으로 규정하고 있다. 그런데 인신보호법 제6조의 각하결정에 대한 불복규정은 없으므로, 이에 대해서는 즉시항고로 다툴 수 없다고 볼 수밖에 없다. 일본에서도 같은 취지에서 준비조사의 결과 청구의 이유가 없는 것이 명백하여 심문 없이 한 기각결정에 대해서는 상소는 허용되지 않고 헌법위반을 이유로 한 특별항고만 허용된다고 해석하고 있다.[384]

인신보호법상 불복을 인정하는 것이 형사소송법상 구속적부심사의 기각결정과 석방결정에 대하여 불복을 허용하지 않는 것(형사소송법 제214조의2 제8항)과 균형이 맞지 않는다고 볼 수도 있다. 그러나 구속적부심사제도는 법관이 발부한 영장에 의하여 이미 법원의 심사를 받은 인신구속에 대해서 심사를 청구하는 것이라는 점에서 사실상 항고적 성격을 겸유하고 있으므로, 인신보호법상 구제절차에서 불복을 허용하는 것과 같은 차원에서 논할 수는 없을 것이다.

5.2.2. 불복의 기간과 형식

구제청구자와 수용자는 수용의 해제결정과 기각결정에 대하여 3일 이내에 즉시항고의 형식으로 불복할 수 있다. 종국결정에 대한 불복방법을 즉시항고로 규정한 것은 사건의 신속한 처리를 위한 것이다. 원래 인신보호법 초안에서는 불복기간을 7일로 정했었는데, 신속한 권리구제를 위하여 3일로 단축하였다. 일본의 인신보호법 제21조도 불복기간을 3일로 규정하고 있다.

다만 일본의 경우에는 최고재판소에 상소하는 것만을 허용하는 2심제를

384 最高裁 昭和 23(1948)年 10月 29日《民集》2卷 11号 391頁.

취하여 신속한 재판의 확정을 도모하고 있으나 우리나라는 통상의 재판과 같이 3심제로 운영하고 있다.

불복기간의 기산점은 재판의 형식이 결정이라는 점에 비추어 형사소송법의 일반원칙에 따라 결정을 고지한 날로 볼 것이고, 인신보호규칙 제17조는 구제청구사건의 신속한 처리를 위하여 항고기록 송부기간을 민사소송의 경우보다 짧게 3일로 규정하고 있다.

5.2.3. 즉시항고의 효력

민사소송법상의 즉시항고의 효력을 인신보호법상 구제청구사건에서도 그대로 인정한다면, 민사소송법 제447조상의 집행정지의 효력으로 인하여 수용해제결정이 있더라도 즉시항고를 하면 결정이 확정되기 전까지는 수용을 해제하지 않아도 된다는 결론이 된다.

이러한 귀결은 보석허가결정에 대하여 검사의 즉시항고를 허용하여 그 즉시항고에 대한 항고심의 재판이 확정될 때까지 그 집행이 정지되도록 한 형사소송법 제97조 제3항의 규정이 위헌이라고 판단한 헌법재판소의 결정[385]에 비추어 보아도 문제가 있다. 따라서 구제청구를 인용하는 결정에 대해서는 즉시항고를 하더라도 집행정지의 효력을 가지지 않는다는 취지의 특칙이 마련될 필요가 있다.[386]

일본의 경우에도 일본의 인신보호법 제16조 제3항에서 "청구의 이유가 있다고 볼 때에는 판결로 피구속자를 즉시 석방한다"고 규정한 취지와 신체의 자유의 신속한 회복을 목적으로 하는 제도의 취지를 종합하면 상소의 제기로서 일심법원 판결의 집행력을 정지시키지 않는 것으로 해석하고 있고, 실무의 취급도 그러하다.[387]

385 헌재 1993. 12. 23. 선고 93헌가2 결정.
386 《인신보호제도 해설》, 39면.
387 田中英夫, 〈人身保護節次〉, 434頁.

제5장 인신보호법의 실제와 과제

1. 인신보호법의 제정과 구제절차의 현황

1.1. 인신보호법의 제정 경위에 대한 회고

인신보호법은 우리나라 헌법이 제정된 이래 약 60년이 경과한 시점에서 비로소 제정되었다. 돌이켜 살펴보면, 미국식 Habeas Corpus제도는 일제강점기 때에 자행된 인권유린을 방지하기 위하여 해방 직후 미군정이 만든 미군정법령 제176호 제17조 및 제18조에서 도입되었던 것이다. 그것이 헌법상 구속적부심사조항으로 변해서 제헌헌법 제9조 제3항 후단으로 제정되었고, 우여곡절 끝에 오늘에 이르게 된 것이다.

영미법의 역사에서 Habeas Corpus제도를 정지시켰던 시기는 주로 전쟁이나 사회적 혼란의 시기였다. 그러나 최근 9·11 이후 테러 방지를 명목으로 평시에 인신보호영장에 대한 권리를 제한하고자 시도하였다. 영국에서는 테러 용의자로 지목된 외국인 거주자들을 본국으로 송환시킬 수 없는 이유가 있을 때 그들을 재판 없이 억류시킬 수 있는 내용의 Anti-terrorism, Crime and Security Act 2001의 법률이 제정되었다. 미국에서는 2001년 테러와의 전쟁이 선포되었으며, Presidential Military Order를 통해 대통령은 테러용의자나 테러리스트와의 연관이 의심되는 자들을 억류할 권한을 갖게 되었고,

그 용의자들은 재판 없이 그리고 법조인의 조력 없이 무기한으로 구금될 수 있다고 주장되었다.

이렇게 인권보장이라면 세계에서 가장 역사가 오래되고 완벽하다는 영국과 미국에서 테러와의 전쟁을 명목으로 거의 같은 시기에 Habeas Corpus영장의 적용을 제한적으로 중지시켰던 이유는 무엇일까. 그 이유는 다름 아닌 Habeas Corpus영장이 갖는 강력한 효력 때문일 것이다. 사실 Habeas Corpus제도는 미국에서 가장 활성화되어 있고 그 종주국인 영국에서는 거의 사용되지 않는다. 또한 어느 나라에서도 구제청구가 있었다고 하여 실제로 구제되는 비율이 높은 것도 아니다. 그럼에도 불구하고 위정자들이 두려워하는 이유는 Habeas Corpus영장이 갖는 주관적인 기본권의 구제기능보다 신체의 자유를 박탈하거나 제한하고자 할 때 항상 법원을 의식하여야 한다는 점에 있다고 생각한다.

다시 우리 헌법으로 돌아와 보면, 구속적부심사조항은 극단적인 권위주의 시대였던 제4공화국의 헌법에서 삭제되고, 형사소송법에 규정되었던 구속적부심사제도 또한 1973. 1. 25. 법률 제2450호로 폐지되고 만다. 그 이후 1980. 10. 27. 제5공화국의 헌법 제11조 제5항에서 구속적부심사제도가 불완전한 형태로 부활되고, 민주주의가 회복된 현행 헌법 제12조 제6항에서 본래의 모습을 되찾게 된 것이다. 이렇듯 우리나라에서도 구속적부심사제도는 민주주의의 실현과 기본권의 보장상황에 연동되어 온 역사를 가진 것이다.

법률적 차원에서 생각해 보면, 형사절차 분야에서는 구속적부심사제도가 형사소송법을 매개로 비교적 완벽하게 구체화되어 있다. 그럼에도 불구하고 헌법재판소는 헌재 2004. 3. 25. 선고 2002헌바104 결정으로써, 개정 전의 형사소송법 제214조의2 제1항이 구속적부심사절차에서 '피의자'라는 청구인적격을 '절차개시요건'이 아니라 '존속요건'으로 규정하였던 바람에 검사가 이른바 전격기소를 하게 되면 법원에 의한 실질적인 구속적부심사가 봉쇄되는 것마저도 헌법에 위반된다고 선언하였다.

형사절차 분야에서는 구속적부심사조항이 적용되지 않는 그 실낱같은 틈새마저도 허용되지 않는 마당에, 공권력에 의한 인신구속의 또 다른 축인 행정상 인신구속에 대한 구속적부심사청구권이 보장되지 않은 상황은 거대한 위헌적인 입법공백이라고 하지 않을 수 없었다. 물론 우리나라에서 인신보호법을 제정하려는 노력이 전혀 없었던 것은 아니다. 제3공화국 헌법 당시인 1969. 7. 9. 야당인 신민당에서 인신보호법안을 국회에 제출한 적이 있다. 이러한 제3공화국하에서의 인신보호법의 제정 노력이 수포로 돌아간 이후에도 1999년 결성된 대통령자문기구인 사법개혁추진위원회는 인신보호법의 제정을 제안하였다. 그러나 이 역시 실현되지 못했다.

그러한 노력들은 위 헌재 2004. 3. 25. 선고 2002헌바104 결정을 계기로 형사절차 이외의 공권력에 의한 인신구속에 대해 구속적부심사제도를 마련하지 않은 것이 헌법에 위반된다는 주장이 대두되면서 결실을 맺게 된다. 나경원 의원 등 49인으로부터 발의된 인신보호법 초안이 2005년 1월 31일 임시국회에 상정되고, 2005. 2. 1. 법제사법위원회에 회부되고 심사를 거친 후 2007. 11. 21. 제269회 국회 제14차 법제사법위원회에서 수정 · 의결된다. 이러한 인신보호법 수정안은 국회 본회의의 의결을 거쳐 법률 제8724호로 2007. 12. 21. 제정 · 공포되었고, 부칙에 의하여 6개월 경과한 후인 2008. 6. 22.부터 시행되었다. 그리고 2010. 6. 10. 법률 제10364호로 한 차례 개정되어 그 개정 법률은 2010. 9. 11.부터 시행되고 있다.

우리나라의 인신보호법은 헌법에 "누구든지 체포 또는 구속을 당한 때에는 적부의 심사를 법원에 청구할 권리를 가진다"고 규정된 구속적부심사조항을 그야말로 오랜 시일이 걸린 후 겨우 형사절차 이외의 분야에서 구체화한 것이다. 인신보호법은 제1조에서 잘 나타나 있듯이 "위법한 행정처분 또는 사인에 의한 시설에의 수용으로 인하여 부당하게 인신의 자유를 제한당하고 있는 개인의 구제절차를 마련함으로써 헌법이 보장하고 있는 국민의 기본권을 보호하는 것을 목적"으로 제정된 것으로, 높이 평가되어야 한다.

그러나 제정 당시의 논의로 돌아가면 행정상 인신구속의 주체들, 특히 정신보건법을 관장하는 보건복지부 등이 인신보호법의 제정에 대하여 심하게 반대하였다.[388] 그 과정에서 인신보호법의 적용대상 중 수형자 및 출입국관리법에 따라 보호된 자가 갑자기 제외되기도 하였다. 그리고 형사소송법에 형사절차에서의 인신구속에 대한 적부심사제도가 별도로 마련되어 있기 때문에 우리나라에서는 필요가 없었음에도 보충성의 요건이 규정되기도 하였다. 또한 인신보호법 제정 당시 헌법상 구속적부심사조항과 인신보호법에 대한 이해 부족 등으로 인하여 입법적인 흠이나 불명확한 점이 다소 존재하게 된 것은 유감스러운 일이다. 향후 그 보완이 요구된다.

1.2. 구제절차의 현황

인신보호법이 2007. 12. 21. 제정되고 2008. 6. 22.부터 시행된 다음 열흘 남짓 후인 2008. 7. 3. 수원지방법원 평택지원에 경로회 모임에서 술을 마시고 귀가하자 둘째 아들에 의하여 강제로 입원당했다고 주장하는 피수용자가 처음으로 구제청구를 하였다.[389] 인신보호법이 시행된 2008. 6. 22.부터 약 3년 6개월이 조금 지난 2011. 12. 31.까지의 통계를 살펴보면, 전국 각지의 지방법원과 지원의 총 접수건수는 595건에 이른다.[390]

표14 인신보호사건 접수현황

기간	접수 건수
2008. 07. - 2008. 12.	29
2009. 01. - 2009. 12.	122
2010. 01. - 2010. 12.	198
2011. 01. - 2011. 12.	246
합계	595

388 법무부, 〈인신보호법(안)의 주요 쟁점에 대해〉, 《인신보호법 제정에 관한 공청회 자료집》, 국회 법제사법위원회(2005. 9), 5-27면과 보건복지부, 《인신보호법안 검토의견》, 37-44면 참조.

389 이 첫 사건은 접수되고 일주일도 안 된 2008. 7. 10. 취하로 종결되었다.

390 대법원 홈페이지에서 인신보호청구사건 관련 통계를 찾아볼 수 있다(http://www.scourt.go.kr/justicesta/JusticestaViewAction.work).

우리나라에서 2011년 한 해 동안 전국의 인신보호사건 접수건수가 246건이었는데, 일본의 2000년부터 2009년까지 10년간 평균 접수건수가 177.7건이라는 점과 일본이 우리보다 인구가 약 3배가량이라는 점을 감안하면, 상당히 많은 숫자임을 알 수 있다. 또한 일본의 경우에는 자녀의 인도청구를 둘러싼 인신보호법상의 구제절차가 적어도 60%를 넘는 절대다수를 차지함으로써 인신보호법이 본연의 기능을 수행한다고 보기 어렵지만, 우리나라의 경우에는 거의 대부분 정신보건법상 강제입원과 관련된 사건인 것으로 알려져 있다. 더구나 우리나라의 인신보호법이 수형자 및 출입국관리법에 따라 보호된 자를 적용대상에서 배제하고 있다는 점까지 고려하면, 우리보다 역사가 깊은 일본에 비하여 그리 나쁜 실적은 아니라고 본다.

우리나라의 인신보호사건 접수건수는 시간이 감에 따라 증가세를 보이고 있다. 국민의 권리의식이 신장되었기 때문이기도 하지만, 대법원이 적극적으로 나서서 방송광고를 하는 등 인신보호제도의 홍보에 성의를 다한 것도 큰 원인 중 하나일 것이다. 더구나 인신보호법은 2010. 6. 10. 구제청구자의 범위에 수용시설 종사자를 추가하고, 수용자가 수용을 개시하기 전에 피수용자에게 구제청구를 할 수 있음을 고지하도록 개정되어, 향후 더 많은 구제절차의 이용이 기대된다.

한편, 2009. 1. 1.부터 2011. 12. 31.까지 사법통계를 살펴보면, 그 기간에 접수된 566건 중 2011. 12. 31. 현재, 종결건수는 525건인데, 그중 인용 58건(종결건수 대비 11.05%), 기각 152건(28.95%), 취하 216건(41.14%), 각하, 이송 등 기타 처리 99건(18.86%) 등이고, 33건이 진행 중이다. 위 통계에서 보는 바와 같이 구제청구자의 취하로 종결되는 경우가 많아 이송 및 취하되지 않고 인용 · 기각 · 각하 결정으로 종국된 실제 처리건수가 그리 많지는 않다. 1992년부터 2006년까지 동경지방재판소 민사 제9부의 사건처리 결과를 보면, 취하 59.2%, 화해 9.2%, 각하 10.2%, 기각결정 13.8%, 인용판결 2.6%, 기각판결 2.0%이고, 나머지는 이송 등이었던 것으로 보아 그래도 일본보다는 사정이 조금 나은 것으로 평가된다. 우리나라는 앞에서 본 바 대로 신청건수가 증가 추세에 있고 수용의 적법성 및 필요성에 대한 수용자의 소명의무가 있음을 선언한 대법원 2009. 6. 11.자 2009인마2 결정의 영향에 따라 점차 인용률이 증가하고 있으므로, 앞으로 실적의 개선이 기대된다.

표15 인신보호사건 처리현황

기간	접수	처리					미제
		인용	기각	취하	기타	계	
2009. 01. – 2009. 12.	122	12	16	44	12	84	42
2010. 01. – 2010. 12.	198	26	64	70	37	197	38
2011. 01. – 2011. 12.	246	20	72	102	50	244	33
계	566	58	152	216	99	525	

2. 평가와 과제

우리나라 인신보호법을 정리하는 차원에서 다시 한 번 요약하고 평가해 보면 다음과 같다.

피수용자는 자유로운 의사에 반하여 국가 · 지방자치단체 · 공법인 또는 개인, 민간단체 등이 운영하는 의료시설 · 복지시설 · 수용시설 · 보호시설에 수용 · 보호 또는 감금되어 있는 자이다. 공권력에 의한 인신구속뿐만 아니라 사인에 의한 인신구속도 그 적용대상으로 삼고 있는 점은 높이 평가할 만하다. 그런데 인신보호법 제2조 제1항 단서에서는 형사절차에 따라 체포 · 구속된 자, 수형자 및 출입국관리법에 따라 보호된 자를 인신보호법에 의한 구제대상에서 배제하고 있다. 형사절차에 따라 체포 · 구속된 자에게는 형사소송법의 구속적부심사 조항이 적용되므로 아무런 문제가 없으나, 출입국관리법에 따라 보호된 자에 관해서는 헌법 제12조 제6항에 위반되므로 반드시 시정되어야 한다. 마찬가지로 수형자의 경우에도 형사소송법 등 관련 규정을 면밀히 검토하여 헌법 제12조 제6항이 요구하는 정도의 구속적부심사청구권이 보장되어 있지 않다면 위헌이므로 시정이 요구된다.

인신보호법은 인신보호법 제3조 단서에서 보충성의 원칙을 규정하고 있지만, 그것은 다른 법률에 사법기관인 법원에 의한 신속한 구제절차가 마련되어 있는 경우를 의미한다고 해석하여야 하고, 원인관계 소송과 인신보호법상의 구제절차를 명확하게 구분하여 이해해야 한다.

구제청구자적격에 관하여, 인신보호법이 영미법이나 일본법처럼 모든 사람에게 문호를 개방하지 않고 피수용자 본인, 그 법정대리인 · 후견인 · 배우자 · 직계혈족 · 형제자매 · 동거인 · 고용주로 한정하여 구제절차의 활성화를 막고 있는 것은 유감스러운 일이다. 다만 최근의 인신보호법 개정으로 수용시설의 종사자도 구제청구자가 될 수 있도록 하고, 수용자가 수용을 개시하기 전에 피수용자에게 구제청구를 할 수 있음을 고지하도록 한 것은 매우 바람직하다.

구제청구의 사유는 피수용자에 대한 수용이 위법하게 개시되거나 적법하게 수용된 후 그 사유가 소멸되었음에도 계속 수용되어 있는 상황이다.

구제청구의 관할법원은 피수용자 또는 수용시설의 주소 · 거소 또는 현재지를 관할하는 지방법원 또는 지원이고, 단독판사가 심판하며, 3심제를 채택하였다.

구제청구서에는 ① 구제청구자 성명 · 주소, ② 수용자 성명 · 주소 등, ③ 피수용자 성명, ④ 청구요지, ⑤ 수용이 위법한 사유, ⑥ 수용장소 등을 기재되어야 하나 인지는 첨부할 필요가 없다.

만일, ① 구제청구자가 아닌 자가 구제청구를 한 때, ② 일정사항을 기재한 서면청구방법을 충족하지 못한 때, ③ 다른 법률의 구제절차에 따른 구제를 받을 수 있음이 명백한 때, ④ 인신보호법 또는 다른 법률에 따른 구제청구가 기각된 후 다시 구제청구를 한 때 등의 경우에는 심문 없이 직권으로 각하될 수 있다는 점도 유의할 필요가 있다.

인신보호법은 일본처럼 변호사강제주의를 채택하지는 않았지만, 피수용자와 구제청구자가 빈곤 등의 사유로 변호인을 선임할 수 없는 경우 구제청구자 등의 명시적 의사에 반하지 않는 한 법원은 직권으로 국선변호인을 선임할 수 있다.

심리는 각하하는 경우를 제외하고는 지체 없이 개시하여야 하는 필요적 심문을 채택한 점이 이채롭고, 심문기일은 신속성의 요구에 부응하여 청구일로부터 2주 이내에 지정하여야 한다. 심리는 수용개시의 적법 여부와 수용계속의 필요성에 대하여 이루어지고, 그 범위는 단순위법사항에도 미치므로, 법원의 재판에 의하여 당해 수용이 이루어진 것이 아닌 한 당해 수용의 정당성을 포괄적으로 다시 심사할 수 있다.

수용적법성과 수용을 계속할 필요성의 증명은 소명으로 족하고, 대법원은 수용자가 소명책임을 진다는 점을 명확히 하였다. 소명을 위하여 진단 · 의견조회를 채택하여, 법원이 필요한 때에는 정신건강의학과 의사 · 심리학자 · 사회복지학자 등 관련 전문가에게 피수용자의 정신 · 심리상태에 대한 진단소견 및 피수용자의 수용상태에 대한 의견을 조회할 수 있도록 되어 있다.

수용자는 심문기일이 열리면 답변서를 제출할 의무와 함께 피수용자를 출석시킬 의무를 부담한다. 그리하여 수용자는 심문기일에 피수용자의 출석을 위한 호송 · 감호에 관한 책임을 맡는 것으로 해석된다. 만일 수용자가 정당한 사유 없이 심문기일에 불출석하여 절차를 지연시키면 500만 원 이하의 과태료를 부과하고, 과태료 재판 후에도 정당한 사유 없이 불출석하면 7일 이내 감치를 명할 수 있다.

인신보호법은 임시적인 잠정처분으로 수용의 임시해제와 신병보호제도를 채택하고 있는데, 법원은 피수용자에 대한 신체의 위해 등을 예방하기 위하여 직권 또는 구제청구자의 청구에 따라 피수용자의 수용을 임시로 해제할 것을 결정하거나, 피수용자를 현재의 수용시설과 동종 또는 유사 수용시설에 이송할 것을 수용자에게 명할 수 있다. 이때 법원의 결정에 의하여 수용자가 피수용자를 이송받을 수용시설로 이송하도록 하는 의미로 해석할 수밖에 없으나, 이행의 확보 방법 등에 관하여 입법적으로 좀 더 정비될 필요가 있다. 법원장, 지원장은 매년 12월 31일까지 피수용자에 대한 진단이나 감호 등에 적당한 수용시설을 지정하고, 사전에 수용시설의 운영자와 협의하여야 한다.

재판은 결정의 형식으로 이루어지고, 그 사유에 따라 각하결정, 기각결정, 인용결정으로서 이행결정의 성질을 가지는 수용의 해제결정을 행하며, 구제청구자와 수용자가 기각결정과 수용의 해제결정에 불복할 경우 3일 이내에 즉시항고할 수 있다. 명문의 규정은 없어서 수용자에게 수용의 해제에는 못 미치는 처우의 개선과 같은 적절한 처분을 내리는 것과 피수용자에게 수용의 해제를 명하면서 조건을 부과하는 것 같은 변형결정이 가능한지에 관하여 논란이 예상되므로, 이에 관한 명확한 입법적 개선이나 판례의 확립이 요망된다. 한편, 수용의 해제결정에 따라 피수용자의 수용이 해제된 경우 같은 사유로 다시 수용할 수 없게 되지만 수용의 해제결정의 실효성을 확보하는 구체적 방법에 관해서는 재검토가 필요하다.

인신보호법이 민사소송법과 같이 패소자 비용부담의 원칙을 채택한 결과 법원은 구제청구사건 재판에 사용된 비용의 전부 또는 일부를 패소한 당사자에게 부담시킬 수 있다. 그러나 헌법재판소법 제37조와 같이 구제청구권자가 패소한 경우에는 재판에 사용된 비용을 원칙적으로 국가부담으로 하되, 청구를 각하하는 경우 또는 청구를 기각하는 경우라도 구제청구가 권리의 남용이라고 인정되는 경우에 한하여 구제청구자에게 부담시킬 수 있다고 규정하는 것을 검토해 볼 필요가 있다.

인신보호법상 구제절차가 기본적으로 형사절차인지, 행정절차인지, 민사절차인지 합의가 이루어지지 않았지만 인신보호규칙 제정 당시 민사소송의 예에 따르도록 규정한 것으로 보아 적어도 법원은 민사소송절차와 유사한 것으로 결론을 낸 것으로 보인다.

이상에서 살펴본 바와 같이 인신보호법은 다른 소송절차의 규정을 준용하여야 작동할 수 있는 비완결적인 형태의 법률로서 입법이 되었고, 세세한 부분에 입법적 흠결과 불비한 점이 있으며, 특히 구제청구의 대상에서와 같이 위헌적인 요소도 가지고 있다. 그래도 어쨌거나 우리나라에서 인신보호법이 기본권 중의 기본권, 기본권의 전제가 되는 기본권인 신체의 자유를 실질적으로 보장하는 역할을 하게 될 것이라는 점은 분명하다. 향후 인신보호법을 활성화하고, 신속하고 적절한 구제가 이루어질 수 있도록 제도적인 보완이 기대된다.

다른 나라에서의 통계와 우리나라에서 2년 남짓한 통계를 살펴보면, 구제청구의 신규 건수가 사람들이 생각하는 것보다 많지 않고, 실질적 처리보다는 취하나 이송 등으로 종결되는 비율이 많다. 그러나 그러한 통계를 가지고 인신보호법상의 구제절차의 의의나 기능을 폄훼하는 태도는 지양되어야 한다. 역사적으로 위정자들이 왜 그렇게 Habeas Corpus영장이나 구속적부심사청구권의 적용범위를 축소하거나 정지시키려고 노력했는지를 살펴보아야 한다. 그들이 두려워하는 것은 이 법이 갖는 주관적인 구제 기능보다 신체의 자유를 박탈하거나 제한하고자 할 때 언제나 법원을 의식하여야 한다는 점에 있다는 것을 항상 유의하여야 한다.

참고문헌

단행본

계희열.《헌법학(중)》 신정2판. 박영사. 2007.

고준성.《미국의 출입국관리제도》 법무자료 제170집. 법무부. 1993.

권영성.《헌법학원론》 개정판. 법문사. 2010.

김남진 · 김연태.《행정법 I》 제15판. 법문사. 2011.

김동희.《행정법 I》 제16판. 박영사. 2010.

김성수.《일반행정법》 제5판. 홍문사. 2010.

김영조.《행정조사에 관한 연구》. 경희대학교 대학원 박사학위논문. 1998.

김재광.《경찰법각론》. 한국법제연구원. 2007.

김철수.《헌법학신론》 제20전정신판. 박영사. 2010.

류지태 · 박종수.《행정법신론》 제15판. 박영사. 2011.

문준조.《주요국가의 외국인 이주노동자의 지위와 규제에 관한 연구》. 한국법제연구원. 2007.

박균성.《행정법론(상)》 제10판. 박영사. 2011.

박윤흔 · 정형근.《최신행정법강의(상)》 개정30판. 박영사. 2009.

박윤흔 · 정형근.《최신행정법강의(하)》 개정28판. 박영사. 2009.

배종대 · 이상돈 · 정승환 · 이주원.《신형사소송법》 제3판. 홍문사. 2011.

배종대.《형사정책》 제8판. 홍문사. 2011.

백창현.《경찰상 보호조치에 관한 법적연구—주취자 보호조치를 중심으로》. 고려대학교 대학원 박사학위논문. 2010.

三井誠 · 酒巻匡.《입문 일본형사수속법》. 신동운 역. 법문사. 2003.

《민주사회를 위한 사법개혁—대통령자문위원회보고서》. 사법개혁추진위원회. 2000.

성낙인.《헌법학》제11판. 법문사. 2011.
유진오.《신고헌법해의》. 일조각. 1954.
윤명선.《헌법학》. 대명출판사. 2000.
이재상.《신형사소송법》제2판. 박영사. 2008.
이영란.《구속적부심사제도에 관한 연구》. 서울대학교 대학원 법학박사 학위논문. 1987.
이희정 · 박찬호.《미국이민법제에 관한 연구》. 한국법제연구원. 2007.
《인신보호법 제정에 관한 공청회 자료집》. 국회법제사법위원회. 2005.
《인신보호제도 해설》. 법원행정처. 2008.
장영수.《헌법학》제6판. 홍문사. 2011.
정종섭.《헌법학원론》제6판. 박영사. 2011.
정하중.《행정법총론》제3판. 법문사. 2006.
《출입국관리정책론 Ⅰ》. 법무부 출입국 · 외국인정책본부. 2008.
하명호.《정신보건법상 강제입원과 그에 대한 통제—구속적부심사제도 도입의 필요성을 중심으로》. 고려대학교 대학원 석사학위논문. 2005.
한국의료법학회 보건의료법학 편찬위원회.《보건의료법학》개정판. 동림사. 2003.
한태연.《헌법학》. 법문사. 1972.
허영.《헌법이론과 헌법》제4판. 박영사. 2010.
《형사소송법제정자료집》. 한국형사정책연구원. 1990.
홍정선.《행정법원론(상)》제19판. 박영사. 2011.
홍준형.《행정법총론》제4판. 한울아카데미. 2001.

犬丸秀雄.《日本國憲法制定の經緯—聯合國總司令部の憲法文書による》第一法規. 1988.
高柳賢三 外 2人 編.《日本國憲法制定の課程Ⅰ》原文と飜譯. 有斐閣. 1972.
大谷 實.《情神保健福祉法講義》. 成文堂. 1996.
大谷正義 編.《'人身の自由'の法的保障》. 晃洋書房. 2000.
野中俊彦 · 中村睦男 · 高橋和之 · 高見勝利.《憲法Ⅰ》第4版. 有斐閣. 2007.
樋口陽一 · 佐藤幸治 · 浦部法穗.《註釋 日本國憲法》上卷. 青林書院. 1988.
坂中英德 · 齊藤利男.《出入國管理及び難民認定法 逐條解說》. 日本加除出版. 1994.

Keidel · Kuntze · Winkler. *Freiwillige Gerichtsbarkeit* 15.Auflage. Verlag C.H.Beck. 2003.

Maunz-Dürig. *Grundgesetz******. Vertrag C.H.Beck. 2002.

v.Mangoldt · Klein · Starck. *Bonner Grundgesetz Kommentar Band* 3 4.Auflage. Vertrag Franz Vahlen. 2001.

Von Horst Dreier. *Grundgesetz Kommentar Band III*. Mohr Siebeck. 2000.

논문

김광효. 〈강제퇴거의 현실태와 문제점〉. 《법무연구》 제19호. 법무연수원. 1992.

김시철. 〈형사사법제도에 관한 우리나라와 미국의 헌법 등에 대한 비교법적 검토—미국의 헌법이 우리 형사사법제도에 미친 영향 등을 중심으로〉. 《헌법논총》 제15집. 헌법재판소. 2004.

김시철. 〈형사소송법 제201조 제1항 위헌확인〉. 《헌법재판소결정해설집》. 헌법재판소. 2003.

김시철. 〈형사소송법 제214조의2 제1항 위헌확인〉. 《헌법재판소결정해설집》. 헌법재판소. 2004.

김천수. 〈성년후견과 의료행위의 결정〉. 《가족법연구》 제21권 제1호. 한국가족법학회. 2007. 3.

김형훈. 〈경찰관직무집행법 개정방향〉. 《경찰학연구》 창간호. 경찰대학. 2001. 10.

남승길. 〈경찰관직무집행법〉. 《공법연구》 제25집 제3호. 한국공법학회. 1997. 6.

박균성. 〈정신보건법안의 문제점—정신질환자의 인권보장과 보호의 관점에서〉. 《현대공법논총—일암 변재옥 박사 화갑기념》. 일암변재옥박사화갑기념논문집 간행위원회. 1994. 6.

박균성. 〈행정상 인신구속에 대한 법적 통제〉. 《공법학의 제문제—현제 김영훈 박사 화갑기념》. 법문사. 1995.

박상순. 〈외국인의 강제퇴거제도에 관한 연구〉. 《법무연구》 제26호. 법무연수원. 1999.

백승흠. 〈독일법상 피성년후견인의 수용에 관한 고찰〉. 《가족법연구》 제21권 제2호. 한국가족법학회. 2007. 9.

백승흠. 〈독일 민법에서 피성년후견인의 절차능력과 절차감호인에 관한 고찰〉. 《한 · 독사회과학논총》 제17권 제3호. 한독사회과학회. 2007. 12.

서주실. 〈수정헌법 제4조와 영장제의 예외〉. 《미국헌법연구》 제9호. 미국헌법학회. 1998. 7.

손홍수. 〈정신질환자의 자살과 의료과오책임〉. 《의료법학》 제7권 제2호. 한국사법행정학회. 2006. 12.

신권철. 〈정신질환자의 강제입원과 퇴원: 인신보호법상 구제요건을 중심으로〉. 《저스티스》 제113호. 한국법학원. 2009.10.

심희기. 〈인신보호법이 나아가야 할 방향〉. 《저스티스》 재122호. 한국법학원. 2011. 2.

심희기. 〈한국형 인신보호법 제정안의 주요 쟁점〉. 피구금자 인권과 한국형 인신보호법 제정 학술회의. 2007.

심희기. 〈한국형 인신보호법 제정의 필요성〉. 《인신보호법 제정을 위한 공청회 자료집》. 나경원 의원실. 2004. 11.

윤명선. 〈적법절차의 원리〉. 《경희법학》 제26권 제1호. 경희대학교. 1992. 2.

이규창. 〈외국인추방과 인신의 보호〉. 《국제법학회논총》 제50권 제2호. 대한국제법학회. 2005. 10.

이동명. 〈정신보건법상의 강제입원에 관한 연구〉. 《형사정책》 제13권 제1호. 한국형사정책학회. 2001.

이수엽. 〈구속적부심사〉. 《사법행정》 제22권 제12호. 1981. 12.

이우영. 〈미국 인신보호영장제도(Habeas Corpus) 분석—헌법적 논점을 중심으로〉. 《공법연구》 제35집 제4호. 한국공법학회. 2007. 6.

이호중. 〈인신보호법의 제정의미와 활용성〉. 《형사정책》 제21권 제1호. 형사정책학회. 2009. 6.

장지표. 〈강제퇴거관련 집행정지요건에 관한 일고찰〉. 《법무연구》 제27호. 법무연수원. 2000.

전병서. 〈정신질환자의 강제입원〉. 《법률신문》 1993. 5. 6.자(제2214호).

정규원. 〈정신보건법에 대한 검토〉. 《의료법학》 제7권 제2호. 한국사법행정학회. 2006. 12.

정정훈. 〈출입국관리법상 단속, 보호, 강제퇴거 절차상의 문제점과 개정방향〉. 《반인권적 출입국관리법 개정안 마련을 위한 토론회 자료집》. 인권단체 연석회의. 2005.

정태호. 〈기본권보호의무(Grundrechtliche Schutzpflicht)〉. 《인권과 정의》 제252호. 대한변호사협회. 1997.

정하중. 〈독일 경찰법의 체계와 한국 경찰관직무집행법의 개선방향(下)〉. 《사법행정》 제399호. 한국사법행정학회. 1994. 2.
정형근. 〈인신보호법에 관한 연구〉. 《인권과 정의》 제390호. 대한변호사협회. 2009. 2.
조국. 〈인신보호법 제정의 필요성〉. 《인신보호법 제정을 위한 공청회 자료집》. 나경원의원실. 2004. 11.
조형석. 〈정신보건시설 수용실태의 문제와 개선방안—정신보건시설 입·퇴원 과정을 중심으로〉. 《인신보호재판장 간담회 회의자료》. 법원행정처 사법정책실. 2009. 10.
조홍석. 〈정신병원에의 수용과 기본적 인권〉. 《법학논고》 제15집. 경북대학교 법학연구소. 1999.
최경원. 〈영·미법상의 인신보호영장제도(1)〉. 《법조》 제29권 제6호. 1980. 6.
최경원. 〈영·미법상의 인신보호영장제도(2)〉. 《법조》 제29권 제6호. 1980. 7.
최홍엽. 〈외국인의 강제퇴거절차와 관련된 몇 가지 쟁점〉. 《민주법학》 33호. 관악사. 2007. 3.
하명호. 〈외국인 보호 및 강제퇴거절차와 구제절차에 대한 공법적 고찰〉. 《고려법학》 제52호. 고려대학교 법학연구원. 2009. 4.
하명호. 〈정신보건법상 보호의무자에 의한 입원〉. 《안암법학》 제36호. 안암법학회. 2011. 9.
하명호. 〈행정상 인신구속과 구속적부심사제도의 도입에 관하여〉. 《헌법논총》 제16권. 헌법재판소. 2005.
한수웅. 〈헌법불합치결정의 헌법적 근거와 효력—독일에서의 판례와 이론을 중심으로〉. 《헌법논총》 제6집. 헌법재판소. 1995.
한수웅. 〈헌법 제27조의 재판청구권〉. 《헌법논총》 제10집. 헌법재판소. 1999.
홍진표. 〈정신질환자 수용 관련 고려사항〉. 《인신보호재판장 간담회 회의자료》. 법원행정처 사법정책실. 2009. 10.

久岡康成. 〈人身保護法と勾留の違法—勾留の状態から生ずる勾留の違法〉. 《立命館法學》. 2008年(5·6). 立命館大学法学会. 2008.
鮫島真男. 〈人身保護規則制定当時の思い出〉. 《自由と正義 37(8)》. 日本弁護士連合会. 1986. 8.
吉利用宣. 〈日本国憲法第18条·34条の制定の経緯—勾留理由開示制度序説 I〉. 《九州工業大学研究報告 人文·社会科学 48》. 九州工業大学. 2000. 3.

吉利用宣.〈我が国の人身保護法制定の経緯—勾留理由開示制度序説Ⅱ〉.《九州工業大学研究報告 人文・社会科学 48》. 九州工業大学. 2000. 3.

大谷正義.〈人身保護法の40年—外国法継受の一事例の素描〉.《法律論叢 60(2・3)》. 明治大学法律研究所. 1987. 12.

東京地方裁判所民事第九部人身保護研究会.〈東京地裁民事第九部研究会報告—東京地裁における人身保護事件の処理状況〉.《判例時報》1431号. 判例時報社. 1992. 11.

東京地方裁判所民事第九部人身保護研究会.〈東京地裁における最近の人身保護請求事件の処理状況〉.《判例時報》1961号. 判例時報社. 2007. 5.

富田 哲.〈人身保護請求事件の動向と問題点—最近の最高裁判例から〉.《行政社会論集 8(1)》. 福島大学. 1995. 9.

松井幸夫.〈行政手續と令狀主義および黙秘権：川崎民商事件〉.《ジュリスト 別冊 155號—憲法判例百選Ⅱ》(第4版). 有斐閣, 2000.

櫻田勝義.〈人身保護法の歴史的考察(一)—成立前史〉.《法政理論 1(1)》. 新潟大学法学会. 1968. 10.

長沢正範.〈人身保護法による精神病院不当強制入院'患者'の救済—その現状と批判〉.《同志社法學》26(4). 同志社大学. 1975. 3.

田中英夫.〈人身保護節次〉.《新・實務民事訴訟講座 8》. 日本評論社, 1984.

齊藤小百合.〈人身保護請求〉.《別冊 ジュリスト 187号 憲法判例百選Ⅱ》第5版. 有斐閣. 2007.

竹中 勳.〈情神醫療と人身保護請求〉,《ジュリスト》No. 840. 有斐閣. 1985. 7.

Matthew S. Mulqueen. 'Rethinking the role of the exclusionary rule in removal proceedings'. *Saint John's Law Review.* Summer 2008.

인터넷 자료

Introduction to Habeas Corpus, June 2008(www.ailf.org/lac/pa/lac_pa_0406.pdf)

http://www.scourt.go.kr/justicesta/JusticestaViewAction.work

부록

인신보호법

인신보호규칙

인신보호사건의 처리에 관한 예규

인신보호법안

일본의 인신보호법

일본의 인신보호규칙

인신보호법

2007. 12. 21. 제정 법률 제8724호 2008. 6. 22. 시행
2010. 6. 10. 개정 법률 제10364호 2010. 9. 11. 시행
2011. 8. 4. 개정 법률 제11005호 2011. 8. 4. 시행

제1조(목적) 이 법은 위법한 행정처분 또는 사인(私人)에 의한 시설에의 수용으로 인하여 부당하게 인신의 자유를 제한당하고 있는 개인의 구제절차를 마련함으로써 '헌법'이 보장하고 있는 국민의 기본권을 보호하는 것을 목적으로 한다.

제2조(정의) ① 이 법에서 "피수용자"란 자유로운 의사에 반하여 국가, 지방자치단체, 공법인 또는 개인, 민간단체 등이 운영하는 의료시설 · 복지시설 · 수용시설 · 보호시설(이하 "수용시설"이라 한다)에 수용 · 보호 또는 감금되어 있는 자를 말한다. 다만, 형사절차에 따라 체포 · 구속된 자, 수형자 및 '출입국관리법'에 따라 보호된 자는 제외한다.
② 이 법에서 "수용자"란 수용시설의 장 또는 운영자를 말한다.

제3조(구제청구) 피수용자에 대한 수용이 위법하게 개시되거나 적법하게 수용된 후 그 사유가 소멸되었음에도 불구하고 계속 수용되어 있는 때에는 피수용자, 그 법정대리인, 후견인, 배우자, 직계혈족, 형제자매, 동거인, 고용주 또는 수용시설 종사자(이하 "구제청구자"라 한다)는 이 법으로 정하는 바에 따라 법원에 구제를 청구할 수 있다. 다만, 다른 법률에 구제절차가 있는 경우에는 상당한 기간 내에 그 법률에 따른 구제를 받을 수 없음이 명백하여야 한다.

제3조의2(구제청구 고지 등) ① 수용자는 피수용자에 대한 수용을 개시하기 전에 제3조에 따라 구제를 청구할 수 있음을 고지하여야 한다.
② 수용자 및 구제청구자(피수용자는 제외한다)는 피수용자가 제3조에 따라 구

제청구를 하는 것을 방해하여서는 아니된다.

제4조(관할) 구제청구를 심리하는 관할 법원은 당해 피수용자 또는 수용시설의 주소, 거소 또는 현재지를 관할하는 지방법원 또는 지원으로 한다.

제5조(청구의 방식) 제3조에 따른 구제청구는 다음 각 호에 열거한 사항을 기재한 서면으로 하여야 한다.

1. 구제청구자의 주소 및 성명
2. 수용자의 성명, 주소, 그 밖에 수용자를 특정할 수 있는 사항
3. 피수용자의 성명
4. 청구의 요지
5. 수용이 위법한 사유
6. 수용 장소

제6조(청구의 각하) ① 법원은 다음 각 호의 어느 하나에 해당하는 때에는 결정으로 구제청구를 각하할 수 있다.

1. 구제청구자가 아닌 자가 구제청구를 한 때
2. 제5조의 요건을 충족하지 못한 때
3. 다른 법률의 구제절차에 따른 구제를 받을 수 있음이 명백한 때
4. 이 법 또는 다른 법률에 따른 구제청구가 기각된 후 다시 구제청구를 한 때

② 법원은 제1항 각 호에 해당하는 때에는 상당한 기간을 정하여 그 흠을 보정하도록 명할 수 있다.

제7조(관할이송) 법원은 직권 또는 구제청구자의 신청에 따라 청구사건의 심리에 적당하다고 판단되는 다른 법원에 사건을 이송할 수 있다 .

제8조(청구사건의 심리) ① 법원은 구제청구에 대하여 이를 각하하는 경우를 제외하고 지체 없이 수용의 적법 여부 및 수용을 계속할 필요성 등에 대하여

심리를 개시하여야 한다.
② 법원은 필요하다고 인정하는 때에는 정신건강의학과 의사·심리학자·사회복지학자, 그 밖의 관련 전문가 등에게 피수용자의 정신·심리상태에 대한 진단소견 및 피수용자의 수용상태에 대한 의견을 조회할 수 있다.

제9조(수용의 임시해제 등) ① 법원은 수용을 계속하는 경우 발생할 것으로 예상되는 신체의 위해 등을 예방하기 위하여 긴급한 필요가 있다고 인정하는 때에는 직권 또는 구제청구자의 신청에 따라 피수용자의 수용을 임시로 해제할 것을 결정할 수 있다.
② 법원은 제1항의 결정을 하기 전에 피수용자로부터 언제든지 법원의 소환에 응하겠다는 서약을 받아야 하고, 필요한 경우 피수용자에 대하여 수용의 임시해제에 따른 조건을 붙일 수 있다.
③ 법원은 피수용자가 심문기일에 출석하지 아니하거나 제2항에 따른 조건을 준수하지 아니한 때에는 제1항의 결정을 취소할 수 있다. 이 경우 피수용자를 종전의 수용시설에 수용하는 것이 상당하지 아니하다고 인정하는 때에는 피수용자를 구인한 후 동종 또는 유사한 수용시설에 유치할 수 있다.

제10조(심문기일) ① 법원은 구제청구를 각하한 경우를 제외하고 심문기일을 지정하여 구제청구자와 수용자를 소환하여야 한다.
② 법원은 필요하다고 인정한 때에는 피수용자 등 관계인을 제1항의 심문기일에 출석하게 할 수 있다.
③ 수용자는 심문기일 전까지 다음 각 호의 사항을 기재한 답변서를 제출하여야 하고, 법원의 소환이 있는 경우 피수용자를 심문기일에 출석시켜야 한다.

1. 피수용자의 성명, 주소, 그 밖에 피수용자를 특정할 수 있는 사항
2. 피수용자를 수용한 일시 및 장소
3. 수용의 사유
4. 수용을 계속할 필요성, 예상되는 수용의 종료 시기
5. 그 밖에 수용과 관련된 사항

제11조(피수용자의 신병보호) 법원은 피수용자의 신병을 보호하기 위하여 필요하다고 인정하는 때에는 결정으로 피수용자를 현재의 수용시설에서 적당하다고 인정되는 동종 또는 유사한 다른 수용시설로 이송할 것을 수용자에게 명할 수 있다.

제12조(심리의 공개 및 국선변호인 선임) ① 심리는 공개된 법정에서 행한다. 다만, 피수용자의 보호를 위하여 필요하다고 인정되는 때에는 결정으로 이를 공개하지 아니할 수 있다.
② 피수용자와 구제청구자는 변호인을 선임할 수 있다. 구제청구자 등이 빈곤이나 그 밖의 사유로 변호인을 선임할 수 없는 경우 구제청구자 등의 명시적 의사에 반하지 아니하는 이상 법원은 직권으로 변호인을 선정하여야 한다. 다만, 구제청구가 명백하게 이유 없는 때에는 그러하지 아니한다.

제13조(결정) ① 법원은 구제청구사건을 심리한 결과 그 청구가 이유가 있다고 인정되는 때에는 결정으로 피수용자의 수용을 즉시해제할 것을 명하여야 한다.
② 법원은 구제청구가 이유 없다고 인정하는 때에는 이를 기각하여야 한다. 이 경우 제9조 제3항 또는 제11조에 따라 피수용자를 보호하고 있는 자가 있는 때에는 피수용자의 신병을 수용자에게 인도할 것을 명하여야 한다.

제14조(비용부담) 법원은 구제청구사건의 재판에 사용된 비용의 전부 또는 일부를 구제청구자 또는 수용자에게 부담시킬 수 있다.

제15조(상소) 구제청구자와 수용자는 제13조의 결정에 대하여 불복하면 3일 이내에 즉시항고할 수 있다.

제16조(재수용의 금지) 이 법에 따라 수용이 해제된 자는 구제청구의 전제가 된 사유와 같은 사유로 다시 수용할 수 없다.

제17조(대법원규칙) 그 밖에 구제청구사건의 심리 및 재판에 관하여 필요한 사항은 대법원규칙으로 정한다.

제18조(벌칙) ① 수용자가 제10조 제3항에 따른 답변서를 거짓으로 작성하거나 제출을 거부한 때에는 1년 이하의 징역, 3년 이하의 자격정지 또는 1천만 원 이하의 벌금에 처한다.
② 제3조의2 제2항을 위반하여 피수용자의 구제청구를 방해한 자는 1년 이하의 징역 또는 1천만 원 이하의 벌금에 처한다.

제19조(심문기일에 출석하지 아니한 경우의 과태료 등) ① 수용자가 정당한 사유 없이 심문기일에 출석하지 아니한 때에 법원은 결정으로 500만 원 이하의 과태료를 부과할 수 있다.
② 법원은 수용자가 제1항에 따른 과태료 재판을 받고도 정당한 사유 없이 다시 출석하지 아니하는 때에는 결정으로 수용자를 7일 이내의 감치에 처한다.
③ 제1항에 따른 결정에 대하여는 '민사소송법' 제311조를 준용한다.

제20조(과태료) ① 제3조의2 제1항을 위반하여 구제를 청구할 수 있음을 고지하지 아니한 자에게는 500만 원 이하의 과태료를 부과한다.
② 제1항에 따른 과태료는 법무부장관이 부과 · 징수한다.

부칙 〈법률 제8724호, 2007. 12. 21〉
이 법은 공포 후 6개월이 경과한 날부터 시행한다.

부칙 〈법률 제10364호, 2010. 6. 10〉
이 법은 공포 후 3개월이 경과한 날부터 시행한다.

부칙 〈법률 제11005호, 2011. 8. 4〉 (의료법)
제1조(시행일) 이 법은 공포 후 1년이 경과한 날부터 시행한다. 다만, …(생

략)··· 부칙 제4조는 공포한 날부터 시행하고, ···(생략)··· 시행한다.

제2조 및 제3조 생략

제4조(다른 법률의 개정) ①부터 ⑦까지 생략.
⑧ 인신보호법 일부를 다음과 같이 개정한다.
제8조 제2항 중 "정신과의사"를 "정신건강의학과의사"로 한다.
⑨부터 ⑭까지 생략.

인신보호규칙

2008. 6. 5. 제정 대법원규칙 제2179호 시행 2008. 6. 22.

제1조(목적) 이 규칙은 '인신보호법'(다음부터 '법'이라 한다)이 대법원규칙에 위임한 사항과 그 밖에 구제청구절차에 관하여 필요한 사항을 규정함을 목적으로 한다.

제2조(구제청구자격의 증명) 피수용자 외의 자가 구제청구를 하는 경우 구제청구자는 피수용자와 법 제3조에서 정한 관계에 있음을 증명하는 서류를 구제청구서에 첨부하여야 한다.

제3조(사물관할) 구제청구사건은 단독판사가 심판한다.

제4조(인지의 불첩부) 법 및 이 규칙에 따른 구제청구서와 신청서에는 인지를 붙이지 아니한다.

제5조(구제청구서부본의 송달) ① 구제청구자는 수용자와 피수용자에 대한 송달에 필요한 수의 구제청구서부본을 제출하여야 한다.
② 구제청구사건이 접수되면 법원은 지체 없이 구제청구서부본을 수용자에게 송달하여야 한다.
③ 피수용자 외의 자가 구제청구를 한 경우에는 피수용자에게도 지체 없이 구제청구서부본을 송달하여야 한다.

제6조(전문가 진단·의견조회) 법원은 법 제8조 제2항에 따른 전문가의 진단 또는 의견조회를 위하여 필요하다고 인정하는 때에는 결정으로 피수용자를 정신 · 심리상태의 진단에 적당한 의료기관이나 요양소 등의 수용시설로 이송

할 것을 수용자에게 명할 수 있다.

제7조(수용시설의 지정) ① 법원장 · 지원장은 매년 12월 31일까지 관할구역 또는 인접관할구역 내의 의료기관, 요양소 기타 수용시설 중에서 법 제8조 제2항, 법 제9조 제3항, 법 제11조의 조치에 적당한 수용시설을 지정하여야 한다.
② 제1항의 수용시설을 지정함에 있어서는 미리 그 시설의 운영자와 협의하여야 한다.
③ 법원장 · 지원장은 언제든지 법원서기관 · 법원사무관 · 법원주사 · 법원주사보로 하여금 제1항에 의하여 지정된 수용시설이 피수용자의 진단 · 감호에 충분한 시설을 갖추고 있는지 여부와 그 운영실태를 조사 · 보고하도록 하고, 부적당하다고 인정되는 경우에는 그 지정을 취소할 수 있다.

제8조(전문가 진단 등을 위한 비용) ① 법원은 필요한 경우에 피수용자에 대한 진단 · 의견조회를 의뢰받은 자 또는 시설의 장이나 신병보호결정 등에 의하여 피수용자를 수용하는 자 또는 시설의 장으로 하여금 소요되는 비용의 예상액과 그 산출근거를 기재한 예상비용산정서를 제출하게 할 수 있다.
② 법원은 제1항에 따라 제출받은 예상비용산정서, 구제청구자의 경제적 능력 등을 종합하여 비용의 예납액을 산출하고 이를 구제청구자 또는 변호인에게 서면으로 통지하여야 한다.
③ 구제청구자는 제2항에 따라 통지받은 비용의 예납액을 납입하여야 한다.
④ 법원은 빈곤이나 그 밖의 사유로 제3항에 따른 비용을 예납할 자금능력이 부족한 구제청구자의 신청에 따라 또는 직권으로 민사소송법 제128조에 따른 소송구조를 할 수 있다.

제9조(수용의 임시해제) ① 법원은 법 제9조 제1항에 따른 수용의 임시해제 결정을 하는 경우 피수용자에 대하여 수용의 임시해제에 따른 다음 각호의 조건을 붙일 수 있다.

1. 주거지 외의 외출을 제한하고 주거를 변경할 필요가 있는 경우에는 법원

의 허가를 받을 것

2. 적절한 치료시설에서 정기적인 치료를 받을 것

3. 피수용자 외의 자가 작성한 출석보증서를 제출할 것

4. 그 밖에 피수용자의 출석을 보증하기 위하여 법원이 정하는 적당한 조건을 이행할 것

② 임시해제신청은 서면으로 하고 그 신청서에 임시해제할 상당한 이유를 기재하고 이를 소명하여야 한다.

③ 구제청구자는 적합한 임시해제조건에 관한 의견을 밝히고 이에 관한 소명자료를 낼 수 있다.

④ 법원은 임시해제결정을 취소한 때에는 피수용자를 법정이나 그 밖의 시설로 구인하거나 법 제13조에 의한 결정을 할 때까지 수용자의 수용시설과 동종 또는 유사한 수용시설에 유치할 것을 명할 수 있다.

⑤ '형사소송법' 중 구인에 관한 규정은 구제청구사건의 성질에 반하지 아니하는 범위 내에서 법 제9조 제3항에 의한 구인의 경우에 준용한다.

제10조(심문기일의 지정) 법원은 특별한 사정이 없는 한 법 제3조의 청구가 있는 날부터 2주일 내에 심문기일을 열어야 한다.

제11조(피수용자의 출석) ① 피수용자가 심문기일에 출석요구를 받은 때에는 수용자 기타 피수용자를 수용하고 있는 수용시설의 장 또는 운영자는 피수용자를 호송하고 당일의 심문이 종료될 때까지 법원 청사 내에서 피수용자를 감호하여야 한다.

② 법원은 피수용자가 수용되어 있는 수용시설의 소재지를 관할하는 경찰관서의 장에게 제1항의 호송·감호를 요청할 수 있다.

③ 피수용자가 법원의 출석요구에도 불구하고 심문기일에 출석하지 않은 경우 수용자는 피수용자의 불출석에 정당한 사유가 있음을 소명하여야 한다.

제12조(심문기일의 진행) ① 법원은 심문기일에 구제청구자 또는 변호인의

진술 및 수용자의 답변을 들은 후 소명방법에 대하여 조사한다.
② 수용자는 수용의 적법성 및 수용을 계속할 필요성에 관하여 소명하여야 한다.

제13조(피수용자 이송절차) ① 법원이 법 제11조에 의하여 피수용자의 신병을 이송하는 결정(제6조의 전문가 진단·의견조회를 위한 이송을 포함한다)을 한 때에는 수용자는 지체 없이 그 결정에서 정한 수용시설로 피수용자를 이송하여야 한다. 다만, 법원은 결정으로 피수용자를 이송하는 방법을 달리 정할 수 있다.
② 피수용자의 신병을 이송하는 경우 법원은 사전에 이송받는 시설의 장 또는 운영자에게 도망방지 등 피수용자를 보호 또는 감호하는 데 필요한 사항을 고지하고 동의를 얻어야 한다.
③ 피수용자를 이송받은 수용시설의 장 또는 운영자는 수용 중인 피수용자가 도망하는 등 피수용자의 신상에 변동을 가져올 만한 사유가 발생하였을 때에는 지체 없이 이를 법원에 알려야 한다.
④ 제2항, 제3항은 법 제9조제3항에 의하여 피수용자를 동종 또는 유사한 수용시설로 유치하는 경우에 준용한다.
⑤ 법 제11조에 의한 결정은 지체 없이 구제청구자, 수용자 또는 변호인에게 통지하여야 한다.

제14조(신병보호결정의 취소·변경) ① 법원은 직권 또는 구제청구자·피수용자의 신청이 있을 경우 상당한 이유가 있다고 인정하는 때에는 언제든지 결정으로 법 제11조에 의한 신병보호결정을 취소하거나 변경할 수 있다.
② 제1항의 취소·변경신청은 서면으로 하고 그 신청서에 신병보호를 취소, 변경할 상당한 이유를 기재하고 이를 소명하여야 한다.
③ 법원은 신병보호결정을 취소, 변경함에 있어 필요하다고 인정하는 때에는 심문기일을 지정하여 피수용자, 구제청구자 또는 변호인을 소환할 수 있다.

제15조(대리인) ① 수용자는 법원의 허가를 받아 그 소속 직원으로 하여금

구제청구사건을 대리하게 할 수 있다.
② 제1항의 허가 신청은 서면으로 하여야 한다.
③ 법원은 언제든지 제1항의 허가를 취소할 수 있다.
④ 법 제12조 제2항에 의한 국선변호인에 관하여 이 규칙에서 따로 정하지 아니한 사항에 대하여는 구제청구사건의 성질에 반하지 아니하는 범위 내에서 '형사소송법', '형사소송비용 등에 관한 법률' 중 국선변호인에 관한 규정을 준용한다.

제16조(결정)　① 법 및 이 규칙에 의한 결정서에는 재판한 법관이 기명날인한다.
② 피수용자가 법 제9조제3항, 제11조에 의하여 수용자의 수용시설 외의 시설에 수용되어 있는 경우 그 시설의 장 또는 운영자에게도 법 제13조에 의한 결정을 고지하여야 한다.

제17조(항고기록의 송부)　원심 법원은 즉시항고의 전부 또는 일부가 이유 없다고 인정한 때에는 항고장을 받은 날로부터 3일 이내에 항고기록을 항고법원에 송부하여야 한다.

제18조(구제청구절차의 성질)　이 규칙에서 정하고 있지 아니한 사항에 대하여는 그 성질에 반하지 아니하는 범위 내에서 민사소송의 예에 따른다.

부칙 〈대법원규칙 제2179호, 2008. 6. 5〉
이 규칙은 2008년 6월 22일부터 시행한다.

인신보호사건의 처리에 관한 예규

2008. 6. 11. 제정 재판예규 제1224호
2011. 7. 22. 개정 재판예규 제1342호

제1조(목적) 이 예규는 인신보호법(이하 '법'이라 한다)과 인신보호규칙(이하 '규칙'이라 한다)에 따른 구제청구사건의 업무처리 절차에 관하여 규정함을 목적으로 한다.

제2조(양식의 비치) 각급 법원은 민원접수창구에 구제청구절차 안내서, 국선변호인 선정청구서, 서약서, 출석보증서 등을 비치한다.

제3조(구제청구사건의 접수) ① 접수담당자는 구제청구가 있는 때에는 사건명을 '인신보호'로 하여 접수하고 재판사무시스템에 해당 내용을 전산입력한다.
② 구제청구자가 피수용자 이외의 사람인 경우에는 접수담당자는 구제청구서에 구제청구자격을 증명하는 서류(변호인선임신고서, 주민등록등본, 주민등록증 사본, 가족관계증명서, 재직증명, 고용주임을 증명하는 자료 등)가 첨부되어 있는지를 확인하여야 한다.
③ 구제청구서가 접수된 때에는 이면에 국선변호인 선정청구서가 인쇄된 국선변호인 선정 안내서에 의하여 국선변호인 선정을 위한 고지를 한다.

제4조(구제청구서부본의 송달) ① 법원은 지체 없이 수용자에게 구제청구서 부본을 구제청구절차 안내서와 함께 송달하여야 한다. 이 경우 심문기일이 구제청구서 접수 후 즉시 지정된 경우에는 심문기일통지서와 같이 송달한다.
② 피수용자에게 구제청구서부본을 송달하는 때에는 이면에 국선변호인 선정청구서가 인쇄된 국선변호인 선정안내서를 동봉하여 송달한다.

제5조(전문가 진단소견 · 의견조회) 법 제8조 제2항에 따라 전문가 진단소견 등을 조회할 때에는 조회서에 구제청구서사본을 첨부하여 보낼 수 있다.

제6조(신청의 접수와 편철 방법) ① 수용의 임시해제신청이 있는 때에는 사건명을 '임시해제신청'으로 하여 신청사건으로 전산입력하고, 임시해제신청기록은 구제청구사건기록에 첨철한다.
② 신병보호결정의 취소 · 변경신청은 문건으로 전산입력하고, 그 신청서 등은 구제청구사건기록에 가철한다.

제7조(피수용자의 진의 확인) 피수용자가 구제청구절차에서 청구의 취하 등 자신에게 불리한 행위를 하는 경우 법원은 필요하다고 인정하는 때에는 피수용자를 심문하는 등 그 의사의 진의를 확인하기 위한 적절한 조치를 취할 수 있다.

제8조(피수용자 보호·감호 위탁 동의서) 법 제9조 제3항, 제11조(규칙 제6조의 전문가 진단 · 의견조회를 위한 이송을 포함한다)에 의하여 피수용자를 이송하는 경우 법원사무관 등은 사전에 이송되는 시설의 장 또는 운영자로부터 피수용자 보호 · 감호 위탁 동의서를 제출받아 구제청구사건기록에 편철한다.

제9조(간이 통지) ① 규칙 제8조 제1항에 따른 예상비용산정서의 제출 고지, 규칙 제8조 제2항에 따른 비용 통지, 규칙 제10조에 따른 심문기일의 통지, 규칙 제13조 제2항에 따른 보호 · 감호에 필요한 사항의 고지 등은 서면 이외에 구두 · 전화 · 모사전송 · 전자우편 · 휴대전화 문자전송 그 밖에 적당한 방법으로 할 수 있다.
② 제1항에 따라 통지한 때에는 법원사무관 등은 그 방법, 날짜, 통지한 내용 등을 기재한 서면을 구제청구사건기록에 첨부하여야 한다.

제10조(심문조서) ① 심문기일에 참여한 법원사무관 등은 조서를 작성해야 한다.

② 심문조서에는 구제청구자, 수용자 등 진술자의 진술 요지와 변호인의 의견 요지를 기재한다. 심문기일에 참고인에 대한 심문이 행하여진 경우에는 그 진술의 요지를 기재한다.

제11조(송달시 유의사항) 참여사무관 등은 시설에 수용된 구제청구자에게 송달을 할 경우 송달용 봉투에 아래와 같이 "본 우편물은 반드시 아래에 기재된 당사자 본인에게 교부하여야 하며 병원 등 수용시설의 종사자에게 전달해서는 안 됩니다."라는 붉은색 고무인을 날인하여야 한다.

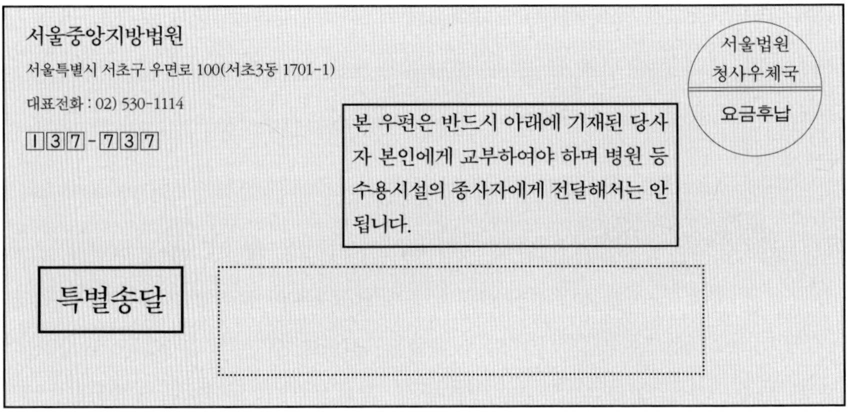

부칙(제1224호, 2008. 6. 11)
이 예규는 2008. 6. 22.부터 시행한다.

부칙(제1342호, 2011. 7. 22)
이 예규는 즉시 시행한다.

인신보호법안

(나경원 의원 대표발의)

제1조(목적) 이 법은 위법·부당한 법집행 또는 행정조치 등에 의해 부당하게 인신의 자유를 제한당하고 있는 개인의 구제절차를 마련함으로써 헌법이 보장하고 있는 국민의 기본권을 보호하는 것을 목적으로 한다.

제2조(정의) ① 이 법에서 "피구금자"라 함은 다음 각호의 어느 하나에 해당하는 자로 유치장·구치소·의료시설·복지시설 등 단체 또는 개인이 운영하고 있는 수용·보호시설(이하 "구금시설"이라 한다)에 구금 또는 수용당하고 있는 자를 말한다.

1. 적법한 절차에 의하지 아니하고 유치장 또는 구치소에 구금된 자
2. 부당한 행정처분에 의하여 다음 각목의 어느 하나의 시설에 수용된 자
   가. '아동복지법' 제16조 제1항 제1호 내지 제6호의 규정에 따른 아동양육시설·아동일시보호시설·아동보호치료시설·아동직업훈련시설·자립지원시설 및 아동단기보호시설
   나. '장애인복지법' 제48조 제1항 제1호의 규정에 따른 장애인생활시설
   다. '정신보건법' 제3조 제3호 내지 제5호의 규정에 따른 정신의료기관(수용시설을 갖추고 있는 것에 한한다)·정신질환자사회복귀시설 및 정신요양시설
   라. 부랑인의 보호 및 재활을 목적으로 '사회복지사업법' 제34조 제1항 또는 제2항의 규정에 따라 설치된 사회복지시설
   마. '노인복지법' 제32조 제1항 제1호 및 제2호의 규정에 따른 양로시설 및 실비양로시설
   바. '노인복지법' 제34조 제1항 제1호 및 제2호의 규정에 따른 노인요양시설 및 실비노인요양시설

사. '성매매방지 및 피해자보호 등에 관한 법률' 제5조의 규정에 따른 성매매피해자 등을 위한 지원시설

아. '가정폭력방지 및 피해자보호 등에 관한 법률' 제7조의 규정에 의한 보호시설

자. '보호관찰 등에 관한 법률' 제67조의 규정에 따라 갱생보호사업의 허가를 받은 자가 갱생보호사업을 위하여 설치한 시설(수용시설을 갖추고 있는 것에 한한다)

3. 그 밖에 개인 또는 민간단체가 운영하고 있는 사설시설에 불법 · 부당하게 수용된 자

② 이 법에서 "구금자"라 함은 구금시설의 장 또는 운영자를 말한다.

제3조(구제청구) ① 피구금자가 위법 · 부당하게 구금 또는 수용된 때에는 피구금자 · 법정대리인 · 후견인 또는 피구금자와 특별한 관계가 있는 자(이하 "구제청구자"라 한다)는 이 법이 정하는 바에 따라 법원에 그 구제를 청구할 수 있다. 다만, 형사소송법 제201조 또는 제214의2조의 규정에 따라 영장실질심사 또는 구속적부심을 청구할 수 있는 피의자 및 그 밖의 법률에 따라 법관의 결정으로 구금 · 유치 · 보호처분 · 감호위탁 또는 치료위탁된 자는 그 청구를 할 수 없다.

② 제1항의 피구금자와 특별한 관계가 있는 자의 범위 및 요건은 대통령령으로 정한다.

제4조(관할) ① 구제청구를 심리하는 관할법원은 당해 피구금자 또는 구금시설의 소재지를 관할하는 지방법원으로 한다.

② 구제청구사건의 심리와 결정 및 판결은 단독판사가 행한다.

제5조(청구의 방식) 제3조의 규정에 따른 구제청구는 다음 각 호에 열거한 사항을 기재한 서면으로 하여야 한다.

1. 구제청구자의 주소 및 성명

2. 구금자의 주소, 성명 그 밖에 구금자를 특정할 수 있는 사항
3. 피구금자의 성명
4. 청구의 요지
5. 구금이 위법·부당하다는 사유
6. 구금 장소

제6조(조사개시) 법원은 제3조의 구제청구가 있는 경우 지체 없이 청구사건에 대한 조사를 개시하여야 한다.

제7조(청구의 각하) 법원은 그 구제청구가 제5조에 규정한 요건을 충족하지 못할 때에는 일정한 기간을 주어 보완할 것을 명령하고, 그 기간 내에 보완하지 아니할 경우에는 결정으로 그 청구를 각하할 수 있다.

제8조(관할이송) 법원은 직권 또는 구제청구자의 청구에 따라 청구사건의 심리에 적당하다고 판단되는 다른 법원에 사건을 이송할 수 있다.

제9조(청구사건의 조사) ① 법원은 제7조 및 제8조의 경우를 제외하고 구제청구를 받은 즉시구금자, 피구금자 또는 그 밖의 구제청구자 및 관계자로부터 진술을 듣는 등 구금사유 및 그 밖의 사항에 관하여 필요한 조사를 하여야 한다.
② 법원은 법원조사관에게 제1항의 규정에 의한 조사를 명하거나 관할 검찰청 검사 또는 군검찰관에게 이를 위촉할 수 있다.
③ 판사는 필요하다고 인정하는 때에는 정신과의사·심리학자·사회복지학자 그 밖의 관련 전문가 등에게 피구금자의 정신·심리상태에 대한 진단소견 및 피구금자의 구금 또는 수용상태에 관한 의견을 조회할 수 있다.

제10조(구금의 임시해제 등) ① 법원은 직권으로 또는 구제청구자의 청구에 따라 결정으로 제14조의 규정에 따른 판결이 있기 전에 피구금자에게 언제든지 법원의 소환에 응할 것을 서약받고 피구금자의 구금 또는 수용을 임시로

해제할 것을 명할 수 있다.
② 법원은 제1항의 경우 피구금자에게 구금해제에 따른 조건을 붙일 수 있다.
③ 법원은 피구금자가 제1항 및 제2항의 규정에 따른 서약 또는 조건을 준수하지 아니할 때에는 피구금자를 구인할 수 있다.

제11조(관계자 등의 소환) ① 법원은 제7조의 규정에 따라 청구가 각하된 경우를 제외하고 심리를 위한 기일과 장소를 지정하여 구금자·구제청구자 및 그 밖의 관계인들을 소환하여야 한다.
② 법원은 구금자에 대하여 심리기일 전까지 다음 각 호의 사항을 기재한 답변서를 제출하도록 하고, 심리기일에 피구금자를 심리장소에 출두시킬 것 등 피구금자의 신병에 관하여 법원의 지휘·감독을 받을 것을 명한다.

1. 피구금자의 성명 및 주소 그 밖의 피구금자를 특정할 수 있는 사항
2. 피구금자를 구금한 일시 및 장소
3. 구금 또는 수용사유
4. 그 밖의 구금 또는 수용과 관련된 사항

제12조(피구금자의 신병보호) 법원은 피구금자의 신병을 보호하기 위하여 필요하다고 인정하는 때에는 결정으로 피구금자를 현재의 구금시설에서 유치장·구치소·교도소 또는 그 밖에 적당하다고 인정되는 다른 수용시설로 이송할 것을 명할 수 있다.

제13조(심리의 공개 및 국선변호인선임) ① 심리는 공개된 법정에서 이를 행한다. 다만, 피구금자의 보호를 위하여 필요하다고 인정되는 때에는 결정으로 이를 공개하지 아니할 수 있다.
② 법원은 구제청구사건의 심리를 위하여 변호인이 필요하다고 인정되고 피구금자 또는 그 법정대리인이 변호인을 선임할 능력이 없을 때에는 국선변호인을 선임할 수 있다.

제14조(판결) ① 법원은 구제청구사건을 심리한 결과 그 청구가 이유가 있다고 인정되는 때에는 판결로 피구금자의 구금 또는 수용을 즉시 해제하도록 하고, 이유가 없다고 판단되는 때에는 이를 기각하여야 한다.
② 법원은 제1항 후단의 규정에 따라 구제청구사건을 기각할 때에는 피구금자의 신병을 구금자에게 인도할 것을 명하여야 한다.

제15조(비용부담) 법원은 구제청구사건의 재판에 소요된 비용의 전부 또는 일부를 구제청구자 또는 구금자에게 부담시킬 수 있다.

제16조(항소) 구제청구자 및 구금자는 제14조의 규정에 따른 판결의 판결서 부본이 송달된 날부터 7일 이내에 상급법원에 불복할 수 있다. 그 밖에 항소 및 상고에 관하여는 형사소송법 제3편제2장 및 제3장의 규정을 준용한다.

제17조(재구금의 금지) 이 법률에 따라 구금 또는 수용이 해제된 자는 법원의 판결에 의하지 아니하고는 구제청구의 전제가 된 사유와 같은 사유로 다시 구금 또는 수용하여서는 아니된다.

제18조(대법원규칙) 청구사건의 심리 및 재판에 관하여 그 밖의 필요한 사항은 대법원규칙으로 정한다.

제19조(벌칙) ① 제9조의 규정에 따른 조사를 방해한 구금자는 1년 이하의 징역, 3년 이하의 자격정지 또는 1천만 원 이하의 벌금에 처하거나 이를 병과한다.

제20조(벌칙) 다음 각호의 어느 하나에 해당하는 때에는 2년 이하의 징역, 5년 이하의 자격정지 또는 2천만 원 이하의 벌금에 처하거나 이를 병과한다.

1. 구금자가 제11조 제1항의 규정에 따른 소환에 응하지 아니한 때
2. 구금자가 답변서를 거짓으로 작성하거나 거부한 때

3. 피구금자의 신병에 관한 법원의 지휘 · 감독에 따르지 아니한 때
4. 구금자가 제20조의 규정에 따른 법원의 임시해제명령에 따르지 아니한 때

제21조(벌칙) 다음 각 호의 어느 하나에 해당한 때에는 3년 이하의 징역, 7년 이하의 자격정지 또는 3천만 원 이하의 벌금에 처하거나 이를 병과한다.
1. 구금자가 제14조의 규정에 따른 피구금자에 대한 구금해제의 판결에 불구하고 즉시 이를 행하지 아니한 때
2. 제17조의 규정에 불구하고 피구금자를 다시 구금하거나 수용한 때

부칙
이 법은 공포 후 6월이 경과한 날부터 시행한다.

일본의 인신보호법

昭和 23(1948)年 7月 30日 法律 第199号 昭和 23年 9月 28日 施行

제1조 이 법률은 기본적 인권을 보장하는 일본국 헌법의 정신에 따라 국민으로 하여금 현재 부당하게 침탈되고 있는 인신의 자유를 사법재판에 의하여 신속하고 용이하게 회복하게 하는 것을 목적으로 한다.

제2조 ① 법률상 정당한 절차에 의하지 않고 신체의 자유가 구속되어 있는 자는 이 법률이 정하는 바에 따라 그 구제를 청구할 수 있다.
② 누구라도 피구속자를 위하여 전항의 청구를 할 수 있다.

제3조 전 조의 청구는 변호사를 대리인으로 해서 하여야 한다. 다만, 특별한 사정이 있는 경우에는 청구자 자신이 스스로 하는 것을 막을 수 없다.

제4조 제2조의 청구는 서면 또는 구두로써 피구속자, 구속자 또는 청구자의 소재를 관할하는 고등재판소 혹은 지방재판소에 할 수 있다.

제5조 청구는 다음 사항을 명확하게 하고 소명자료를 제공하여야 한다.

1. 피구속자의 성명
2. 청원의 취지
3. 구속사실
4. 알려져 있는 구속자
5. 알려져 있는 구속장소

제6조 재판소는 제2조의 청구에 대하여 신속하게 재판하여야 한다.

제7조　재판소는 청구가 그 요건 또는 필요한 소명이 결여되어 있을 때에는 결정으로 각하할 수 있다.

제8조　제2조의 청구를 받은 재판소는 청구자의 신청에 의하거나 또는 직권으로 적당하다고 인정하는 다른 관할 재판소에 사건을 이송할 수 있다.

제9조　① 재판소는 전 2조의 경우를 제외하고 그 밖에 심문기일에 있어서 조사의 준비를 위하여, 즉시 구속자, 피구속자, 청구자 및 그 대리인, 그 이외의 사건관계자의 진술을 듣고 구속사유 그 밖의 사항에 대하여 필요한 조사를 할 수 있다.
② 전 항의 준비조사는 합의체의 구성원으로 하여금 하게 할 수 있다.

제10조　① 재판소는 필요가 있다고 인정할 때에는 제16조의 판결을 하기 전에 결정으로, 임시로 피구속자를 구속으로부터 면하게 하기 위하여, 언제라도 호출에 응하여 출두하는 것을 서약시키거나 적당하다고 인정하는 조건을 붙여서 피구속자를 석방하거나 그 밖의 적당한 처분을 할 수 있다.
② 전 항의 피구속자가 호출에 응하여 출두하지 않을 때에는 구인할 수 있다.

제11조　① 준비조사의 결과 청구의 이유가 없는 것이 명백할 때에는 재판소는 심문절차를 거치지 않고 결정으로 청구를 기각한다.
② 전 항의 결정을 내린 경우에는 재판소는 전에 내렸던 전조의 처분을 취소하고 피구속자에게 출두를 명하고 구속자에게 인도한다.

제12조　① 제7조 또는 전조 제1항을 제외한 그 밖의 경우에 재판소는 일정한 일시 및 장소를 지정하고 심문을 위하여 청구자 또는 그 대리인, 피구속자 및 구속자를 소환한다.
② 구속자에 대해서는 피구속자를 전 항의 지정 일시, 장소에 출두시킬 것을 명하는 것과 동시에 전 항의 심문기간까지 구속일시, 장소 및 그 사유에 대하

여 답변서를 제출할 것을 명한다.
③ 전 항의 명령서에는 구속자가 명령에 따르지 않을 때에는 구인하거나 명령에 따를 때까지 구류할 수 있다는 취지 및 지연 1일에 대하여 500엔 이하의 과료에 처할 수 있다는 취지를 부기한다.
④ 명령서의 송달과 심문기일과의 사이에는 3일간의 기간을 두어야 한다. 심문기일은 제2조의 청구가 있었던 일로부터 1주일 이내에 열어야 한다. 다만, 특별한 사정이 있는 때에는 기간은 개별적으로 단축 또는 연장할 수 있다.

제13조　① 전 조의 명령은 구속에 관한 영장을 발송한 재판소 및 검찰관에게 통고하여야 한다.
② 전 항의 재판소의 재판관 및 검찰관은 심문기일에 입회할 수 있다.

제14조　① 심문기일에 있어서 조사는 피구속자, 구속자, 청구자 및 그 대리인이 출석하는 공개 법정에서 행한다.
② 대리인이 없을 때에는 재판소는 변호사 중에서 이를 선임하여야 한다.
③ 전 항의 대리인은 여비, 일당, 숙박료 및 보수를 청구할 수 있다.

제15조　① 심문기일에서는 청구자의 진술 및 구속자의 답변을 경청한 다음 소명자료의 조사를 행한다.
② 구속자는 구속의 사유를 소명하여야 한다.

제16조　① 재판소는 심문결과 청구가 이유 없다고 할 때에는 판결로써 이를 기각하고, 피구속자를 구속자에게 인도한다.
② 전 항의 경우에 제11조 제2항의 규정을 준용한다.
③ 청구가 이유 있다고 할 때에는 판결로 피구속자를 즉시 석방한다.

제17조　제7조, 제11조 제1항 및 전 조의 재판에서, 구속자 또는 청구인에 대하여 절차에 필요한 비용의 전부 또는 일부를 부담시킬 수 있다.

제18조　재판소는 구속자가 제12조 제2항의 명령에 따르지 않을 때에는 구인하거나 명령에 따를 때까지 구금하는 것과 아울러 지연 1일에 대하여 500엔 이하의 비율로 과태료에 처할 수 있다.

제19조　피구속자로부터 변호사를 의뢰하는 취지의 신청이 있을 때에는 구속자는 지체 없이 그 취지를 피구속자가 지정하는 변호사에게 통지하여야 한다.

제20조　제2조의 청구를 받은 재판소 또는 이송을 받은 재판소는 즉시 사건을 최고재판소에 통지하고 사건처리의 경과와 더불어 결과를 동 재판소에 보고하여야 한다.

제21조　하급재판소의 판결에 대해서는 3일 내에 최고재판소에 상소할 수 있다.

제22조　① 최고재판소는 특히 필요가 있다고 인정하는 때에는 하급재판소에서 심리 중인 사건의 여하의 정도에 불문하고 송치하게 하여 직접 처리할 수 있다.
② 전 항의 경우에 최고재판소는 하급재판소가 행한 재판 및 처분을 취소하거나 변경할 수 있다.

제23조　최고재판소는 청구, 심문, 재판 그 밖의 사항에 대하여 필요한 규칙을 정할 수 있다.

제24조　다른 법률에 의하여 행해진 재판으로서 피구속자에게 불리한 것은 이 법률에 의거한 재판과 저촉되는 범위에서 그 효력을 상실한다.

제25조　이 법률에 의해 구제를 받은 자는 재판소의 판결에 의하지 않으면 동일한 사유에 의하여 다시 구속되지 않는다.

제26조 피구속자를 이동, 은닉, 은피시키고 그 밖에 이 법률에 의한 구제를 방해한 행위를 한 자 또는 제12조 제2항의 답변서에 일부러 허위기재를 한 자는 2년 이하의 징역 또는 5만 엔 이하의 벌금에 처한다.

부칙

이 법률은 공포 후 60일을 경과한 날로부터 이를 시행한다.

일본의 인신보호규칙

昭和 23(1948)年 9月 21日 制定 最高裁判所規則 第22号
昭和 24(1949)年 7月 1日 改正 最高裁判所規則 第12号
昭和 27(1952)年 9月 22日 改正 最高裁判所規則 第26号
昭和 46(1971)年 6月 14日 改正 最高裁判所規則 第6号
昭和 46(1971)年 6月 23日 改正 最高裁判所規則 第9号
昭和 55(1980)年 9月 10日 改正 最高裁判所規則 第5号
平成 8(1996)年 12月 17日 改正 最高裁判所規則 第6号
平成 15(2003)年 11月 12日 改正 最高裁判所規則 第23号
平成 18(2006)年 5月 12日 改正 最高裁判所規則 第6号
平成 18(2006)年 7月 28日 改正 最高裁判所規則 第11号

(이 규칙의 취지)

제1조 인신보호법(이하 '법'이라고 한다)에 의한 구제의 청구에 관해서는, 법에서 규정하는 것 외에 이 규칙이 정하는 바에 의한다.

(구제의 내용)

제2조 법에 의한 구제는, 재판소가 법 제12조 제2항의 규정에 의하여, 결정으로, 구속자에 대하여, 피구속자의 이익을 위하여 한 석방 그 밖에 적당하다고 인정하는 처분을 수인 또는 실행시키기 위하여, 피구속자를 일정한 일시 및 장소에 출두시키는 것과 동시에 심문기일까지 답변서를 제출하는 것을 명하거나(이하 이 결정을 인신보호명령이라고 한다), 법 제16조 제3항의 규정에 의하여, 판결로, 석방 그 밖에 적당하다고 인정하는 처분을 하는 것에 의하여 이를 실현한다.

(구속 및 구속자의 의의)

제3조 법 및 이 규칙에서, 구속이란 "체포, 억류, 구금 등 신체의 자유를 빼앗거나 제한하는 행위"를 말하고, 구속자란 구속이 관공서, 병원 등의 시설에서 행해지고 있는 경우에는 그 시설의 관리자를 말하고, 그 밖의 경우에는 현실적

으로 구속을 행하고 있는 사람을 말한다.

(청구요건)

제4조 법 제2조의 청구는 구속 또는 구속에 관한 재판 혹은 처분이 그 권한 없거나 법령이 정한 방식 혹은 절차를 두드러지게 위반하고 있는 것이 현저한 경우에 한하여 할 수 있다. 다만, 달리 구제의 목적을 달성하는 데 적당한 방법이 있을 때에는 그 방법에 의하여 상당한 기간 내에 구제의 목적이 달성되지 않는 것이 명백하지 않으면 할 수 없다.

제5조 법 제2조의 청구는 피구속자가 자유롭게 표시한 의사에 반하여 할 수 없다.

제6조 청구자는 법 제3조 단서의 규정에 의하여 청구를 스스로 하는 경우에는 동조 단서의 특별한 사정을 소명하여야 한다.

(청구의 방식)

제7조 법 제2조의 청구를 하려면, 아래의 사항을 명백히 하고, 제2호, 제3호 및 제5호 내지 제7호의 사항에 대하여, 관계자, 참고인 등의 진술서, 증명서 등의 문서 그 밖의 물건에 의하여 소명방법을 제공하여야 한다.

1. 청구자 또는 그 대리인의 이름 및 주소
2. 구속자의 이름, 주소 그 외 구속자를 특정하기에 족한 사항
3. 피구속자의 이름
4. 청구의 취지
5. 구속의 일시, 장소, 방법 그 밖의 구속사정의 개요
6. 구속이 법률상 정당한 절차에 의하지 않는 이유
7. 제4조 단서의 규정에 의해 청구를 할 때에는 동조 단서에 해당하는 사유

(미비의 보정)

제8조　① 청구가 전 조의 규정에 위반하고 있는 경우에는 재판소는 3일 이내에 미비를 보정할 것을 명하여야 한다.

② 청구자가 미비를 보정하지 않을 때에는 재판소는 결정으로 청구를 각하하여야 한다.

(청구의 수수료)

제9조　① 법 제2조의 청구를 하려면 2천 엔의 수수료를 납부하여야 한다.

② 수수료는 청구서 또는 청구의 취지를 기재한 조서에 수입인지를 붙여서 납부하는 것으로 한다.

③ 전 조의 규정은 청구자가 수수료를 납부하지 않는 경우에 준용한다.

(제척)

제10조　재판에 의하여 행해지고 있는 구속에 대하여 구제청구가 있는 때에는 해당 재판에 관여한 재판관은 법률상 직무집행으로부터 제척된다.

(심리 및 재판의 신속)

제11조　법 제2조의 청구에 관한 심리 및 재판은 사건 수리의 전후에 관계없이 다른 사건에 우선하여 신속히 하여야 한다.

제12조　① 재판소는 제척 또는 기피를 신청한 것이 절차를 지연시킬 목적만으로 된 것이 명백한 때에는 결정으로 각하하여야 한다. 제척 또는 기피의 신청이 그 절차에 위반하고 있는 경우에도 같다.

② 전 항의 경우에 대해서는 제척 또는 기피를 신청당한 재판관이 제척 또는 기피의 재판에 관여하는 것을 방해하지 않는다.

제13조　제척 또는 기피의 신청이 있는 때에도 절차를 정지해서는 안 된다. 다만, 합의체의 재판관이 제척 또는 기피된 때에는 그 합의체가, 지방재판소의

한 명의 재판관이 제척 또는 기피된 때에는 해당 재판관이, 신청이 이유 있다고 인정하는 때에는 여기에 해당하지 않는다.

제14조 ① 이송의 재판 및 이송의 신청을 각하하는 재판에 대해서는 불복을 제기할 수 없다.
② 전 항의 재판이 법령에 위반하고 있는 때에는 상고 재판소의 판단을 받는다.

(병합의 금지)
제15조 법 제2조의 청구는 다른 소와 병합할 수 없다.

(지정대리)
제16조 ① 관공서의 시설의 관리자가 구속자로서 법 제2조의 청구를 받은 때에는 그 시설의 직원을 지정하여 그 청구에 관하여 소송행위를 시킬 수 있다.
② 전 항의 규정에 의하여 관공서의 시설관리자가 지정한 사람은 해당 청구에 대하여 대리인의 선임 이외의 일체의 재판상의 행위를 하는 권한을 가진다.

(준비조사)
제17조 법 제9조 제1항의 규정에 의한 준비조사는 동 항에 기재한 사람 중 구속의 사유 그 밖의 사항의 조사에 대하여 필요하다고 인정하는 사람을 심문하여 실시한다.

(준비 조사 생략의 경우의 절차)
제18조 재판소는 제8조 또는 제9조의 규정에 의하여 청구를 각하하는 경우 및 사건을 다른 관할재판소에 이송하는 경우 그 밖에 법 제9조 제1항의 규정에 의한 준비조사가 필요하지 않을 때에는 즉시 법 제11조 제1항의 규정에 의하여 청구를 기각하거나 법 제12조의 규정에 의하여 소환 및 인신보호명령 발부의 절차를 할 수 있다.

(가처분의 통지)

제19조 법 제10조 제1항의 처분이 된 때 또는 그 처분이 취소된 때에는 재판소 서기관은 구속에 관한 영장을 발부한 재판소(재판관이 영장을 발부한 때에는 그 재판관 소속의 재판소) 및 해당 재판소에 대응하는 검찰청의 검찰관에게 그 취지를 통지하여야 한다.

(구인)

제20조 법 제10조 제2항의 구인에는 형사소송에 관한 법령의 규정 중 피고인의 구인에 관한 규정을 준용한다.

(결정에 의한 청구 기각)

제21조 ① 다음에 기재된 경우에는 재판소는 결정으로 청구를 기각할 수 있다.

1. 청구가 부적법하여 그 미비를 보정할 수 없는 때
2. 청구가 피구속자의 자유롭게 표시된 의사에 반하여 제기된 때
3. 구속자 또는 그 주거가 명확하지 않을 때
4. 피구속자가 사망한 때
5. 피구속자가 신체의 자유를 회복한 때
6. 그 밖에 청구가 이유 없는 것이 명백한 때

② 전 항의 결정은 준비조사에서 구속자를 심문한 경우를 제외하고 구속자에게 고지하는 것을 필요로 하지 않는다.

(가처분의 취소)

제22조 ① 재판소는 법 제10조 제1항의 처분을 한 경우에 법 제11조 제1항의 결정을 하는 때에는 다시 결정으로 먼저 한 법 제10조 제1항의 처분을 취소하고 피구속자에게 출두를 명하여 이를 구속자에게 인도하는 취지의 재판을 하여야 한다.

② 전 항의 규정에 의한 결정은 청구자, 구속자 및 피구속자에게 고지하여야 한다.

(소환방식)

제23조　법 제12조 제1항의 규정에 의한 소환은 민사소송법의 기일에서의 호출방식에 의하여 행한다.

(인신보호명령서의 송달)

제24조　① 인신보호명령서는 구속자에게 송달하여야 한다.

② 전 항의 송달에 대해서는 민사소송법의 공시송달의 방법에 의할 수 없다.

(인신 보호 명령의 효과)

제25조　① 인신보호명령서가 구속자에게 송달된 때에는 피구속자는 그 송달 시부터 인신보호명령을 발한 재판소에 의하여 해당 구속장소에서 감독과 보호되는 것으로 한다. 이 경우 피구속자의 감호는 구속자에서 해당 재판소의 지휘하에 계속해서 이를 행하는 것으로 한다.

② 전 항의 경우 재판소는 필요가 있다고 인정할 때에는 피구속자를 구치소, 형무소, 경찰서 그 밖에 적당하다고 인정하는 장소로 옮기는 것을 명할 수 있다. 이 경우 피구속자의 감호는 피구속자의 이송을 받은 사람에게서 행하는 것으로 한다.

제26조　인신보호명령서가 구속자에게 송달된 후에, 다른 재판소, 행정청, 그 밖의 사람이 피구속자를 피고인, 증인 또는 참고인으로 호출하는 등 법의 규정에 의하여 구제절차를 지연시킬 우려가 있는 행위를 하려고 할 때에는 해당 인신보호명령을 발한 재판소의 동의를 얻어야 한다.

(답변서)

제27조　① 답변서에는 다음의 사항을 기재하고 구속자 또는 그 대리인이 기명날인하여야 한다.

1. 구속자 또는 그 대리인의 이름 및 주소
2. 인신보호명령에 대한 답변의 취지

3. 구속의 일시, 장소 및 그 사유

4. 피구속자를 출두시킬 수 없을 때에는, 그 이유

② 구속이 재판에 의하여 행해지고 있는 경우에는 영장 그 밖의 재판서 등본 또는 초본을 답변서에 첨부하여야 한다.

③ 구속자는 영장 그 밖의 재판서 등본 또는 초본의 교부를 해당 영장 그 밖의 재판서를 보관하는 관청에 청구할 수 있다.

(인신 보호 명령의 통지 등)

제28조 인신보호명령이 발해진 때 또는 이를 취소한 때에는 재판소 서기관은 구속에 관한 영장을 발한 재판소(재판관이 영장을 발한 때에는 그 재판관 소속의 재판소) 및 해당 재판소에 대응하는 검찰청의 검찰관에게 그 취지를 통지하여야 한다.

(심문기일)

제29조 ① 심문기일에는 먼저 구속자 또는 그 대리인이 답변서에 따라 진술하고, 이에 대하여 피구속자 혹은 청구자 또는 이들의 대리인이 진술하는 것으로 한다.

② 전 항의 진술 후 재판소는 소명방법을 조사한다.

③ 구속자는 구속사유를 소명하여야 한다.

④ 재판에 의하여 행해지고 있는 구속은 적법한 것으로 추정한다.

제30조 ① 전 조 제1항의 진술을 행해야 할 심문기일에는 피구속자 및 그 대리인 및 구속자 및 청구자 또는 이들의 대리인이 출두하여야 한다. 다만, 아래 각 호의 1에 해당하는 경우에는 이에 해당하지 않는다.

1. 피구속자의 출두에 대해서는 그 대리인이 출두하고 있는 경우 피구속자가 병, 그 밖에 부득이한 사유에 의하여 출두할 수 없고 피구속자의 이의가 없는 때

2. 피구속자의 대리인의 출두에 대해서는 피구속자가 출두하고 있는 경우

피구속자의 이의가 없는 때

3. 청구자 또는 그 대리인의 출두에 대해서는 청구자 및 그 대리인의 출두가 없는 경우 재판소가 청구서에 기재한 사항을 진술한 것으로 간주하는 것이 상당하다고 인정할 때

② 전 조 제1항의 진술후의 심문기일에서는 재판소는 상당으로 인정할 때에는 출두하지 않는 사람이 있는 때에도 기일을 열 수 있다.

(피구속자의 대리인)

제31조 ① 피구속자의 대리인은 변호사가 아니면 안 된다.

② 피구속자의 대리인이 선임되어 있지 않을 때에는 재판소가 선임하여야 한다.

③ 피구속자가 피고인 또는 피의자인 경우에 변호사인 변호인(재판장 또는 재판관에 의하여 선임된 것을 제외한다)이 있을 때에는 그 변호인을 피구속자의 대리인으로 간주한다.

(심문기일의 통지)

제32조 ① 재판소 서기관은 제28조의 재판소 및 검찰관에게 심문기일을 통지하여야 한다.

② 전 항의 재판소의 재판관 및 검찰관은 심문기일에 입회하여 의견을 말할 수 있다.

(심문의 방식)

제33조 심문은 그 성질에 반하지 않는 한 민사소송에 관한 법령의 규정 중 구두변론의 방식에 관한 규정에 따라 행한다.

(피구속자의 소송 행위)

제34조 ① 피구속자는 청구에 대하여 자유로운 의사에 기하여 공격 또는 방어방법의 제출, 이의신청, 상소의 제기, 청구의 취하, 그 밖의 일체의 소송행위를 할 수 있다.

② 피구속자의 소송행위와 청구자의 소송행위가 저촉하는 때에는 그 저촉하는 범위에서 청구자의 소송행위는 그 효력을 잃는다.

(청구의 취하)

제35조 ① 청구는 판결이 있을 때까지 구속자의 동의를 얻지 않고 취하할 수 있다.

② 청구의 취하는 서면으로 하여야 한다. 다만, 심문기일에 구두로 하는 것을 방해하지 않는다.

③ 청구의 취하가 있는 경우에는 재판소는 즉시결정으로 먼저 발한 인신보호명령의 취소 및 먼저 한 법 제10조 제1항의 처분의 취소를 하고, 피구속자에게 출두를 명하여 구속자에게 인도하는 취지의 재판을 하여야 한다.

(판결의 선고기일)

제36조 판결의 선고는 심문종결일부터 5일 이내에 한다. 다만, 특별한 사정이 있을 때에는 이에 해당하지 않는다.

(청구인용의 판결)

제37조 재판소는 청구가 이유 있는 때에는 판결로 피구속자를 즉시 석방하거나, 피구속자가 유아 혹은 정신병자인 때 그 밖에 피구속자에 대하여 특별한 사정이 있다고 인정하는 때에는 피구속자의 이익을 위해서 적당하다고 인정하는 처분을 할 수 있다.

(절차비용)

제38조 ① 법 제17조에서 규정한 절차에 필요한 비용은 민사소송에서의 소송비용 외에 피구속자의 여비, 일당 및 숙박료 및 제31조 제2항의 규정에 의하여 선임된 대리인에게 주는 여비, 일당, 숙박료 및 보수로 한다.

② 전 항의 피구속자의 여비, 일당 및 숙박료의 수액에 대해서는 민사소송에서의 당사자의 여비, 일당 및 숙박료의 예에 의한다.

(구인 및 구류)

제39조 법 제18조의 구인 또는 구류는 형사소송에 관한 법령의 규정 중 피고인의 구인 또는 구류에 관한 규정을 준용한다.

(변호사 의뢰의 신청)

제40조 ① 피구속자는 대리인이 없는 경우에 한하여 구속자에 대하여 변호사를 지정하고 이를 대리인으로서 의뢰하는 취지의 신청을 할 수 있다.
② 피구속자가 두 명 이상의 변호사를 지정하여 전 항의 신청을 한 때에는 구속자는 그중의 한 명의 변호사에게 통지하면 충분하다.

(상고)

제41조 ① 하급재판소의 판결에 대해서는 항소를 할 수 없지만 최고재판소에 상고를 할 수 있다. 그 기간은 선고일로부터 3일로 한다.
② 상고이유서 및 상고수리신청이유서의 제출기간은 15일로 한다.

(서면 심리)

제42조 최고재판소는 상고장, 상고이유서, 답변서, 그 밖의 서류에 의하여 상고가 이유 없다고 인정한 때에는 심문을 거치지 않고 판결로 상고를 기각할 수 있다.

(사건 송치 명령)

제43조 ① 최고재판소가 하급재판소에 계속하는 사건을 법 제22조 제1항의 규정에 의하여 스스로 처리하기 위하여 송치시키려고 하는 때에는 해당 하급재판소에 대하여 사건송치명령을 발한다.
② 최고재판소의 재판소 서기관은 전항의 명령이 발해진 때에는 신속하게 청구자에 대하여 또한 인신보호명령이 발해진 후에는 구속자에 대하여 그 취지를 통지한다.

제44조 ① 전 조 제1항의 명령이 있는 때에는 사건은 처음부터 최고재판소

에 계속했던 것으로 간주한다.
② 전 조 제1항의 명령이 있는 때에는 해당 하급재판소의 재판소 서기관은 신속하게 소송기록을 최고재판소의 재판소 서기관에게 송부하여야 한다.

(다른 법률에 의한 재판의 효력)
제45조　① 다른 법률에 의하여 이루어진 해당 구속에 관한 재판에서 피구속자에게 불리한 것은, 인신보호명령 혹은 법 제10조 제1항의 처분을 하는 결정이 구속자에게 송달되거나 피구속자를 석방 혹은 피구속자에 대하여 적당한 처분을 하는 판결의 선고가 있는 때에는, 이것과 저촉하는 범위에서 그 효력이 제한된다. 다만, 구속이 판결, 구류장 또는 감치결정의 집행으로서 행해지고 있는 경우에는, 형기, 미결구금 혹은 감치기간의 산입 또는 형사보상법에 따른 보상에 대해서는, 인신보호명령은 발해지지 않았던 것으로 간주하고, 법 제10조 제1항의 처분 또는 그 취소는 각각 이를 형법에서의 가석방 처분 또는 그 취소로 간주한다.
② 다른 법률에 의하여 이루어진 해당 구속에 관한 재판에서 피구속자에게 불리한 것은 인신보호명령 혹은 법 제10조 제1항의 처분을 취소하는 결정이 구속자에게 송달되거나 청구를 기각하는 판결의 선고가 있는 때에는 그 효력을 회복한다.

(청구절차의 성질)
제46조　법에 의한 구제청구에 관해서는 법 및 이 규칙에서 규정하는 것 외에 그 성질에 반하지 않는 한 민사소송의 예에 의한다.

附則 〈생략〉

찾아보기

학술연구총서 · 75

신체의 자유와 인신보호절차

초판발행 2012년 3월 15일
초판 2쇄 2013년 8월 27일
지은이 하명호
펴낸곳 고려대학교출판부
www.kupress.com
kupress@korea.ac.kr
136-701 서울특별시 성북구 안암동
02-3290-4230, 4232
Fax 923-6311
찍은곳 내일기획

ISBN 978-89-7641-773-2 94360
ISBN 978-89-7641-352-9 (세트)

값 17,000원
* 잘못 만들어진 책은 바꿔드립니다.